CARTAS DEUTEROPAULINAS E CARTAS CATÓLICAS

Dados Internacionais de Catalogação na Publicação (CIP)
(Câmara Brasileira do Livro, SP, Brasil)

Martin, Aldo
  Cartas deuteropaulinas e cartas católicas / Aldo Martin, Carlo Broccardo, Maurizio Girolami; tradução de Thácio Lincon Soares de Siqueira. – Petrópolis, RJ : Vozes, 2020. – (Introdução aos Estudos Bíblicos)

  Título original: Edificare sul fondamento – Introduzione alle lettere deuteropaoline e alle lettere cattoliche non giovannee.
  ISBN 978-85-326-6308-5

  1. Bíblia. N.T. Epístolas – Crítica e interpretação 2. Bíblia. N.T. Epístolas de Paulo – Comentários 3. Bíblia. N.T. Epístolas de Paulo – Teologia I. Broccardo, Carlo. II. Girolami, Maurizio. III. Título. IV. Série.

19-29778   CDD-227

Índices para catálogo sistemático:
1. Epístolas de Paulo : Novo Testamento : Bíblia   227

Iolanda Rodrigues Biode – Bibliotecária – CRB-8/10014

CARTAS DEUTEROPAULINAS E CARTAS CATÓLICAS

ALDO MARTIN
CARLO BROCCARDO
MAURIZIO GIROLAMI

INTRODUÇÃO AOS ESTUDOS BÍBLICOS

Tradução de Thácio Lincon Soares de Siqueira

Petrópolis

© 2015 Editrice ELLEDICI

Título do original em italiano: *Edificare sul fondamento – Introduzione alle lettere deuteropaoline e alle lettere cattoliche non giovannee*

Direitos de publicação em língua portuguesa – Brasil:
2020, Editora Vozes Ltda.
Rua Frei Luís, 100
25689-900 Petrópolis, RJ
www.vozes.com.br
Brasil

Todos os direitos reservados. Nenhuma parte desta obra poderá ser reproduzida ou transmitida por qualquer forma e/ou quaisquer meios (eletrônico ou mecânico, incluindo fotocópia e gravação) ou arquivada em qualquer sistema ou banco de dados sem permissão escrita da editora.

CONSELHO EDITORIAL

Diretor
Gilberto Gonçalves Garcia

Editores
Aline dos Santos Carneiro
Edrian Josué Pasini
Marilac Loraine Oleniki
Welder Lancieri Marchini

Conselheiros
Francisco Morás
Ludovico Garmus
Teobaldo Heidemann
Volney J. Berkenbrock

Secretário executivo
João Batista Kreuch

Editoração: Maria da Conceição B. de Sousa
Diagramação: Sheilandre Desenv. Gráfico
Revisão gráfica: Nilton Braz da Rocha / Nivaldo S. Menezes
Capa: Editora Vozes

ISBN 978-85-326-6308-5 (Brasil)
ISBN 978-88-01-04716-5 (Itália)

Editado conforme o novo acordo ortográfico.

Este livro foi composto e impresso pela Editora Vozes Ltda.

À memória do Padre Karl Plötz, SJ,
professor inesquecível.

Sumário

Apresentação da coleção original italiana – Manuais de introdução
à Escritura, 11

Prefácio, 15

I – Carta aos Efésios, 17
(A. Martin)

Introdução, 17

Guia de leitura, 22

Temáticas teológicas, 46

Bibliografia, 53

II – Carta aos Colossenses, 57
(A. Martin)

Introdução, 57

Guia de leitura, 61

Temas teológicos, 76

Bibliografia, 82

III – Segunda Carta aos Tessalonicenses, 85
(A. Martin)

Introdução, 85

Guia de leitura, 90

Temas teológicos, 100

Bibliografia, 102

IV – As cartas pastorais: linhas gerais, 105
(M. Girolami)

Questões introdutórias, 105

Temas teológicos, 119

Bibliografia, 123

V – Primeira Carta a Timóteo, 127
(M. Girolami)

Introdução, 127

Guia de leitura, 128

VI – Carta a Tito, 167
(M. Girolami)

Introdução, 167

Guia de leitura, 168

VII – Segunda Carta a Timóteo, 187
(M. Girolami)

Introdução, 187

Guia de leitura, 188

VIII – Carta aos Hebreus, 213
(A. Martin)

Introdução, 213

Guia de leitura, 219

Temas teológicos, 277

Bibliografia, 284

IX – Carta de Tiago, 287
(C. Broccardo)

Introdução, 287

Guia de leitura, 292

Temas teológicos, 302

Uma teologia diferente, 305

X – Primeira Carta de Pedro, 307
(C. Broccardo)

Introdução, 307

Guia de Leitura, 313

Em resumo, 317

Pós-escrito (5,12-14), 330

Temas teológicos, 331

XI – Segunda Carta de Pedro, 339
(C. Broccardo)

Introdução, 339

Guia de leitura, 345

Temas teológicos, 356

XII – Carta de Judas, 361
(C. Broccardo)

Introdução, 361

Guia de leitura e temas teológicos, 365

Bibliografia, 369

Índice, 373

Apresentação da coleção original italiana
Manuais de introdução à Escritura

Em continuação ideal com *Il Messaggio della Salvezza* [A mensagem da salvação] e *Logos* [Logos], coleções que marcaram a divulgação e a formação bíblica nos estudos teológicos italianos depois do Concílio Vaticano II, em 2010 um grupo de biblistas decidiu, de comum acordo com a Editora Elledici, proceder à elaboração de um novo projeto. Nasce assim esta série de volumes, intitulada *Graphé – Manuais de Introdução à Escritura*. O vocábulo grego *"graphé"* indica, como termo técnico, aquilo que chamamos a "Escritura": com efeito, no Novo Testamento é comumente empregado, junto com o plural *"graphái"* [Escrituras], para indicar a coleção dos livros sagrados da tradição hebraica, aceitos também pela comunidade cristã e integrados com as novas obras dos apóstolos, centradas em Jesus Cristo. Além do título, evocativo do ambiente das origens cristãs, o subtítulo esclarece de que se trata.

O objetivo visado pelo projeto é o de propor um curso completo de estudos bíblicos básicos, fornecendo manuais úteis para os cursos bíblicos nas faculdades de teologia, nos seminários e demais institutos. Não se trata, portanto, de pesquisas novas sobre assuntos particulares, mas do enquadramento global da matéria, proposto de maneira séria e acadêmica aos estudantes que iniciam o estudo da Sagrada Escritura. Faltam também ensaios de exegese específica, porque estes são deixados à iniciativa particular dos docentes, que, assim, dentro da lição frontal, podem inserir os aprofundamentos sobre a base introdutória oferecida por estes volumes.

Os autores dos vários volumes são biblistas italianos, comprometidos há anos no ensino da específica disciplina que apresentam; por isso, podem mais facilmente dirigir-se de modo realista aos efetivos destinatários da obra e propor assim, de maneira orgânica, cursos já realizados e, portanto, efetivamente realizáveis nos atuais planos de estudo.

O plano da obra prevê dez volumes com a divisão da matéria segundo os habituais módulos acadêmicos. Determinam a moldura do conjunto o primeiro volume, dedicado à introdução geral, e o décimo, que oferecerá algumas linhas de teologia bíblica. Dos outros volumes, quatro tratam dos livros do Antigo Testamento (Pentateuco, Livros Históricos, Livros Sapienciais e Poéticos, Livros Proféticos) e quatro introduzem o Novo Testamento (Evangelhos sinóticos e Atos dos Apóstolos, cartas de Paulo, literatura paulina e cartas católicas, literatura joanina).

Cada volume procura apresentar de maneira clara o quadro global de referência para as várias seções bíblicas, propondo o estado atual da pesquisa. De maneira geral, as componentes constantes de cada tomo são: a introdução geral aos problemas da seção, depois a introdução a cada livro segundo a sucessão considerada escolasticamente mais útil e, por fim, o tratado dos temas teológicos importantes, mais ou menos transversais às várias obras do setor.

A articulação das introduções aos diversos livros varia necessariamente segundo o tipo de volume; mas um elemento é constante e constitui a parte mais original desta coleção: trata-se de um *guia à leitura*, no qual o autor acompanha o leitor através de todo o texto, mostrando suas articulações, seus problemas e seus desenvolvimentos. Longe de ser um simples resumo, constitui uma concreta introdução ao conteúdo e aos problemas de todo o livro, com a possibilidade de apresentar o conjunto do texto literário para fazer que o estudante capte a maneira em que o texto se desenvolve.

O estilo dos textos é intencionalmente simples e claro na exposição, sem períodos demasiadamente longos e complexos, com um uso moderado de termos técnicos e raros, explicados e motivados caso por caso. As palavras em língua original, hebraica e grega, são propostas sempre em transliteração e o recurso a elas é limitado ao estritamente indispensável: a transliteração e a acentuação dos termos gregos e hebraicos respondem unicamente à exigência de legibilidade para aqueles que não conhecem adequadamente tais línguas, sem, contudo, comprometer o reconhecimento dos termos para os competentes. Onde, por necessidade, se usarem termos estrangeiros, sobretudo alemães, oferece-se a tradução; da mesma forma, as notas de rodapé são muitíssimo limitadas e usadas só para oferecer o indispensável documento daquilo que é afirmado no texto. Para facilitar a leitura, o conteúdo é organizado em parágrafos não excessivamente longos e é marcado por numerosos pequenos títulos que ajudam a seguir a argumentação.

Em cada volume estão presentes algumas seções de bibliografia comentada, onde se apresenta – sem as indevidas exigências de exaustividade – o que é disponível no mercado atual sobre o tema tratado. Durante o tratado, porém, as referências bibliográficas são o mais possível limitadas a algum envio significativo ou circunscrito, não presente na bibliografia posterior.

Há milênios, a Escritura é testemunha do encontro entre a Palavra de Deus viva e gerações de crentes que nesses livros encontraram motivos e alimento para sua caminhada. Esta coleção quer pôr-se hoje a serviço desse encontro sempre renovado e renovável. Aos que hoje, no século XXI, pretendem pôr-se à escuta daquele que, através desses testemunhos escritos, continua a se manifestar, estes volumes querem oferecer os conhecimentos (históricos, literários, teológicos) adequados para fazê-lo. E, ao mesmo tempo, são dirigidos também a quem não considera a inspiração mais alta, para que possam experimentar o valor dos testemunhos fiéis que a Bíblia contém e confrontá-los com as perguntas e as opções de seu pessoal itinerário de vida.

Claudio Doglio
Germano Galvagno
Michelangelo Priotto

Prefácio

O editor quis reunir em um único volume, além das cartas da primeira tradição paulina (2Tessalonicenses, Efésios, Colossenses, às quais a tradição canônica associa Hebreus), confiadas à explicação do subscrito, também aquelas da segunda (1–2Timóteo e Tito), cujo comentário foi feito por Maurizio Girolami, e as de Tiago, 1–2Pedro e Judas, comentadas por Carlo Broccardo.

Nós não estamos diante das cartas autênticas de Paulo, nem daquelas relacionadas ao mundo joanino, que desfrutaram de muita atenção dos estudiosos antigos e contemporâneos, e às quais se reconhece por unanimidade um grau bastante elevado de autoridade. Pelo contrário, nos encontramos diante de um grupo de escritos muito mais heterogêneos e – de certa forma – fragmentados do Novo Testamento, mas não por isso menos interessante e fecundo. Muitos textos retirados deste grupo de cartas marcaram etapas fundamentais na reflexão cristã sobre temas cruciais de cristologia, eclesiologia e moral. Não só isso. Estes mesmos se encarregam de testemunhar-nos uma riqueza e variedade de posições, de opiniões e também de modos diferentes de abordar algumas urgências teológicas e pastorais, de tal forma que nos entregam um retrato bem vivo e variado das comunidades da segunda (ou terceira) geração cristã. Uma imagem irredutível, portanto, a uma visão monolítica e rígida. É desnecessário dizer que tal criatividade e variedade não podem passar despercebidas dentro do cânon do NT; prova disso é que eles não esgotaram sua fecundidade no panorama acadêmico dos estudos bíblicos, bem como no horizonte pastoral.

Esses escritos, de fato, aceitaram o desafio de edificar as primeiríssimas comunidades cristãs e de colocar por escrito a identidade tanto na obediente fidelidade ao evento fundador quanto na escuta de contextos culturais modificados. Penso em Ef 2,20, em que se diz que os cristãos são "edificados sobre o fundamento dos apóstolos e profetas, tendo como pedra principal o próprio Cristo Jesus".

Na apresentação das cartas manteve-se a sucessão canônica, exceto para o comentário às cartas pastorais, no qual se destacam as relações de similaridade entre 1Timóteo e Tito (portanto, a sequência é 1Timóteo, Tito e 2Timóteo).

Este volume se apresenta como o fruto da colaboração de três estudiosos. Trabalhar juntos, se por um lado reflete a estima mútua dos autores, por outro lado, poderia de alguma forma representar idealmente aquele *incipit* comunitário e eclesial de alguns escritos paulinos...

Um sentimento de gratidão dirige-se, portanto, ao editor e, em particular, a Germano Galvez, que me propôs a realização deste volume destinado a professores e alunos de Faculdades Teológicas, Estudos Teológicos e Institutos Superiores de Ciências Religiosas, e que consentiu à minha proposta imediata de compartilhá-lo com os colegas acima mencionados: a Maurizio Girolami e a Carlo Broccardo, portanto, um sincero agradecimento pelo esforço e a alegria compartilhadas.

Uma última palavra de estima e de agradecimento vai dirigida a Diego Baldan, professor de Teologia no ITA e no ISSR de Vicenza, pela competente e pontual revisão do volume.

Aldo Martin

I

Carta aos Efésios

A. Martin

Introdução

Qual a relação entre Efésios e Colossenses?

Se as relações de similaridade e diferença entre os evangelhos segundo Mateus, Marcos e Lucas produziram as várias hipóteses de explicação dentro daquela que é chamada de a "questão sinótica", um fenômeno, em alguns aspectos, semelhante, deve ser reconhecido por aquela relação singularíssima de parentesco que liga Efésios e Colossenses a ponto de poder chamá-las de "cartas irmãs". Se são lidas em sequência, as duas cartas mostram bastantes semelhanças, tanto que algumas expressões são perfeitamente idênticas (p. ex., Ef 5,22 // Cl 3,18; Ef 5,25 // Cl 3,19; Ef 6,21 // Cl 4,7).

Como explicar essa fortíssima afinidade? As hipóteses são várias: o autor de Efésios baseou-se em Colossenses ampliando-a, ou, vice-versa, o autor de Colossenses baseou-se em Efésios resumindo-a? Ou nenhum dos dois fez uso do texto do outro (essa é a hipótese mais difícil de sustentar)? Ou tanto um como o outro – pertencentes à "escola paulina" – se referiram a um único texto anterior, perdido? Ou se trata de um único sujeito, autor das duas cartas, que teria escrito em momentos e por motivações diferentes? A resposta que, hoje, parece melhor esclarecer tais perguntas é a seguinte: Efésios teria sido escrita por alguém com um bom conhecimento do texto de Colossenses, retomado e ampliado a partir de novas questões e motivações[1]. Poder-se-ia,

---

1. Cf. BEST, E. "Who Used Whom? – The Relationship of Ephesians and Colossians". In: *New Testament Studies*, 43, 1997, p. 72-96.

então, dizer que Efésios não "copiou" de Colossenses, mas sim desenvolveu uma espécie de "dependência criativa" com relação a ele. Alguns exegetas definem Efésios como "o primeiro comentário de Colossenses" (LOHSE, 1971; DONLESON, 1996). É claro que, de como se configura esta delicada relação entre as duas cartas irmãs, dependem também as questões relativas ao autor e à datação.

Autor e destinatários

De acordo com o Livro dos Atos, Paulo permaneceu em Éfeso por cerca de dois anos (ou em 52/54 ou 55/57; cf. At 19,1–20,1), e o seu nome aparece explicitamente em Ef 1,1; 3,1. A tradição, de fato, sempre considerou a carta como uma obra escrita pelo Apóstolo. No entanto, embora colocando-se na esteira do pensamento paulino, é possível notar evidentes diferenças estilísticas e originalidades teológicas com relação aos escritos autógrafos. No passado as diferenças eram resolvidas pensando-se em um secretário/escriba, a quem Paulo teria entregado o essencial da carta, confiando-lhe a tarefa de redigir a versão final. Hoje, porém, pensa-se no círculo dos discípulos e colaboradores do Apóstolo (a assim chamada "escola paulina"), dentre os quais um assumiu a tarefa de manter viva a memória de Paulo, adaptando seu ensinamento às mudadas condições culturais e eclesiais. De tempos em tempos reaparecem os nomes de Epafras, Onésimo ou Tíquico, sem, contudo, oferecer provas definitivas. Isso explicaria o fenômeno da semelhança e contemporaneidade das diferenças em relação às cartas autênticas.

Um dado que mostra a evolução de Efésios é certamente o tema da escatologia realizada: enquanto nas cartas de Paulo a expectativa da parusia é bastante forte, sendo considerada iminente, agora a ênfase definitivamente mudou. Já não se fala da necessidade de esperar a vinda final de Cristo, porque os que creem em Cristo, de alguma forma, já foram glorificados com Ele[2]. Outra discrepância evidentíssima diz respeito ao modo de conceber a Igreja. Paulo, nas cartas autênticas, sempre se dirige a comunidades individuais, conectando as próprias considerações às experiências delas.

---

2. O tema será abordado nas p. 50s.

Trata-se de uma eclesiologia que poderemos definir "particular" (também chamada "de baixo"), bastante diferente daquela de Efésios que poderia ser chamada de "universal" (ou "do alto"), na qual não se leva mais em consideração problemáticas circunstanciais, mas se juntam caminhos conceituais bem mais amplos, que tocam questões de fundo. A este respeito, um papel central é jogado pela metáfora cabeça/corpo[3], também essa de derivação paulina, mas desenvolvida posteriormente com relação ao uso do Apóstolo. Uma outra particularidade de Efésios, com relação às cartas autênticas, está na originalidade do estudo do *mistério*, que pareceria uma evolução do termo paulino *evangelho*[4].

Também o estilo merece algumas observações. Se confrontado com a maneira habitual de escrever de Paulo, cuja argumentação é marcada pela vivacidade do paradoxo e pela diatribe e, por vezes, procede com frases concisas e bastante incisivas, se nota imediatamente como o estilo de Efésios resulta bem amplificado: modalidades redundantes, frases longas (*Satzkonglomerat*), expressões repetitivas que certamente não facilitam a compreensão da ideia de fundo que se deseja comunicar. Um dos fenômenos mais notáveis é o acúmulo, às vezes excessivo, de sinônimos; basta citar a construção do genitivo de 1,19, definitivamente plerofórica: "a suprema grandeza de seu poder para conosco, que abraçamos a fé, segundo a eficácia da força do seu poder". Trata-se de uma modalidade empolada, em desacordo com a concisão própria do Apóstolo. Nesse sentido, o estilo de Efésios aproxima-se decididamente muito mais da complexidade do asianismo do que com a elegância do aticismo.

Em última análise, o autor de Efésios parece ser um judeu-cristão tanto pelo seu relacionamento com Israel quanto pelo uso do AT e de algumas formas litúrgicas judaicas (como as *eulogias*), embora compartilhe, no entanto, a posição de Paulo sobre a Lei (da qual afirma a revogação; cf. 2,15); nota-se, também, como o seu *background* cultural é influenciado pela cultura helenística. Uma confirmação do fato de que não foi Paulo quem escreveu a carta emerge também do retrato do Apóstolo, cuja figura prescinde de pro-

---

3. Para um aprofundamento do assunto, cf. p. 48-50.

4. Para este tema, cf. a discussão nas p. 46s.

blemáticas concretas, e está diretamente implicado no anúncio (a sua pessoa está totalmente envolvida no *mistério* anunciado, enquanto é o receptor da sua revelação; cf. 3,2-7), e cuja autoridade é objeto de reconhecimento e veneração: ele não é mais simplesmente um prisioneiro pelo Evangelho, mas é "o prisioneiro por causa do Senhor" (4,1).

Com relação aos destinatários, o nome da comunidade em questão não aparece nos manuscritos mais antigos: o endereço não é mencionado e os dizeres "aos santos que estão em Éfeso" (1,1) aparecem apenas a partir dos testemunhos textuais subsequentes. Marcião, por exemplo, pensava que fosse uma carta escrita para a comunidade de Laodiceia. Talvez seja uma carta circular, um texto enviado a várias Igrejas, do qual cada comunidade de alguma forma se apropriou, embora compartilhando-o com as outras.

A tradição reconheceu que a carta foi dirigida aos efésios, tanto porque Éfeso se sobressaía entre todas as cidades da Ásia Menor como capital da província senatorial romana quanto porque em pouco tempo tornou-se um dos mais importantes centros de propulsão do cristianismo primitivo.

Datação

Como não há dados claros e incontestáveis sobre a datação, elaboram-se várias hipóteses. Os Padres citam o texto de Efésios já no final do século I, então, não podemos pensar na sua elaboração após essa data. Se, como defende a hipótese pseudoepigráfica (ou seja, de que não seria um escrito de Paulo), a carta foi composta após a sua morte, então o período de redação deve ser incluído entre o 60 e o 90 d.C. Em todo caso, as coordenadas cronológicas de Efésios também dependem da posição assumida na definição da relação de similaridade com Colossenses[5].

Gênero literário

Enquanto nas cartas autênticas Paulo se refere a fatos específicos da vida comunitária (problemas internos, erros doutrinários, desordens disciplinares), aqui, não se sobressai nenhum problema específico; a carta parece ter

---

5. Cf., a esse respeito, a conclusão do parágrafo "Qual é a relação entre Efésios e Colossenses?", nas p. 17s.

um caráter um pouco universal, sendo capaz de se adaptar idealmente a qualquer comunidade cristã.

O escrito apresenta os elementos clássicos do gênero literário "carta": o *pré-escrito* com remetente, destinatários e saudação e o *post scriptum* com saudações e recomendações finais, e não faltam passagens com o discurso direto; mas o resto tem mais a tonalidade de um tratado teológico (de eclesiologia e cristologia), com uma grande seção reservada a exortações de caráter bastante geral. As várias tentativas de defini-la com base na perspectiva do conteúdo não parecem ter dado frutos convincentes e definitivos, porque, embora extrapolando aspectos autênticos, de alguma forma os estende a toda a carta: um tratado teológico ou didático (E. Käsemann), uma longa oração (M. Barth), um texto litúrgico de Pentecostes (J.C. Kirby), uma homilia (P. Pokorny), um texto litúrgico batismal (A.T. Lincoln), um texto de iniciação (K. Usami).

> A forma epistolar não pode simplesmente ser ignorada. As outras cartas paulinas também nos permitem testemunhar a contínua expansão do tom da carta em aprofundamentos doutrinários. Em Efésios o fenômeno é certamente mais conspícuo, já que as conexões com situações concretas e verificáveis são menos evidentes do que em outros lugares e é maior a extensão dada ao espaço doutrinário [...]. No máximo podemos dizer que, mais que uma carta no sentido clássico, ela nos oferece um ensaio de epístola; ou, melhor ainda, está a meio-caminho entre a carta e a epístola[6].

A definição, portanto, de carta "circular", dirigida a várias comunidades cristãs da Ásia Menor, parece em última análise ser a mais pertinente.

Esquema

A carta está claramente dividida em duas partes: a primeira com um teor mais puramente teológico (c. 1–3), seguida pela segunda (c. 4–6) de tonalidade parenética (mais especificamente *paraclética*, como será visto no comentário *ad loc.*). Mais concretamente:

---

6. MONTAGNINI. *Efesini*, p. 7.

Pré-escrito (1,1-2)

Parte Teológica
- Revelação do mistério (1,3–3,21)
- Eulogia (1,3-14)
- Revelação do mistério (1,3–3,21)
- Eulogia (1,3-14)
- Ação de graças e senhorio de Cristo (1,15-23)
- Estatuto dos crentes: salvos e reconciliados entre si (2,1-22)
- A revelação do mistério (3,1-13)
- Oração e doxologia (3,14-21)

Parte exortativa
- Vida nova dos crentes (4,1–6,9)
- A unidade eclesial na diversidade dos ministérios (4,1-16)
- A vida nova em Cristo (4,17–5,20)
- O código doméstico (5,21–6,9)

Peroratio
- A batalha espiritual (6,10-20)

Conclusão (6,21-24)

Guia de leitura

Primeira parte: a revelação do mistério (1,3–3,21)

De acordo com o estilo da época, o nome do remetente aparece desde o início: Paulo, de quem o autor imediatamente recorda a identidade teológica: "apóstolo de Jesus Cristo pela vontade de Deus" (1,1); seguem depois os destinatários "os santos que estão em Éfeso" e a saudação "Estejam convosco a graça e a paz". Estes são os elementos clássicos do pré-escrito (1,1-2; o atual protocolo epistolar, no entanto, prevê a assinatura no final de uma carta e os destinatários colocados no cabeçalho do envelope).

A primeira parte da carta, de tom predominantemente teológico, tem como principal objetivo o tema do "mistério" que Deus deu a conhecer em Cristo (1,3–3,21) e é articulada da seguinte maneira: 1) A *eulogia* (1,3-14); 2) a ação de graças e o senhorio de Cristo (1, 15-23); 3) o estatuto dos fiéis: salvos e reconciliados entre si (2,1-22); 4) a revelação do mistério enquanto tal (3,1-13); 5) a oração e a doxologia (3,14-21).

A eulogia (1,3-14)

Esta forma particular de expressão remonta ao uso hebraico das *berakót*, as orações de bênçãos que se recitavam nos atos de culto e na vida doméstica (*eulogias* análogas se encontram em 2Cor 1,3-7 e 1Pd 1, 3-5). A bênção de Deus se espalha sobre toda a humanidade, como uma espécie de cascata benéfica, com a qual cada homem está envolvido desde antes da ação criadora no fluxo de benevolência que jorra eternamente do coração de Deus.

Só o fato de terem sido pensados antes mesmo de Ele projetar o mundo coloca os homens na condição de perceber as próprias existências como desejadas, queridas, abençoadas. Desde sempre, de fato, Deus quer fazer dos homens os seus filhos *adotivos*: esta é a única verdadeira predestinação (v. 3-5). Agora, por que se fala de *adoção*? Talvez porque Deus tenha dado à humanidade uma filiação menor, de alguma forma enfraquecida? A resposta está na insistente referência a Cristo, que emerge ao longo de toda a *eulogia*: é Ele o Filho de Deus e é nele que nós fomos criados (cf. a contínua repetição da expressão "nele"). Cristo é Filho porque gerado eternamente, nós somos filhos porque queridos, criados e redimidos nele; nós homens, portanto, não acedemos à filiação diretamente, mas apenas graças a Cristo. A filiação divina, que por natureza diz respeito apenas a Cristo Jesus, é dada aos homens por participação: esta é a razão pela qual a nossa é definida como "adotiva".

Os homens são objeto da bondade de Deus, ou seja, da "riqueza da sua graça" (v. 8), não só porque criados – como vimos nos versículos anteriores – mas também porque redimidos no sangue de Jesus (v. 7) e tornados destinatários de uma revelação sem precedentes. Deus, então, não manteve para si o seu misterioso projeto, mas no-lo deu a conhecer. Desde sempre Ele cuidava com carinho de um plano cuidadosamente guardado para si, mas que, agora, chegara o momento de revelá-lo; trata-se de um dos conceitos-chave da carta, o de *mistério*[7]. O desejo de Deus – o seu projeto, o seu *mistério* – é realizar uma obra imensa de unificação universal, introduzindo em uma relação finalmente pacificada todas as criaturas: os elementos do cosmos e todos os povos da terra. Sobre este tema, tão querido para ele, o autor retornará também em seguida; foi-lhe suficiente mencioná-lo aqui. O eixo central, sobre o qual Deus enraíza o seu projeto e o está também realizando, é Cristo cabeça,

---

7. Cf. o parágrafo relativo às "Temáticas teológicas", nas p. 46s.

a quem Ele quer reconduzir todas as coisas (v. 10, cf. aprofundamento). É por isso que se afirma que chegou a "plenitude dos tempos", o auge da história do mundo e da humanidade, porque o tempo não deve ser entendido como uma série de dias e anos ao acaso, mas deve ser compreendido em seu sentido profundo, que é a imensa jornada de toda a realidade em direção ao seu objetivo: Cristo. E essa compreensão da história só pode ser uma revelação direta de Deus; o homem não consegue intuí-la sozinho.

Aprofundamento
O papel de Cristo no cosmos

A curiosa expressão "restaurar em Cristo, sob uma só cabeça, todas as coisas, tanto as que estão no céu como as que estão na terra" (v. 10), de certa forma se assemelha a outras passagens neotestamentárias que afirmam um papel ativo de Cristo no cosmos. Basta pensar em 1Cor 8,6: "Para nós não há mais do que... um só Senhor, Jesus Cristo, por quem existem todas as coisas"; Cl 1,16: "tudo foi criado por Ele e para Ele", e Jo 1,3: "Todas as coisas foram feitas por meio dele [o Lógos, Cristo] e sem Ele nada se fez do que foi feito". Trata-se de um nível bastante desenvolvido da cristologia cósmica do Novo Testamento, elaborado com base naquelas passagens veterotestamentárias nas quais a Sabedoria está presente e tem um papel com Deus no ato de criação (cf. o comentário a Cl 1,15-17).

O verbo *anakefalaióo* de Ef 1,10, muito raro na Bíblia, significa reassumir, recapitular, compendiar; no entanto, compreende-se como, neste caso, não é possível pensar em Deus querendo que Cristo faça um "resumo", uma resenha sintética, de toda a realidade. De fato, o significado emerge do contexto. Em primeiro lugar, o verbo contém a raiz *kefal-*, que significa cabeça/frente; e se verá, no restante da carta, como a ideia de Cristo *cabeça* e, consequentemente, aquela da Igreja *corpo* constituem um dos núcleos teológicos mais significativos de todo o escrito (cf., p. ex., 1,22-23). O contexto mais amplo mostra claramente como essa ação de unificação universal se concretiza na convivência, dentro da única realidade eclesial, de realidades étnicas diferentes (cf. 2,14-18 e 3,6). Portanto, afirmar que o projeto de Deus é aquele de conduzir toda a realidade sob uma única cabeça, Cristo, significa contemplar todo o universo e toda a história da humanidade como um imenso movimento de unificação, que tem como centro de atração o Cristo ressuscitado. Em outras palavras, a realidade não está percorrendo um caminho sem rumo, mas é orientada por Deus para um objetivo, uma meta precisa, que é o próprio Cristo. Também Rm 8,19-22 afirma que a criação é perpassada por um anseio de liberdade[8].

---

8. Considerações análogas nas p. 46s., 49s.

A aspiração à unidade passa por toda a carta, em primeiro lugar a Igreja, que é o sinal atual mais evidente deste imenso processo de unificação e pacificação cósmica; nela – como apenas mencionado anteriormente – diferentes etnias e culturas se encontram para conviver juntas: "de dois povos fez um só" (2,14), na "unidade da fé" (4,13). E, finalmente, a própria realidade dos esposos, que do ato criador inicial e unificador traz a marca: "serão os dois uma só carne" (5,31). É como se a imensa aspiração à unidade, que o Pai confia à obra do Filho recapitulador, iniciasse da estrutura do universo criado, encontrasse na unidade da comunidade eclesial a concretização mais explícita, e se manifestasse plenamente na vida conjugal.

A *eulogia* continua recordando como a obra de unificação universal já está mostrando os seus primeiros frutos no fato de que os crentes gozam da condição privilegiada de *"herdeiros"* (v. 11) e de receptores do selo do Espírito, uma espécie de depósito (*"caução"*), que em um cumprimento futuro certamente será liquidado (v. 13-14); portanto, uma garantia absoluta. Os fiéis, então, podem experimentar em si mesmos desde agora os efeitos da ação bendizente de Deus[9].

A ação de graças e senhorio de Cristo (1,15-23)

É comum encontrar no *incipit* das cartas paulinas o motivo de agradecimento: não se trata de uma simples estratégia de comunicação – uma espécie de *captatio benevolentiae* escrita de propósito –, mas de um olhar de fé e de profunda gratidão pelas notícias positivas recebidas sobre a fé e o amor presentes na comunidade. A partir desta constatação nasce a oração a Deus, cujo "nome" está irrevogavelmente ligado ao de Jesus; Deus, de fato, de agora em diante não é mais somente o "Deus de Abraão, de Isaac e de Jacó", mas "o Pai de Nosso Senhor Jesus Cristo". Pois bem, o autor pede a Deus os dons do conhecimento, ou seja, "olhos iluminados" sobre a condição inaudita na qual os fiéis se encontram; no fundo, nas expressões "esperança à qual foram chamados", "riqueza da glória da sua herança entre os santos" e "extraordinária grandeza do seu poder" (v. 18-19) é indicada uma única rea-

---

9. Para um aprofundamento da eulogia, cf. REYNIER, C. "La bénédiction en Ephésiens 1,3-14: election, filiation, rédemption". In: *Nouvelle Revue Théologique*, 118, 1996, p. 182-199. • NEWMAN, C.C. "Election and predestination in Ephesians 1,4-6a: an exegetical-theological study of the historical, christological realization of God's purpose". In: *Review and Expositor*, 93, 1996, p. 237-247. • ROMANELLO, S. "Ef 1,3-14: una pericope discussa". In: *Rivista Biblica*, 50, 2002, p. 31-62.

lidade, ou seja, o dom da fé concedida por Deus aos fiéis, que experimentam em si próprios a mesma força que Deus empregou ao ressuscitar Cristo dos mortos. A fé, portanto, introduz desde agora no horizonte escatológico: os fiéis, apesar de submersos na precariedade do momento presente, de alguma maneira já desembarcaram na definitiva salvação futura.

Um vislumbre de futuro já visível na história foi o poderoso ato da ressurreição de Cristo (v. 20-23), com o qual Deus o arrancou dos mortos, elevando-o ao seu lado nos céus. Agora, Cristo, nesta nova condição, exerce uma soberania ilimitada: "sentado à direita" do Pai significa que Ele é o plenipotenciário (Sl 110,1 – relido cristologicamente – não fala mais da entronização do rei israelita no palácio real em Jerusalém, mas da elevação do Ressuscitado no palácio celestial). A partir desta condição inigualável, Cristo lança uma supremacia cósmica ilimitada, igual à de Deus. Portanto, sentado ao lado do Pai, Ele é colocado acima de toda criatura, detendo assim uma soberania universal. Este conceito é expresso com o uso das categorias cosmológicas do tempo; se pensava, de fato, que o universo fosse povoado por criaturas angélicas encarregadas de regular ou dominar as diversas manifestações da natureza, do ciclo dos astros à alternância das estações[10]. Poderiam ser benéficas ou ameaçadoras, mas eram, enfim, de natureza superior ao homem; o v. 21 tenta fazer uma lista exemplificativa deles: "Principados, Autoridades, Poderes, Soberanias, Nomes..." Pois bem, todas essas entidades sobrenaturais estão, agora, submetidas à autoridade de Cristo ressuscitado e elevado (v. 22) e, como resultado, os cristãos se sentem seguros e protegidos; o universo não causa mais medo, porque o poder do Ressuscitado afasta toda força adversa e a mantém longe.

Esta soberania cósmica de Cristo é dada à Igreja: de fato, Deus deu Cristo "e o constituiu cabeça suprema de toda a Igreja" (v. 22); não no sentido de que ela deve exercer tal autoridade em seu lugar, mas que ela é a primeira beneficiária.

Por fim, com o aparecimento do termo *corpo* se perfila, em toda a sua clareza, a metáfora somática: o vínculo que existe entre Cristo e a sua Igreja é semelhante ao que existe a nível orgânico entre a cabeça e o resto do corpo[11]. Contudo, com relação à Igreja ocorre um esclarecimento adicional: ela, além de ser descrita como corpo, é definida também como a sua *plenitude* (v

---

10. Considerava-se que povoassem o ar e o céu: cf. 2,2; 6,12 e, p. ex., 1 Enoque 6 1,10.

11. Remetemos às p. 48-50.

23), mas não no sentido de que acrescenta algo à pessoa de Cristo chegando a "completá-lo", mas constituindo, ela própria, o âmbito em que a ação soberana dele se realiza plenamente. Como se dissesse que a ação unificadora e ordenadora de Cristo para com o cosmos encontra a sua realização mais explícita na Igreja, objeto de sua mais delicada dedicação.

O estatuto dos crentes: salvos e reconciliados entre si (2,1-22)

Imediatamente após considerar a Igreja em relação a Cristo e ao cosmos, o autor considera a sua natureza íntima: ela nasce de uma iniciativa divina; a salvação é, de fato, dada por pura graça (v. 1-10) e realizada através da morte de Cristo, que na cruz realizou a união entre os cristãos provenientes do judaísmo com aqueles do paganismo (v. 11-22).

Salvos pela graça (v. 1-10)

Para mostrar a extraordinária eficácia da graça, o autor usa a técnica do contraste entre morte e vida, definindo a condição anterior como morte ("mortos pelos pecados", v. 1) e a situação atual como vida ("nos fez reviver", v. 5). Tal estado de morte espiritual foi completamente derrubado por Cristo através de um dom gratuito: "pela graça é que fostes salvos" (v. 5); então não havia absolutamente nenhuma condição prévia positiva no homem que pudesse presumir ou merecer a salvação. A reflexão, no entanto, continua envolvendo também um outro sujeito, o diabo. Parece, na verdade, que só as responsabilidades individuais não são suficientes para compreender plenamente a complexidade do quadro, uma vez que o homem é influenciado em sua vida na terra também pelos poderes diabólicos, que habitavam no ar (v. 2), de acordo com, pelo menos, a concepção da época. No entanto, apesar da vitória do Ressuscitado sobre tais entidades negativas (cf. 1,21), aquele que crê tem consciência de que a luta continua (cf. a armadura de 6,10-17).

Ainda com a técnica do contraste, se insiste na condição totalmente negativa na qual estava o homem antes da intervenção de Cristo ("Éramos por natureza como os outros, destinados à ira", v. 3), à qual se contrapõe a riqueza de misericórdia e de amor de Deus (v. 4) experimentada pelo fiel. A ideia subjacente é de que a humanidade está tão marcada e comprometida em uma história de pecado que não consegue livrar-se só com as próprias forças: só conseguirá sair disso graças a uma ajuda gratuita e não dedutível por parte de Deus. Ele conseguiu de tal forma subverter a situação irremediável da humanidade, a ponto de anular completamente o seu resultado final: de objeto de ira o homem passou agora à condição de glória. Os fiéis, de fato, participando plenamente da vida do Ressuscitado, chegam a compartilhar com Ele até mesmo a ressurreição e a entronização celeste (v. 6). Trata-se da chamada "escatologia realizada de Efésios", ou seja, da ideia de que os cristãos, por força da ressurreição de Jesus, já alcançaram o objetivo da vida celeste, mesmo que devam continuar ainda lutando contra as forças do mal[12].

A união dos judeu-cristãos e etnocristãos no corpo de Cristo (v. 11-12)

A partir de reflexões sobre a humanidade redimida, agora se passa a considerar mais especificamente a questão da relação entre cristãos provenientes do judaísmo e aqueles provenientes do paganismo (etnocristãos). O autor considera que a estranheza dos pagãos da cidadania de Israel (v. 11-12), graças à reconciliação realizada por Cristo na cruz (v. 13-18), é subvertida e transformada em cocidadania com os santos e familiaridade com Deus (v. 19-22).

Os pagãos não tinham a marca característica da circuncisão e por isso eram denominados "incircuncisos" e, consequentemente, não gozavam dos privilégios de Israel; mesmo que, na verdade, a circuncisão não toque a profundidade da pessoa permanecendo um sinal puramente superficial (v. 11). Este é o ponto de partida: a total estranheza às prerrogativas de Israel, listadas no v. 12.

No entanto, tal exclusão não tem mais razão de ser, porque Cristo a eliminou em virtude da sua cruz, que superou definitivamente a distância dos pagãos de Israel e de Deus. Ele realizou uma obra de pacificação, sendo Ele próprio a paz em pessoa. Agora a novidade do raciocínio está em ter evitado cuidadosamente dizer que os pagãos se tornaram cristãos através de uma unificação prévia com Israel, com uma espécie de judaicização forçada. A superação das divisões, portanto, não foi realizada com um trabalho de assimilação, mas com um evento criativo, colocado acima de toda distinção étnica: a morte de Jesus na cruz (v. 13-18). Essa morte pode ser entendida sobre duas vertentes: foi um evento destrutivo de um lado e criativo de outro; a cruz, de fato, destruiu todo elemento de divisão (o muro de separação, a

---

12. Cf. as p. 43s.

Lei, a hostilidade) e criou a unidade (o homem novo, v. 15) e a paz. Interessante notar como se evita a expressão "povo novo", porque a Igreja é uma realidade supranacional e supraétnica.

O efeito imediato é a reviravolta da condição dos pagãos (v. 19-22): de excluídos dos privilégios de Israel, e, portanto, estrangeiros, tornaram-se "concidadãos dos santos e membros da família de Deus" (v. 19). Para indicar essa novidade o autor usa uma metáfora arquitetônica: a Igreja é um edifício que cresce graças à contribuição de diferentes elementos: a pedra angular, que é Cristo, sobre a qual os apóstolos se apoiam como fundamento, sobre os quais, por fim, são colocados como pedras cada um dos cristãos. A eclesiologia resultante é muito dinâmica, já que a Igreja parece ser um "canteiro aberto", um edifício sempre em construção.

A revelação do mistério enquanto tal (3,1-13)

Paulo se apresenta não como um discípulo qualquer na prisão, mas como o prisioneiro por excelência, "prisioneiro de Cristo Jesus" (v. 1). É possível notar a partir deste detalhe como o Apóstolo (embora fale em primeira pessoa) é apresentado pelo autor da carta como uma figura fidedigna, que se tornou objeto de veneração das comunidades cristãs. Ele recebeu a revelação do *mistério*, o qual, mantido até o momento nos pensamentos recônditos de Deus, agora se deu a conhecer: em Cristo também os pagãos, excluídos da salvação oferecida aos judeus, podem fazer parte do mesmo corpo eclesial e da mesma redenção. Se antes muitos não podiam ser salvos porque estranhos a Israel, agora, graças à inclusão na Igreja que transcende toda distinção étnico-religiosa, são plenamente beneficiários desta salvação. Ora, desta novidade absoluta, precisamente ele, Paulo, o convicto e fervoroso defensor da fé judaica, tornou-se o anunciador, porque, improvisamente recebeu por revelação direta de Deus (v. 3) o conhecimento deste *mistério*: em outras palavras, ele veio a conhecer, somente por uma iniciativa imerecida de Deus, o que jamais teria sido capaz de imaginar (cf. Gl 1,12.15-16). E, a partir do momento que se trata de novidade absoluta, o autor inventa um neologismo (para comunicar coisas novas inventam-se palavras novas): os pagãos tornaram-se imprevisivelmente "coerdeiros, cocorpóreos e coparticipantes da mesma promessa por meio do Evangelho" (tradução literal do v. 6). Será que os "excluídos" poderiam sequer sonhar com uma participação tão plena e envolvente? As divisões são superadas e as partes antes distantes ou em conflito na Igreja estão agora em perfeita comunhão entre si e com Deus.

Volta-se, então, à pessoa do Apóstolo, em cujos lábios se verifica a declaração da própria indignidade "o menor de todos os santos" (v. 8; não se deve esquecer que o termo "santos" designava os cristãos *tout court*): embora totalmente de forma indigna Paulo é capaz de anunciar – desde que lhe foi revelado – a riqueza de Cristo, em si insondável e inacessível.

Que os cristãos, então, tenham algo a ver com uma realidade que os diz respeito de perto, mas que, ao mesmo tempo os supera, envolvendo toda a criação, é o que demonstram os versículos 9-10, onde são chamados em causa o universo e as realidades transcendentes que o povoam (Principados e Potestades), os quais estão diretamente implicados na obra de unificação cósmica que Deus está atuando em Cristo (cf. 1,9-10) e revelando graças à Igreja (v. 10). À imensidão do cosmos corresponde uma manifestação da imensidão divina, que, embora completamente inescrutável, não permanece inacessível, pois os fiéis agora têm livre-acesso a Deus (v. 12).

Oração e doxologia (3,14-21)

Paulo começa a orar com um gesto de submissão a Deus (dobrar os joelhos não era um ato de adoração, mas uma manifestação de humildade), que, invocado com o nome de Pai, é reconhecido como a fonte de toda forma de vida no universo. O olhar, portanto, inicialmente se concentra maravilhado na imensidão da paternidade cósmica de Deus, para focar depois na interioridade do homem, que deve ser reforçada pela ação do Espírito; portanto, da imensidão do universo à pequenez do coração do homem. Contudo, é precisamente ali que o Cristo deseja habitar (v. 17), porque é somente ali, na intimidade da alma humana, que pode ser claramente percebida a amplitude simplesmente infinita do amor divino. Amor que não é facilmente circunscrível de tão imenso, de fato incomensurável, que são os limites do seu raio de ação.

A este respeito, o autor sente a necessidade de colocar em jogo as três coordenadas espaciais da cosmologia de então (*largura, comprimento, altura*), às quais acrescenta uma quarta que ele inventou (a *profundidade*; v. 18)[13]. Parece até que o próprio universo tenha que dilatar-se, para poder

---

13. As tentativas de reconduzir as quatro coordenadas a algum escrito anterior mostram-se muito frágeis: analogias e semelhanças se confrontam, por ex., com o *Corpus hermeticum*

abrir espaço a um amor que é em si mesmo irreprimível. Esta esmagadora tonalidade da linguagem continua: "o amor de Cristo supera todo conhecimento" (v. 19), não no sentido de que não pode ser conhecido, mas pelo fato de que prová-lo na própria pele é uma experiência avassaladora, que envolve mente, coração e toda faculdade humana; além disso, de Deus se diz que "é poderoso para realizar incomparavelmente mais do que pedimos ou pensamos" (v. 20): a sua generosidade é de longe mais ampla do que os pedidos dos homens. Pois bem, frente a tanto excesso de prodigalidade divina, surge espontânea a doxologia final, na qual se dá glória a Deus tanto em Cristo quanto na Igreja (v. 21). Com efeito, esta última se entende na sua estreita ligação com Ele e, portanto, na sua situação escatológica: também a Igreja, corpo de Cristo, é inundada pela glória que brilha na cabeça.

Segunda parte: a vida nova dos fiéis (4,1–6,24)

Depois da parte teológica, acerca do mistério, agora a carta assume um tom decididamente exortativo, concentrando-se mais nas consequências existenciais que surgem da proclamação do mistério; este, de fato, produz nos que creem uma novidade de vida. Portanto, se a tonalidade dos capítulos anteriores era decididamente teológica, o tom dos c. 4–6 é predominantemente paraclético (em sintonia com a linguagem de Paulo: a sua não é nunca uma simples *paráinesis*, ou seja, uma simples exortação a agir; é também e acima de tudo *paráklesis*, um encorajamento, um consolo, uma solicitação a agir de certa forma, porque apoiados pela força e pela esperança em Cristo).

Esta segunda parte da carta é articulada da seguinte maneira: 1) a unidade eclesial na diversidade dos ministérios (4,1-16); 2) a vida nova em Cristo (4,17–5,20); 3) o código doméstico (5,21–6,9), 4) a peroração final com a "batalha espiritual" (6,10-20), e, finalmente, a conclusão (6,21-24).

A unidade eclesial na diversidade dos ministérios (4,1-16)

O tema de fundo que emerge nesta seção é o da unidade, relacionada com o mistério de Deus e, consequentemente, também com a realidade da Igreja. O movimento do pensamento, desde o início, é ascendente para tornar-se logo em seguida descendente: da exortação a comportamentos ca-

---

(10,25; 11,20), mas não se encontra nenhuma dependência de Efésios. A referência mais simples parece ser em Rm 8,39, que contém, no entanto, só duas: "altura e profundidade".

rinhosos entre as pessoas para conservar a unidade eclesial (v. 1-4), se vai à própria unidade de Deus (v. 5-6), para descer de novo sucessivamente à multiplicidade de dons outorgados à Igreja para edificá-la na unidade (v. 7-16).

Que se encontre em uma argumentação exortativa emerge claramente do tom do v. 1, no qual se mencionam as virtudes necessárias para a convivência eclesial: para ser comunidade cristã autêntica, onde se vive como irmãos, os comportamentos não podem ser improvisados; nem toda conduta funciona, mas somente aquelas inspiradas pela humildade, gentileza, magnanimidade e tolerância mútua (cf. v. 2), até mesmo porque os cristãos estão juntos não porque se escolhem entre si, mas em resposta a um chamado de Deus (cf. v. 1.4). Estas observações de caráter parenético levam o autor a contemplar a realidade da Igreja assim como emana da própria vontade e ação de Deus; a unidade e a concórdia eclesial, de fato, não são o resultado de um acordo celebrado com vistas a uma coexistência pacífica, mas são o resultado de uma iniciativa tomada pelo próprio Deus. É como se dos frutos esperados se chegasse à planta que os produz: o olhar, de fato, deixa por um momento a unidade da Igreja para focar na unicidade de Deus: "um só corpo, um só espírito... um só Senhor, um só Deus e Pai" (v. 4-5).

Do concreto se vai ao universal, portanto, e Deus é considerado inclusive a partir da sua soberania universal. Dele se diz precisamente que é "Pai de todos, que está acima de todos, que age por meio de todos e em todos" (v. 6), no entanto, não no sentido exclusivo de "Pai de todos os *homens*", mas naquele extensivo: "de todos os *seres criados*"[14]. O sentido é surpreendente: aquele que cuida da Igreja é o mesmo que sustenta e permeia todo o universo, ou – se preferir – aquele que se preocupa da unidade eclesial é o artífice da unidade cósmica das realidades criadas. É o ponto alto do qual o olhar panorâmico volta a focar no detalhe eclesial do dom feito ao indivíduo (v. 7), só que o autor agora se deixa prender não mais pela figura de Deus Pai mas por aquela de Cristo, contemplado por meio das palavras do Sl 68,19, que serviam para comemorar a entrada triunfal em Sião do exército vitorioso de Israel seguido pelos inimigos tornados prisioneiros. No entanto, estas expressões devem ser relidas e atualizadas (trata-se de um exemplo de *midrásh* cristão).

---

14. A paternidade de Deus com relação ao cosmos era um conceito presente no judaísmo helênico. Cf. FILONE ALESSANDRINO. *De Posteritate Caini* 6. • *De Ebrietate*, 147. Cf. tb. Paulo em 1Cor 8,6 e Rm 11,36.

Acerca da "subida" não há dificuldades interpretativas, configurando-se como a expressão da ascensão de Cristo ao céu, entendida como ápice da sua ressuscitação; é mais debatida, por outro lado, a identificação da "descida". Entre as linhas interpretativas surgidas na história da exegese (descida aos infernos, descida na encarnação, descida do Espírito em Pentecostes), a mais confiável parece ser a da encarnação, apesar do autor não delongar-se tanto. Ele, na verdade, prefere debruçar-se nas consequências: chegado ao ponto mais alto da sua glorificação, o Ressuscitado se preocupa em fornecer à Igreja os dons ministeriais de que necessita. Cristo é um soberano universal completamente original, não recolhendo tributos de seus súditos como os reis terrenos, mas dando dons, que – como se pode ver de resto – são as pessoas que trabalham pela vida da Igreja.

No v. 11 há um elenco que recorda as listas de Rm 12,6-8 e 1Cor 12,28, testemunhas de uma situação ministerial ainda não cristalizada. É curioso o fato de que Cristo não atribui a competência da apostolicidade, da profecia ou do anúncio a qualquer um, mas que faça literalmente dom de apóstolos, profetas e anunciadores. Embora não se note na tradução, o texto original não diz que Cristo dê *qualificações* a qualquer um, mas que faça concretamente dom de *pessoas* à Igreja; portanto, o dom do ministério não é dado ao indivíduo em vista de uma espécie de promoção pessoal, mas a graça do ministério envolve algumas pessoas que se tornam o dom que Cristo reserva a toda a comunidade[15].

Os papéis são, então, muito diferentes: o governo (apóstolos), a exortação e o discernimento (profetas), o anúncio (evangelistas, mas não os autores dos quatro evangelhos), a orientação e o ensino (pastores e mestres), embora pareça prevalecer como um denominador comum o do ministério da palavra[16]. Para que servem tais ministérios na comunidade? A finalidade é muito simples: para que todos os batizados sejam capazes de realizar um serviço (sejam habilitados à *diakonía*, v. 12) em benefício de todo o corpo eclesial, uma vez que a finalidade última é que toda a Igreja alcance a sua perfeição, descrita com a imagem do *homem perfeito* (v. 13, ou seja, o homem *adulto*, por oposição à condição *infantil* do v. 14). A perfeição da Igreja se perfila como um processo de maturação comunitária, feito plasticamente

---

15. Dentre os estudos dedicados à perícope, cf. HARRIS. *Descent of Christ.*

16. Cf. PENNA. *Efesini*, p. 191.

com a metáfora do crescimento do corpo eclesial em estado de perene desenvolvimento através da colaboração de cada um dos seus membros (v. 16).

A vida nova em Cristo (4,17–5,20)

Depois de ter prestado atenção ao crescimento eclesial (4,15-16), o autor volta a debruçar-se sobre a conduta do cristão individual, ao qual dirige uma série de diferentes exortações agrupadas desta forma: 1) antítese entre o comportamento passado e o novo (4,17-32); 2) a passagem das trevas para a luz (5,1-14); 3) os cristãos cheios de Espírito Santo (5,15-20). Globalmente, pode-se dizer que o autor está delineando a novidade de vida que surge da adesão a Cristo.

Antítese entre o comportamento passado e o novo (4,17-32)

Um novo comportamento só pode basear-se em uma mentalidade radicalmente nova. Tal convicção baseia-se em duas observações que poderiam ser vistas como os dois lados da mesma moeda: por um lado trata-se de distanciar-se do intelecto entenebrecido dos pagãos, do qual brotam comportamentos viciosos e dissolutos (v. 17-19), e por outro de acolher um princípio inspirador que informa por si só toda a conduta, renovando-a radicalmente a partir de dentro. Este princípio inspirador é o próprio Cristo; os cristãos, de fato, são o que são porque o aprenderam. A expressão é muito forte, porque "aprender Cristo" (v. 20) indica uma assimilação geral que não se detém nos conteúdos ensinados por Cristo, ou seja, somente na dimensão didático-conceitual de sua obra, mas se refere à totalidade da sua vida e da sua pessoa. Não se deve, portanto, limitar-se a aprender *dele*; é necessário aprender *Ele*, porque a fé não é redutível à pura doutrina a ser conhecida ou a valores aos quais aderir, mas afeta todas as faculdades da pessoa, delineando-se precisamente como uma relação totalizante com Cristo. Mas, com "qual" Cristo? Não com aquele redutivamente construído a partir das próprias expectativas, mas sim com aquele terreno, historicamente identificável, firmemente ancorado na situação concreta de Jesus de Nazaré (este é o significado da frase "conforme é a verdade de Jesus", v. 21). Pois bem, a adesão a Cristo provoca uma novidade existencial tal que a conduta passada deve ser definitivamente abandonada, assim como um terno velho, para poder vestir uma totalmente inédita. Com a metáfora do vestido, que pode erroneamente gerar a ideia de uma certa superficialidade ("não é o hábito que faz o monge"...), na verdade, se quer tornar bem visível a antítese entre um comportamento passado errado e a conduta nova que brota da fé cristã – eis a contraposição entre o *homem velho a ser despojado e o homem novo a ser revestido* (v. 22-24)[17]. A partir desta reflexão de fundo toma forma todas as considerações éticas que se seguem.

Esta antítese entre o velho e o novo também permite um esclarecimento sobre a assim chamada escatologia realizada de Efésios. De fato, as exortações que seguem nesta seção mostram como todo cristão, embora sendo já partícipe do triunfo definitivo de Cristo desde o momento que se senta com Ele nos céus (2,6), não pode sentir-se livre de lutas e cansaços. O combate espiritual, do qual se falará amplamente em 6,10-17, colocará em campo um adversário que já faz a sua aparição precisamente neste momento (o diabo, 4,27). Portanto, a ideia de um triunfo consumado sai, de alguma forma, mitigada pela batalha ainda em curso contra as forças do mal: a vitória *já* decretada deve *ainda* definitivamente realizar-se na vida de cada um dos que creem individualmente.

Passagem das trevas à luz (5,1-14)

O crente não deve absolutamente desistir da situação luminosa em que se encontra agora, caso contrário, mais cedo ou mais tarde, voltará ao comportamento obscurecido do passado. De fato, a antítese metafórica homem velho/novo agora dá lugar a outra imagem construída igualmente no contraste "outrora, éreis trevas, agora sois luz no Senhor" (v. 8). Na clareza de uma conduta iluminada pelo amor divino (v. 1-2) se contrapõe uma espécie de lista daqueles comportamentos de trevas que nem deveriam ser nomeados (v. 3-5), porque atraem a ira de Deus (v. 6).

Este último tema merece uma pequena digressão. A *ira* não é a reação de uma divindade arbitrária e irascível que suscita nos homens o terror, mas antes revela a absoluta oposição de Deus ao mal. Poder-se-ia expressá-la com a ideia da sua radical incompatibilidade com o pecado, da sua total rejeição ao mal. É o outro lado do amor: Deus ama tanto o homem que rejeita resolutamente tudo o que ofende a sua dignidade.

---

17. A metáfora do vestuário é frequente no *Corpus paulinum*: Rm 13,12.14; 1Cor 15,53.54; 2Cor 5,3-4; Gl 3,27; 1Ts 5,8; Cl 3,10.12; Ef 6,11.

Retornando à antítese claro/escuro, notamos como a aproximação dos contrários continua a sustentar a argumentação. De fato, se diz tanto que seja necessário comportar-se "como filhos da luz" (v. 8) quanto que não se deve participar "nas obras estéreis das trevas" (v. 11). Tal campo metafórico faz desencadear no autor a memória talvez de um texto proclamado ou cantado no dia do batismo, no qual o neófito ouvia dizer estas ou outras palavras semelhantes: "Desperta tu que dormes! Levanta-te dentre os mortos, e Cristo te iluminará" (v. 14), com as quais se convidava o batizado a ressurgir para uma vida nova, a levar uma existência iluminada por Cristo (não temos certeza de que aqui se queira mencionar o costume do cristianismo primitivo de denominar os neobatizados como "iluminados", mas muitos elementos orientam nessa direção).

Os cristãos cheios do Espírito Santo (5,15-20)

O tom antitético dos versículos anteriores ainda continua, uma vez que a argumentação se baseia em outras contraposições: tolos/sábios, bom uso do tempo/dias maus, embriagados/cheios de Espírito. O contexto no qual o fiel é chamado a viver apresenta raramente elementos favoráveis, na maioria das vezes, com efeito, "os dias são maus" (v. 16), mas isso não nos impede de entender a vontade de Deus; portanto, não nos podemos assustar. Caso se aja sabiamente, então, ainda é possível "aproveitar bem o tempo" (v. 16). Obviamente, não é o tempo em si que é bom ou ruim, mas as escolhas que o indivíduo faz, por isso é de suma importância discernir a vontade de Deus e colocá-la em prática.

Neste ponto aparece uma chamada à sobriedade, provavelmente devida a uma espécie de antítese implícita: é preferível estar sob os efeitos da embriaguez do Espírito Santo do que daquela produzida pelo vinho (v. 18), porque neste último caso seria muito mais difícil entender a vontade de Deus e colocá-la em prática. Não uma mente obscurecida pelo vinho, portanto, mas iluminada por discursos inspirados pela Sagrada Escritura e pela liturgia, ou seja, "salmos, hinos, cantos inspirados" (v. 19). Não se sabe se o autor faz referência à possibilidade de que os banquetes eucarísticos pudessem se degenerar em verdadeiras e autênticas bebedeiras, como nos recorda 1Cor 11,21 ("enquanto um passa fome, outro está bêbado"). O fato é que a atitude mais bela que os cristãos podem se comprometer a assumir é a de agradecer e a de louvar a Deus "em nome de Jesus Cristo" (v. 20).

O código doméstico (5,21–6,9)

As exortações se estendem no que é comumente chamado de "código doméstico", ou seja, uma lista de normas a serem observadas dentro das paredes de casa. É uma lista não codificada pelo direito positivo a partir do qual eram regularizadas as relações dentro de uma família (também é chamado de "código de deveres sociais" ou "código social"[18]). Tanto no contexto greco-helenístico quanto no judaico haviam se espalhado algumas listas contendo recomendações semelhantes, motivadas pela importância atribuída à família, que era concebida como uma realidade a ser protegida o máximo possível. É, portanto, muito provável que este texto tenha sido retirado do contexto social coevo e adaptado aos objetivos da carta (talvez de acordo com uma tradição comum a Cl 3).

Certamente as diferenças entre a estrutura sociológica da época e a de hoje são múltiplas; de todas, destaca-se a abordagem de tipo hierárquica, que foi durante muitos séculos a estrutura de suporte da família patriarcal. No vértice havia o *pater familias* (o chefe do núcleo familiar), ao qual todos os outros membros – esposa, filhos e escravos – deviam obediência.

Entre os códigos domésticos do NT o dos Efésios é certamente o maior (cf. Cl 3,18-22; 1Pd 3,1-7). Obviamente não foram abordadas *todas* as possíveis questões que podiam surgir na família; por exemplo, como deveria se comportar a esposa de um marido pagão diante do comportamento religioso deste último (em 1Cor 7, 16, p. ex., Paulo supôs que existissem matrimônios mistos dentro da comunidade cristã). Ou como deveria reagir uma esposa maltratada; ou qual linha adotar no caso de incesto (cf., p. ex., 1Cor 5,1-13). Ou qual modelo matrimonial adotar entre os cônjuges escravos: o mesmo daquele de cônjuges livres ou aquele imposto pelo patrão (que podia separar dois escravos casados). O código doméstico aqui relatado se torna no mínimo simplificado; além do mais, uma vez removidas as motivações puramente cristãs, nas determinações concretas não difere muito de qualquer outra normativa do mundo greco-romano.

A articulação do texto está facilmente disponível: 5,21-32, exortação aos maridos e às esposas; 6,1-4, exortação aos pais e aos filhos; 6,5-9, exortação aos senhores e aos escravos. É de se notar como não se proceda simplesmen-

---

18. Cf. BEST. *Efesini*, p. 594.

te listando cada uma das normas a serem observadas, mas como a atenção dirige-se pelo contrário à inter-relação dos sujeitos mencionados: se há deveres das esposas, estes andam de mãos dadas com os dos maridos; da mesma forma a exigência da obediência dos filhos, que é harmonizada com o devido respeito da parte dos pais; finalmente, se aos escravos se ordena de obedecer, aos patrões se lhes pede para não encruecerem. Parece precisamente que se proceda tendo presente o valor da relação e tal peculiaridade permite fazer duas anotações. A primeira: certamente a estrutura sociológica não se modifica; de fato, se mantém a subordinação das esposas aos maridos[19] e não se revoga o instituto da escravidão (provavelmente teríamos esperado um pouco mais de coragem de um autor cristão). A segunda: no entanto, não dá para perceber, apesar de assumir *in toto* a configuração da família patriarcal, que o autor traz numerosas e corajosas inovações, como se pode observar das seguintes observações.

É extremamente importante a consideração inicial, que de certa forma goza de uma certa independência das seguintes e que serve como introdução inspiradora desta seção, chegando a atenuar bastante as disparidades: "Sujeitai-vos uns aos outros no temor de Cristo" (v. 21). Se, por um lado, portanto, deve-se reconhecer a continuidade com a estrutura social da época, por outro não deve ser mal-interpretada a semente de novidade introduzida pela mensagem cristã, inclusive porque, de forma inequívoca, compreende-se como dentro da comunidade a subordinação jamais possa ser imposta ou forçada, sendo somente voluntária e recíproca. Esta espécie de preâmbulo põe a salvo contra o risco de compreender esta mútua submissão ou em termos de uma *subserviência* (daqueles que submetem os demais, talvez até mesmo com o uso da violência) ou de acordo com a nuança do *servilismo* (por parte daqueles que se submetem por interesse ou por imaturidade pessoal). Em vez disso, a subordinação exigida a todos os membros da comunidade indica a necessidade de se colocar a serviço das exigências dos outros no único, compartilhado "temor de Cristo". Na comunidade cristã existem tarefas diferentes, mas a única autoridade é a de Cristo.

---

19. Também no mundo greco-romano entre marido e mulher se tem uma relação assimétrica; a menção explícita de uma relação de reciprocidade é testemunhada em raríssimos autores. Cf. MUSONIO RUFO. *Frammento* XIIIA. • IEROCLE STOICO. *Stobeos*, 4, 22, 21-24.

Exortação aos maridos e às esposas (5,22-32)

Entrando no mérito da exortação a maridos e esposas, não se deve deixar de mencionar, então, como o v. 21 de alguma forma consiga influenciar toda a argumentação; se, portanto, somente às esposas se pede explicitamente a subordinação aos maridos, também para estes vale o princípio geral de "submeter-se uns aos outros". Cabe recordar como a posição da mulher no mundo greco-romano[20] fosse melhor do que aquela ocupada no judaísmo[21], apesar de ser necessário distinguir bastante entre o que acontecia nas classes abastadas e a conduta das classes mais humildes e incultas, das quais não se tem informação confiável, mesmo que seja possível presumir uma condição mais mortificada. Em todo caso parece que a posição social da mulher na área da Ásia Menor, se comparada à de outras regiões limítrofes, fosse a melhor. No v. 22, de todas formas, se impõe à esposa a submissão aos respectivos maridos.

Agora, na argumentação da carta vem à tona, com toda evidência, o tema cristo-eclesiológico, que permite construir ao longo de toda a perícope contínuas idas e vindas entre a união conjugal e aquela entre Cristo e a Igreja; o argumento, de fato, perpassa este duplo binário antropológico e teológico. Já nos v. 23-25, recordando que a subordinação ao marido se deve ao fato de ele ser a cabeça da esposa (*kefalé*, cf. 1Cor 11,3), o autor aplica imediatamente este termo a Cristo, entendido precisamente como cabeça da Igreja (como já havia feito em 1,22 e 4,15). A subordinação da esposa, portanto, é motivada pela atitude que a Igreja deve ter para com Cristo; e que não se trata de uma condição humilhante para as esposas, pode ser deduzido das injunções dirigidas aos maridos para amá-las (v. 25a). Tal comando dirigido aos maridos não prevê a contrapartida às esposas, de amar os próprios maridos.

A motivação dada é o próprio comportamento de Cristo, que "amou a Igreja e se entregou por ela" (v. 25b). O que sustenta o amor conjugal, portanto, é a mesma realidade que fundamenta a fé cristã como tal: o amor de Cristo por nós (cf. v. 2 e 25); as diferentes expressões do amor humano, de fato, podem apoiar-se no único amor oblativo de Cristo. Como é possível notar, entre os dois níveis há um contínuo reenvio, mesmo que não sejam situados no mesmo plano: entre o plano transcendente Cristo/Igreja e o antropoló-

---

20. Cf. PLATÃO. *Leis*, 3,680b. • ARISTÓTELES. *Política*, 1252b, 1256b.

21. Cf. FÍLON DE ALEXANDRIA. *Hypothetica*, 7,3. • *De Specialibus Legibus*, 3, 169, 171. • FLÁVIO JOSEFO. *Contra Apionem*, 2,201.

gico marido/mulher não há somente uma correlação de semelhança, mas também e acima de tudo, de causalidade do primeiro em relação ao segundo. As referências à ação de Cristo, de fato, são maiores (cf. v. 23.25.26-27.30) e algumas qualificações permanecem exclusivas de Cristo: "salvador do corpo", "e se entregou por ela", os cuidados "cosméticos" e sacramentais, e a pertença dos membros do corpo eclesial a Cristo; consequentemente, são certamente ações que não estão relacionadas às ações próprias dos maridos. Trata-se, pelo contrário, de ações fundacionais, que só Cristo pode colocar[22].

Na comparação entre a relação marido/mulher e aquela Cristo/Igreja, o autor dedica, como já foi mencionado, um amplo espaço para contemplar os cuidados de Cristo para com a comunidade eclesial a fim de torná-la bela e sem defeitos. A "lavagem da água por meio da palavra" (v. 26) alude à purificação batismal, ação sacramental com a qual ela é santificada, e a ação do apresentar-se perante "a Igreja toda gloriosa" (v. 27) evoca a tarefa confiada ao paraninfo, uma terceira pessoa, de absoluta confiança, que de acordo com os costumes da época acompanhava a esposa na casa do esposo. Destaca-se o caráter de total gratuidade: santidade e beleza da Igreja são o efeito e não o pressuposto pelo qual Cristo a escolhe. A beleza resultante é incomparável.

O amor à própria mulher é associado ao amor pelo próprio *corpo*, menção esta que acende várias conexões: ao corpo eclesial, do qual os cristãos são membros, e à corporeidade compartilhada – a única carne – do casal primordial. A citação explícita de Gn 2,24 cria um fecundo entrecruzamento tipológico entre a união de Adão e Eva, a de qualquer esposo e esposa e a de Cristo com a Igreja. A união cristo-eclesiológica e aquela dos progenitores, na verdade, são únicas e irrepetíveis e, portanto, podem ser invocadas como normativas para cada casal humano. Chega-se a criar, portanto, uma espécie de circularidade hermenêutica: com base na *única carne* (v. 31), referindo-se à união Adão/Eva, e reinterpretada tipologicamente em relação a Cristo e à Igreja, o autor pode impor ao casal marido/mulher as atitudes elencadas. Isso permite superar uma comparação completamente extrínseca entre a relação cristo-eclesiológica e aquela conjugal. Ambas têm a sua prefiguração na união mencionada em Gn 2,24[23].

---

22. Também no AT o amor nupcial de Deus com relação a Israel permanece simplesmente irrepetível e assimétrico. Cf., p. ex., Is 61,10; 62,5; Os 2,4-25; Ez 16.

23. Dentre os muitos estudos podemos destacar, entre outros: KÖSTENBERGER, A.J. "The Mystery of Christ and the Church: Head and Body, 'One Flesh'". In: *Trinity Journal*, 12, 1991,

Pais e filhos, senhores e escravos (6,1-9)

Uma série de considerações dirigidas aos filhos, aos pais, aos escravos e aos senhores completa o "código doméstico". Também aqui o ponto prospectivo não é aquele exclusivo do *pater familias,* que domina no âmbito familiar, mas é aquele da correlação mútua: o argumento procede – como anteriormente para marido e mulher – tendo em mente para cada declaração dirigida a uns a correspondência para os outros: filhos/pais e pais/filhos, escravos/senhores e senhores/escravos. Provavelmente, aqui também se aplica o princípio de 5,21: "Sujeitai-vos uns aos outros no temor de Cristo", que serve, pelo menos, para reajustar, sem subverter, a configuração hierárquico-patriarcal da família e para conter tanto excessos de abordagem pedagógica muito dura quanto as tendências violentas do instituto da escravidão (sem chegar, infelizmente, à sua radical e definitiva superação). A educação no judaísmo era basicamente oferecida em casa, enquanto no mundo greco--romano era possível também apoiar-se em uma escola; parece improvável que o autor pensasse em filhos de pais cristãos confiados às escolas da sinagoga judaica.

Tanto na sociedade judaica quanto na helenística[24] o dever de obediência aos pais (v. 1) era uma norma amplamente aceita, mesmo que o autor acrescente o esclarecimento "como ao Senhor" e dá como motivação o mandamento bíblico de honrar o pai e a mãe, ao qual está ligada a garantia de felicidade e longevidade. Às recomendações aos filhos se seguem correspondentemente as dirigidas aos pais (as mães não são mencionadas), os quais muitas vezes corriam o risco de serem excessivamente autoritários, para não dizer brutais, para com os filhos. A observação "fazei-os crescer na disciplina e nos ensinamentos do Senhor" (v. 4), provavelmente faz alusão a uma educação interessada não somente na dimensão cultural e civil, mas também – e

---

p. 79-94. • FLECKENSTEIN, K.-H. *Ordnet euch einander unter in der Furcht Christi. Die Eheperikope in Eph 5,21-33* – Geschichte der Interpretation, Analyse und Aktualisierung des Textes (Forschung zur Bibel 73). Würzburg: Echter, 1994. • LAMBRECHT, J. "Christ and the Church, Husband and Wife in Ephesians 5,21-33". In: *Collected Studies* – On Pauline Literature and on the Book of Revelation. Roma: Biblical Institute Press, 2001, p. 295-308 [Analecta Biblica, 147]. • MERZ, A. "Why did the Pure Bride of Christ (2Cor 11,2) Become a Wedded Wife (Eph 5,22-33)? Theses about the Intertextual Transformation of an Ecclesiological Metaphor". In: *Journal for the Study of the New Testament,* 79, 2000, p. 131-147.

24. Cf., p. ex., Eclo 3,1-9. • FÍLON DE ALEXANDRIA. *De Decalogo,* 120. • ARISTÓTELES. *Ethica Nicomachea,* 1164b,22-1165a,35. • PLUTARCO. *Moralia,* 479.

especialmente – naquela religiosa. Talvez haja também uma alusão à doçura da ação educativa de Jesus, oferecida com mansidão e humildade (cf. Mt 11,29).

Em perfeita conformidade com as práticas jurídicas da época, que justificavam o instituto da escravidão como componente essencial da estrutura socioeconômica do mundo antigo, intima-se os escravos à obediência aos senhores (v. 5-8). Aristóteles teorizava a escravidão[25], enquanto Sêneca, embora não pedindo a abolição, sugeria uma forte atenuação[26], assim como outros filósofos estoicos. No judaísmo havia algumas restrições que mitigavam a dureza da condição de quem vivia na escravidão. Basta recordar Eclo 33,31-32: "Se tens escravo, seja como tu mesmo... trata-o como irmão", enquanto no essenismo, graças à vida comunitária e à renúncia da propriedade privada, a escravidão não tinha cidadania, até porque existia a radical igualdade de cada membro. O cristianismo das origens só irá tomar nota desta conotação da sociedade, simplesmente colocando em prática algumas formas de suavizar a dureza. Paulo exorta os escravos que creem a permanecerem nas suas condições (cf. 1Cor 7,21) e reenvia ao seu legítimo proprietário Filêmon o escravo Onésimo "já não como escravo, mas bem mais do que escravo, como irmão caríssimo" (Fm 16)[27].

O autor de Efésios segue também esta tendência, pedindo aos escravos que obedeçam com docilidade, mesmo que, definindo os senhores como "terrenos" (v. 5) e falando do senhorio único de Cristo sobre os escravos e os senhores (v. 9), ele consiga relativizar a autoridade destes últimos, freando os seus excessos de arrogância e brutalidade. Poder-se-ia concordar sobre o fato de que aqui uma certa forma de igualdade esteja realmente implícita, só que permanece somente interior, na alma humana (ou seja, abandonada à iniciativa de cada senhor) e somente no interior da comunidade cristã, não chegando à reivindicação de uma liberdade reconhecida em nível social baseada na igual dignidade de todos. De fato, se o autor faz alusão a uma espécie de substancial igualdade, a fundamenta, no entanto, não sobre a semelhança da natureza humana (como defendiam, no entanto, os filósofos estoicos), mas sobre a unicidade da soberania celeste de Cristo, cujo senhorio se estende tanto sobre os escravos quanto sobre os senhores.

---

25. Cf. *Ethica Nicomachea*, 1161a, 33-b,10.

26. *Cartas* 47,1.

27. Também em outras passagens, o NT se pronuncia pela manutenção do instituto da escravidão. Cf. Cl 3,22-24; 1Pd 2,18; 1Tm 6,1-2; Tt 2,9-10.

A "batalha espiritual" (6,10-20) e conclusão (6,21-24)

Aproximando-se da conclusão da carta, o autor muda definitivamente o estilo da argumentação, envolvendo-se em um discurso semelhante ao de um comandante ao incitar as tropas em guerra.

A batalha espiritual (6,10-20)

Do ponto de vista retórico a tonalidade é a de uma *peroratio* – a conclusão de um discurso – que, por um lado serve de síntese dos argumentos tratados e por outro excita as mentes dos ouvintes. Nisto Efésios se assemelha a outras cartas autênticas (cf. Rm 15,7-13; Fm 19-20; Fl 4,10-20). O objetivo é acender nos ouvintes o desejo de lutar contra as forças do mal (v. 10-13), oferecendo instruções detalhadas sobre a armadura que se deve vestir (*panoplía*, v. 14-17). Obviamente, trata-se de um discurso figurativo.

Então, com uma súbita mudança do contexto da vida doméstica se passa ao da batalha cósmica com os poderes malignos, como se dissesse que, mesmo naquelas que parecem pequenas coisas da realidade cotidiana, se está travando na verdade uma luta sem quartel; parece que do código doméstico se passe para uma espécie de "código guerreiro". O horizonte volta a ser o dos primeiros capítulos: a derrota das forças adversas no âmbito ilimitado de todo o universo, mas com uma ênfase totalmente surpreendente. Se já era possível cantar vitória pela derrota das potências celestes inimigas, inexoravelmente imposta pelo ressuscitado (cf. 1,19-23), vitória à qual cada crente se sentia plenamente partícipe (2,1-10), agora está sendo dito que a guerra, na realidade, ainda não acabou e que a luta deve continuar. Aquele que crê não pode se dar ao luxo de baixar a guarda. A vitória de Cristo no cosmos já aconteceu e deve ser sinal de alegria, mas a vitória de cada cristão no âmbito da própria existência está *in fieri* e se deve combater ainda[28].

A imagem da armadura é muito viva. Primeiramente, não se trata de uma armadura qualquer, mas da "armadura de Deus" (v. 11). Aquele que crê, portanto, deve repensar-se como um "soldado", que, revestido com a força que emana do próprio Deus, pode se envolver em um conflito que não é terreno, mas transcendente e, portanto, que deve ser enfrentado não com armas humanas, mas espirituais (cf. 2Cor 10,3). Na verdade, neste caso, os inimigos não são de carne e osso, mas são entidades sobrenaturais. O tipo de

---

28. Cf. o comentário a 2,6.

luta difere daquelas até então conhecidas: não é o clássico corpo a corpo dos conflitos bélicos entre exércitos humanos, celebrado nas epopeias de cada tradição cultural, nem se trata da batalha ascética, travada contra as paixões físicas que entram em conflito com a alma[29]. Claramente se diz que o inimigo é o diabo (v. 11), que faz a guerra por meio de suas "armadilhas". Esse sujeito já havia aparecido, seja explicitamente (cf. 2,1-3; 4,27), seja através daquela pluralidade de manifestações que atende pelo nome de poderes angélicos adversos (cf. 1,21; 3,10). A lista do v. 12 nada mais é do que a exemplificação de todas as forças hostis ao homem, manifestadas nos desastres naturais ou ativas nas autoridades políticas, atrás das quais esconde-se uma única direção diabólica. Pois bem, o cristão deve dotar-se do equipamento adequado, descrito minuciosamente nos mínimos detalhes.

Cada detalhe – a cobertura dos rins, a armadura, os sapatos, o escudo contra as flechas do inimigo, a espada, v. 14-17 – servem para tornar de alguma forma visíveis as virtudes e os dons divinos correspondentes: a verdade, a justiça, o anúncio do Evangelho, a fé, a salvação, o Espírito associado à Palavra de Deus. Esta linguagem metafórica tem a vantagem de dar a perceber de uma forma altamente envolvente e dinâmica que não estamos no contexto pacato de uma disputa acadêmica, mas no âmbito conturbado de um drama existencial, o qual não se resolve por exposições conceituais, mas se consome dia a dia "na pele" de cada um que crê. Não é um debate entre intelectuais, mas uma luta real.

A essa altura não seria de espantar a exortação à oração (v. 18-19), que é a principal arma contra o diabo, necessária para "todos os santos", ou seja, para todo aquele que crê, e para o próprio Paulo[30], com o qual o autor se identifica embora muito provavelmente ciente do fato de que ele já estava morto, fazendo-nos assim ouvir, quase ao vivo, o ímpeto e o entusiasmo pelo anúncio vivido em primeira pessoa pelo próprio Apóstolo, que, preso, pede precisamente orações para si mesmo.

A conclusão epistolar (6,21-24)

De acordo com a epistolografia clássica o final de uma carta incluía uma conclusão (*post-scriptum*) sucinta e uma saudação sob forma de despedida

---

29. Cf. FÍLON DE ALEXANDRIA. *Legum allegoriae*, 3,190.

30. Cf. Rm 15,30; 2Cor 1,11; Cl 4,3; 1Ts 5,25; 2Ts 3,1.

augural ("fique bem", "fique em boa saúde"). Nas outras cartas paulinas a conclusão encontra uma espécie de expansão, com referências circunstanciais a acontecimentos ou a sujeitos específicos (com exceção de Gálatas) e termina com uma saudação de claro sabor litúrgico[31].

O autor, como nos versículos anteriores, deseja fazer ouvir o testemunho direto de Paulo, com uma menção puramente autobiográfica (v. 20), apesar de que será Tíquico a referir sobre as suas condições. Este último, então, é chamado "irmão muito amado e fiel ministro do Senhor" (6,21), qualificações estas que revelam os vínculos nem um pouco formais que os dois mantinham e que lembram aqueles reservados aos colaboradores mais próximos de Paulo: Timóteo (Fl 2,19-20), Epafrodito (Fl 2,25.29), Epafras (Cl 4,12-13). Tíquico, para além de relatar algumas notícias, tem a tarefa de trazer conforto aos destinatários.

No entanto, se compararmos estas últimas linhas do texto de Efésios com os outros escritos do *Corpus paulinum*, pode-se notar a forma enxugada e especialmente muito concisa, ao contrário das saudações das cartas autênticas, nas quais Paulo fala diretamente, cumprimentando cada um dos sujeitos da comunidade cristã, nomeando-os pessoalmente, citando acontecimentos e personagens concretos[32] e falando das saudações de outros[33]. Indícios tais que trairiam o caráter circular e pseudoepigráfico da carta: era destinada a mais de uma comunidade e não foi escrita por Paulo.

Talvez, com a saudação final (v. 23-24), na qual o autor nomeia paz, amor, fé e graça, pretende-se fornecer uma espécie de síntese de alguns temas de fundo da carta. A *eulogia* inicial (1, 3-14), que menciona a iniciativa salvadora de Deus em Cristo, encontra nesses dons a sua forma concreta e operativa, confiada agora à acolhida e à iniciativa dos fiéis.

---

31. Cf. 1Ts 5,28: "a graça do Senhor nosso Jesus Cristo esteja convosco". Cf. tb. Rm 16,20; 1Cor 16,23-24; 2Cor 13,13; Gl 6,18; Fl 4,23; Fm 25; Cl 4,18; 2Ts 3,18.

32. Cf. Rm 16,1-16; 1Cor 16,10-20; 2Tm 4,9-21; Tt 3,12-14.

33. Cf. Rm 16,16b.21-23; 1Cor 16,19-20; 2Cor 13,12b; Fl 4,22; Cl 4,10-14; 2Tm 4,21b; Tt 3,15; Fm 23.

Temáticas teológicas

O mistério

Um dos conceitos-chaves da carta é o de "mistério". Indica o projeto formulado por Deus desde a eternidade, mantido escondido por séculos, e realizado e revelado por Deus em Cristo[34]: "...Deu-nos a conhecer o *mistério* de sua vontade, conforme a livre-decisão que antes havia tomado em Cristo, a fim de realizá-lo na plenitude dos tempos: restaurar em Cristo, sob uma só cabeça, todas as coisas, tanto as que estão no céu como as que estão na terra" (1,9-10). Para um tempo em que o mistério não era conhecido, segue agora um momento preciso em que este é revelado, ou seja, a plenitude dos tempos. Com esta expressão não se pretende dar uma data predeterminada para a qual estamos nos aproximando com uma espécie de contagem regressiva. Pelo contrário, se trata de "plenitude dos tempos" porque, com a redenção de Cristo, não estamos diante de um fato fortuito, imprevisto, mas se está cumprindo um evento que o próprio Deus está realizando. A história, portanto, não é feita de momentos sem sentido, alinhados pelo mero fluxo dos acontecimentos, mas tem um propósito específico, impresso por Deus: a sua meta é Cristo, para cujo senhorio Deus está direcionando todas as coisas.

Mais detalhes sobre o mistério emergem no c. 3, em que a obra redentora de Cristo (que já no 2,14-18 era especificada como superação das divisões entre judeus e pagãos) realiza a plena participação também dos pagãos à mesma salvação destinada aos judeus. De que forma? Tomando parte no mesmo corpo eclesial. Agora, neste mistério é o próprio Apóstolo que está pessoalmente envolvido. "Por revelação me foi dado a conhecer o mistério... podeis compreender a percepção que tenho do *mistério* de Cristo" (3,3-4).

---

34. O "mistério" das cartas paulinas discutidas poderia ser compreendido como uma espécie de sinônimo de "evangelho" das cartas autênticas. Cf. SEGALLA, G. *Teologia biblica del Nuovo Testamento* – Tra memoria escatologica di Gesù e promessa del futuro regno di Dio. Leumann, TO: Elledici, 2006, p. 449-457 [Logos: Corso di Studi Biblici 8/2], o qual se fundamenta nas observações de VONMERKLEIN, H. "Paulinische Theologie in der Rezeption des Kolosserund Epheserbriefes". In: KERTELGE, K. (ed.). *Paulus in den neutestamentlichen Spätschriften* – Zur Paulusrezeption im Neuen Testament. Friburgo/Basel/Viena: Herder, 1981, p. 25-69 [Quaestiones Disputatae, 89]. • "Il 'mistero' della lettera ai Colossesi come di quella agli Efesini è il 'Vangelo' delle *homologoúmena* [lettere discusse], accostato da una prospettiva missiologica o ancora ecclesiologica" (p. 29). Cf. tb. REYNIER. *Évangile et mystère*.

É um dom absoluto que vem a Paulo por iniciativa divina, precisamente por revelação. Sozinho, na verdade, nunca teria imaginado o conteúdo deste mistério, ou seja, o fato imprevisível de que os pagãos foram feitos *coerdeiros, cocorpóreos* e *copartícipes* do mesmo dom reservado aos judeus (3,6), gozam, ou seja, da plena participação da salvação em Cristo. Portanto, graças à manifestação e realização do mistério são superadas todas as barreiras e divisões étnico-religiosas, e as partes precedentemente em conflito agora estão em paz porque em comunhão com Deus e entre si. É precisamente por isso que a proclamação deste mistério é universal, envolvendo inclusive o mundo criado.

Pois bem, este mistério "oculto por séculos em Deus, criador do universo" (3,9), é dado a conhecer através da Igreja também às Potências do céu (v. 10), as entidades transcendentes, das quais em 1,21 já foi proclamada a submissão. O lugar onde se realiza o mistério é precisamente a comunhão eclesial; anunciá-lo também às realidades celestiais que lhe são adversas tem a finalidade de mostrar o alcance universal da própria Igreja, no qual processo de agregação e pacificação de alguma forma todo o cosmos está envolvido. Esta notificação do mistério às Potências, portanto, serve para tornar vã as tentativas de divisão e de conflito. No cosmos, uma realidade totalmente livre da sua influência, porque a esfera exclusiva do senhorio de Cristo existe: é a Igreja, na qual componentes tão distantes uns dos outros vivem juntos em paz.

Em 5,32, o conceito reaparece num contexto muito diferente, o das relações entre marido e mulher: "Grande é este *mistério*. Quero referir-me a Cristo e sua Igreja". A redenção de Cristo anunciada a todo o universo tem também na união conjugal uma sua visibilidade. Se a realização do mistério é principalmente obra de participação dos pagãos para a salvação, numa perspectiva de unificação e pacificação, esta intenção salvífica está em ação também dentro do casal[35].

Em 6,19, mistério e evangelho se tornam uma coisa só: "quando eu abrir a boca para falar, encontre palavras que deem a conhecer com ousadia o *mistério do evangelho*".

---

35. Para um exame completo do conceito de *mistério* nas cartas de Paulo, cf. PENNA, R. *Il "Mysterion» paolino"* – Traiettoria e costituzione. Bréscia: Paideia, 1978 [Supplementi alla *Rivista Biblica*, 10].

Cristo Cabeça e Igreja corpo

Uma das questões que particularmente incentivou os Padres a recorrer frequentemente à carta foi precisamente o tema da Igreja, entendida como corpo de Cristo, cabeça da Igreja. Temática que entusiasmou os estudiosos católicos, ao contrário daqueles de outra orientação confessional, apesar de atualmente ser possível dizer que o interesse é compartilhado substancialmente por exegetas de todo tipo de denominação eclesial além de cada opção individual e diferenças interpretativas. O autor de Efésios contempla a Igreja na sua totalidade e não na particularidade, na sua derivação "do alto" (Cristo como sua cabeça) e não no seu ser constituída "de baixo" a partir de cada um dos fiéis.

A metáfora é de origem paulina, com efeito já aparece em Rm 12,4-5 e 1Cor 12,12-30[36]. No entanto, em Paulo a "cabeça" é um membro como os outros membros do corpo (cf. 1Cor 12, 21). Em Efésios o conceito conhece uma notável evolução (parcialmente emprestada de Colossenses): com o termo *kefalé* não se designa um dos cristãos, mas o próprio Cristo, entendido como origem vital da Igreja e fonte de autoridade sobre ela. No estudo do pano de fundo desta imagem de Cristo cabeça que tem um corpo eclesial, os exegetas foram atraídos por supostos contatos com as figuras do *Salvator salvatus* ou do *Ánthropos* celestial de derivação gnóstica. Sem dúvida uma notável influência na busca de um *background* foi dada pelo contexto cósmico no qual Efésios coloca a sua cristologia; (cf., p. ex., 1,10.23; 4,10). A ideia substancialmente era a de um *Christus Totus* derivante da união entre Cristo, Igreja e cosmos[37], portanto, uma cabeça transcendente – Cristo – com um corpo imenso derivante da inclusão do todo criado (a anexação das realidades criadas ao corpo de Cristo depende, até certo ponto, da compreensão de 1,23, em que não parece necessário compreender o termo plenitude como o complemento do corpo de Cristo por meio do conglobar em si todas as coisas).

Estudos posteriores mostraram que a hipótese de uma influência gnóstica não poderia ser sustentada, já que o gnosticismo é um fenômeno cultural posterior à época neotestamentária. Nem mesmo tiveram sucesso as

---

36. Em Paulo a imagem não é inteiramente original, dado que já circulava relacionada ao vínculo entre o Estado e os cidadãos. Ideia presente no célebre apologista de Menenio Agrippa (citado p. ex. por TITO LIVIO. *Storia di Roma* 2, 32, 7-12), mas já utilizada, p. ex., em Platão (*República* 5,462c-462e) e em Aristóteles (*Politica* 5,1302b-1303a).

37. Cf. SCHLIER. *Efesini*, p. 130-149.

conjeturas relacionadas a uma derivação da figura do *Machoánthropos* de matriz estoica[38].

Voltando ao texto de Efésios, é possível notar como a metáfora passa através de toda a carta, aparecendo também em contextos diferentes entre si[39]. Se em Paulo a metáfora indica o vínculo que conecta vitalmente os fiéis entre si, em Efésios se acrescentam nuanças relacionadas à relação com Cristo. Afirmar que este último é a cabeça do corpo eclesial significa destacar contemporaneamente tanto a ligação que decorre entre Cristo e a Igreja quanto as suas evidentes distinções. A Igreja, enquanto *corpo* depende totalmente de Cristo, vive graças à conexão constante com Ele, em uma espécie de circularidade e compartilhamento da própria vida, que ela só pode extrair unicamente dele, sendo a sua fonte transcendente de existência. Mas Cristo, enquanto *cabeça*, embora junto ao seu corpo, é distinto dele: só Ele senta à direita de Deus (1,20), exercendo uma soberania ilimitada sobre a criação (1,21-22; 4,10). Os dois sujeitos não estão, portanto, no mesmo plano. Com efeito, a Igreja, apesar de firmemente ancorada à fonte da sua própria existência não coincide com esta, não tem a mesma autoridade divina de seu chefe, portanto, não pode cultivar nenhuma autorreferencialidade de tipo triunfalista, nem qualquer forma de exaltação e identificação com a sua cabeça. Ela é o seu corpo, claro, mas Cristo a transcende sempre, sendo o exercício de sua soberania ilimitado. A Igreja, enquanto corpo, está sempre em tensão, em contínuo crescimento rumo a Ele, e necessita da ativa colaboração de cada um dos seus membros (4,15-15).

No entanto, o poder de Cristo tem apenas na Igreja a sua esfera de influência tão explícita. De fato, o universo, ainda que inteiramente atravessado por uma imensa obra de unificação em Cristo (restaurar em Cristo, sob uma só cabeça, todas as coisas:1,10) não é o corpo de Cristo ou, pelo menos, ainda não é. Portanto, as consequências são interessantes: a autoridade de Cristo se estende sobre todas as coisas, é claro, mas é como se somente na Igreja essa soberania fosse totalmente acolhida e explícita. Ou, invertendo as perspectivas, se Cristo de alguma forma detém as rédeas de todo o cosmos, conduzindo-o ao objetivo para o qual foi criado, apenas à Igreja reserva as suas

---

38. Cf. DUPONT, J. *Gnosis* – La connaissance religieuse dans les Épîtres de Saint Paul. Brouges/Paris: Desclée de Brouwer, 1949.

39. Cf. 1,22-23; 2,16; 3,6; 4,4.12.15-16.25; 5,21-33.

melhores atenções. Aliás, ela é objeto da sua graça predestinadora (1,5.11) e da sua redenção (1,7-8), é o seu *pléroma* ("plenitude", 1,23), a realização da sua reconciliação (2,14-18; 3,6), é beneficiária de seus dons (4,7-12) e receptora da força que a faz crescer (4,16); finalmente, é descrita nos moldes de uma esposa (5,21-33). Se o universo é o contexto e o objeto do senhorio de Cristo, só a Igreja é o seu corpo. Um último destaque: não é intrigante o fato de que, enquanto se enfatiza a grandeza da Igreja por causa da sua cabeça, se afirme ao mesmo tempo a sua humildade por causa da radical diferença dele? De uma eclesiologia "forte", nasce uma eclesiologia "humilde".

Escatologia realizada

Um elemento que levou com razão os estudiosos a levantar sérias dúvidas quanto à paternidade direta de Paulo com relação a Efésios é também a mudança radical de perspectiva sobre a espera da *parusia* e, por conseguinte, da considerável evolução do enquadramento da escatologia. Em síntese: se nas cartas autênticas emerge uma evidente ênfase da iminência da *parusia*, esperada com fervorosa e apaixonada expectativa, em Efésios se assiste não somente ao diferimento da *parusia*, mas também ao seu desaparecimento. O lugar é deixado a uma situação já toda "espalmada" sobre o fim, sobre uma realização já dada. Por esta razão os exegetas definem tal situação como o surgimento de uma "escatologia realizada".

Cristo, ressuscitado e ascendido ao céu, finalmente derrotou e submeteu as potências adversas (1,20-23) e os que creem desfrutam plenamente de tal vitória. Esses, de fato, passaram da ira (2,3) ao ser partícipes da vida de Cristo, da sua ressurreição e da sua entronização nos céus (2,5-6[40]). Não há espaço para perspectivas futuras, para expectativas ulteriores. Poder-se-ia, com certeza, afirmar que se trata de um caso de excesso de otimismo soteriológico: os fiéis, embora imersos nas vicissitudes da história, associados ao triunfo do Ressuscitado, gozam com antecedência do êxito que a sua cabeça já alcançou. No fundo, o sintagma "em Cristo" (e variantes), que aparece em várias ocasiões, especialmente na *eulogia* indica exatamente o vínculo

---

40. Aquilo que para Paulo é uma esperança futura, para Efésios é realidade realizada. Cf., p. ex., o confronto entre os verbos no futuro de 2Cor 4,14: "Pois sabemos que aquele que ressuscitou o Senhor Jesus ressuscitará também a nós com Jesus e nos fará comparecer diante dele convosco" e aqueles no aoristo de Ef 2,5-6: "e estando nós mortos por nossos pecados, deu-nos vida por Cristo. Pela graça é que fostes salvos! Como Ele nos ressuscitou e nos sentou nos céus, em Cristo Jesus".

vital e irrevogável que os fiéis têm com Cristo. Mas, se já estão inseridos no *éschaton*, o que lhes resta?

Aqui surgem todos os elementos corretivos, que não conseguem, no entanto, delinear um quadro sistemático da questão. No dizer de muitos exegetas, a carta sobre este tema apresenta uma tensão não solucionada. De fato, juntamente com esta dimensão do "já" realizado, se apresenta a do "ainda não" realizado. "Se na corrida de revezamento da Igreja o testemunho já foi trazido (por Cristo) além da linha de chegada e é possível portanto com razão celebrar a festa da vitória escatológica, permanece ainda o esforço do *sprint* final no percurso terrestre"[41].

Realizada, sim, a escatologia de Efésios, mas com mais de um corretivo. A vida eclesial se alimenta do triunfo de Cristo, mas deve lidar com o cansaço do seu caminho rumo à unidade e à comunhão (4,1-16), com o compromisso de viver como homens novos (4,17–5,20), com o cotidiano das relações dentro das paredes domésticas (5,21–6,9) e com o confronto corpo a corpo com o diabo (6,10-20). À primeira parte "teológica" da carta, em que predomina o otimismo escatológico, segue a segunda, na qual prevalece o realismo do cotidiano; o cristão não pode sentir-se ausente de lutas, dificuldades e combates. Vitorioso com Cristo, ele deve travar um combate renhido contra as maquinações do diabo (cf. 2,1-3; 4,27), para o qual é necessário vestir a armadura adequada (6,10-20). Certamente o campo de batalha é a história com seus altos e baixos, mas também a esfera estritamente pessoal, na qual homem velho e homem novo estão em constante conflito (cf. 4, 22-24).

A visão do matrimônio (5,22-33)

Um debate muito aquecido, que não se pode deixar de mencionar, diz respeito ao tema do matrimônio, cujo fundamento, pelo menos por um longo tempo, teria sido identificado precisamente nas considerações de 5,22-33. Se desde a época patrística se pensava nesta passagem como fundamento da sacramentalidade da união nupcial, a partir de Erasmo começou-se a levantar algumas dúvidas. O problema surge inclusive pela dificuldade de encontrar, também entre as diferentes confissões cristãs, um acordo sobre

---

41. MARTIN. *Lettera agli Efesini*, p. 13.

o conceito de "sacramento" no sentido lato e de "Sacramento do Matrimônio" em sentido estrito. Certamente contribuiu à interpretação sacramental o fato de que na frase "Grande é este *mistério*. Quero referir-me a Cristo e sua Igreja" (v. 32) o termo *mystérion* tenha sido traduzido na *Vulgata* como *sacramentum* e não como *mysterium:* "Sacramentum hoc Magnum est ego autem dico in Christo et in ecclesia". Desse modo, a compreensão da união do homem e da mulher na única carne como expressão sacramental do vínculo cristo-eclesiológico fez o seu caminho.

Pelo contrário, com o uso da palavra *mystérion*, o autor tinha em mente a ideia de um *segredo* salvífico que Deus revelou agora em Cristo[42] e certamente não é só neste termo que se baseia toda a questão sacramental.

É sem dúvida inegável, portanto, o fato de que essa perícope não possa ser considerada como um "tratado" completo sobre o matrimônio, uma vez que são muitos os argumentos e as questões relacionadas à vida de casal que ficaram por resolver-se, e um eventual fundamento bíblico do sacramento nupcial não pode esgotar-se nesta única perícope. No entanto, não se pode desprezar o paralelo evidentíssimo que se põe, apesar da diferença dos planos, entre a relação Cristo/Igreja e marido/mulher e não parece que devamos excluir completamente Ef 5,22-33 da reflexão da sistemática sacramental relacionada ao matrimônio. Com efeito, toda a argumentação (e, portanto, independentemente da tradução latina do termo *mystérion*) decorre de que as relações cristo-eclesiológicas e as relações dos cônjuges não são simplesmente justapostas para criar uma comparação ou uma metáfora, segundo uma relação inteiramente extrínseca. A correlação parece muito mais profunda. De fato, o contínuo ir e vir entre a relação Cristo/Igreja e marido/mulher coloca a primeira como a fonte e o modelo da segunda e, ao mesmo tempo, garante que a união conjugal possa colocar-se como um sinal explícito e concreto da *única carne* entre Cristo e a sua Igreja. Tal correlação estreita entre o plano transcendental e aquele antropológico não esgota, certamente, todas as dimensões fundantes do sacramento, mas não pode também pretender que seja totalmente estranha. Pelo contrário, se deveria afirmar mais pacificamente que o surgimento de uma teologia bíblica relati-

---

42. Cf. p. 46s.

va a 5,22-33 oferece elementos muito valiosos, os quais, em conjunto com outros extraídos de todo o horizonte escriturístico, podem favoravelmente ocorrer em ordem à elaboração do fundamento bíblico da sacramentalidade do matrimônio[43].

Bibliografia

Comentários

Os primeiros comentários destacados aqui são aqueles que marcaram as fases da compreensão de Efésios no exterior e na Itália e que produziram por um lado o progressivo arquivamento da hipótese de dependência gnóstica, e por outro uma espécie de autonomia das cartas autênticas (Efésios tem dignidade em si e não porque toma emprestado os argumentos de Paulo). Estes, certamente, têm o mérito de ter cientificamente divulgado a carta tanto no campo acadêmico quanto no do público em geral.

ALETTI, J.-N. *Saint Paul Épître aux Éphésiens* – Introduction, traduction et commentaire. Paris: Gabalda, 2001 [Études Bibliques, 42].

BARTH, M. *Ephesians* I-II. Garden City, NY: Doubleday, 1974 [8. ed., 1984] [The Anchor Bible, 34-34a].

BEST, E. *Lettera agli Efesini*. Bréscia: Paideia, 2001 [orig. inglês, 1998] [Commentario Paideia Nuovo Testamento, 10].

GNILKA, J. *Der Epheserbrief*. Friburgo im Breisgau/Basel/Viena: Herder, 1971 [Herders Theologischer Kommentar zum Neuen Testament, 10.2].

PENNA, R. *La lettera agli Efesini* – Introduzione, versione, commento. Bolonha: EDB, 1988 [Scritti delle Origini Cristiane, 10].

SCHLIER, H. *La lettera agli Efesini*. Bréscia: Paideia, 1965 [orig. Alemão, 1957] [Commentario teologico del Nuovo Testamento 10.2].

SCHNACKENBURG, R. *Der Brief an die Epheser*. Neukirchen/Vluyn: Benziger, 1982 [EvangelischKatholischer Kommentar zum Neuen Testament, 10].

---

43. Os exegetas estão divididos. P. ex., Lambrecht ("Christ and the Church", p. 295-308) se expressou favoravelmente pela interpretação sacramental, enquanto que Best (*Efesini*, p. 632) é contrário.

Seguem-se outros que têm o mérito de ter mantido viva a atenção e o debate sobre a carta, continuando na aplicação fecunda de uma pluralidade de métodos interpretativos (do historiador crítico ao retórico).

BOISMARD, M.-E. *L'énigme de la lettre aux Éphésiens*. Paris: Gabalda, 1999 [Études Bibliques, 39].

BOUTTIER, M. *L'Épître de Saint Paul aux Éphésiens*. Genebra: Labor et Fides, 1991 [Commentaire du Nouveau Testament, 2ᵉ série 9b].

HAHN, E. *Der Brief des Paulus an die Epheser*. Wuppertal: Brockhaus, 1996 [Wuppertaler Studienbibel Neues Testament – Ergänzungsfolge].

LINCOLN, A.T. *Ephesians*. Dalas: Word Books, 1990 [Word Biblical Commentary, 42].

MARTIN, A. *Lettera agli Efesini* – Introduzione, traduzione e comento. Cinisello Balsamo: San Paolo, 2011 [Nuova Versione della Bibbia dai testi antichi, 46].

MONTAGNINI, F. *Lettera agli Efesini* – Introduzione, traduzione e comento. Bréscia: Queriniana, 1994 [Biblioteca Biblica, 15].

NEUFELD, T.R.Y. *Ephesians*. Waterloo/Scottdale: Herald, 2002 [Believers Church Bible Commentary].

POKORNY, P. *Der Brief des Paulus an die Epheser*. Leipzig: Evangelische Verlagsanstalt, 1992 [Theologischer Handkommentar zum Neuen Testament, 10.2].

ROMANELLO, S. *Lettera agli Efesini*. Milão: Paoline, 2003 [I Libri Biblici, 10].

Muitos comentários foram feitos ou em conjunto com a Carta aos Colossenses ou às outras cartas de encarceramento, às vezes na tentativa de mostrar a existência de temas transversais ou paralelos. Obviamente, nem sempre se deu a mesma atenção à diferente avaliação a nível metodológico entre as cartas autênticas e as da tradição.

BRUCE, F.F. *The Epistles to the Colossians, to Philemon, and to the Ephesians*. Grand Rapids, MI: Eerdmans, 1984 [The New International Commentary on the New Testament].

ERNST, J. Le lettere ai Filippesi, a Filemone, ai Colossesi, agli Efesini. Bréscia: Morcelliana, 1986 [orig. alemão, 1974] [Il Nuovo Testamento Commentato].

MacDONALD, M. *Colossians and Ephesians*. Collegeville: Liturgical Press, 2000 [Sacra Pagina 17].

ROSSÉ, G. *Lettera ai Colossesi* – Lettera agli Efesini. Roma: Città Nuova, 2001 [Nuovo Testamento – Commento esegetico e spirituale].

TALBERT, C.H. *Ephesians and Colossians*. Grand Rapids: Baker Academy, 2007 [Paideia Commentaries in The New Testament].

Monografias

Por fim, uma panorâmica de monografias, que oscilam entre questões histórico-literárias a temáticas mais diretamente teológicas.

DE LOS SANTOS, G.E. *La novedad de la metáfora kefalè* – soma en la Carta a los Efesios. Roma: Editrice Pontificia Università Gregoriana, 2000 [Tesi Gregoriana – Serie Teologia, 59].

HARRIS, W.H. *The Descent of Christ. Ephesians 4,7-11 and Traditional Hebrew Imagery*. Leiden: Brill, 1996 [Arbeiten zur Geschichte des antiken Judentums und des Urchristentums 32].

MAYER, A.C. *Sprache der Einheit im Epheserbrief und in der Ökumene*. Tübingen: Mohr Siebeck, 2002 [Wissenschaftliche Untersuchungen zum Neuen Testament. 2. Reihe, 15].

MARTIN, A. *La tipologia adamica nella lettera agli Efesini*. Roma: Editrice Pontificio Istituto Biblico, 2005 [Analecta Biblica, 159].

MORITZ, T. *A Profound Mystery* – The Use of the Old Testament in Ephesians. Leiden/Nova York/Colônia: Brill, 1996 [Novum Testamentum – Supplements 85].

REYNIER, C. *Évangile et mystère* – Les enjeux théologiques de l'épître aux Éphésiens. Paris: Cerf, 1992 [Lectio Divina, 149].

USAMI, K. *Somatic Comprehension of Unity*: The Church in Ephesus. Roma: Biblical Institute Press, 1983 [Analecta Biblica, 101].

II

Carta aos Colossenses

A. Martin

Introdução

A Carta aos Colossenses se situa dentro daquele grupo de cartas do *Corpus paulinum* cuja paternidade literária, no debate exegético contemporâneo, foi posta em causa (2Tessalonicenses, Efésios, 1–2Timóteo, Tito). Na divisão clássica Colossenses é contada entre as cartas "da prisão" (juntamente com Filipenses, Filêmon, Efésios), chamadas assim porque Paulo é apresentado na condição de prisioneiro. Embora a atribuição de Colossenses a Paulo tenha sido defendida com convicção por alguns exegetas[44], desde há algumas décadas os estudiosos são inclinados a incluir Colossenses, juntamente com Efésios, entre os escritos da primeira tradição (cf. infra).

Autor

Existem basicamente duas orientações entre os exegetas. Há quem atribua o escrito a Paulo (mencionado em primeira pessoa em 1,1.23; 4,18 e como se fosse expresso num discurso direto em 1,24-29; 2,1.4-5; 4,3-4.7-8.10-11.13), explicando as diferenças estilísticas e teológicas a respeito das cartas autênticas segundo a mudança de contexto e uma certa distância temporal delas; com o passar dos anos, o pensamento do Apóstolo teria evoluído e, tendo-se apresentado novas questões, Paulo teria preparado igualmente uma mudança expressiva e uma renovada elaboração teológica. Alguns

---

44. Cf., a título de exemplo: CERFAUX, L. "En faveur de l'authenticité des épîtres de la captivité". In: *Recherches Bibliques*, 1989, p. 85-112.

atenuavam as diferenças de estilo com relação aos escritos incontestáveis através da figura de um escrivão (Paulo, portanto, ditava a carta deixando ampla liberdade de intervenção por parte desta espécie de secretário). Certos temas, na verdade, se assemelham a argumentos puramente paulinos: por exemplo a liberdade da Lei de Gálatas, a sabedoria da cruz de 1Coríntios, os sofrimentos do ministério apostólico de 2Coríntios, a longa lista das saudações finais semelhantes a Romanos. Segundo esta solução, Colossenses teria sido escrito pelo Apóstolo durante o final da sua existência terrena no período do cativeiro romano.

Essa explicação, no entanto, não satisfaz plenamente. Algumas questões, de fato, constituem uma evolução bastante substancial em comparação com a teologia de Paulo, se não mesmo uma evidente novidade: por exemplo, o conceito de Cristo cabeça em relação ao corpo (analogamente a Efésios), o seu papel no que diz respeito ao cosmos no hino inicial e o clima de escatologia realizada; além do mais é totalmente ausente na língua netamente paulina relacionada à justificação.

Por esta razão, alguns outros exegetas questionam a paternidade paulina e optam por outras soluções: há quem pense em Timóteo (mencionado como coautor em 1,1, que teria escrito "com o mesmo espírito" de Paulo), ou Epafras (cf. 1,7; em 4,12-13 é apresentado como um generoso trabalhador para a comunidade de Colossos). Nos encontraremos, assim, muito provavelmente diante do primeiro caso de pseudoepigrafia paulina: "Colossenses está localizada na fronteira entre as cartas incontestáveis e as contestáveis"[45]. Em qualquer caso, poderia ser um discípulo de Paulo, ou um colaborador seu ou um pensador cristão que teve contato direto com ele. O autor de Colossenses, então, faria parte daquele círculo de seguidores do Apóstolo (a assim chamada "escola paulina"), que assumiram a tarefa de recolher a sua herança, extraindo diretamente do seu patrimônio teológico-conceitual, adaptando-o, no entanto, a contextos culturais e eclesiais modificados.

Referir-se, em seguida, às notícias relacionadas ao terremoto que devastou a região do Vale do Lico em 60-61 d.C.[46] não é muito útil: o silêncio sobre este fato por parte dos Colossenses pode testemunhar a favor das duas hipóteses. Pensar em uma redação anterior a tal evento, incitaria alguns exe-

---

45. HAY. *Collossians*, p.20.

46. Cf. TÁCITO. *Annales*, 14, 27, 1.

getas a expressar-se a favor da atribuição a Paulo: ele próprio a teria escrito antes do terremoto. Em contrapartida, outros estudiosos especulam que escrever para uma comunidade já extinta, não mais capaz, então, de protestar no caso de pseudoepigrafia, testemunharia a favor da atribuição em favor de algum discípulo da "escola paulina".

Um outro indício que revelaria uma mão diferente da de Paulo seria precisamente a figura do próprio Apóstolo tal como emerge do texto. Antes de mais nada, ele se define servidor/ministro do Evangelho e da Igreja (*diákonos*, 1,23.25), mas em uma posição incomparável: o seu sofrimento apostólico expressa uma eficácia em benefício de toda a Igreja (v. 24). Perfila-se, assim, um retrato do Apóstolo compreendido mais em união à história de Jesus e aos seus sofrimentos redentores do que em solidariedade com os homens beneficiários dessa redenção. Desta forma se sobressai, em toda a sua autoridade, uma figura única, solitária, grandiosa, quase um ícone do evangelizador ideal, já objeto de veneração por parte dos que creem. Um retrato bastante diferente daquele oferecido nas cartas manuscritas. Com efeito, de missionário que anuncia o Evangelho, ele se torna o conhecedor do mistério (v. 26), com uma missão apostólica simplesmente ilimitada ("todo homem", v. 28). Nem sequer em 1Cor 15,10, em Fl 3,4-6 e dentro do discurso presunçoso de 2Cor 11,1–12,18, no qual tece o elogio a si próprio, Paulo chegou a expressar-se com esses tons; também porque nesses textos subjaz uma comparação com outros, completamente ausente em Colossenses. É como se a presença do Apóstolo, após a sua morte, continuasse não fisicamente, mas em forma espiritual[47]; tratar-se-ia da participação de Paulo na vida da comunidade por meio do texto da carta mesmo após a sua partida. Uma espécie de "presença epistolar"[48] como a melhor maneira de atualizar hoje um ensinamento recebido do próprio Apóstolo no passado.

Datação

Caso se opte pela paternidade de Paulo poder-se-ia colocar a redação da carta entre o 61 e o 62, e depois da redação da Carta a Filêmon (as seme-

---

47. Alguns exegetas interpretam nesse sentido a afirmação de 2,5: "distante com o corpo, no entanto, entre vós com o espírito", mesmo que se trate da presença espiritual do Apóstolo, apesar da sua ausência física, e não da sua presença depois da morte. Cf. BURNET, R. *Épîtres et lettres Ier-IIe siècle – De Paul de Tarse à Polycarpe de Smyrne*. Paris: Cerf, 2003, p. 213, 221-223 [Lectio Divina, 192].

48. BURNET. *Épître et lettres*, p. 222.

lhanças entre Colossenses e Filêmon são: a condição de prisão de Paulo e os amigos que o cercam: Onésimo, Aristarco, Marcos, Epafras, Lucas, Demas; cf. 4,9-14 e Fm 10,23). Se, no entanto, nos orientarmos para a hipótese pseudoepígrafa, colocando a redação da carta após a morte de Apóstolo, a gama de hipóteses obviamente se amplia. Alguns exegetas imaginam a colocação da redação antes da destruição do templo de Jerusalém, portanto, antes dos anos 70.

Destinatários

A cidade de Colossos, não sendo uma importante encruzilhada para o comércio, para o debate cultural ou para fenômenos religiosos especiais, não desfrutava da fama de Éfeso. Portanto, uma cidade habitada nem um pouco famosa (em 4,13 é feita menção de Laodiceia e Gerápolis, muito mais conhecidas). A comunidade cristã presente ali não foi fundada pelo Apóstolo e os fiéis eram de origem pagã, convertidos pela evangelização de Epafras (cf. 1,7). Não aparece no texto – ao contrário das outras cartas – o desejo do Apóstolo de visitar os colossenses; a sua ausência é recebida como um dado permanente. Os poucos dados, então, que se possuem sobre esta comunidade provêm da própria carta. É uma comunidade que, já firme na fé, é encorajada a perseverar perante a ocorrência de uma doutrina estranha (a assim chamada "filosofia" de 2,8), uma "heresia" não bem especificada.

Gênero literário e esquema

O estilo com o qual claramente se apresenta este escrito é o epistolar; a prova de que se trata de uma carta, além da introdução e das saudações finais, é também a vitalidade da relação direta entre emissor e destinatários. Portanto, diferente de Efésios, cuja tonalidade é mais próxima a um tratado eclesiocristológico, em Colossenses emerge definitivamente a configuração de uma carta dirigida a uma comunidade. Além do mais, como nas outras cartas do *Corpus paulinum,* existem seções estritamente teológicas (como o hino cristológico de 1,15-20) e outras de tom exortativo (cf. a seção 3,1–4,1). O estilo é determinado por longos períodos, com um fraseado complexo, empolado, composto por várias subordinadas, que por vezes beira à tautologia.

Para definir a arquitetura da carta é possível seguir diferentes critérios. Indicaremos dois, que oferecem várias soluções. O primeiro divide o corpo da carta – tirando a introdução (remetente, destinatários, saudação e agradecimento, 1,1-3) e conclusão (saudações finais, 4,10-18) – substancialmente em duas partes: uma de teor didático-teológico e outra de ritmo exortativo.

Parte didática: c. 1–2

Parte exortativa: c. 3–4

O segundo, mais de natureza argumentativa-retórica, cruzando critérios temáticos e literário-retóricos, fornece uma composição mais articulada[49].

Saudação inicial: 1,1-2

Exordium: 1,3-23 (com expansão cristológica, v. 15-20)

Partitio (ou anúncio dos temas): 1,21-23:
    c) a obra de Cristo para a santidade dos fiéis
    b) a fidelidade ao Evangelho recebido
    a) e anunciado por Paulo

Probatio: 1,24–4,1:
    a) a luta de Paulo pelo anúncio do Evangelho (1,24-2,5)
    b) fidelidade ao Evangelho recebido (2,6-23)
    c) santidade dos fiéis (3,1–4,1)

Peroratio: 4,2-6: exortações

Conclusão: 4,7-18: notícias e saudações

O *exordium* funciona como introdução, a *partitio* é a declaração inicial (explícita ou implícita) de como se quer distribuir o material argumentativo, a *probatio* constitui a parte mais significativa na qual o autor expõe os seus argumentos, a *peroratio* é a parte final dirigida a tocar nas emoções dos ouvintes e, por vezes, recapitular sucintamente os tópicos tratados.

Guia de leitura

Saudação inicial e exordium *(1,1-23)*

O *incipit* da carta contém a saudação inicial (1,1-2), seguida de uma introdução (*exordium*, 1,3-23), que se afigura caracterizada por uma digressão com o tema cristológico.

---

49. Aqui vem a proposta elaborada em ALETTI. *Colossesi*, p. 43.

1) Saudação inicial (1,1-2)

De acordo com o costume protocolar da época e conforme a todas as cartas do epistolário paulino, o começo da carta contém o remetente, os destinatários e as saudações iniciais, mas com algumas pequenas variações. Em primeiro lugar os remetentes são dois: Paulo e Timóteo. Depois, Paulo apresenta as suas credenciais de enviado (apóstolo) de Deus, para dizer que a iniciativa não é totalmente sua, tendo sido encarregado de anunciar o Evangelho por vontade de Deus. Essa é toda a sua autoridade apostólica. Como seu colaborador próximo encontramos Timóteo, corremetente da carta (à semelhança de 2Cor 1,1, e Fm 1; no v. 7 Epafras é mencionado como colaborador no ministério). Os destinatários são os fiéis da comunidade cristã de Colossos, chamados, segundo costume antigo, "santos e fiéis irmãos em Cristo", aos quais se dirige o duplo desejo da graça e da paz como saudação.

2) *Exordium*

Esta primeira parte introdutória, tão fortemente marcada pela inserção de um texto dedicado a Cristo, pode ser dividida da seguinte forma: a) ação de graças e intercessão de Paulo (v. 3-14); b) expansão cristológica (v. 15-20), c) anúncio dos temas (v. 21-23).

a) A ação de graças e a intercessão de Paulo (1,3-14)

Também nas outras cartas paulinas, as saudações são seguidas de um agradecimento (cf. p. ex.: 1Cor 1,4; Rm 1,8) e, às vezes, de intercessão pela comunidade à qual se dirige (cf. Fl 1,9; Ef 1; 2Ts 1,11; em Ef 1,16 a ação de graças e a intercessão coincidem).

Mais que desempenhar o papel de *captatio benevolentiae*, a ação de graças inicial (v. 3) serve para criar o fundo sobre o qual colocar todas as observações que se seguem no corpo da carta. A primeira palavra, portanto, é uma manifestação incessante de gratidão a Deus, porque Ele já está trabalhando na vida da comunidade. É uma perspectiva preciosa, porque permite colocar-se no horizonte correto: reconhecer antes de mais nada a ação de Deus. O Apóstolo se alegra diante de Deus pela vida cristã dos fiéis expressada na tríade de fé, esperança e caridade, que expressam a vitalidade da comunidade de Colossos (v. 4-5). Desta forma se recorda o âmago da experiência de crer, que não pode ser alterada por nenhuma variação ou complemento. Talvez, já aqui se situa a preocupação do Apóstolo com relação ao que veremos ser um dos principais dissabores expressos na carta, o da assim chamada "filosofia" (cf. 2,8); os fiéis são, portanto, imediatamente convocados ao essencial: a fé em Jesus, o amor pelo próximo, a esperança com relação a um futuro escatológico no qual, de certa forma, já fizeram a sua entrada.

A comunidade foi alcançada pelo poder do Evangelho: creram nele e agora este mesmo poder está se espalhando e dando frutos (v. 6). A comunidade de Colossos é precisamente uma comunidade florescente e saudável, e, apesar de não faltar motivos de preocupação – o que talvez motivou o envio da carta em si –, para o autor vale a pena demorar um pouco nesta contemplação toda de forma positiva. Justificável não tanto para bajular o orgulho colossense, mas para destacar com toda sinceridade a ação de Deus.

Desde que foi informado, o autor, embora não sendo ele o fundador desta comunidade e não conhecendo pessoalmente os membros, não parou de agradecer a Deus e de invocar para os fiéis os dons do conhecimento espiritual. A oração de intercessão tem como objeto o desejo de que os fiéis deem fruto "em toda boa obra" (v. 10), portanto, tem uma clara orientação à praxe, embora a marca principal seja de tipo cognitivo. No breve intervalo de só dois versículos floresce uma dupla exigência do dom do "conhecimento" (v. 9-10). Uma praxe correta, de fato, só pode surgir de um reto conhecimento. Só conhecendo-se salvo por Deus em Jesus Cristo, o fiel agirá de consequência, porque fundamentalmente Deus pede ao homem para corresponder ao dom concedido. Neste sentido são necessárias "sabedoria e inteligência espiritual" (v. 9), a serem entendidas como dom do discernimento, ou seja, como capacidade de ler a história pessoal e comunitária, intuindo nelas a ação de Deus.

No fundo, toda a vida cristã se resolve em uma adesão incondicional a um dom recebido com alegria: Deus Pai, de fato, tornou os fiéis "capazes de participar do destino dos santos na luz" (v. 12); em outras palavras eles puderam experimentar plenamente a eficácia da salvação, que os libertou da escuridão do pecado (cf. At 26,18). A experiência batismal revelou-se como a passagem das trevas para a luz, de uma condição de escravidão opressora – uma verdadeira tirania (cf. o "poder das trevas" do v. 13a) – a uma situação de liberdade inesperada (garantida na transferência no "reino do Filho do seu amor", v. 13b). A redenção dos pecados, portanto, não encontra uma metáfora melhor do que a da luz: não é à toa que os neófitos eram chamados de "iluminados" (cf. Ef 5,14).

Aprofundamento

Escatologia realizada

Semelhante à Carta aos Efésios, a de Colossenses mais que esperar um futuro escatológico, no qual será definitivamente realizada a salvação, apresenta aquele fenômeno chamado de "escatologia realizada": os crentes são e já se sentem salvos. Expressões como "nos transportou ao reino de seu Filho amado" (1,13), "nele fostes também ressuscitados pela fé no poder de Deus" (2,12) e "ressuscitastes com Cristo" (3,1) parecem traçar um horizonte teológico de realização; a estes se somam aqueles relativos a uma pacificação cósmica (cf. 1,20). Os fiéis já estão na luz (cf. 1,12), fizeram a sua entrada no Reino de Cristo (cf. 1,13) e parece que não têm mais nada a esperar. Haveria, então, uma espécie de alternativa entre a escatologia em tensão das cartas autênticas e a escatologia realizada das cartas contestáveis. Nas primeiras os cristãos são orientados à expectativa do futuro (a *parusia* de Cristo), nas segundas eles já estariam nos céus. Poder-se-ia dizer que a tensão "para o futuro", de caráter temporal, teria substituído o posicionamento já alcançado "no céu", de orientação vertical.

Na realidade, não se trata de posições totalmente alternativas ou até mesmo antitéticas entre si. De fato, elementos de salvação experimentados estão também nas cartas autênticas, bem como naquelas da tradição aparecem indícios que revelam uma situação longe de ser triunfalista. Com efeito, se fosse assim, não se compreenderia porque em Colossenses (como também em Efésios), ao lado do entusiasmo pela redenção experimentada no presente, não faltam exortações para viver de acordo com o batismo, evitando a conduta de outrora (cf. 3,5-15); além do mais, outras expressões formuladas explicitamente com os tempos no futuro, conjugando a ideia de uma escatologia totalmente realizada, revelam uma realização que ainda está por vir: "Quando Cristo, vossa vida, se manifestar, então também vós vos manifestareis com Ele, revestidos de glória" (3,4); "do Senhor recebereis a herança como recompensa" (3,24). Em todo caso, enquanto as cartas manuscritas mencionam explicitamente a expectativa da *parusia*, em Colossenses esta tensão para o Cristo que virá dá lugar ao gozo de uma redenção já experimentada e apreciada com Ele (cf. 1,13; 3,1).

b) Expansão cristológica (1,15-20)

O entusiasmo pela experiência da redenção é, de algum modo, prolongado nas considerações posteriores reservadas à figura de Cristo, às quais o autor dedica uma espécie de afresco de proporções simplesmente grandiosas. Encontramo-nos diante de um texto em formato de hino, talvez retirado do uso litúrgico prévio ao autor e retocado por ele, marcado em dois momentos: 1) a mediação do Filho na *criação* (v. 15-17); 2) a mediação do Filho na *redenção* (v. 18-20).

1) A mediação do Filho na criação (v. 15-17)

Duas relações são mencionadas: a de Cristo com o Pai, da qual Ele é "imagem" (*eikón*), e a de Cristo com a criação, da qual é "primogênito" (*protótokos*). O primeiro termo torna a ideia do Filho como uma manifestação visível do Pai; sendo Deus aquele que permanece irredutivelmente invisível, Cristo seu Filho o torna manifesto. Mas não porque Deus tenha saído da sua invisibilidade para mostrar-se aos homens de forma evidente, mas sim no sentido de que é o Filho que nos dá a conhecer algo dele de modo explícito e definitivo. Provavelmente seria de pensar em Adão, criado a *imagem (eikón)* e semelhança de Deus (cf. Gn 1,26-27), ou à encarnação, correndo com a mente pelas palavras do Prólogo de João: "Ninguém jamais viu a Deus. O Filho único de Deus, que está junto ao Pai, foi quem no-lo deu a conhecer" (Jo 1,18). Mas, se olharmos atentamente para o contexto, o autor não alude nem a Adão, nem à encarnação de Jesus. Portanto, aqui não é o homem Jesus, com a sua concretude perceptível, a tornar Deus visível. A referência, ao contrário, é ao contexto veterotestamentário da função cósmica da Sabedoria, definida "imagem" da bondade de Deus (*eikón*, 7,26), cuja participação ao ato criativo se torna manifestação de Deus criador.

A expressão "primogênito de toda a criação" refere-se, assim, ao papel de Cristo no ato criador, quando, mesmo antes de se encarnar, colaborava ativamente com o Pai na realização da criação. Entramos, então, na contemplação do que Cristo fez enquanto cocriador no princípio da criação, muito tempo antes de se tornar Jesus de Nazaré (em termos técnicos se fala da atividade do *Lógos ásarkos*). Portanto, embora o autor não o afirme explicitamente, emerge claramente a ideia da preexistência de Cristo em relação à criação. É, então, participando do ato criador que Cristo é "imagem do Deus invisível" (v. 15).

Certamente, o termo "primogênito da criação" poderia, à primeira vista, ser entendido como uma afirmação sobre a criaturalidade de Cristo; Ele seria certamente o mais excelente – o primeiro de toda a criação! – mas ainda sempre uma criatura. Em vez disso, o contexto evita todas as dúvidas: Cristo é primogênito não como "primeiro criado", mas como artífice da criação.

De fato, toda a realidade foi criada através de Cristo e em vista dele: a criação, então, sai também de suas mãos – assim como das mãos do Pai – e a elas retornará. "Todas as coisas foram criadas *por meio dele e em vista dele (di'autú kái eis autón)*. Ele é antes de todas as coisas e todas *nele (em autó)* subsistem" (v. 16-17). Trata-se de declarações que atestam uma cristologia "forte", porque tais afirmações vão além do contexto sapiencial, uma vez que nunca se diz que o universo foi criado "em vista da Sabedoria". Como se compreende, portanto, esta finalização cristológica da criação? Como um pré-aviso sobre a submissão de todas as coisas a Cristo ou como uma orientação de toda a criação ao seu pleno cumprimento em Cristo? E o que significa que Cristo tenha a ver com a manutenção no ser de todas as coisas?

Uma coisa é certa: neste contexto, o autor atribui a Cristo sintagmas que nas cartas manuscritas, em contextos cósmicos análogos, são reconhecidas somente a Deus: "Porque por Ele, *por meio dele* e *para Ele (di'autú kái eis autón)* são todas as coisas" (Rm 11,36). Algumas prerrogativas divinas, portanto, parecem envolver também a figura de Cristo: aquela que parecia ser a posição única do Pai na criação, sem que lhe seja minimamente retirada, aparece compartilhada com Cristo. Deus está na origem e no fim do universo; pois bem, essas qualificações também se aplicam ao Filho.

Além disso, se o Pai *na origem* criou todas as coisas graças à colaboração do Filho, mantém *agora* no ser todas as coisas sempre por meio da sua cooperação (*"nele* subsistem", v. 17). Também esta ideia de Cristo, operador de subsistência no ser, assimila o seu papel ao de Deus[50].

Todos estes elementos autorizam a compreender o termo *protótokos* referido a Cristo não no sentido de "antes das criaturas", mas de cocriador, junto ao Pai[51].

Finalmente, repetindo mais vezes *"todas* as criaturas" e fornecendo uma lista das criaturas invisíveis (v. 16), afirma-se que a dependência cristológica da criação vale, assim como para as criaturas visíveis, também para aquelas invisíveis. Nenhuma criatura, nem mesmo aquelas de natureza transcendente, pode colocar-se por fora do domínio criador de Cristo[52]. Se toda a rea-

---

50. Cf. Eclo 43,26: "Pela sua palavra tudo está junto (*synkéitai ta pánta)*". Cf. tb. o conceito de subsistência em FÍLON DE ALEXANDRIA. *Quis rerum divinarum heres sit*, p. 23: "Ele [Deus] é o elo do universo na medida em que mantém unidas todas as coisas de modo indissolúvel e as encerra, apesar de elas serem dissolúveis". • LOHSE. *Le lettere ai Colossesi e a Filemone,* 117: "O cosmo não é só criado nele e por meio dele, mas tem também o seu *ubi consistam* só nele".

51. Remetemos às p. 76-78.

52. Cf. o seguinte estudo aprofundado sobre "Tronos, Dominações, Principados e Potências".

lidade criada é referida a Ele, então nada e ninguém pode escapar de sua autoridade cósmica.

Dadas essas premissas, agora é possível superar um possível mal-entendido: o concurso de Cristo na criação permite uma compreensão de sua tarefa à semelhança de um demiurgo? Em outras palavras, não é que Cristo recebe de alguma forma uma caracterização semelhante à de alguma divindade de classificação inferior, encarregada de administrar o contato com a matéria – considerada negativa – e, portanto, oportunamente evitada pelos deuses e confiada, de fato, a esse deus menor? Para responder, em primeiro lugar, deve-se notar que não parece emergir nenhuma reserva em relação à criação (no contexto bíblico, a matéria nunca é vista com suficiência ou desprezo, ao contrário da cultura grega). Além disso, que Cristo não pode ser confundido com a figura de um demiurgo é garantido pelos v. 16-17, que se apresentam como a explicação do título *protótokos*. De fato, a colaboração na criação inicial e na sua manutenção atual, a orientação do cosmos para Ele, a sua preexistência em relação às outras criaturas são testemunhos de que, embora distinto do Pai, Cristo participa perfeitamente na sua divindade. Ele não é um deus criado, nem é uma divindade inferior e intermediária.

Aprofundamento
Tronos, Dominações, Principados e Potestades (v. 16)

Com esta designação pretende-se indicar aquelas entidades que, de acordo com a visão cosmológica da época, presidiam as várias manifestações da natureza, garantindo-lhes um desenvolvimento regular. São mencionadas, embora em sequências diferentes e com uma significativa ampliação, em Ef 1,21 (cf. tb. 3,10). Obviamente, a lista de "Tronos, Dominações, Principados e Potestades" não descreve uma lista completa dessas hierarquias, mas apenas fornece uma descrição ilustrativa: de fato, essas entidades foram chamadas com títulos de autoridade e de potência[53]. Eram consideradas de natureza angélica e, apesar de estarem sujeitas à soberania de Deus, desfrutavam de uma autoridade sobre-humana; portanto, podiam ser hostis ao homem (ou seja, de natureza diabólica) ou favoráveis (de natureza angélica). Agora, afirmando que estas entidades invisíveis, junto com as criaturas visíveis, foram criadas por Deus em colaboração com Cristo e que para este último elas são dirigidas, se quer afirmar que o seu senhorio é ilimitado, não encontrando no cosmos nenhum sujeito transcendente

---

53. As referências à literatura judaica intertestamentária poderiam multiplicar-se. Cf., p. ex., 1QM 12,8; 1Hen 20,1; 39,12; 41,9; 61,10; Test Giuda 25,2; 2Bar 21,6; 3Bar 1,8; 2,6.

capaz de limitar o seu domínio. Toda a realidade, incluindo tais seres, foi criada por meio de uma colaboração de Cristo e recebendo uma orientação a Ele; a consequência é que cada uma destas criaturas misteriosas é submissa a Ele (Ele é a "cabeça" delas, cf. 2,10).

O resultado dessa afirmação é de vital importância para a humanidade, porque coincide com o fim de toda ameaça: o senhorio cristológico, que destrói todos os outros poderes cósmicos, é garantia da liberdade do homem.

Perguntar-se, então, como os seres de natureza diabólica (presentes entre as entidades celestes) poderão ser reconduzidos a Cristo – já que também esses foram criados tendo em vista Ele – está além das especulações do autor, mas poderia continuar uma questão interessante.

2) A mediação do Filho na redenção (v. 18-20)

Depois da contemplação do papel de Cristo no tocante ao cosmos, o olhar se concentra focando na relação de Cristo com a Igreja, da qual se diz que Ele é a "cabeça" (v. 18)[54]. Em que sentido? O termo cabeça (*kefalé*) pode designar tanto a autoridade quanto a origem; de forma semelhante ao uso da língua italiana em que "cabeça" indica tanto a cabeça – a parte superior do corpo – quanto aquele que comanda. O contexto parece insistir no conceito de *autoridade*: Cristo é o "centro direcional" do corpo eclesial. Desta forma se elimina qualquer outra intrusão: ninguém mais pode reivindicar na Igreja o senhorio exercido por Cristo, nem mesmo as entidades de natureza angélico-transcendente (cf. 1,16).

Abaixo, no v. 18, listam-se três outras qualificações de Cristo: Ele é *princípio (arché), primogênito daqueles que ressurgem dos mortos (protótokos ek ton neckrón) e aquele que detém a primazia (protéuon)*. São apelativos que se tornam compreensíveis a partir da Páscoa. Enquanto Ressuscitado, Cristo se torna princípio ativo de ressurreição também para os outros. É este, em particular, o sentido da expressão "primogênito dos mortos": Ele é o primeiro ressuscitado não somente em sentido temporal, mas também em sentido causal e exemplar. Graças à sua ressurreição Ele se torna causa eficiente da ressurreição dos outros.

---

54. Não se deve esquecer de que, na história da redação, o sintagma "da Igreja" do v. 18 tenha sido entendido pelos estudiosos como uma glosa, acrescentada a um texto anterior. Assim, a frase "Ele é também a cabeça do corpo", sem a menção da Igreja, originalmente se referia, graças ao contexto, à realidade criada.

Em sua ressurreição, com efeito, encontra plena realização a ação de Deus – a *plenitude* do v. 19 –, que tem como finalidade a pacificação universal, ou seja, a realização da paz messiânica, alcançada por meio da cruz. A referência explícita ao "sangue da sua cruz" (v. 20) autoriza a compreender esta segunda parte do hino como uma seção dedicada à redenção. Desta forma se torna muito mais evidente a arquitetura equilibrada de todo o hino: dois acontecimentos – criação e redenção – em que figura em dois momentos a única mediação de Cristo.

c) Anúncio dos temas (1,21-23)

Depois de considerar a primazia de Cristo sobre a criação e a redenção, o autor agora extrai as consequências para a vida dos fiéis. De fato, a partir da pacificação universal de todo o universo (v. 20) se chega à reconciliação entre os homens (v. 21). É como se, depois de ter pintado o afresco gigantesco da soberania de Cristo, ele agora se dedicasse a especificar os detalhes que derivam disso para os cristãos, chamados a viver em sintonia com este senhorio. A reconciliação feita por Cristo exige ser acolhida e vivida em um comportamento coerente.

Os v. 21-23 têm a função de antecipar a discussão a seguir (*partitio*); de certa forma condensam a título de pré-anúncio e em ordem inversa os argumentos que o autor pretende enfrentar. Nos v. 21-22 se pré-anuncia o tema da santidade, retomado amplamente em 3,1–4,1; o v. 23a, mencionando o Evangelho, antecipa a necessidade de permanecer fiéis a ele, tratado depois em 2,6-23; o v. 23b, fazendo referência ao ministério de Paulo, remete a 1,24–2,5, em que o autor trata da dura luta combatida pelo Apóstolo para o anúncio do mistério.

Corpo da argumentação (1,24–4,6)

Começa aqui a parte principal do argumento (*probatio*), na qual o autor expõe os argumentos que lhe são caros e que constituem o corpo principal da carta: 1) a luta de Paulo pelo anúncio do Evangelho (1,24–2,5); 2) a fidelidade ao Evangelho recebido (2,6-23); 3) a santidade dos fiéis (3,1–4,1). A esta parte preeminente da carta segue a peroração (4,2-6).

1) O combate de Paulo pelo anúncio do Evangelho (1,24–2,5)

A consideração inicial tem os traços de um paradoxo (v. 24): como unir alegria e sofrimento, que em si parecem realidades irreconciliáveis? Como é possível, então, que em um sujeito (apóstolo) seja possível repropor ou reapresentar os sofrimentos de um outro sujeito (Cristo)? Além disso, como estimar uma situação desfavorável, como é o sofrimento, como uma espécie de vantagem da Igreja? O v. 24, portanto, coloca muitas questões interpretativas, também porque ao longo da história da espiritualidade de alguma forma foi sobrecarregado de explicações e de usos entre os mais díspares.

Primeiro de tudo a alegria no sofrimento não deriva de uma satisfação masoquista sobre a dor, mas da consciência que, existencialmente unidos a Cristo por meio do batismo, o fiel experimenta uma novidade de vida que lhe permite lidar de uma maneira nova também com a experiência da dor. Irrevogavelmente imerso no mistério pascal de Jesus, o cristão pode acolher e passar pela prova com uma perspectiva totalmente inédita de morte e ressurreição, de sofrimento e de esperança (cf. 2Cor 7,4: "Estou cheio de consolação, transbordo de alegria em todos os nossos sofrimentos"). O sofrimento não tem mais o poder de desencorajá-lo e esmagá-lo.

Além disso, os trabalhos e os sofrimentos do Apóstolo não são inúteis, porque vividos para o bem da comunidade cristã ("...suporto por vocês [...], em favor do seu corpo que é a Igreja"). Portanto, não parecem ser sofrimentos genéricos – *qualquer* tipo de aflição –, mas aqueles que derivam de uma dedicação sem reservas pela Igreja, entendida como corpo de Cristo. Dentro das relações comunitárias o amor "circula" para o benefício de todos, semelhante às funções vitais de um único órgão que redundam em benefício de todo o organismo.

Finalmente, afirmações deste tipo destacam a intensidade da relação que liga o Apóstolo ao próprio Cristo. Quando o evangelizador sofre pelo ministério, há uma união profundíssima com a obra salvadora de Cristo: não é Paulo que completa a paixão na cruz, mas é esta última que se reapresenta nos acontecimentos atribulados do seu serviço apostólico. Parece que seja precisamente este o sentido do v. 24, que anteriormente se traduzia da seguinte forma: "Completo na minha carne aquilo que falta aos sofrimentos de Cristo, em favor do seu corpo que é a Igreja" (CEI, 1974).

Parecia que os sofrimentos do Apóstolo de alguma forma servissem para completar os sofrimentos salvíficos de Cristo, considerados, consequentemente, faltando alguma coisa. Nesta direção desenvolveu-se, já na época patrística, uma linha interpretativa que insistia fortemente na ideia de um sofrimento apostólico que se vinha juntar à paixão de Cristo.

Felizmente, a tradução mais recente, seguindo a mesma sequência da língua original, protege-se de versões que parecem contradizer a ideia afirmada por diversas vezes de uma salvação já completamente realizada. O texto, com efeito, diz: "Completo o que, dos sofrimentos de Cristo, falta na minha carne, em favor do seu corpo que é a Igreja" (CEI, 2008). A deficiência, portanto, não está nos sofrimentos de Cristo – já plenamente completos em termos da salvação universal – mas no processo de assimilação do Apóstolo ao próprio Cristo. Portanto, não há nenhuma necessidade de um sofrimento vicário (sofrer *no lugar de* ou *em vez de Cristo*). O que precisa ser concluído não é uma ulterior medida de sofrimento a ser acrescentada aos sofrimentos padecidos por Cristo na paixão, mas a experiência pessoal dos sofrimentos apostólicos experimentados na própria pele pelo Apóstolo, como modalidade de um seu progressivo crescimento na semelhança de Cristo. Infere-se isso tanto da exautoração de cada exaltação da dor fim a si mesma quanto da absoluta centralidade do amor e do serviço à comunidade cristã, que exige uma dedicação tal, a ponto de implicar também o sofrimento que se segue.

O seguinte contexto confirma que o autor está pensando precisamente no serviço realizado por Paulo à Igreja por meio do anúncio do Evangelho: "trabalho, lutando" (1,29); a "grande luta que sustento por vós" (2,1). O título honorífico que Paulo atribui a si próprio, de fato, é o de servidor (*diákonos*, "ministro", v. 25) da Igreja.

O objeto do seu anúncio, no entanto, é o "mistério" (v. 26). O que significa? É a Palavra de Deus que deve difundir-se e realizar-se como uma realidade dinâmica, crescendo, através da história e no coração dos crentes. De fato, o projeto de Deus, que permaneceu escondido ao longo dos séculos – por isso falamos precisamente de "mistério" – revela-se agora em Cristo através do anúncio da Palavra. Não encontramos aqui uma alusão aos mistérios do universo de algumas doutrinas filosóficas ou aos conhecimentos ocultos reservados aos iniciados de qualquer culto esotérico. O termo "mistério", pelo contrário, diz respeito a um desígnio divino que o homem não pode conhecer se o próprio Deus não lho revela. Trata-se de uma espécie de sinônimo do termo "evangelho": o anúncio do desígnio de Deus sobre a história revelado e atualizado em Jesus. Portanto, é uma intenção que Deus há muito acariciou em seu coração e que agora está finalmente revelando na novidade indelével do "mistério entre os pagãos: o Cristo em vosso meio" (v. 27).

Era inimaginável que Cristo também estivesse presente nos pagãos, abrindo-lhes assim o acesso ao Deus de Israel. Não se invoca mais, como no AT, uma conversão dos pagãos com o seu encaminhar-se rumo a Jerusalém, mas se proclama a presença do Messias de Israel lá onde eles se encontram. Estes, graças a Cristo, não devem mudar as próprias conotações socioculturais para acessar a salvação; eis a novidade! Cada homem, portanto, deve se tornar "perfeito em Cristo". Não poderia haver um universalismo salvífico mais explícito e um respeito pelas características étnico-culturais mais profundo.

O autor, então, volta a considerar os cansaços do Apóstolo, definindo-os como uma "dura batalha" (2,1). O objeto do enorme esforço de Paulo é curiosamente de tipo cognitivo: certamente ele quer que os "corações sejam reconfortados" (v. 2), mas não com uma proximidade meramente afetiva (cf. v. 5), mas através de uma instrução. O cerne da questão, de fato, é puramente doutrinário: é necessário ser "enriquecidos da plenitude de inteligência para conhecerem o mistério", que é o próprio Cristo (v. 2), "no qual estão escondidos todos os tesouros da sabedoria e da ciência" (v. 3). Deve observar-se a insistência na dimensão cognitiva. O que está em jogo, de fato, diz respeito à possibilidade de uma contaminação das ideias, causada pelo engano de "argumentos capciosos" (v. 4). Um modo correto de comportar-se deriva de um exato modo de pensar Deus e o homem. Temos já aqui uma referência ao chamado "erro de Colossos".

2) A fidelidade ao Evangelho recebido (2,6-23)

Recordando a centralidade de Cristo, acolhido na vida do fiel com o batismo, o autor adverte contra as falsas doutrinas que ameaçam se infiltrar na mentalidade dos colossenses.

O verbo "caminhar" expressa metaforicamente o comportamento: tendo aceitado Cristo em sua existência, os fiéis devem agir em conformidade (v. 6). A exortação, então, continua utilizando outras duas metáforas de rara eficácia: uma derivada do mundo agrícola e outra do mundo da construção (semelhante a 1Cor 3,10-12 e Ef 3,17): a solidez dos fiéis é comparável a uma árvore bem plantada e a um edifício bem construído; em ambos os casos o alicerce seguro sobre o qual são baseados é o próprio Cristo (v. 7). Não se deve esquecer que tal advertência é de alguma forma enriquecida pelo que o leitor ouviu no hino cristológico (1,15-20) e, portanto, depois de contemplar o ilimitado senhorio de Cristo: quem escaparia da relação fundacional com aquele que é "o primogênito de toda a criação" e "primogênito dos mortos"?

Só no v. 8 o autor começa a abordar o espinhoso problema da "filosofia" enganosa que serpenteava na comunidade. Particularmente convincente a forma de proceder: não se parte do erro para salientar a verdade, mas vice-versa; primeiro se reitera o fundamento indiscutível sobre o qual se está enraizado e edificado – Cristo – e só depois se afronta o argumento problemático. Não se trata de uma circunspecção puramente estratégica: é um método que pelo contrário revela uma requintada sabedoria pastoral; como se dissesse: primeiro os fundamentos sólidos, indiscutíveis, amplamente compartilhados sobre a soberania cósmica de Cristo; depois, circunscrevendo-a, a dificuldade concreta. É uma modalidade que visa a coesão comunitária.

A questão que o escrito aborda é estritamente doutrinal, claramente conhecida pelos interlocutores envolvidos então, mas muito menos compreensível para nós hoje[55]. O perigo é perder de vista a centralidade de Cristo, cuja ação salvadora (expressa pelo autor como uma "circuncisão" espiritual; v. 11) é experimentada no batismo: em Cristo se é sepultado e ressuscitado, conseguindo o perdão dos pecados (v. 12-13). Como esquecer uma experiência tão significativa, para seguir uma doutrina claramente pouco ortodoxa? Se em Cristo "habita toda a plenitude da divindade em forma corporal" (v. 9), nada e ninguém pode entrar em concorrência com Ele e propor-se como caminho alternativo ou complementar de salvação. Outros mediadores não existem!

Surge, então, a imagem do *quirógrafo* (documento escrito, v. 14), uma espécie de certificado, usado como símbolo da condição fracassada do homem diante de Deus. A humanidade não pode apresentar uma lista de atos meritórios, mas apenas uma lista de transgressões e pecados: uma dívida que não é capaz de extinguir-se. Pois bem, este documento totalmente desfavorável, Deus o eliminou, nos "colocou uma cruz acima"[56]. Mas esse certificado de débito foi escrito pelas potências angelicais acusadoras. Isso explica a conexão entre o v. 14 e o v. 15: o "público espetáculo" seria então a procissão triunfal de Cristo, o qual com a vitória obtida sobre a cruz definitivamente submeteu as potências angelicais adversas ao homem, tanto neutralizando sua autoridade (tema este repetido várias vezes em Colossenses) como cancelando este quirógrafo negativo elaborado por elas.

---

55. Cf. nas p. 76-80.

56. ROSSÉ. *Lettera ai Colossesi; Lettera agli Efesini*, p. 42.

3) A santidade dos fiéis (3,1–4,1)

A partir do novo *status* do homem morto e ressuscitado com Cristo, o fiel vive pertencendo de alguma forma simultaneamente a duas esferas: está no presente, mas como se já tivesse cruzado a linha de chegada futura, vive na terra, mas gozando também dos benefícios da dimensão celestial, para a qual deve constantemente direcionar o seu pensamento (3,1-3). Nem mesmo o sujeito individual é plenamente consciente da grandeza do dom recebido, porque a plena revelação da sua identidade será manifestada somente no dia da parusia de Cristo (v. 4).

Em virtude desta condição completamente original, o fiel é exortado a deixar para trás a conduta negativa do passado (v. 7-8), em vista de um novo comportamento a seguir. A imagem que também descreve figurativamente esta novidade de vida é deduzida do uso diário das roupas: despir-se do velho para vestir-se do novo (v. 9-10; cf. tb. Ef 4,22-24). Trata-se de uma metáfora que, longe de parar em um nível epidérmico ou simplesmente estético, expressa a profunda mudança de mentalidade e de comportamento à qual o fiel foi ao encontro[57].

Confrontado com esta condição inteiramente nova as diferenças étnico- -culturais não têm nenhuma razão de ser (v. 11), e a única regra que importa é a caridade fraterna, que sabe perdoar as faltas dos outros, coloca a paz acima de tudo e ajuda a viver na gratidão. A atenção então se concentra na vida comunitária e na familiar.

Sobre as assembleias comunitárias, o autor lembra o fator principal de coesão: a escuta da Palavra de Cristo, acompanhada pelos comentários de advertência e pelo canto litúrgico; mas sempre dando graças a Deus (v. 16-17).

Sobre a realidade familiar ele se ocupa um pouco mais (3,18–4,1), elaborando um código doméstico amplamente compartilhado com a cultura da época. O autor considera cada uma das categorias: às esposas recorda – segundo o costume da época – a submissão aos maridos, atenuada em comparação com os costumes de então pelo comando correspondente aos maridos de amar suas esposas[58]. Aos filhos e aos escravos exige a obediência e a

---

57. Cf. aprofundamento nas p. 80-82.

58. Com relação à concepção patriarcal da família, remetemos ao comentário a Ef 5,22-23, nas p. 39s.

docilidade, em perfeita harmonia tanto com o modelo veterotestamentário quanto com o da cultura greco-romana, nos quais o *pater familias* era considerado de certa forma como o proprietário dos membros do núcleo familiar, incluindo escravos obviamente. Cumpre observar como também o mandamento dirigido aos filhos e aos escravos à obediência é equilibrado com a correspondente recomendação aos pais de não exasperarem os filhos (v. 21) e a serem justos com os escravos (4,1).

4) A peroração (4,2-6)

Geralmente os discursos terminavam com uma *peroratio* com o objetivo de emocionar o auditório e de sintetizar rapidamente os temas tratados. Aqui nos encontramos diante de uma peroração bastante sóbria, feita só com algumas exortações. Retoma-se a ação de graças a ser vivida na oração, recorda-se o serviço de Paulo a favor do "mistério" por meio do anúncio da Palavra e da sua condição de prisioneiro e, por fim, na relação com os que não creem se recomenda um comportamento marcado pela gentileza no dar razão da própria fé.

Conclusão (4,7-18)

No final da carta são mencionadas algumas notícias e saudações finais. É impressionante o tom familiar com que são mencionados os colaboradores de Paulo, alguns dos quais relatam saudações. Acima de tudo se menciona Tíquico (v. 7; cf. Ef 6,21; 2Tm 4,12; Tt 3,12), que acompanhou o Apóstolo e lhe tem sido um amigo fiel: agora é enviado aos colossenses como o seu porta-voz. Quem melhor que ele pode trazer notícias sobre Paulo, que está agora na prisão? Ao lado dele, também estará Onésimo, escravo de Filêmon, a quem Paulo o reenviou com a esperança de tê-lo de volta em seu serviço (cf. Fm 10-13). Parece que essa menção em Colossenses testemunhe a favor do cumprimento deste desejo de Paulo. Encontramos depois Aristarco (cf. Fm 24; At 19,29; 20,4; 27,2), um companheiro de viagem de Paulo e agora também da sua prisão; trata-se, portanto, de um amigo que compartilha os árduos trabalhos do ministério apostólico. Seguem Marcos (cf. Fm 24; 2Tm 4,11; é chamado João-Marcos em At 12,12.25; 13,5.13; 15,37.39); Jesus Justo, judeu-cristão do qual não se tem notícias ulteriores em outros escritos, mas de quem aqui se traça um perfil lisonjeiro; Epafras, já mencionado no

v. 1,7 como o colaborador mais importante, é agora descrito como um responsável generoso e pastor incansável; por fim, Lucas e Demas (cf. Fm 24): do primeiro chegamos a saber que era médico, do segundo nada é dito (cf. a nota negativa de 2Tm 4,10).

Depois de ter apresentado as saudações de cada um desses colaboradores, o autor pede que sejam saudados os fiéis de Laodiceia; desses, recorda aqueles que se reúnem na casa de Ninfa. Há, depois, a recomendação de divulgar as cartas de Paulo, por meio do compartilhamento dos seus escritos, sinal evidente da autoridade que já desfrutava junto às comunidades cristãs e provavelmente também de uma inicial coleção delas (v. 16). Arquipo (cf. Fm 2), que tem um dever de responsabilidade na comunidade colossense, é admoestado para realizá-lo com cuidado.

O v. 18 nos recorda o uso de afixar ao final do escrito, geralmente elaborado por um escriba-secretário, a assinatura autografada do autor, que servia para autenticar o conteúdo da carta. Paulo reitera novamente a sua condição de prisioneiro. Tinha iniciado desejando a graça (juntamente com a paz; cf. 1,2), agora conclui da mesma forma: "a graça esteja convosco" (v. 18).

Temas teológicos

A cristologia cósmica

O autor de Colossenses tem uma reflexão cristológica elaborada em conexão com a visão do universo de certa forma semelhante à de Efésios (cf. 1,10) e a outros textos do Novo Testamento. O tema emerge explicitamente no hino de 1,15-20, onde aparece uma expressão que liga a pessoa do Cristo a toda a criação: "primogênito de toda criatura" (*protótokos páses ktíseos*, v. 15), afirmação amplamente debatida tanto na exegese patrística quanto na moderna/contemporânea. Dado que, pelo menos inicialmente, pode ser traduzido como "primeira criação", pareceria apresentar-se como a declaração explícita da criaturalidade do Cristo: Ele seria, certamente, a mais eminente das criaturas, surgida antes de todas as outras e, portanto, dotada de uma certa preeminência, mas ainda permaneceria uma criatura (com a correspondente negação da sua divindade).

Mas basta olhar com atenção para o contexto em que se alega a motivação de uma afirmação de tal magnitude: "porque *nele* foram criadas todas as coisas nos céus e na terra... tudo foi criado *por Ele e para Ele*" (v. 16). Agora, este versículo, embora sendo redundante, é muito valioso, porque do ato criativo diz que aconteceu em Cristo e em vista dele. Qual é a consequência no plano cristológico? Em primeiro lugar, o ato criador, realizado por Deus, dado que só Ele, em sentido próprio, é o Criador, não se realizou originalmente sem a contribuição essencial do Filho. Em síntese, há que reconhecer a Cristo o papel de cocriador (é por esta razão que a versão anterior da CEI [1971] traduzia *protótokos páses ktíseos* por "gerado primeiro", precisamente para evitar o equívoco de considerar Cristo como um ser criado). Em segundo lugar, tal assunto cristológico inicial se encontra de alguma forma também no final, porque as realidades criadas têm uma orientação para ele. Agora, afirmar que Cristo é o ponto de conexão de todas as coisas criadas significa, mais uma vez, reconhecer-lhe uma posição divina: a Escritura reconhece, sim, uma orientação da criação, mas para Deus. Em Cl 1,16, no entanto, o universo se dirige a Cristo, portanto, Ele é tanto o arquétipo original quanto a orientação final de toda a criação.

Um outro detalhe, depois, não deve ser deixado de lado. Os exegetas estão inclinados a reconhecer como, na história da redação, em 1,18 o autor teria provavelmente realizado uma correção ao texto de um hino não escrito por ele, acrescentando "da Igreja" na frase "Ele é a cabeça do corpo". Sem esta glosa o texto original teria se referido – graças ao contexto – ao cosmo. As consequências desta hipótese seriam substancialmente duas. A primeira: em fase pré-redacional o conceito de "corpo" do Ressuscitado teria se identificado com todo o universo, evidentemente com a contrapartida de Cristo entendido como "cabeça" de todo o cosmo. Uma notável expansão da cristologia cósmica. A segunda: sob a pena do autor ter-se-ia realizado uma correção, porque glosando o conceito de corpo com "da Igreja", teríamos uma espécie de contenção tanto do conceito de corpo de Cristo, limitado só à Igreja, quanto do conceito de cabeça: Cristo seria cabeça não de toda a criação, mas só da Igreja. Mas, nesse nível move-se no plano da pura conjetura.

A relação criadora ou finalizadora de Cristo com relação à criação floresce então, com diferentes nuanças, também em outros contextos do NT. Por exemplo, a orientação a Cristo de Cl 1,16 apresenta alguma semelhança com o que é afirmado em Ef 1,10: "restaurar, em Cristo, sob uma só cabeça, todas as coisas, tanto as que estão no céu como as que estão na terra"; Ele já é cabeça da Igreja e parece que deve tornar-se plenamente também do mundo inteiro.

Em Hebreus, então, a partir do prefácio se afirma que Deus estabeleceu Cristo "herdeiro de tudo, por quem criou também o mundo" (1,2): invertendo a última finalização (herdeiro) com a mediação criadora inicial, mostra como Cristo desempenha um papel na fase escatológica, porque havia desempenhado um bastante semelhante naquela protológica.

Também em Ap 22,13 aparece a mesma ideia de Cristo como começo e objetivo do universo: "Eu sou o Alfa e o Ômega, o Primeiro e o Último, o Princípio e o Fim". Com este merismo[59], que pretende incluir a totalidade, geralmente se quer indicar, na Bíblia, aquele que detém o destino de toda a história e de toda a criação: Deus (cf., p. ex., Is 44,6). Pois bem, na elaboração de Apocalipse a cristologia assimila progressivamente as qualificações puramente teológicas, acabando por reconhecer a Cristo coordenadas exclusivas de Deus. No caso específico de 22,13 (mas com algumas antecipações, cf. p. ex., 1,17), também Ele, precisamente como Deus Pai, se encontra no começo e na realização do universo criado. Também Cristo sustenta – como o Pai – o destino inicial e final de toda a realidade criada.

Também em Colossenses não se tem nenhum medo de atribuir a Cristo esta posição divina com relação à criação: como Deus Pai, também Cristo está na origem e no fim, no começo e no horizonte de todo o universo. O autor de Colossenses, portanto, realizando uma sábia releitura do ato criador (através da mediação da figura da Sabedoria)[60], consequentemente sondou também a pessoa de Cristo: em relação à totalidade das realidades criadas intuiu dimensões ainda inexploradas do mistério do Filho de Deus. Em outras palavras, mesmo que não tenha feito de forma detalhadamente temática (poder-se-ia colocar muitas questões e pedir várias explicações...), elaborou os primeiros princípios inspiradores para uma germinal cristologia cósmica, deixando, assim, amplo espaço para ulteriores e mais minuciosos desenvolvimentos.

O erro de Colossos

Quando se fala da "filosofia" da qual se deve ter cuidado (2,8), emerge que o autor pode permitir-se evocá-la sem oferecer uma explicação inicial, porque os destinatários sabiam do que se tratava. As hipóteses sobre o

---

59. Modalidade expressiva com a qual, nomeando os extremos, se pretende abraçar a totalidade: "jovens e velhos" significa toda a população; "céus e terra" indica toda a criação etc.

60. Cf. comentário nas p. 65s.

background desta doutrina se multiplicaram enormemente: de origem pitagórica, estoica, neoplatônica, essênia, ebionita, cabalística, caldeia, gnóstica; ou, ainda, decorrente de discípulos de Apolo ou de João. Um excesso de possibilidades, o que inevitavelmente se transforma em um labirinto exegético sem saída. Mas a reticência do autor em oferecer dados mais precisos é provavelmente proposital: ele poderia ter como objetivo não uma, mas várias posições errôneas reunindo as motivações em uma única argumentação válida também para contextos diferentes. A discrição nasceria, portanto, de motivos puramente retóricos[61].

Consequentemente, devemos estar satisfeitos com os poucos detalhes que permitem, certamente, intuir alguma coisa, mas certamente não autorizam uma reconstrução detalhada e completa do erro de Colossos. Em primeiro lugar define-se "filosofia", mas com um claro significado negativo (aqui, no entanto, não se pretende um sistema de pensamento igual, p. ex., ao platonismo ou ao aristotelismo; portanto, não se professa nenhuma reserva com relação ao pensamento filosófico). Trata-se, por outro lado, de algumas convicções religiosas sobre o cosmo e os seres superiores, que se apresentavam como uma doutrina, uma "filosofia" precisamente, feita também de prescrições alimentares, de ocasiões a serem celebradas com relação ao caráter cíclico do tempo e de um indeterminado culto dos anjos (2,16-18). Um sistema não necessariamente em aberta colisão com o cristianismo, mas, ainda mais perigoso, capaz de insinuar desde dentro, sob forma de sincretismo velado, dados que prejudicavam a primazia absoluta da mediação salvífica de Cristo, a supremacia exaltada no hino cristológico (1,15-20). A veemência com que o autor adverte os membros da comunidade cristã de Colossos pode implicar provavelmente que este conjunto de convicções religiosas pode ter exercido um considerável poder de sedução, também porque se cobria de rigor ascético. Na realidade – diz o autor – é "aparência de sabedoria" e "falsa religiosidade" (v. 23).

O que significa então o esclarecimento sobre os "elementos do mundo" (*stoicheia tu kósmu*, v. 8.20)? As diferentes hipóteses podem ser agrupadas das seguintes maneiras: alguns exegetas identificam esses "elementos" com princípios ou ideias; tratar-se-ia então de elementos cognitivos, que, no entanto, não levam ao conhecimento superior tão desejado, de modo a

---

61. Cf. ALETTI. *Colossesi*, 22, p. 179-181.

permanecer precisamente "elementos do mundo", ou seja, conceitos puramente mundanos, certamente não celestiais ou divinos. Outros levantam a hipótese dos componentes fundamentais do cosmos: água, ar, terra e fogo, que o pitagorismo judaico pensava que mantivessem o homem prisioneiro; a consequência teria sido uma prática ascética bastante rígida que culpava as realidades materiais. Por fim, outros exegetas ainda pensam em entidades espirituais que animavam os elementos materiais da terra ou em anjos que supervisionavam os movimentos cósmicos[62], atividade cultual da qual se pensava participar através de experiências visionárias.

O pano de fundo dessas hipóteses poderia ser ou o judaísmo apocalíptico, ou as religiões dos mistérios, ou as elaborações gnósticas incipientes. Em todo caso, parece que esses "elementos" levassem à deriva, fazendo perder de vista uma clara centralidade cristológica, para concentrar-se ou em alegados contatos com o culto dado a Deus pelos anjos (v. 18), ou em práticas ascéticas que – contrariamente às intenções – de fato colocavam no centro os elementos naturais como as comidas e as bebidas (16,20-23), levando quem as praticava ao orgulho. Tentando uma espécie de síntese – matizada e necessariamente não definitiva – tratar-se-ia de uma espécie de filosofia ascética, que pretende libertar o homem dos vínculos terrenos, por meio da intervenção dos anjos, de acordo com uma concepção que derivava do judaísmo (provavelmente) apocalíptico[63]. Mas, ofuscar a soberania absoluta de Cristo, atenuando a unicidade da mediação salvífica, leva à perda da liberdade recebida nele. Por esta razão é necessário permanecer "arraigados nele e edificados sobre Ele, apoiados na fé", segundo o ensinamento recebido (2,7).

O homem velho e o homem novo

O contraste entre a conduta do passado e a nova assumida com a fé cristã torna-se visível por meio da metáfora do vestuário: "Vós vos desvestistes do homem velho com as suas práticas e vos revestistes do novo, que se renova para o conhecimento segundo a imagem do seu Criador" (3,9-10). O uso desta imagem é de matriz paulina: ela é usada tanto nas cartas manuscritas quanto nas da tradição[64], embora não se exclua que possa ser emprestada

---

62. Cf. o aprofundamento relacionado aos "Tronos, Dominações, Principados e Potências" na p. 67s.

63. Cf. BURNET. *Épîtres et lettres* I[er-IIe] *siècle*, p. 213.

64. Cf. 1Ts 5,8; Rm 13,11-14; 1Cor 15,53-54; 2Cor 5,2-4; Gl 3,27; Ef 4,22-24; 6,11-17. Para aprofundamentos remetemos a KIM, J.H. *The Significance of Clothing Imagery in the Pauline*

também de outros *background,* em particular do judaísmo helênico. Apesar da impressão imediata de superficialidade, o duplo contraste – desvestir-se/vestir-se; homem velho/homem novo – torna, mesmo a nível visível, o interior dinâmico de novidade radical de vida.

Embora a metáfora ocorra no texto a uma certa distância do hino cristológico inicial, emerge com toda evidência uma conexão explícita com o contexto criacionista dos primeiros versículos (1,15-17): "...segundo a imagem do seu Criador" (3,10). A renovação do indivíduo recebe as conotações de um ato criador *in fieri,* que se qualifica desde o início como um ato cristológico (no hino, de fato, Cristo é contemplado como cocriador). A confirmação de tal marca cristológica da vida nova do fiel vem das observações de caráter escatológicas que precedem de alguns versículos a metáfora: "Se fostes, pois, ressuscitados com Cristo, procurai as coisas do alto, onde Cristo está sentado à direita de Deus. Pensai nas coisas do alto e não nas coisas da terra. Estais mortos e vossa vida está oculta com Cristo em Deus" (3,1-3). A experiência da renovação vem, portanto, da iniciativa de Cristo na vida do fiel: Ele é a causa e, ao mesmo tempo, a meta.

É desnecessário dizer que o programa ético-espiritual, perfilado pelo autor, não se reduz, como no caso das práticas autorreferenciais da "filosofia" combatida na carta, a uma lista de hábitos ascéticos e de observações festivas. Trata-se, em vez disso, da acolhida do dinamismo criativo-pascal de Cristo a nível existencial por meio do batismo. A consequência direta é por um lado a experiência de uma intensidade tal que deve sentir-se de alguma forma já partícipes do triunfo pascal: "ressuscitastes (já) com Cristo" (a chamada escatologia realizada), e por outro a consciência de poder representar na própria vida as atitudes do próprio Cristo: "Como o Senhor vos perdoou, assim perdoai também vós" (3,13). E este tipo de identificação com Ele decorre do fato de que a metáfora da veste volta a ser apresentada, estendendo os seus efeitos nos v. 12-14 com diferentes tons: "eleitos de Deus, santos e amados, *revesti-vos* de sentimentos de carinhosa compaixão, bondade, humildade, mansidão, paciência [...], de amor (*ágape*).

As explícitas recordações ao Senhor Jesus também afloram no código doméstico: como "convém no Senhor" (v. 18); "porque agrada ao Senhor" (v. 20); "no temor do Senhor" (v. 22). Cada momento da existência é con-

---

Corpus. Londres: Clark, 2004 [Journal for the Study of the New Testament – Supplement Series 268].

duzido à luz deste princípio inspirador e operativo em conjunto: "Tudo o que fizerdes, fazei-o de coração como quem obedece ao Senhor e não a pessoas humanas, certos de que das mãos do Senhor recebereis a herança como recompensa. É a Cristo, o Senhor, que servis" (v. 23-24).

Portanto, afastando-se do comportamento passado e usando a novidade cristológica (Paulo em Gl 3,27 havia dito explicitamente: "vos revestistes de Cristo"), o fiel que vive as relações marcadas pelo *ágape* é realmente o "homem novo" que pode "vestir", de forma incoativa, por ocasião da conversão batismal.

Bibliografia

A Carta aos Colossenses tem sido frequentemente estudada junto com Efésios ou com as outras cartas da prisão. Entre os comentários consagrados a ela somente, onde o texto é ora investigado com os métodos diacrônicos, ora com os sincrônicos, destacam-se os seguintes.

ALETTI, J.-N. *Lettera ai Colossesi* – Introduzione, versione, commento. Bolonha: EDB, 1994 [Scritti delle origini cristiane, 12].

BARTH, M. & BLANKE, H. *Colossians* – A New Translation with Introduction and Commentary. Nova York: Doubleday, 1994 [The Anchor Bible, 34B].

FRANK, N. *Der Kolosserbrief im Kontext des paulinischen Erbes* – Eine intertextuelle Studie zur Auslegung und Fortschreibung der Paulustradition. Tübingen: Mohr Siebeck, 2009 [Wissenschaftliche Untersuchungen zum Neuen Testament 2. Reihe, 271].

GNILKA, J. *Der Kolosserbrief*. Friburgo: Herder, 1980 [Herders Theologischer Kommentar zum Neuen Testament, 10/1].

HAY, D.M. *Colossians*. Nashville: Abingdon, 2000 [Abingdon New Testament Commentary].

LÄHNEMANN, J. *Der Kolosserbrief* – Komposition, situation and Argumentation. Gütersloher: Gütersloher Verlagshaus Gerd Mohn, 1971 [Studien zum Neuen Testament, 3].

POKORNY, P. *Colossians* – A Commentary. Peabody (MA): Hendrickson, 1991.

SUMNEY, J.L. *Colossians* – A Commentary. Louisville/Londres: Westminster John Knox, 2008 [The New Testament Library].

Entre os comentários exegético-espirituais podemos destacar:

ATTINGER, D. *La lettera ai Colossesi*: commento exegético spirituale. Magnano: Qiqajon, 1989.

GARGANO, I. *"Lectio divina" su Lettera a Filemone e Lettera ai Colossesi*. Bolonha: EDB, 2009 [Conversazioni Bibliche].

ROSSÉ, G. *Lettera ai Colossesi* – Lettera agli Efesini. Roma: Città Nuova, 2001 [Nuovo Testamento – Commento esegetico e spirituale].

Muitos comentários, como mencionado acima, foram feitos ou junto com a Carta aos Efésios ou com outras cartas da prisão, às vezes com a tentativa de mostrar temas paralelos e levando em consideração as diferentes avaliações metodológicas entre as cartas autênticas e as da tradição. Nos comentários em que as cartas irmãs (Colossenses e Efésios) são estudadas em conjunto, diferentes temas são estudados em continuidade ou em paralelo. Claro, o fato de uma carta ser inspiradora de outra determina, do ponto de vista hermenêutico, tanto as escolhas metodológicas quanto as avaliações de conteúdo.

BRUCE, F.F. *The Epistles to the Colossians, to Philemon, and to the Ephesians*. Grand Rapids: Eerdmans, 1984 [The New International Commentary on the New Testament].

CAIRD, G.B. *Paul's Letters from Prison* – In the Revised Standard Version. Oxford: Oxford University Press, 1976 [The New Clarendon Bible].

ERNST, J. *Le lettere ai Filippesi, a Filemone, ai Colossesi, agli Efesini*. Bréscia: Morcelliana, Brescia, 1986 [Il Nuovo Testamento Commentato] [orig. Alemão, 1974].

HOULDEN, J.L. *Paul's Letters from Prison* – Philippians, Colossians, Philemon, Ephesians. Harmondsworth: Penguin Books, 1970 [The Pelican New Testament Commentaries].

LOHSE, E. *Le lettere ai Colossesi e a Filemone* Bréscia: Paideia, 1979 [Commentario Teologico del Nuovo Testamento, 11/1] [orig. alemão, 1968].

MacDONALD, M. *Colossians and Ephesians*. Collegeville, MN: Liturgical Press, 2000 [Sacra Pagina, 17].

TALBERT, C.H. *Ephesians and Colossians*. Grand Rapids: Baker Academy, 2007 [Paideia Commentaries in The New Testament].

THOMPSON, G.H.P. *The Letters of Paul to the Ephesians, to the Colossians and to Philemon*. Cambridge: Cambridge University Press, 1967 [The Cambridge Bible Commentary on the New English Bible].

Merecem, então, uma especial atenção as monografias consagradas ao hino cristológico (1,15-20). Caso se repasse a bibliografia produzida nas diversas línguas, percebe-se que se trata da passagem estudada desta carta. Destacam-se aqui aqueles que contribuíram grandemente para a compreensão do hino e, em particular, aqueles que se distinguiram no panorama italiano.

ALETTI, J.-N. *Colossiens 1,15-20: Genre et exégèse du texte* – Fonction de la thématique sapientelle. Roma: Biblical Institute Press, 1981 [Analecta Biblica, 91].

BUSCEMI, A.M. *Gli inni di Paolo – Una sinfonia a Cristo Signore*. Jerusalém: Franciscan Printing Press, 2000 [Studii Biblici Franciscani Analecta, 48].

GORDLEY, M. *The Colossian hymn in contexto*. Tübingen: Mohr Siebeck, 2007 [Wissenschaftliche Untersuchungen zum Neuen Testament 2. Reihe, 269].

MARTIN, A. "Inno cristologico (Cl 1,15-20)". In: *Parole di Vita*, 1, 2012, p. 14-21.

NAJIB, I. *Gesù Cristo Signore dell'universo* – La dimensione cristologica della lettera ai Colossesi. Milão/Jerusalém: Franciscan Printing Press/Edizioni Terra Santa, 2007 [Studii Biblici Franciscani Analecta, 69].

PIZZUTO, V.A. *A cosmic leap of Faith* – An authorial, structural, and theological investigation of the cosmic Christology in Cl 1,15-20. Lovaina: Peeters, 2006 [Contributions to Biblical Exegesis and Theology, 41].

ROMANELLO, S. "Cl 1,15-20: la posta in gioco di una cristologia singolarmente pregnante". In: *Teologia*, 1, 2005, p. 13-48.

III

Segunda Carta aos Tessalonicenses

A. Martin

Introdução

Autor

A questão da identidade do autor deve-se às discussões exegéticas contemporâneas sobre a autenticidade dos escritos do *Corpus paulinum*, que chegaram à convicta divisão entre as cartas manuscritas, escritas por Paulo, e aquelas da tradição paulina redigidas pelos seus discípulos, cultores do pensamento do Apóstolo. Estes, intencionados a manter vivo o ensino também depois da morte, o atualizaram em contextos inéditos (às vezes, esse grupo não especificado de editores anônimos é chamado de "escola paulina", sem, no entanto, significar uma espécie de associação acadêmica).

Mais especificamente, no que diz respeito a 2Tessalonicenses, a paternidade literária foi questionada essencialmente a partir de dois elementos: o tema do adiamento da *parusia* e o da relação literária de semelhança com 1Tessalonicenses.

Sobre a *parusia* não se pode deixar de notar a mudança de ênfase em relação a 1Tessalonicenses: se lá a volta gloriosa de Cristo é esperada como um fato já iminente e súbito, em 2Tessalonicenses, no entanto, precedida por vários eventos também preocupantes, é evidentemente procrastinada para a frente, em um futuro distante. Os autores antigos explicavam a mudança como uma evolução no pensamento do próprio Paulo: com o passar dos anos, ele simplesmente perceberia que a iminência cronológica não tinha toda aquela importância que originalmente lhe havia concedido; além disso, ele teria escrito uma segunda missiva para corrigir interpretações errôneas de seu pensamento, completando e ampliando a exposição. Os estudiosos contemporâneos, no entanto, fizeram da divergência de pensamento sobre a parusia o fundamento seguro da não autenticidade paulina da carta: uma mudança tão radical de perspectiva não podia ser o fruto do próprio autor (de fato, um quadro semelhante ao descrito em 2Ts 2,1-12 não é encontrado nem no epistolário paulino nem, de fato, em 1Tessalonicenses).

Na realidade, este argumento ligado a visões escatológicas divergentes foi, pelo menos parcialmente, redimensionado pelas mais recentes conquistas: as novas pesquisas da história das religiões e, especialmente, os estudos sobre a apocalíptica judaica e sobre o cristianismo primitivo mostram como o panorama conceitual é muito mais variado e flexível, de modo que também perspectivas aparentemente contraditórias podem facilmente se apresentar simultaneamente dentro da mesma abordagem[65]. Além disso, também nos evangelhos sinóticos, o quadro é bastante fluido e diferentes perspectivas escatológicas podem se entrelaçar e coexistir[66].

Além do mais, ao debate sobre a suposta ou não irreconciliabilidade das perspectivas apocalíptico-escatológicas das duas cartas, deve-se acrescentar considerações de tipo primorosamente literárias.

De fato, a questão da relação da homogeneidade literária com 1Tessalonicenses foi claramente colocada por W. Wrede (1903), que, compondo uma sinopse muito detalhada das duas cartas, teve o mérito de destacar várias evidentes igualdades expressivas, em face de diferenças igualmente óbvias no conteúdo[67]. Diante dessa estranheza, ele sugeriu que essa carta fosse uma espécie de cópia, escrita pelo desejo de imitar 1Tessalonicenses. Os estudos de Wrede permaneceram um ponto de referência inevitável para os aprofundamentos sucessivos sobre 2Tessalonicenses. Nessa esteira, de fato, se colocou W. Trilling, que conduziu uma pesquisa exegética percebendo a hi-

---

65. Cf. REDALIÉ. *Thessaloniciens*, p. 16-17.

66. Em Mc 13,1-37; Mt 24,1-51; Lc 17,20-37 estão presentes conjuntamente tanto elementos de iminência quanto de adiamentos.

67. Cf. WREDE, W. *Die Echtheit des zweiten Thessalonicherbriefs*. Leipzig: J.C. Hinrichs'sche Buchhandlung, 1903 [Texte und Untersuchungen zur Geschichte der altchristlichen Literatur, 24.2].

pótese pseudoepigráfica por meio do estudo detalhado do texto[68]. O debate permanece obviamente aberto; cada exegeta levava a água para o próprio moinho: quem enfatizava as semelhanças para afirmar a paternidade literária de Paulo, quem, ao contrário, destacava as diferenças para negá-la.

Os comentários e as monografias mais recentes se concentram mais em temas de cristologia e de escatologia do que sobre questões relacionadas ao autor[69] e o debate sobre a paternidade da carta permanece ainda aberto[70], embora os argumentos a favor da hipótese pseudoepigráfica estão se impondo ao poucos em comparação com aqueles a favor da autenticidade[71].

Datação

As hipóteses de datação variam muito, tanto pela falta de evidências diretas a este respeito quanto – obviamente – também em conexão com a problemática da atribuição. Se a carta foi escrita por Paulo, então seria necessário contextualizar a sua redação poucos anos depois da elaboração de 1Tessalonicenses, à luz de problemas novos surgidos na comunidade, não abordados evidentemente na primeira, escrita entre os anos de 50 e 51. Se, ao contrário, pensarmos em outro autor, devemos mudar a data algumas décadas, pelo menos para depois da morte de Paulo (seria difícil pensar em uma atribuição ao Apóstolo de um escrito não seu com ele ainda vivo), mas provavelmente não depois do final do século I, dado que já nos anos 80 e 90 circulavam as coleções com as cartas de Paulo. Marcião (metade do século II), de fato, menciona 2Tessalonicenses dentro do grupo dos escritos paulinos.

Foram feitas, também, outras hipóteses, que permaneceram no nível conjectural por falta de dados que convencessem. Vale a pena recordar duas dessas. A primeira, invertendo a ordem, colocaria a redação de 2Tessalonicenses antes de 1Tessalonicenses (motivando a escolha com o fato de que

---

68. Cf. TRILLING. *Thessalonicher.*

69. Cf. p. ex., MENKEN. *2 Thessalonianse.* • RICHARD. *Thessalonians.*

70. P. ex. existem comentários que defendem a paternidade paulina e outros que mais simplesmente fazem um resumo dos motivos a favor e contra. Cf. THOMAS. "2 Thessalonians", p. 874. • FURNISH. *1Thessalonians; 2Thessalonians*, p. 131-137.

71. Para uma panorâmica sobre estudos dos últimos trinta anos, cf. MALHERBE. *Thessalonians*. Recentemente vários autores de área anglófona se expressaram a favor da paternidade paulina: D. Fee (2009), G.L. Green (2002) e B. Witherington (2006), citados em REDALIÉ. *Thessaloniciens*, 19 n. 23.

em 2Tessalonicenses as perseguições mencionadas são atuais, enquanto na outra acabaram). Mas é muito difícil deixar de lado tanto a alusão em 2Tessalonicenses ao escrito anterior (p. ex. cf. 2,15) quanto a impressão de que em 1Tessalonicenses ocorre realmente o primeiro contato epistolar realizado com a comunidade cristã de Tessalônica. A segunda hipótese pensa as duas cartas como contemporâneas, mas enviadas a dois ouvintes diferentes: 1Tessalonicenses dirigida à comunidade no seu conjunto, 2Tessalonicenses à minoria judaica (ou também uma ao grupo dos judeu-cristãos e a outra ao grupo dos etnocristãos).

Gênero literário

O escrito se apresenta com os elementos protocolares clássicos do gênero "carta": o *pré-escrito* com os remetentes (Paulo, Silvano e Timóteo), destinatários e saudação e um *pós-escrito* com as saudações finais e a autenticação autografada de Paulo (3,17). Não faltam – embora não sejam tão abundantes – referências a fatos e circunstâncias concretas, que permitem perceber a conexão da carta com uma comunidade específica: menciona-se a perseverança exemplar demonstrada pelos tessalonicenses durante as perseguições sofridas (1,4) e exorta-se à atividade laboral e à disciplina (3,6-15). Alusões a pessoas e eventos circunstanciais que são obscuros para nós, mas provavelmente bastante claros para os destinatários da época, parecem surgir também na passagem dedicada à parusia (2,1-12). No entanto, o tom permanece mais formal e impessoal do que em 1Tessalonicenses, em que encontramos efusões afetuosas por parte de Paulo (cf., p. ex., 2,7-8).

Esquema

As propostas de disposição literária, embora divergentes em função dos critérios adotados, concordam com o quadro epistolar (pré-escrito e pós-escrito) e com a subdivisão do texto em três seções, que estão ligadas entre si de forma diferente.

Se aplicamos os critérios da arte retórica – talvez com o risco de "enjaular" um pouco o texto em categorias que no epistolário paulino na verdade são tomadas com elasticidade – emerge a seguinte configuração[72]:

---

72. Uma obra totalmente dedicada a esse tipo de estudo retórico, com tal proposta de disposição, é aquela de Hughes (*Early Christian Rhetoric and 2 Thessalonians*).

A *exordium* 1,1-12: agradecimento e oração pelos ouvintes
B *partitio* 2,1-2: apresentação das duas provas ou argumentações
    a) *probatio* 2,3-12: a parusia não é iminente
    b) *probatio* 2,13-15: razões para conservar a tradição recebida
B[1] *peroratio* 2,16-17: resume o argumento anterior
C *exhortatio* 3,1-15: exortação final
postscriptum 3,16-18: pós-escrito epistolar

Se, por outro lado, se oferece uma disposição elaborada em sintonia entre as duas (dado que 2Tessalonicenses retoma 1Tessalonicenses), emerge a seguinte proposta[73]:

Pré-escrito (1,1-2)
Primeira Parte: trazer conforto dos sinais e dos tempos do apocalipse (1,3–3,5)
I seção
  Exórdio: primeiro agradecimento e oração (1,3-12)
    a) O dever de dar graças e o justo juízo de Deus (1,3-10)
    b) Oração para a glorificação do nome (1,11-12)
II seção
  O dia do Senhor não está presente (2,1-12)
    a) Teses a serem confutadas: o dia do Senhor está presente (2,1-3a)
    b) Confutação: o que precede o dia do Senhor (2,3b-12)
III seção
  Conclusão da primeira parte (2,13–3,5)
    a) o dever de dar graças pela eleição (2,13-14)
    b) exortação a manter as tradições (2,15)
    c) invocação ao Senhor (2,16-17)
    b1) exortação a orar pelos remetentes (3,1-2)
    d) a confiança bem fundamentada (3,3-4)
    c[1]) retomada da invocação ao Senhor (3,5)
Segunda Parte: o trabalho e a disciplina (3,6-16a)
  a) o mandamento de trabalhar (3,6-15)
  desordem e trabalho (3,6-12)
  indicações gerais (3,13-15)
  b) invocações conclusivas (3,16a)
Pós-escrito (3,16b-18)

73. Na explicação do texto seguir-se-á essa disposição, proposta em MANINI. *Lettere ai Tessalonicesi*, p. 13-14.

Guia de leitura

O costume protocolar da época previa o nome do remetente desde o início, aqui declinado de acordo com uma subjetividade apostólica ampliada: "Paulo e Silvano e Timóteo" (v. 1). A carta, portanto, é apresentada como um escrito compartilhado por vários sujeitos, ainda que, de fato, tenha a assinatura exclusiva de Paulo (3,17). Em cada caso, o texto começa com o "nós" dos colaboradores do anúncio do Evangelho, um trabalho e um cansaço não realizados solitariamente (cf. 2Cor 1,19)[74]. Destinatária é a mesma comunidade à qual se dirige 1Tessalonicenses: aquela "dos Tessalonicenses". Comunidade cuja marca específica é o estar envolvida na própria vida divina: é *"em* Deus nosso Pai e *no* Senhor Jesus Cristo" (v. 1). Com exceção da redundância "Deus Pai e do Senhor Jesus Cristo" no v. 2, o *incipit* é quase idêntico ao de 1Ts 1,1. Depois destes brevíssimos preâmbulos, nós entramos no coração do argumento.

Primeira parte: encontrar conforto nos sinais e nos tempos do apocalipse (1,3-3,5)

A primeira parte é a porção mais substancial da carta e está dividida em três seções.

I seção (Exórdio): primeira ação de graças e oração (1,3-12)

Do ponto de vista temático, o exórdio pode ser dividido nestas unidades: o dever de dar graças e o justo juízo de Deus (v. 3-10)[75] e oração para a glorificação do nome (v. 11-12).

a) O dever de dar graças e o justo juízo de Deus (v. 3-10)

No epistolário paulino é habitual se deparar com uma ação de graças no *incipit* (exceto Gálatas): é a modalidade, tudo de forma positiva, para estabelecer a relação epistolar que responde não tanto às necessidades da típica *captatio benevolentiae*, mas a uma modalidade apropriada de se aproximar de uma realidade comunitária. Partir do positivo que já está trabalhando indica uma abordagem teológica correta; expressar gratidão a Deus pelo dom da fé e do amor recíproco (v. 3) significa reconhecer nele a fonte. Desta for-

---

74. Timóteo é coemetente também em 2Cor 1,1; Fl 1,1; Fm 1 (Cl 1,1).

75. No v. 3 começa um único longo período que termina no v. 10; é composto pelo acúmulo não muito elegante de complementos e subordinados.

ma, a situação positiva que a comunidade experimenta em seu interior é, sim, o resultado da boa vontade dos fiéis, mas, como última instância, da própria iniciativa de Deus. Este é precisamente o motivo da ação de graças, que é ainda reiterado em 2,13, apesar da continuação mostrar a dificuldade do momento, marcado pela dureza das perseguições. Em vez de se queixar das condições desfavoráveis e adversas, parte-se da gratidão a Deus pela "perseverança" e pela "fé" demonstradas, precisamente, por ocasião das "perseguições e tribulações" (v. 4)[76]. A diferença com as outras cartas paulinas é que, enquanto nestas, este agradecimento é simplesmente relatado, aqui se enfatiza a necessidade de fazê-lo, por causa do belo testemunho oferecido pelos destinatários com a sua perseverança e resistência.

O motivo da ação de graças de alguma forma se estende além da capacidade de resistência dos tessalonicenses, envolvendo as próprias perseguições, das quais se fazem objeto aqueles que são considerados "dignos do Reino de Deus" (v. 5). Evidentemente aqui a motivação muda: os sofrimentos das perseguições não só devem ser suportados com paciência, mas tornam-se o lugar da própria eleição de Deus. Em outras palavras, a ação de graças não ocorre *mau grado* as perseguições, mas precisamente *por causa* delas.

Ora, a menção das perseguições e tribulações que afligem os justos se conecta com os temas clássicos da apocalíptica, segundo a qual eles são o sinal ("indício", *éndeigma*; v. 5)[77] que simplesmente antecede o momento do juízo; os tormentos suportados pelos eleitos se tornam de alguma forma o sinal indicador – uma espécie de prelúdio – que garante o curso do julgamento divino. De fato, na lógica de retaliação, Deus é garante da reviravolta de situação: aqueles que afligem os fiéis, por sua vez, serão objeto de tormento, enquanto os aflitos receberão consolo (v. 6-7), mas com um esclarecimento: se os perseguidores se tornam perseguidos, os perseguidos não se tornam perseguidores. Mas quando Deus vai colocar em prática tal reequilíbrio? A resposta é imediata: no momento da *parusia* (v. 7; antecipando, assim, o tema central de 2,1-12). Os adversários dos fiéis, na verdade, são aqueles

---

76. A que tipo de perseguições a carta se refere? Àquela de que falam 1 Tessalonicenses e At 17 (se 2 Tessalonicenses fosse autêntica), ou a alguma outra perseguição imperial não especificada. É possível também que se faça alusão a dificuldades internas à comunidade ("tribulações").

77. Do ponto de vista sintático, *éndeigma* pode referir-se tanto às tribulações quanto à perseverança dos tessalonicenses; portanto, *sinal indicativo* do julgamento divino pode ser tanto o primeiro quanto o segundo.

que não reconheceram a Deus, contrariando o Evangelho de Jesus (v. 8); em outras palavras pode se dizer que por trás da aversão aos fiéis se esconde mais precisamente a aversão a Deus e a Cristo.

Também os sinais que acompanham o dia do juízo são clássicos: a presença dos anjos, o fogo ardente (cf., p. ex., Is 66,15), a punição dos opressores distantes de Deus e, portanto, excluídos da sua glória e, correspondentemente, a glorificação de Cristo em seus santos e fiéis, envolvidos na admiração e na participação da sua glória.

b) Oração para a glorificação do nome (v. 11-12)

Sobressaem dois pedidos: que Deus faça os tessalonicenses dignos da sua chamada, e que seja glorificado o nome do Senhor Jesus. Os remetentes recordam aos destinatários a própria oração incessante a seu favor, para que Deus possa obrar neles, fazendo florescer a sua fé por meio das obras de bem realizadas por eles mesmos. A ideia subjacente poderia ser muito semelhante àquela expressa em Fl 2,13: "Porque é Deus que realiza em vós o querer e o fazer, conforme a sua benevolência". A iniciativa é de Deus (*klésis*, "chamada"), que sustenta a vontade de bem nos tessalonicenses (*eudokía agathosýnes*, "propósito de bem"), que, por sua vez, se concretiza em gestos tangíveis que tornam visível a fé (*érgon písteos*, "obra de fé"). O objetivo é a glorificação do "nome" de Jesus – ou seja, da sua pessoa –, por meio das suas obras os fiéis de Tessalônica difundem o conhecimento de Jesus e o honram, e, correspondentemente, também eles próprios são associados a esta glória. Já a partir do momento presente a glória futura e definitiva começa a se manifestar[78].

II seção: o dia do Senhor não está presente (2,1-12)

Surge o tema mais controverso da carta, um elemento muito discutido de conexão ou distância com relação a 1Tessalonicenses: a *parusia* de Jesus. Provavelmente por causa da vagueza estudada da linguagem apocalíptica e das conotações excessivamente obscuras das alusões, esta é uma das passagens mais escuras de todo o NT. Esta seção pode ser dividida em: a) teses a serem refutadas (v. 1-3a); b) verdadeira refutação (v. 3b-12).

---

78. A conclusão do v. 12 pode ser traduzida de duas formas: "a graça do nosso Deus [Pai] e do Senhor Jesus Cristo" ou "a graça do nosso Deus e Senhor Jesus Cristo". No segundo caso teremos um dos raros casos em que o NT atribui explicitamente a Cristo o título de *theós*, reservado só ao Pai.

a) tese a refutar: o dia do Senhor está presente (2,1-3a)

O dia do juízo, mencionado nos versículos anteriores, é especificado: trata-se da *parusia*[79] de Cristo, o "encontro" (*episynagoghé*) dos fiéis com Ele e o "dia do Senhor". Paulo havia falado dela nos mesmos termos em 1Ts 4,13–5,2[80], com a intenção explícita de não deixar pontos pouco claros sobre o destino dos mortos (4,13). Agora, a finalidade é, pelo contrário, aquela de equipar os tessalonicenses perante o risco de mal-entendido sobre o momento exato deste encontro: o dia do Senhor não está nada presente e não é nem mesmo iminente. Portanto, proíbe qualquer forma de perturbação causada por alguma pretensa inspiração profética, ensinada aos tessalonicenses ou comunicada através de um texto falsamente atribuído a Paulo. Também é possível referir-se ao ensino escatológico de 1Tessalonicenses, totalmente malcompreendido pelos fiéis de Tessalônica. Mas as referências permanecem muito vagas para poder dizer mais: devemos, portanto, nos contentar com os poucos dados que emergem de um discurso que, tomando por certo o conhecimento do assunto nos destinatários, pode deixar de fora a retomada explícita de todos os elementos em jogo (esta observação deve ser levada em conta ainda mais para os v. 3b-12). O autor, em primeiro lugar, insiste para que ninguém se deixe enganar. O dia do Senhor, de fato, ainda não chegou porque primeiro devem acontecer alguns fatos.

b) Refutação: o que precede o dia do Senhor (2,3b-12)

A *parusia* não está às portas, porque antes deve acontecer a "apostasia" e a manifestação do "homem da iniquidade" (v. 3). A apostasia é a deserção deliberada da fé e foi contada entre os pecados mais graves, porque marcava o abandono de uma realidade tão preciosa como a própria fé. O "homem da iniquidade" recebe esclarecimentos adicionais: "filho da perdição", "adversário", "aquele que se levanta contra tudo o que é divino e sagrado" e, fixando-se no templo, "apresenta-se como se fosse Deus" (v. 3-4).

---

79. O termo *parusia* significa "presença", "vinda". É retirado do âmbito greco-romano, no qual indicava a visita oficial do imperador como manifestação da própria soberania. Tal vinda do soberano era acompanhada por imponentes cerimônias celebrativas, isenções fiscais excepcionais e anistias. Este termo, assumido pelo cristianismo, indica o retorno glorioso de Cristo ressuscitado ao final da história, na qualidade de juiz escatológico.

80. "Reunirá" (*áxei*, 1Ts 4,14); *parusia* (4,15); "dia do Senhor" (5,2).

De quem se trata? Se, por um lado poderia invocar um personagem histórico, suficientemente claro para os tessalonicenses (um político? um adversário da fé cristã?), por outro a modalidade utilizada para definir o seu papel não permite uma identificação exata. É uma pessoa contrária à Lei de Deus, cujo destino é a destruição (eis o significado dos semitismos "homem da iniquidade" e "filho da perdição"): é o exato oposto do justo, descrito na Bíblia como figura que guarda a Lei e cujo destino é a prosperidade (cf. Sl 1,2-3). Age com o mesmo propósito de satanás (cf. 2,9): é aquele que se opõe, o adversário que faz resistência ao plano de Deus. É possível claramente notar que em todas as épocas houve figuras claramente iníquas, como também pessoas justas. No entanto, outros elementos chegam para esclarecer o retrato: este personagem ama definir-se abertamente em relação a Deus, usurpando as suas prerrogativas e pretendendo para si as ações de culto reservadas a Ele, chegando até mesmo a sentar-se em seu lugar no templo. Estes últimos detalhes imediatamente nos lembram da profanação do templo por Antíoco Epifânio (cf. 1Mc 1,54 e Dn 11,36).

Cabe recordar, no entanto, como os monarcas da Antiguidade (e os centros de poder de cada época) muitas vezes sucumbiram à tentação de autodivinização: amavam atribuir-se títulos divinos e ser honrados por cerimoniais de corte semelhantes aos realizados às divindades nos templos. Também aqui as identificações poderiam multiplicar-se, mas o autor coloca um claro "alto lá", porque está falando de eventos que devem ainda acontecer: será uma figura reconhecível somente quando esses eventos ocorrerem. E é suficiente para acalmar as curiosidades inúteis. No fundo, Paulo já havia falado (v. 5).

O autor acrescenta então que tudo isso ainda não aconteceu porque existe uma realidade que, no momento, impede a sua manifestação. Mais precisamente, há *algo* ou *alguém* que o retém. E aqui as perguntas se multiplicam. Em primeiro lugar, a transição do neutro para o masculino ("O que o impede", v. 6; "aquele que o impede", v. 7): é uma entidade ou uma pessoa? Depois, o que exatamente significa *katéchein* (variavelmente traduzível: segurar, deter, conter, tomar posse, ocupar, suprimir)? Finalmente, a ausência do objeto explícito: o que precisamente é retido? Permanecem perguntas sem resposta. A indicação "para que só se manifeste em seu tempo" (v. 6), também indica claramente que pelo momento a identificação não é possível.

Poder-se-ia abraçar plenamente a admissão de Agostinho: "Confesso que realmente não entendo o que o [o autor] disse"[81].

Resumindo, pode-se dizer que os tessalonicenses ainda são conscientes de que o homem da iniquidade não pode ser ainda desmascarado porque uma entidade ou um sujeito determinado impede a revelação dele[82].

Neste ponto, acrescenta-se mais um esclarecimento, que, em vez de esclarecer, só torna ainda mais enigmático o quadro descrito: "já está em ação o mistério da iniquidade" (v. 7), embora se, precisamente, por ora está retido. O mal e a sua força permanecem um mistério, certamente, incompreensível para o homem, mas sob o controle de Deus. No entanto,

> mais do que a ação oculta, insidiosa do adversário, o termo faz alusão ao plano divino que concede a satanás o poder de agir contra os homens do Reino. Que ele tenha tanto poder mesmo depois da vinda do Messias só pode ser um segredo divino[83].

Quando o homem da iniquidade for revelado, então Cristo o destruirá. Aquele será o momento verdadeiro da *parusia* do Senhor, que o "matará com o sopro de sua boca, destruindo-o com a manifestação de sua vinda" (v. 8). Cristo, na sua *parusia*, portanto, se mostrará como um guerreiro vitorioso sobre os inimigos só com a força da sua palavra e da sua presença[84]. Certamente satanás vai colocar em campo todos os seus encantos sedutores, tentando imitar as ações prodigiosas de Deus e dando vazão ao seu poder (v. 9-10), mas o ápice de seu sucesso será também o início da sua ruína. De fato, é Deus que permite que os acólitos do adversário acreditem na mentira, para que sejam condenados (v. 11-12), de acordo com as expectativas relativas ao dia do juízo.

---

81. *De civitate Dei*, XX, 19,2.

82. Abundam as tentativas de identificação: o imperador e o Império Romano; o próprio Deus e o seu Reino; Paulo apóstolo e a difusão do Evangelho; os falsos profetas e o seu ensinamento e assim por diante. Cf. o longo *excursus* dedicado por Redalié (*Thessaloniciens*, p. 120-125). Mas permanecem conjeturas: a passagem é destinada a permanecer para os intérpretes uma *crux*. Cf., no entanto, a afinidade com Ap 20,1-10: antes de agir livremente satanás é amarrado por mil anos.

83. DA SPINETOLI, O. "Seconda lettera ai Tessalonicesi". In: CIPRIANI, S.; DA SPINETOLI, O.; PERETTO, E.; ROSSANO, P.; VANNI, U. & ZEDDA, S. *Le lettere di San Paolo*. Cinisello Balsamo: Paoline, 1985, p. 85-86.

84. Cf. Is 11,4: "Ele ferirá a terra com o bastão da sua boca, e com o sopro dos seus lábios matará o ímpio".

Em definitiva, os detalhes desta unidade temática permanecem muito vagos e, em última análise, obscuros. O leitor contemporâneo se esforça para se familiar com a linguagem apocalíptica e, especialmente, não goza das informações que, por outro lado, os tessalonicenses tinham. Portanto, muitas questões permanecem necessariamente sem solução. No entanto, uma visão geral é possível. A *parusia* não está às portas, porque alguns eventos negativos ainda precisam acontecer. Trata-se de fatos tremendamente duros, ligados a atos de apostasia e de iniquidade idolátrica (o substituir-se a Deus). Enquanto isso o mal ainda está retido, mas quando receber passe livre, que aparentemente vai lhe garantir a vitória, na verdade, naquele mesmo instante a sua própria derrota será decretada de forma inexorável. Progressivamente, portanto, se aproximando do fim dos tempos, o Reino de Deus e o do mal se tornam sempre mais explícitos: as explosões mais violentas do maligno são nada mais do que os últimos espasmos antes do fim.

Deus, de fato, continua sendo o artífice último desses eventos, o grande diretor que consegue "manobrar" até as próprias maquinações do mal. Os vários passivos divinos demonstram-no. É a linguagem com que o texto bíblico transmite a ideia de que também os acontecimentos mais terríveis não são capazes de tirar a história da providência de Deus, como se os fatos pudessem sair do seu controle. Ele também tem o mal nas mãos. O máximo triunfo da iniquidade será o começo da sua ruína e a confirmação da *parusia* vitoriosa de Cristo.

III seção: conclusão da primeira parte (2,13–3,5)

No começo desta unidade foi retomado o tema da ação de graças (cf. 1,3-10) por causa da eleição dos tessalonicenses, por Deus, que os chamou e escolheu (2, 13-14). O ser objeto de uma iniciativa divina deve induzir à gratidão, porque tal proposta de Deus tem a primazia absoluta com relação a qualquer outra determinação. Eles são definidos "primícia (*aparkhén*) para a salvação", tanto porque a comunidade de Tessalônica está entre as primeiras da região da Macedônia a ter sido evangelizada quanto porque constitui – como as primícias em Israel – um oferecimento particularmente agradável a Deus[85].

---

85. A variante "Deus vos escolheu desde o princípio (*ap'arkhés*)" destaca a dimensão eterna (pré-temporal) da eleição.

Em contraste com aqueles que acreditaram na mentira e vão para a perdição (v. 11-12), os tessalonicenses estão convencidos sobre as boas intenções de Deus a respeito deles: Ele os chama a compartilhar a glória do Senhor Jesus. Segue uma exortação a manter as tradições (2,15): tanto no sentido de não mudar os elementos doutrinais recebidos quanto no sentido de não se deixar perturbar facilmente. É necessário permanecer bem firmes no ensinamento aceito oralmente e por escrito; se persistir no que foi transmitido, espera-se, então, poder receber o consolo de Jesus e do Pai (v. 16-17). Talvez é a consequência lógica do tratado sobre a ausência da *parusia"*: apesar de os fiéis não poderem ainda gozar do advento glorioso de Cristo e terem que suportar as tribulações e perseguições, nem por isso estão excluídos de se beneficiarem do conforto divino.

O autor, então, pede para se orar pelos remetentes, para que possam servir à divulgação – a "corrida" (3,1) – do Evangelho, o qual, se por um lado tem uma força propulsora própria que vem diretamente de Deus, não pode, por outro lado, expandir-se sem a colaboração dos evangelizadores, que pedem para ser poupados da oposição dos "homens corruptos e maus" (3.2). Daí o comentário amargo do autor: "a fé não é dada a todos" (v. 2), expressando a desagradável constatação de que diante do anúncio do Evangelho, glorificado em quem o acolhe e crê nele, há também a possibilidade de ser mortificado em quem o rejeita. No entanto, após esta nota negativa, o autor não se deixa dominar pelo desânimo, porque a falta de fé de alguns contrasta imediatamente com a fidelidade do Senhor: ele está trabalhando em favor dos tessalonicenses protegendo-os do maligno (v. 3). Por trás dos maus (*ponerói,* v. 2) que se opõem ao Evangelho existe sempre a obra do maligno (*ponerós,* v. 3). Os tessalonicenses são motivo de satisfação do remetente, porque são perseverantes no seguimento das diretrizes recebidas (v. 4). Trata-se de um elogio, ao qual segue uma invocação para que o próprio Senhor guie os seus "corações para o amor de Deus e a constância de Cristo" (v. 5).

Segunda parte: o trabalho e a disciplina (3,6-16a)

Na economia da carta esta segunda parte é a mais curta. O tema dominante é aquele ligado à atividade de trabalho (3,6-15), seguido por uma invocação conclusiva (v. 16a) e o pós-escrito (v. 16b-18).

O mandamento de trabalhar (3,6-15)

O tom e o tema em relação à argumentação da perícope anterior mudam abruptamente: do dia do Senhor passa-se ao trabalho cotidiano; da espera da futura aparição do Cristo glorioso, com todos os fatos que a precedem, volta-se a considerar o presente comunitário com as tensões que o permeiam.

Alguns exegetas vislumbraram, na modalidade desordenada de viver por parte de quem não trabalha uma espécie de consequência prática às ideias erradas sobre *parusia:* se a vinda de Cristo é iminente, ou até mesmo já está em ato, para que serve trabalhar? Eis explicado a repreensão com que o autor pede para se ganhar o pão com a paciência do trabalho diário (v. 12). A ligação com o exposto, no entanto, não é de todo explícita: em nenhum detalhe surge uma referência a ideias incorretas sobre a *parusia*; consequentemente para outros estudiosos o discurso sobre trabalho seria totalmente independente das considerações apocalíptico-escatológicas da seção anterior.

O pano de fundo do qual emergem observações tão severas poderia ser aquele, bastante comum, das relações clientelistas, no qual várias pessoas conseguiam ser mantidas por um patrão ao qual podiam prestar ocasionalmente algum serviço, ou, muito provavelmente, aquele determinado por quem, aproveitando-se da partilha fraterna dentro da comunidade, conseguia esquivar-se da labuta dos trabalhos diários descolando a refeição diária. O pano de fundo específico não é conhecido, mas em qualquer caso, o discurso diz respeito àqueles que vivem como parasitas; portanto, não se trata, aqui, daqueles que hoje chamaríamos de desempregados, mas de desocupados aproveitadores.

A tonalidade é bastante dura, porque a ordem dada se apresenta como uma sanção disciplinar, imposta com a própria autoridade de Cristo: "nós vos mandamos que vos afasteis" daqueles que vivem ociosos (v. 6). Não só não trabalham, transgredindo assim o ensinamento tradicional recebido, como perambulam por toda parte (literalmente: "andam desordenadamente"), vagando, portanto, como preguiçosos. A este comportamento o autor opõe, como modelo a ser imitado (*typos,* "exemplo", v. 9), a sua própria conduta; primeiro com uma restrição, ou seja, negando o contrário ("não vivemos entre vós na ociosidade", v. 7) e depois com uma afirmação positiva ("trabalhamos com esforço e cansaço", v. 8)[86].

---

86. Lembremos de como Paulo gostava de destacar que sabia manter-se com o trabalho das próprias mãos. Cf. 1Cor 4,12; 9,6-18; 1Ts 2,9. Cf. tb. At 18,3.

Para além da sua própria maneira de se comportar o autor também se refere ao ensino oferecido, uma espécie de regra com um gosto proverbial: "Quem não quiser trabalhar que também não coma" (v. 10). Daqui emana a ordem dirigida diretamente aos ociosos: "A estas pessoas ordenamos e exortamos em nosso Senhor Jesus Cristo: trabalhem tranquilamente e comam o pão que ganharem" (v. 12). Caso contrário, o resultado será aquele que foi temido no início de "que vos afasteis" (v. 6), ou seja, rompendo relações (v. 14). Os preguiçosos, de fato, vão por aí bisbilhotando os assuntos de outras pessoas, sendo inoportunos e criando confusão e descontentamento no seio da comunidade.

Os fiéis, no entanto, devem perseverar na determinação de fazer o bem sem serem desencorajados diante da atitude desses ociosos (v. 13). A ruptura das relações fraternas, no entanto, mesmo expondo à vergonha, não tem apenas a intenção de punir esses tais, mas tem um claro propósito educacional: interrupção não significa expulsão; devem, sim, ser repreendidos, mas sempre tratados como irmãos e não como inimigos (v. 15). A intenção, portanto, não é a condenação, mas a recuperação, ou seja, o arrependimento e a busca de um trabalho; mesmo porque, provavelmente, qualquer desqualificação da comunidade no período de perseguição certamente traria consequências muito pesadas para suportar.

Invocação conclusiva (3,16a) e pós-escrito (v. 16b-18)

Paralelamente à conclusão da primeira parte (2,16-17) nos deparamos com uma invocação, dessa vez mais curta, na qual se espera o dom duradouro da paz: "O mesmo Senhor da paz vos conceda a paz em todo tempo e de toda maneira" (v. 16a). Em contraste com a desordem e a agitação dos preguiçosos interpelados na perícope anterior, aparece a realidade tranquilizadora da paz. Ou, no contexto da perseguição vivida pelos tessalonicenses, é invocado um contexto no qual eles podem viver pacificamente a sua fé. O "Senhor da Paz" é mencionado como o doador deste dom, e pode ser identificado ou com Deus Pai ou com o Senhor Jesus Cristo.

No pós-escrito encontramos o desejo da proximidade do Senhor, expresso nos tons da liturgia (16b) e depois reiterado com o desejo da "graça do Senhor" (v. 18) e a autenticação com a assinatura do Apóstolo: "A saudação é do meu próprio punho, Paulo. É este o sinal de todas as minhas cartas. Assim escrevo" (v. 17).

Este último é o selo da autenticidade paulina. Se é a letra de Paulo, significa que a carta foi escrita por um secretário-escrivão e o Apóstolo colocou como sinal de reconhecimento a sua assinatura (cf. 1Cor 16,21; Gl 6,11). No texto original, também podemos assumir uma mudança na caligrafia, que pode ser vista por qualquer um que leia. Se foi escrita pelo autor da carta – portanto, não Paulo – seria o sinal claro de intencionalidade pseudoepigráfica (cf. Cl 4,18), ou mesmo o desejo de atribuir à grande personalidade do autor da 1Tessalonicenses – o próprio Paulo – também a redação da 2Tessalonicenses.

Temas teológicos

A parusia *presente e prorrogada*

Certamente o distanciamento do autor com relação à ideia dos tessalonicenses sobre uma *parusia* já presente não pode deixar de levantar algumas questões, tanto sobre o conceito do autor (*parusia* adiada) quanto sobre as convicções dos destinatários (*parusia* presente). Em particular, como é que estes últimos foram configurados na situação de escatologia realizada? Quais repercussões negativas teriam ocorrido à sua fé se continuassem a pensar em uma *parusia* iminente? Difícil de responder corretamente, porque, infelizmente, a tentativa de reconstrução da sua mentalidade é tão estranha quanto a configuração da *parusia* adiada proposta pelo próprio autor. Se em 1Tessalonicenses, a perspectiva de um retorno iminente de Cristo deveria infundir esperança sobre o destino dos mortos, aqui, em vez disso, a atenção é capturada pelos acontecimentos do "entretanto", nos quais, de fato, o autor permanece com abundância de detalhes não mais identificáveis para nós (o homem iníquo que se levanta como Deus, quem e o que "retém"; cf. 2,3-7).

Como se pode notar, a perspectiva é bastante diferente, por exemplo, do atraso da *parusia* em 2Pedro, concedida para a salvação de todos: "O Senhor não retarda o cumprimento de sua promessa, como alguns pensam, mas usa de paciência para convosco. Não deseja que alguém pereça. Ao contrário, quer que todos se arrependam. O dia do Senhor virá como um ladrão" (3,9-10).

Além disso, permanece sem resposta a questão sobre a modalidade desta pretensa presença inaugurada por Cristo: como é que, para os tessalonicenses, seria revelado o dia do Senhor? Quais os sinais de sua ocorrência, ou melhor, de sua realização, que o autor se preocupa em negar? Alguns supõem que na assembleia litúrgica não se invocasse mais o advento de Cristo glorioso: se a *parusia* já aconteceu, de que serve mencioná-la em oração? Outros, no entanto, pensam no abandono da atividade laboral: qual a utilidade do trabalho se o fim já está à porta? (Mas essa não parece ser a perspectiva exata: cf. o comentário a 3,11-12.) Outros, ainda, imaginam a satisfação de se retirar para uma vida comunitária presente e complacente; mas mesmo esta ideia é difícil de provar. Finalmente, como eles pensavam que se beneficiariam da fase escatológica final já inaugurada? Como desfrutar dos seus frutos? São todas perguntas que infelizmente temos que responder assim: não sabemos; devemos nos conformar com os poucos detalhes que podem ser deduzidos do texto e parar em um nível puramente conjuntural.

Certamente, a notícia de uma *parusia* não tão distante criou alarmes (2,2), em vez de incutir serenidade; a chegada iminente do Senhor não parece que tenha causado alívio esperado diante das perseguições mencionadas em 1,4-5. Tudo isso parece realmente estranho e parcialmente contraditório. Um elemento, no entanto, é indiscutível: a página de 2Tessalonicenses a respeito da *parusia* adiada continua a ser uma das passagens mais obscuras e difíceis de todo o Novo Testamento.

Quem é o homem iníquo? O anticristo?

Um dos temas que talvez mais do que qualquer outro tem sido uma espécie de "atração fatal" para exegetas, teólogos e até mesmo escritores e diretores de cinema foi o tema do anticristo, muitas vezes identificado com o homem da iniquidade de 2Ts 2,3. A carta, por si só, não o menciona explicitamente, mesmo que a menção de 2,3 tenha desencadeado uma busca às vezes espasmódica da identidade desse sujeito e de qual poderia ser sua encarnação histórica.

Antes de mais nada, o texto parece de algum modo criar uma espécie de paralelo entre o homem iníquo e Cristo, porque a aparição de um está ligada – ou pelo menos acontece simultaneamente – com a do outro: "...na *manifestação* do Senhor Jesus. Ele descerá do céu..." (1,7); "para *manifestar-se* só a seu tempo... então *aparecerá* o ímpio" (2,6.8). Parece, portanto, que o aparecimento do ímpio se configure precisamente em oposição ao de Cristo: eis, portanto, desvelada a origem da identificação do homem iníquo com o anticristo. Mas, quem é este?

Lutero, convencido de combater uma manifestação histórica, identificou as forças do anticristo com as da instituição pontifícia, especialmente pela usurpação de uma autoridade e de um culto que pertence somente a Deus (2,4). Trata-se de um ponto de chegada, de um repensamento crítico sobre a Igreja Católica, inaugurado já por Joaquim de Fiore, pelos cátaros e os hussitas e continuado depois de Lutero por Melanchton, Zwingli e Calvino[87].

A linguagem apocalíptica é deliberadamente vaga e alusiva, precisamente, a fim criar as condições para que cada geração de fiéis possa perceber-se dentro das perspectivas delineadas pelos autores, fornecendo-lhes as chaves para entender simbolicamente seu próprio tempo. Agora, em relação à figura do anticristo poder-se-ia dizer que cada época tem seus "anticristos", ou seja, os adversários de Cristo, ora identificáveis com indivíduos, ora com grupos de poder, ora com sistemas de pensamento. Basta pensar, por exemplo, em como alguns textos do Apocalipse apoiaram a luta contra a fúria nazista.

Em resumo, a busca desta figura não coincide com a identificação de uma encarnação satânica do mal neste ou naquele personagem poderoso e perturbador, cujo aparecimento seria o indício assustador de um final iminente (objeto mais da curiosidade dos filmes de *terror* do que da fé dos fiéis); mais simplesmente trata-se de todas as realidades que em cada época do cristianismo apresentaram-se abertamente e claramente (e se apresentarão no futuro) como hostis ao Evangelho de Jesus e aos seus discípulos. Suscitando menos horror e medo, certamente, mas tornando-se muito mais sutis e difíceis de identificar.

Bibliografia

Os maiores comentadores hoje em circulação dedicados unicamente à Segunda Carta aos Tessalonicenses não são muito numerosos:

MENKEN, M. *2Thessalonians*. Londres/Nova York: Routledge, 1994 [New Testament Readings].

REDALIÉ, Y. *La deuxième épître aux Thessaloniciens*. Genebra: Labor et Fides, 2011 [Commentaire du Nouveau Testament. 2e serie, 9c].

---

87. Cf. REDALIÉ. *Thessaloniciens*, p. 106-107.

THOMAS, R.L. "2Thessalonians". In: BARKER, K.L. & KOHLENBER-GER III, J.R. (ed.). *The Expositor's Bible Commentary*. Grand Rapids, Zondervan, 1994.

TRILLING, W. *Der zweite Brief an die Thessalonicher*. Zurique/Vluyn: Benzinger/Neukirchener/Neukirchen, 1980 [Evangelisch-katholischer Kommentar zum Neuen Testament 14].

Normalmente a Segunda é comentada depois da Primeira: eis, então, os comentários que abarcam as duas, ou seja, conduzem o comentário da Segunda a partir de um confronto com a Primeira.

FURNISH, V.P. *1 Thessalonians–2 Thessalonians*. Nashville: Abingdon Press, 2007 [Abingdon New Testament Commentaries].

GREEN, G.L. *The Letters to the Thessalonians*. Grand Rapids/Cambridge: Eerdmans, 2002 [The Pillar New Testament Commentary].

LÉGASSE, S. *Les épîtres de Paul aux Thessaloniciens*. Paris: Cerf, 1999 [Lectio Divina, 7].

MALHERBE, A.J. *The Letters to the Thessalonians*. Nova York: Doubleday, 2000 [The Anchor Bible, 32B].

MANINI, F. *Lettere ai Tessalonicesi* – Introduzione, traduzione e comento. Cinisello Balsamo: San Paolo, 2012 [Nuova Versione della Bibbia dai testi antichi, 49].

MARTIN, D.M. *1,2 Thessalonians*. Nashville: Broadman & Holman, 1995 [The New American Commentary, 33].

MOTYER, J.A. & MOTYER, S. *1 and 2 Thessalonians*. Licester: Crossway Books, 1999 [Crossway Bible Guide].

RICHARD, E.J. *First and Second Thessalonians*. Collegeville, MN: Liturgical Press, 1995 [Sacra Pagina, 11].

WITHERINGTON, B. *1 and 2 Thessalonians*. Grand Rapids/Cambridge: Eerdmans, 2006.

Outros estudos monográficos:

DONFRIED, K.P. *Paul, Thessalonica and Early Christianity*. Grand Rapids: Eerdmans, 2002.

HUGHES, F.W. *Early Christian Rhetoric and 2 Thessalonians*. Sheffield: JSOT, 1989 [Journal for the Study of the New Testament – Supplement Series, 30].

IV

As cartas pastorais: linhas gerais

M. Girolami

Questões introdutórias

O grupo das três cartas – 1Timóteo, 2Timóteo e Tito – está no final do *Corpus paulinum*, antes apenas do breve bilhete a Filêmon. São cartas conhecidas desde os tempos antigos, porque já ao final do I século são citadas por autores como Clemente Romano, e depois, no começo do II século, por Inácio, Policarpo, Ireneu. Foram chamadas Cartas Pastorais (de agora em diante CP) pela primeira vez em 1726 em Halle (Alemanha) pelo teólogo evangélico Paul Anton. Hoje, tal denominação é aceita por todos.

No entanto, deve ter-se em conta que, se por um lado o nome de CP favorece na identificação dentro do *Corpus paulinum*, o adjetivo "pastorais" não deve se tornar um critério hermenêutico que orienta e reduz a mensagem das três cartas. Chamam-se CP porque dirigidas a pastores individuais, Timóteo e Tito, ao contrário das outras cartas de Paulo, que, exceto Filêmon, são dirigidas a comunidades; além disso essas, embora voltadas a dar orientações aos guias para a organização das comunidades cristãs, não por isso, são desprovidas de densos conteúdos teológicos ou de textos litúrgicos particularmente preciosos para a memória das primeiras gerações cristãs.

Um preconceito que persiste

Tal esclarecimento deve dissipar o preconceito de que as CP, estando ora distantes do momento nascente e criador, que se encontra nas cartas autênticas, sejam escritos com conteúdos já cristalizados, como se pode deduzir das frases: "guardar o depósito" e "recordar o ensinamento". Não haveria mais apóstolos missionários que anunciam o Evangelho, mas bispos residentes preocupados pelo funcionamento da própria comunidade. Tal visão, fundamentalmente e ideologicamente romântica, impõe a leitura das CP não mais como um dos elementos fundamentais da memória de Jesus nas primeiras gerações cristãs, mas como já um produto daquele sistema eclesial que teria se distanciado bastante da primitiva pregação cristã[88]. Não se falaria de "Evangelho", mas de "depósito" da verdade a ser guardada; não se falaria mais de conversão, mas de comportamentos morais conforme o ensinamento dos pastores.

Tal visão redutiva das CP não contribui para compreender a riqueza e o frescor de seu autêntico testemunho para a memória apostólica sobre Jesus. O convite a guardar o depósito não é uma conservação sob vácuo de um produto que poderia apodrecer, mas é a vontade de permanecer naquilo que foi anunciado sem distanciar-se da verdadeira manifestação de Jesus Cristo confiada à Igreja. O processo de transmissão (*parádosis*) da fé da Igreja, com os relativos problemas de cada passagem entre diferentes gerações, já havia iniciado com Paulo (cf. 1Cor 11,2.23; 15,3), mas é claro que os métodos de Paulo devem ser atualizados à situação de Timóteo e Tito precisamente em nome da atualidade perene da fé. Custodiar não implica somente conservar, mas aceitar necessariamente um envolvimento pessoal criativo que impede a assunção de formas rígidas e se traduz, pelo contrário, em um esforço de dar uma forma sempre mais transparente ao conteúdo a ser transmitido. "Custodiar" (*fylássein*), de fato, é um verbo típico da literatura sapiencial que indica a atitude interior de quem é chamado a manter uma positiva tensão interior pessoal para permanecer na verdade[89].

A paternidade apostólica das CP

Um dos pontos mais problemáticos das CP é a sua paternidade paulina. Paternidade em pelo menos dois sentidos: histórica, de tal forma que Paulo

---

88. Cf. SABATIER, A. *L'Apôtre Paul, esquisse d'une histoire de sa pensée*. Paris: Fischbacher, 896, esp. p. 286-287, onde define "guarda o depósito" (2Tm 1,14) como uma forma degradada do paulinismo, indicador de que a época criadora acabou e se vive na oposição entre uma suposta Igreja carismática e uma institucional.

89. Cf. Sl 16,8; 24,20; 36,34; 85,2; Pr 4,5; 7,2; 25,10; Eclo 4,20; 12,11; 22,13.

seria autor material ou principal inspirador destes textos, e apostólica no sentido de que Paulo emerge como a única fonte da autoridade apostólica que transmite de forma autêntica a memória de Jesus. Nesse segundo sentido as CP estão conectadas à figura do apóstolo dos gentios de forma muito estreita, porque Paulo acaba por ser o único ponto de referência para Timóteo e Tito, sendo ele o único verdadeiro apóstolo, arauto e mestre (cf. 1Tm 2,7; 2Tm 1,11). Não há outras fontes de autoridade, ou outros apóstolos mencionados. O próprio Timóteo e Tito, que são chamados pelo Apóstolo, não são chamados nunca de "apóstolos".

No mais amplo horizonte dos outros textos do Novo Testamento o fato de que Paulo é considerado a única fonte de autoridade para o apostolado é obviamente um aspecto problemático. O próprio Paulo, nas cartas consideradas autênticas, se refere à autoridade de Cristo e da Escritura; Lucas nos Atos põe em cena a autoridade do Espírito, com aquela de Pedro e de Paulo; João expressa a autoridade com a figura do discípulo amado não sem a comunidade. As CP se colocam em outro plano e oferecem um sentido diferente da autoridade apostólica, porque concentram em um único canal de transmissão – Paulo – a verdade da fé. A concentração de atenção à figura de Paulo obviamente é intencional e deve ser compreendida na finalidade dos escritos, que, direcionados principalmente para os guias da comunidade, apresentam-se não principalmente como indicações de caráter organizacional e planejamento, mas como diretrizes, para que cada um seja capaz de acolher o Evangelho de Jesus Cristo e possa vivê-lo da melhor forma possível, tanto para favorecer a coesão da comunidade quanto da sociedade civil na qual os cristãos vivem e com a qual são chamados a interagir. O ensinamento e, especialmente, o exemplo de Paulo se adaptavam bem à exigência de encontrar uma justa modalidade de ser Igreja no e para o mundo, a partir da convicção de que Deus quer que todos os homens sejam salvos (cf. 1Tm 2,4).

A nível histórico, podem se fazer hipóteses sobre o motivo por que Paulo, e não outros, teria sido escolhido como mestre e exemplo.

As comunidades de Timóteo e Tito são compostas por pessoas provenientes do paganismo, e por isso reconhecem somente a autoridade de quem foi o primeiro missionário entre eles; esta hipótese, como veremos, não explica a referência de 1Timóteo aos judeus.

Uma segunda hipótese: Timóteo e Tito querem defender a memória de seu mestre, destacando a autoridade diante de um provável descrédito que teria surgido com eles, precisamente porque considerados demasiado propensos a certas formas de anúncio profético, mas que tornavam depois difícil a gestão da vida diária da comunidade.

Uma terceira hipótese: as CP, misturadas no tempo ao resto do *Corpus paulinum*, teriam dado um certo equilíbrio institucional com relação às primeiras cartas, que se prestavam a interpretações divergentes. Temos um indicador das dificuldades de aceitar os textos paulinos em 2Pd 3,15-16, onde se diz que os ignorantes e os incertos distorcem o que Paulo quer dizer, porque expressou conceitos difíceis de entender.

À luz do subsequente acolhimento do *Corpus paulinum*, é preciso dizer que nunca foi pacífica a interpretação da mensagem apostólica, mas despertou tanta controvérsia que sempre foi preciso solicitar um novo aprofundamento. Basta pensar na crise marcionita no II século[90], ou àquela pelagiana no IV século[91], ou aquela luterana no XVI século[92]. Não é improvável portanto que, também no início, as cartas de Paulo possam ter gerado tantas interpretações e aplicações que seria difícil encontrar uma lógica coerente compartilhada.

As CP, destacando o significado eclesial de algumas atitudes destrutivas para a comunidade, e confundidas como inovadoras em nome dos carismas mencionados por Paulo, restaurariam um equilíbrio no ensinamento do Apóstolo, preocupado não somente em acolher as manifestações do Espírito, mas também de dar uma coesão orgânica e visível aos vários papéis para a edificação da própria comunidade[93]. As CP não teriam, portanto, só a tarefa de redimensionar a mensagem paulina, mas de atualizá-la para mostrar a bondade e validez dos seus ensinamentos também para as gerações sucessivas. Tal hipótese permite compreender melhor a categoria de "ensinamento

---

90. Cf. NORELLI, E. "La funzione di Paolo nel pensiero di Marcione". In: *Rivista Biblica Italiana*, 34, 1986, p. 543-597.

91. Cf. MARA, M.G. *Paolo e il suo epistolário* – Ricerche storico-esegetiche. L'Aquila: Japadre, 1983 [Collana dei Testi Storici 16].

92. Cf. PANI, G. *Paolo, Agostino, Lutero*: alle origini del mondo moderno. Soveria Mannelli: Rubbettino, 2005.

93. De acordo com Donelson (*Pseudepigraphy*), Tertuliano e Ireneu teriam utilizado as CP para reabilitar "Paulo" entre os ortodoxos, dado que era usado pelos "heterodoxos" de forma imprópria. A ideia de que as CP servissem para levar equilíbrio na doutrina paulina também é apoiada em HARDING, M. *What Are They Saying About the Pastoral Epistles?* Mahwah, NJ: Paulist, 2001, p. 27-28.

estranho" (*eterodidaskalía*) e de compreender as normas dadas aos guias da comunidade para que possam manter o tecido do corpo eclesial coeso. De fato, as CP são orientações para chefes de comunidade, para que possam manter a unidade da Igreja, aprendendo a distinguir e a distanciar o que a ameaça e a destrói. Tais indicações são atribuídas a Paulo, aquele mestre e apóstolo ao qual se referiam aqueles que, pelo contrário, em nome de uma presumida autoridade no Espírito, na verdade degradavam a casa de Deus.

Paulo autor das CP

Podemos, portanto, acreditar que Paulo tenha sido o autor das CP? A discussão exegética não encontrou ainda uma solução pacífica às hipóteses avançadas: quem sustenta a paternidade paulina das CP[94] não consegue justificar a mudança de registro teológico que existe entre as cartas autênticas e as CP, nas quais faltam completamente os temas da justificação pela fé, do orgulho, a qualificação da Igreja como corpo, as citações do AT como prova escriturística do novo regime da fé. O argumento mais rigoroso a favor da autenticidade paulina permanece a forte conexão que se pode notar entre as CP e a seção dos Atos dos Apóstolos identificada com o pronome pessoal "nós"[95]. Alguns fatos narrados nos Atos são verificáveis também nas CP, sem levar em conta a forte referência temática que existe sobre a riqueza, sobre o fazer o bem com as boas obras, com o serviço fiel ao Senhor, com a perseverança. Se Lucas, compondo os Atos, narrou os acontecimentos do Apóstolo Paulo coletando talvez em primeira mão as histórias (orais ou já escritas?) das suas provações apostólicas, o autor das CP, tendo como pano de fundo a trama narrativa de Atos, teria colocado em primeiro plano a mensagem do evangelho paulino[96].

Na primeira metade do século XIX, Schott apresentou a hipótese[97] de que o autor das CP tinha sido Lucas, escritor do Evangelho e dos Atos. Mas Lucas, embora dando muito peso à figura de Paulo (cf. At 9,13-28), jamais o chama de apóstolo de forma tão exclusiva como, pelo contrário, encontra-

---

94. Cf. SPICQ. *Les épîtres pastorales*, II, 159, 160n. 5.

95. Cf. At 20,5-15; 21,1-18; 27,1-18.

96. Cf. DE LESTAPIS. *L'énigme*, p. 131.

97. SCHOTT, H.A. *Isagoge historico-critica in libros Novi Foederis sacros*. Iena: Walzii, 1830, apud BAUR, F.C. *Die sogennanten Pastoralbriefe des Apostels Paulus aufs neue kritisch Untersucht*. Stuttgart/Tübingen: Cotta 1835, p. 144.

mos nas CP (cf. At 14,14). Lucas então parece não conhecer as situações das CP e concentra toda a sua atenção a Jerusalém, enquanto nas CP o centro missionário é Éfeso[98]. Em meados do século XX Campenhausen supôs que o autor fosse Policarpo de Esmirna[99], bispo de uma cidade não muito distante de Éfeso, o que prova conhecer as CP porque cita-as várias vezes. No entanto, Policarpo, nas obras que chegaram até nós, sempre explicita a sua identidade e não se compreende o motivo de só no caso das CP permanecer no anonimato. Talvez é mais lícito pensar que o autor poderia ser o próprio Timóteo, dado que o autor das CP demonstra conhecê-lo muito bem, e é portanto pensável que ele próprio tenha querido colocar por escrito as vontades apostólicas, talvez só para defender a sua memória de ataques inevitáveis que, no entanto, teriam levado a perder um patrimônio tão precioso para toda a Cristandade[100].

Não devemos nos esquecer do fenômeno amplamente difundido no mundo antigo da pseudoepigrafia, para o qual se atribui a um texto um valor de autoridade com base na proveniência por um personagem de fama indiscutível. Diferentemente da pseudoepigrafia do AT, para a qual há uma grande distância temporal entre o autor ao qual se refere e o texto, e a diferença da literatura helênica que acolhe todo tipo de escrito sem um critério de conteúdo, a pseudoepigrafia do NT tem no geral textos muito próximos cronologicamente à autoridade ao qual se referem e há um controle muito severo dos conteúdos doutrinais, tanto que muitos textos rapidamente são considerados não autorizados[101]. Em todo caso, se as CP são de Paulo, devem ser colocadas pouco antes de sua morte, por volta de 66/67, se forem pseudoepigráficas devem ser consideradas por volta do final do I século, portanto, não depois de trinta/quarenta anos da morte do próprio Paulo.

---

98. A hipótese de Lucas como autor das CP é compartilhada por MOULE, C.F.D. "The Problem of the Pastoral Epistles: A Reappraisal". In: *Bulletin of the John Ryland Library*, 47, 1965, p. 434. • STROBEL, A. "Schreiben des Lukas? – Zum sprachlichen Problem der Pastoralbriefe". In: *New Testament Studies*, 15, 1968/1969, p. 191-210.

99. Cf. VON CAMPENHAUSEN, H.F. "Polycarp von Smyrna und die Pastoralbriefe". In: *Aus der Frühzeit des Christentums*: Studien zur Kirchengeschichte des ersten und zweiten Jahrhunderts. Tübingen: Mohr Siebeck, 1963, p. 212-217.

100. Cf. BIGUZZI, G. "L'autore delle Lettere Pastorali e Timoteo". In: DE VIRGILIO, G. (ed). *Il deposito dela fede*, p. 90, 93-94.

101. Cf. o caso do evangelho de Pedro, referido em EUSÉBIO. *Historia Eclesiastica*, VI,12,6. Cf. tb. BIGUZZI. "L'autore delle Lettere Pastorali e Timoteo". In: DE VIRGILIO, G. (ed.). *Il deposito dela fede*, p. 81-111.

Os personagens

Paulo (1Tm 1,13)

A importância de Paulo para as CP requer uma parada para recolher os dados que emergem dos textos. Antes de mais nada o termo "apóstolo" ocorre em todos os pré-escritos epistolares, qualificando o discurso de Paulo como resultado de ter sido enviado diretamente por Cristo para tal missão. De fato, como em Rm 1,1, também em Tt 1,1, se especifica que Paulo não somente é apóstolo, mas também servo de Cristo Jesus. O termo "apóstolo" assume tons diferentes: nos evangelhos sinóticos só os Doze são chamados de apóstolos (cf. Mt 10,2; Mc 3,14; Lc 6,13); no Quarto Evangelho o único enviado pelo Pai é Jesus, que envia os Doze para perdoar os pecados (cf. Jo 20,23). Paulo chama a si próprio de apóstolo, embora não tendo sido parte do círculo dos Doze (cf. 1Cor 15,9); ele denuncia a presença de alguns que possuem o título de superapóstolos, mas na realidade não são servos de Cristo, mas apenas da própria vanglória (cf. 2Cor 12,11).

Nas CP a qualificação de *apóstolos* vem acompanhada também pelos termos arauto e mestre (deve-se notar o termo arauto (*kéryx*) referido ao Apóstolo é encontrado apenas em 1Tm 2,7; 2Tm 1,11). A autoridade apostólica é dada pela sua capacidade de ser "mestre" (*didáskalos*), que ensina, e de transmitir as verdades salvadoras. Tal qualidade também é pedida aos responsáveis das comunidades (cf. 1Tm 3,2; Tt 1,9). É clara a intenção do autor das CP de destacar a capacidade de Paulo de ser mestre da fé, contra quem o considerava incompreensível. A qualificação de arauto e de mestre, combinada com a autoridade apostólica, garante que não somente a transmissão das palavras salutares ocorreu, mas que preocupações principais de todo bom responsável de comunidade é de ensinar o que foi recebido, sem diminuições ou exageros.

De fato, deve-se notar que, se a qualificação de apóstolo é apenas para Paulo, a capacidade de ensinar o Evangelho deve ser a primeira preocupação de Timóteo e de Tito que têm a tarefa de certificar a qualidade também naqueles que são chamados a ser bispos da Igreja. Timóteo é chamado "anunciador do Evangelho" (em grego "evangelista": cf. 2Tm 4,5), mas não apóstolo. É claro que também o uso tão atento dos apelativos aos ministros do Evangelho nos consente de compreender como, na passagem entre uma geração e outra, tenham tido que afrontar questões de não pouca importância: se alguém tivesse afirmado ser reconhecido na mesma categoria dos

Doze ou do próprio Paulo, teria perdido a exata identidade de um momento histórico da revelação cristã, que não podia mais ser repetido. A revelação deveria ser acolhida de novas maneiras pelas novas gerações, preservando a unicidade da revelação apostólica que não podia ser multiplicada nem diluída. Não se trata, portanto, de um declínio da fonte primária, pelo contrário, é importante, em nome das verdades benéficas reveladas por Deus, reconhecer a unicidade da memória apostólica e, ao mesmo tempo, a perene validez da mensagem que devia ser acolhida como sempre nova.

Os *"personalia"*

Um elemento literário característico das CP são algumas seções que foram denominadas "personalia"[102], que relacionam dados históricos pessoais do Apóstolo Paulo ou dos seus colaboradores, Timóteo e Tito. Tais informações, abundantes para Timóteo, algumas para Paulo, ausentes para Tito, parecem encaixadas como peças em um quadro que não é próprio. A não homogeneidade literária entre os dados e o contexto em que são colocados levou a pensar que são elementos falsos adicionados mais tarde para dar autoridade aos escritos[103]. Mais alguém, no entanto, acredita que devem ser considerados como autênticos, talvez provenientes de uma outra fonte, embora não ter como negar a trabalhosa adaptação literária[104].

Os textos considerados são os seguintes: 1Tm 1,20; 5,23; 2Tm 1,5.15-18; 2,17b; 4,6-18.19-21; Tt 3,12-14, onde, ao contrário das cartas autênticas (cf. 1Cor 1,14; Gl 1,18-19; 2,9), são mencionados os colaboradores e os adversários de Paulo.

Entre os próprios elementos existem algumas contradições: em 2Tm 1,6 Paulo diz que impôs as mãos a Timóteo, mas em 1Tm 4,14 diz que recebeu o "dom" de parte do presbitério; em 2Tm 4,11 diz que só Lucas está com ele, mas depois (v. 22) diz que também Êubulo, Prudente, Lino, Cláudia e seus irmãos enviam saudações a Timóteo; em 2Tm 4,12-18 pede para que levem para ele o manto e os pergaminhos que serão úteis ao ministério; tais recomendações não correspondem com o ânimo de quem está prestes a

---

102. Expressão de C. Spicq ("Pastorales". In: *Dictionnaire de la Bible* – Supplément 7. Ed. De L. Pirot. Paris: Letaouzey et Ané, 1961, p. 1-73. Cf. tb. OBERLINNER. *Lettere pastorali*, I, p. 1-4.

103. Cf. BROX. *Lettere pastorali*, p. 31-36.

104. Cf. SPICQ. *Les epîtres pastorales*, p. 200-204.

morrer. Além disso, note-se que as CP parecem conhecer só uma prisão de Paulo (cf. 2Tm 1,8.16; 2,9; 4,16), enquanto que, da narrativa dos Atos sabemos que mais vezes foi detido e preso e mais vezes compareceu perante os tribunais (cf. At 16,24; 18,12; 21,34; 24,23). Nunca se menciona a *Torá*, em contrapartida tão presente nas cartas autênticas[105]. Em 1Tm 4,1 é o Espírito que profetiza a chegada dos ímpios, por outro lado em 2Tm 3,1 é o próprio Paulo, de acordo com o típico *topos* literário segundo o qual o profeta/mártir moribundo tem profecias autênticas (cf. At 6–7)[106].

Depreende-se que esses elementos se encaixam pouco no contexto em que são colocados porque falta uma coerência, talvez porque, reunindo as memórias espalhadas aqui e ali, se sentia mais a urgência de entregar a memória ao escrito e não tanto a reconstruir um quadro coerente.

Timóteo

De acordo com os Atos dos Apóstolos, Paulo encontra Timóteo pela primeira vez em Listra (cf. At 16,1), o qual, das informações obtidas nas CP (cf. 1Tm 4,12 e 2Tm 2,22), devia ser muito jovem quando conheceu Paulo em sua jornada missionária. É provável que pudesse ter cerca de 20 anos[107] no começo dos anos 50, e é provável que não tivesse sequer 40 quando Paulo morreu. Se Timóteo escreveu as CP por volta dos anos 80-90, ele poderia ter cerca de 50/60 anos.

Já no primeiro encontro Paulo se preocupa em fazê-lo circuncidar, porque "todos sabiam que o pai era grego" (At 16,3). Desse momento em diante o encontramos sempre ao lado de Paulo, ou caso se distancie dele é só por breve tempo (cf. At 17,14) e para desempenhar uma tarefa recebida (cf. At 19,22; 1Ts 3,2-3; 1Cor 4,17; Fl 1,19). A presença de Timóteo e Silas permite que o Apóstolo se concentre na atividade de anunciador (cf. At 18,5), atividade na qual também Timóteo se dedica com sucesso (cf. 1Ts 3,6; 1Cor 16,10; 2Cor 1, 19). De fato, não existe uma missão que Timóteo leve adiante sozinho, como havia ocorrido com Paulo após ter saído de Jerusalém, mas ele compartilha em todos os aspectos da missão apostólica de Paulo, a qual,

---

105. Cf. MERKEL. *Lettere pastorali*, p. 32.

106. Cf. IOVINO. *Lettere a Timoteo; Lettera a Tito*, p. 23-28, 46.

107. Cf. JEREMIAS, J. & STROBEL, A. *Die Briefe an Timotheus und Titus – Der Briefe an die Hebräer*. Göttingen: Vandenhoeck & Ruprecht, 1975, p. 1 [Das Neue Testament Deutsch, 9].

no entanto – deve ser salientado – é gerada não a partir da iniciativa pessoal do Apóstolo, mas das decisões tomadas pelos apóstolos e pelos anciãos de Jerusalém (cf. At 16,4). Daí resulta que Timóteo é um exemplo para todos aqueles que anunciarão o Evangelho depois da morte dos apóstolos: os missionários do Evangelho são chamados a fazer a sua própria experiência apostólica através da fidelidade ao mandato recebido, também posto à prova pelas adversidades encontradas na missão. De acordo com 1Tm 1,3 Paulo, partindo para a Macedônia, deixa Timóteo em Éfeso para supervisionar o ensino de alguns que aderiram a vãs discussões. Tal notícia dificilmente é conciliável com o que se diz em At 20,3 onde, pelo contrário, se diz que Timóteo, juntamente com outros discípulos, acompanharam Paulo na viagem à Macedônia. De acordo com a tradição, Timóteo foi o primeiro bispo de Éfeso[108], mas é provável que tal informação se baseie em 1Tm 1,3 e não veja a dificuldade com At 20,4.

Seguindo a narração dos Atos, Timóteo começa a seguir Paulo em Listra, depois é deixado com Silas em Bereia, pronto para acompanhar Paulo em Atenas; posteriormente Timóteo, sem Silas, vai a Tessalônica e de lá alcança Paulo em Corinto (cf. At 18,5); o Apóstolo permaneceu lá por um ano e meio (cf. At 18,11) e, em seguida, mudou-se para Éfeso, onde habita por cerca de dois anos (cf. At 18,10). Nestes três anos e meio não se tem notícias de Timóteo, que reaparece depois em Éfesios (cf. At 19,22). Como testemunho, no entanto, da presença contínua de Timóteo na atividade de Paulo pode-se ver os pré-escritos epistolares das cartas paulinas, onde, para a maioria deles, Paulo se apresenta sempre como corremetente com algum colaborador seu: Sóstenes em 1Coríntios; Timóteo em 2Coríntios, Filipenses, Colossenses, Filêmon, 1Tessalonicenses e 2Tessalonicenses (com Silvano). Só em Romanos, Gálatas e Efésios Paulo se apresenta como único remetente da carta. Existem ainda as CP onde Timóteo e Tito são os destinatários destes escritos e é provável que eles sejam também os inspiradores, porque o método paulino previa intervir com os escritos, à luz dos problemas apresentados pelas várias comunidades (cf. 1Cor 1,11).

Timóteo, que aparece outras vezes no epistolário paulino (cf. Rm 16,21; Hb 13,23), é descrito por Paulo como um colaborador fiel e leal, que inti-

---

108. Cf. EUSEBIO. *Historia Ecclesiastica*, III, p. 4, 5.

mamente compartilhou a missão do Evangelho, tornando próprios os sentimentos de afeto e de preocupação do Apóstolo para com as comunidades confiadas. Ele se difere de muitos outros, porque, diz Paulo, não busca o próprio interesse, mas o de Jesus Cristo: "como um filho ao lado do pai, ele se dedica comigo ao serviço do Evangelho" (Fl 2,22). Também nas CP Timóteo é recordado como um filho de Paulo na fé (cf. 1Tm 1,2.18; 2Tm 1,2), um homem de fé sincera que recebeu da mãe Eunice e da avó Loide (cf. 2Tm 1,5), porque alimentado pelas Sagradas Escrituras, que conhece desde a sua juventude (cf. 2Tm 3,15). Mencionam-se também aspectos mais humanos desse fiel colaborador, como as suas frequentes indisposições, pelas quais Paulo exorta-o a beber um pouco de vinho (cf. 1Tm 5,23); ele é aconselhado a evitar "as conversas frívolas de coisas vãs e as contradições da falsa ciência" (1Tm 6,20); é lembrado com frequentes lágrimas em seus olhos (cf. 2Tm 1,4), sinal talvez de uma natureza reservada como se pode ler também em 1Cor 16,10-11: "Se Timóteo for visitar-vos, cuidai para que fique sem preocupação em vosso meio, pois trabalha na obra do Senhor exatamente como eu. Ninguém o despreze".

Em suma, Timóteo, que é colaborador confiável e fiel do Apóstolo Paulo, se revela como seu secretário e seu delegado em missões especialmente difíceis, porque recebe do Apóstolo a tarefa de continuar a obra por ele começada[109]. A sua circuncisão, por causa dos judeus (cf. At 16,3), o inclui entre aqueles que, provenientes do judaísmo, querem se tornar guias nas comunidades cristãs: não um estranho às Escrituras e à tradição de Israel, mas alguém que conhece bem as raízes judaicas do cristianismo e que permanece fiel ao mandato apostólico nas regiões evangelizadas por Paulo.

Tito

Se Timóteo é bem presente na narração lucana dos Atos dos Apóstolos, Tito não é nunca mencionado, assim como Lucas. Tal silêncio sugere que entre os dois possa ter havido alguma ligação de forte colaboração, pois ambos cresceram na escola de Paulo. Também nos pré-escritos epistolares Tito nunca é mencionado como corremetente da carta, nem está presente nas saudações finais da carta, como, pelo contrário, acontece com Timóteo. Tito

---

109. Cf. MARCHESELLI CASALE. *Le Lettere Pastorali raccontano*, p. 46, 75-82.

não parece envolvido no trabalho missionário do Apóstolo Paulo de forma tão estreita como acontece com Timóteo, embora haja algumas vezes em que o próprio Apóstolo reconhece na visita ou na presença de Tito uma fonte de grande alegria (cf. 2Cor 7,6). Ele o define como "meu companheiro e cooperador entre vós" (cf. 2Cor 8, 23).

Além da carta dedicada a ele, onde de resto os elementos pessoais são escassos (cf. Tt 1,4-5; 3,9.12-15), Tito é um personagem de destaque especialmente em 2Coríntios, carta na qual Paulo menciona várias vezes de forma elogiosa a obra de Tito (9 vezes em um total de 13), porque ele próprio é motivo de orgulho (cf. 2Cor 7,6.13-14) pelo conforto e alegria que sabe infundir nos irmãos.

De acordo com 2Tm 4,10 Tito foi para a Dalmácia, no entanto, de acordo com Tt 1,5 foi deixado em Creta para estabelecer presbíteros em cada cidade. A tradição eclesial, de fato, reconhece Tito como primeiro bispo de Creta, onde morre quase centenário[110].

Ao contrário de Timóteo, que é apresentado como um secretário confiável e fiel, Tito parece mais autônomo, capaz de organizar uma obra missionária em colaboração com Paulo, mas sem depender estritamente dela. O Apóstolo lhe reconhece uma própria capacidade criativa, especialmente na obtenção da coleta feita em Corinto para a Igreja de Jerusalém (cf. 2Cor 8,19). Ele possui assim um grande carisma, que Paulo lhe confia não só a gestão de Igrejas já iniciadas, como acontece em Efésios para Timóteo, mas a organização de novas comunidades que necessitam de presbíteros e de bispos. Tito, portanto, não precisa de exortação para ter um espírito de força e combater sua timidez (cf. 2Tm 1,7), porque já se mostra corajoso e muito empreendedor na realização do trabalho missionário.

Na Carta a ele dedicada, Tito emerge como figura exemplar de *líder* para as comunidades provenientes do paganismo. De fato, ao contrário de 1Timóteo, em Tito há pouca menção ao judaísmo (cf. Tt 1,10-16; 3,9-11), de fato, há até mesmo uma citação de Epimenides (cf. Tt 1,12). Também a Carta aos Gálatas confirma a origem pagã e grega de Tito, que não é obrigado a fazer-se circuncidar, como, por outro lado, Timóteo teve que fazer

---

110. Cf. EUSEBIO. *Historia Ecclesiastica*, III, p. 4, 5.

(cf. Gl 2,3). Ele é "meu filho verdadeiro pela mesma fé" (Tt 1,4) chamado por Deus para colaborar com o Apóstolo Paulo para difundir a "graça de Deus, fonte de salvação para todos" (Tt 2,11).

As CP, com as figuras de Timóteo e Tito, mantêm uma dialética bem presente também em outros escritos do NT: o Evangelho é anunciado tanto aos judeus como aos pagãos, sem distinção. A missão de Paulo, apóstolo das gentes, não se dirige somente àqueles que vivem no paganismo, através da obra de Tito, mas também através da obra de Timóteo, para aqueles que vêm do judaísmo, para que o sopro universal não desapareça "na esperança da vida eterna" (Tt 1,2). Talvez isso também seja um indicador do equilíbrio que as CP pretendiam relatar na recepção do *Corpus paulinum* que só parecia desequilibrado sobre a missão aos pagãos.

A história das cartas pastorais

As CP, de acordo com a interpretação de muitos, chegariam em um momento histórico especial no qual o epistolário paulino é visto como fonte de discussão e de divisão por causa de interpretações erradas e reconduziriam a uma leitura correta da pessoa e da mensagem paulina[111]. A questão realmente importante, do ponto de vista do cânone bíblico, não é tanto a sua historicidade e autenticidade paulina, mas a recepção de Paulo que as CP tornaram possível ao longo da história.

Inácio de Antioquia é o primeiro que demonstra conhecer as CP, mas com ele também Policarpo[112]. e assim, em seguida, Atenágoras, Teófilo, Justino[113]. Na polêmica antignóstica Ireneu e Tertuliano usarão muitas vezes as CP para legitimar uma correta interpretação de todo o epistolário paulino[114]. Eusébio de Cesareia que coloca as CP como contemporâneas às cartas de Inácio fala delas como de uma leitura doravante inquestionável para a vida

---

111. Cf. MERZ, A. *Die fiktive Selbstauslegung des Paulus* –Intertextuelle Studien zur Intention und Rezeption der Pastoral briefe. Göttingen: Vandenhoeck & Ruprecht, 2004 [Studien zur Umwelt des NeuenTestaments, 52].

112. Cf. Fl 1,12; 4,1; 9,2. Cf. MARCHESELLI CASALE. *Le Lettere Pastorali raccontano*, p. 43, 49.

113. Cf. *Dialogo con Trifone* 7,7; 35,3; 47,15. Cf. LOOKS. *Das Anvertraute bewahren* – Die Rezeption der Pastoralbriefe im 2. Jahrhundert. Munique: Herbert Utz, 1999.

114. Cf. *Adversus Haereses*, III, 1,1; 12,12; 14,1. • *Adversus Marcionem*, 4,5.

da Igreja[115]. O cânone muratoriano demonstra conhecê-las, ao contrário de Marcião. O primeiro a fazer um comentário a uma destas cartas é Jerônimo por volta do final do século IV[116].

Da época medieval nos chegou especialmente um grande comentário de Tomás de Aquino. Também Lutero, de quem só restou algumas anotações, e depois, especialmente Calvino, dedicarão páginas vibrantes para interpretar e ler as CP na ótica da Reforma[117].

O objetivo das cartas, em geral, atende a necessidade de comunicar algumas notícias e de ficar em contato com algumas pessoas ou comunidades. O Apóstolo Paulo quer continuar a exercer a sua influência sobre Timóteo e Tito para que tenham quase um manual debaixo do braço para lidar com as situações que se apresentarão. Assim o demonstram as indicações sobre o bispo, os presbíteros, os escravos, as viúvas[118]. Em 2Timóteo não encontramos tais listas, de fato, a carta é mais como um testamento espiritual para o secretário de confiança de modo que ele permaneça fiel até o último autêntico espírito apostólico. Em 2Timóteo, além disso, falta completamente o ataque frontal dos adversários, judeus ou pagãos, como é bem evidente em 1Timóteo e Tito. Por causa desta diversidade consideramos mais útil apresentar primeiro a 1Timóteo com Tito colocando ao final a apresentação de 2Timóteo, para que possa se tornar mais clara a semelhança entre 1Timóteo e Tito com relação a 2Timóteo[119].

---

115. Cf. *Historia Ecclesiastica*, II, 22,2-6; II, 12,2.

116. GIROLAMO. *Commento alla lettera a Tito*. Roma: Città Nuova, 2010, p. 237-319 [Collana di Testi Patristici 211].

117. Cf. TWOMEY. *The Pastoral Epistles*, p. 250.

118. L'Ambrosiaster (século IV) definia o objetivo da 1Timóteo como um *"ecclesia ordinare"*. Cf. AMBROSIASTER. *Commentarius in Epistulas Paulinas*. Pars tertia, recensuit. Vindobonae; Hölder, 1969, p. 251.

119. Marcheselli Casale (*Le Lettere Pastorali raccontano*, P. 127-129) faz notar que a sucessão mais correta seria Tito-1Timóteo-2Timóteo. Se Tito é uma mensagem às igrejas judeu-cristãs, e 1Tm é um documento para as igrejas provenientes dos pagãos, com uma forte demarcação do judaísmo (cf. 1Tm 2,14-15), 2Tm é só para os pagãos, porque os judeus nunca são mencionados. Tal ordem espelharia também a ordem da missão paulina, que partiu dos judeus e depois dirigiu-se aos pagãos (cf. At 13). A base é o estudo de J. Murphy-O'connor: "2 Timothy Contrasted with 1 Timothy and Titus". In: *Revue Biblique*, 98, 1991, p. 403-418.

Temas teológicos

A epifáneia

É bom partir da palavra *epifáneia*[120] que, como um fio condutor, percorre todas as três CP entrelaçando-as como que em uma única teia: Deus, que é a fonte de todo benefício (cf. Tt 2,11), manifesta a si mesmo e se torna visível aos homens por meio da sua obra de bondade e humanidade (cf. 3,4). A ação de Deus na história, que sob a pena de Paulo é chamada de "economia divina" (cf. 1Tm 1,4), não se manifestou através dos sinais prodigiosos do êxodo ou dos fenômenos oraculares dos gregos, mas tomou a forma humana de Cristo (2Tm 1,10; 4,8), que em sua humanidade demonstrou ser um verdadeiro mediador entre Deus e os homens, porque Ele tornou palpável a bondade divina que agiu como salvação dos homens (cf. 1Tm 2,5). Ele, portanto, tornando humanamente acessível o conhecimento da verdade de Deus, fez possível a salvação a cada homem que busca a justiça.

As CP, no tocante à cristologia, não insistem muito na paixão e morte na cruz, e também parecem dar por suposto a realidade da ressurreição, preferindo dar espaço a uma visão ampla e total do mistério de Cristo que agora reina glorioso na história porque se manifestou como Deus encarnado (cf. 1Tm 6,15; 2Tm 1,10; 4,1). O seu ter-se apresentado é próprio da sua pertença a Deus, porque só Deus é a verdade e só Ele pode dá-la a conhecer; mas tornando-se homem comunicou como possível aos homens a salvação e o conhecimento da verdade. Não só, portanto, o mistério da redenção, mas também o da encarnação e da preexistência, bem como o anúncio apostólico, se constituem a *epifáneia* de Deus.

A manifestação divina na pessoa de Jesus Cristo foi acolhida em primeira instância pelos apóstolos que em virtude da fé compreenderam a verdadeira realidade das coisas, tendo abandonado o que é mundano (cf. Tt 2,12) e se voltaram à fonte da verdadeira vida (cf. 1Tm 1,16). Paulo, dessa forma, entre todos eles, surge como a testemunha por excelência do que a graça de Deus pode fazer quando é acolhida (cf. 1Tm 1,12-14). E esta revelação recebida pessoalmente foi percebida como um "mandamento", uma ordem imperativa de se tornar disseminador de tal notícia, para que aquilo que Deus manifes-

---

120. Cf. 1Tm 6,14; 2Tm 1,10; 4,1.8; Tt 2,13; o verbo *epifáino* recorre em Tt 2,11;3,4. Cf. IOVINO. *Lettere a Timoteo; Lettera a Tito*, p. 43-45, 235.

tou seja dado a conhecer a todos (cf. 1Tm 1,1; Tt 1,3; 2,15). O Apóstolo torna-se então o arauto, o anunciador que transmite o que recebeu da revelação (cf. 1Tm 2,7; 2Tm 1,11).

A didaskalía

A revelação permanece toda de Deus e de Cristo, mas acolhê-la, propagá-la e custodiá-la é tarefa estritamente apostólica. De fato, como tem sido apontado muitas vezes ao longo do texto, o ensino da sã doutrina, a *didaskalía,* acaba por ser a nota dominante da mensagem das CP[121]. É um ensinamento que passa através da vida e o testemunho de Paulo que soube lidar com provações, cansaços e cárceres à causa de seu ministério de anunciador (cf. 2Tm 1,12). A verdade dos conteúdos, portanto, passa por meio da autenticidade da vida de acordo com o mistério de Cristo (cf. 2Tm 4,6-8). E o único que se pede ao Apóstolo e aos seus sucessores é a capacidade de transmitir o Evangelho recebido, fazendo da própria vida um exemplo a seguir (cf. 1Tm 4,11-16; 2Tm 3,10-17).

As CP, que refletem um momento de transição nas comunidades cristãs, focam em uma dupla preocupação: transmitir com fidelidade o "depósito" da fé (cf. 1Tm 6,20; 2Tm 1,12.14) e gerenciar a organização a Igreja, através da criação de ministérios e serviços para que tudo seja feito com a boa ordem, e assim a Igreja, nos conteúdos que leva e na fisionomia institucional que assume, continue a ser "coluna e fundamento da verdade" (cf. 1Tm 3,15), manifestada por Cristo. Dimensão doutrinal e dimensão institucional são a dupla atenção do autor das CP elaboradas para expressar a natureza da Igreja, extensão do mistério de Cristo vindo para revelar a face de Deus, com uma forma humana bem precisa, feita de humanidade, de serviço, de atenção a cada situação humana. Prova desta estreita ligação entre aspecto doutrinal e disciplinar é o gesto das "imposições das mãos" feito sobre Timóteo pelo Apóstolo em sinal de uma autoridade transmitida, mas não sem a oração profética de toda a comunidade (cf. 1Tm 4,14; 2Tm 1,6). Desta realidade teológica, portanto, deriva a necessidade da comunidade cristã de uma organização estruturada, não mais através dos carismas pessoais que o Espírito dá a cada um (cf. 1Cor 1–4), mas por meio de funções específicas de acordo

---

121. Cf. 1Tm 1,10; 4,1.6.13.16; 5,17; 6,1.3; 2Tm 3,10.16; 4,3; Tt 1,9; 2,1.7.10. Sem contar as recorrências do verbo "ensinar" (cf. 1Tm 2,12; 4,11; 6,2; 2Tm 2,2; Tt 1,11) e o adjetivo *didaktikón,* "apto a ensinar" para os ministros (cf. 1Tm 3,2; 2Tm 2,24).

com as funções de cada um, para que tudo esteja de acordo com o Evangelho ouvido. Daí nasce a tarefa do epíscopo (cf. 1Tm 3,2; Tt 1,7), dos presbíteros (cf. 1Tm 5,17-19; Tt 1,5), dos diáconos (cf. 1Tm 3,8-12), as indicações às viúvas (cf. 1Tm 5,3-13); aos jovens (cf. Tt 2,6-8) e aos escravos (cf. 1Tm 6,1-2, Tt 2,9-10), para que, todos fundamentados nas palavras salutares do Senhor, possam louvar a Deus como é conveniente.

Tal bom andamento e organização da comunidade é também o que favorece a propagação do Evangelho (cf. 1Tm 1,11; 2Tm 1,8-10; 2,8), que não é apenas fonte de salvação para os fiéis, mas é ponto de referência também para aqueles que não fazem parte da "casa de Deus" (cf. 1Tm 3,15). De fato, nas CP, como em poucos lugares do NT (cf. 1Pd 2,15) encontramos constante preocupação daqueles de fora, da sociedade civil, das autoridades pelas quais é necessário orar (cf. 1Tm 2,1-3; Tt 3,1-3). O bispo seja irrepreensível e desfrute de uma boa reputação, de modo que ninguém venha a desacreditar a comunidade por causa de alguém (cf. 1Tm 3,7). São, de fato, as divisões internas, que nascem da falta de acolhida de todo o depósito da fé, que rompem a comunhão e lançam a Igreja no desprezo daqueles que não pertencem a ela (cf. Tt 1,9).

A eusébeia

A todos é pedido a *eusébeia,* a piedade, que poderemos traduzir como um estilo de vida digno de Deus, de acordo com o Evangelho, respeitoso com todos, firme na verdade, atento aos irmãos[122]. É a verdadeira piedade que os discípulos de Cristo devem buscar e custodiar para continuar a obra de Deus que se manifestou em Cristo. De fato, *eusébeia* é uma outra palavra que percorre todas as CP, como *epifáneia:* se esta última remete a Deus que toma a iniciativa de manifestar a sua bondade aos homens em Cristo, a primeira atua agora na história, graças à vida conforme ao evangelho dos cristãos, a extensão da bondade de Deus para todos os homens. A Igreja, portanto, não se percebe como dirigida somente aos crentes, mas sente a força da própria identidade como fonte de comunicação da bondade divina a todos os homens, através da transmissão fiel das "palavras salutares" do Senhor (cf. 1Tm 6,3; 2Tm 2,13) e através das "belas obras" da fé[123], que geram boa

---

122. Cf. 1Tm 2,2; 3,16; 4,7.8; 5,4; 6,3.5.6.11; 2Tm 3,5.12; Tt 1,1; 2,12.

123. Cf. 1Tm 3,1; 5,10.25; 6,18; Tt 2,7.14; 3,8.14.

ordem na comunidade. Esta recebe e transmite de forma ordenada a mensagem de Jesus recebida pelo Apóstolo e torna crível a mensagem anunciada também àqueles que não pertencem à Igreja.

Estes elementos, que só parcialmente sintetizam a riqueza teológica e pastoral das CP, permitem-nos abordar outras intuições: o aspecto ministerial que caracteriza as CP, centrado na tarefa de ensinar; o valor da ação litúrgica comunitária em favor do mundo inteiro; o aspecto mais pessoal da consciência purificada e pronta para servir ao Evangelho.

A verdade do Evangelho através da transmissão apostólica

As CP, como o resto do NT, têm como intenção comum custodiar a memória de Jesus de Nazaré, o Filho de Deus, crucificado e ressuscitado, permanentemente vivo na Igreja. Ao contrário de outros livros, como o Apocalipse ou a Carta aos Hebreus, elas pretendem demonstrar que a vida cristã é possível no mundo em várias formas, desde que permaneça intacta a mensagem evangélica que remonta diretamente aos apóstolos. Portanto, não é uma forma rígida ou cristalizada do Evangelho, o que apresentam, mas é a tentativa de tornar perceptível no hoje da história, com formas eclesiais estruturadas e motivadas, que a graça de Deus é perceptível e eficaz no mundo. Para que isso aconteça, no entanto, é importante reconhecer a paternidade apostólica da mensagem, sendo o Apóstolo Paulo não só o arauto para todos os povos, mas também a testemunha da verdade do Evangelho. Sua mensagem é transmitida a todos, mas a alguns é pedido que sejam garantes da fidelidade na transmissão, para que nada seja alterado ou perdido, e estes garantes são os bispos e sacerdotes que têm uma tarefa de liderança na comunidade, especialmente através do ensino. Eles continuam o mesmo serviço apostólico embora sem serem chamados apóstolos. E é o seu enraizamento na experiência apostólica que os torna adequados para discernir os verdadeiros dos falsos profetas, a verdadeira da falsa doutrina, que manifesta a sua intrínseca parcialidade em atitudes acusadas de viciosas, porque distantes do ensinamento apostólico. O governo da Igreja, portanto, não se trata de organizar funções, mas de aderir à palavra do Evangelho, da qual os bispos e sacerdotes devem tornar-se fiéis guardiães e transmissores.

As CP, portanto, não podem ser lidas como um *corpus* isolado dentro do NT, mas devem ser inseridas na tensão tipicamente apostólica de transmitir a todos os povos a mensagem de Jesus. Entretanto, em comparação com os outros textos do NT, as CP mostram particular atenção aos processos de transmissão, pois sentem a importância fundamental de que a vivacidade do Evangelho não se perca devido a interpretações parciais e unilaterais. Isto é confirmado pela atenção constante aos jovens, cujo primeiro representante é o próprio Timóteo (cf. 1Tm 4,12), assim como pela importância da dimensão da casa, lugar de transmissão da vida às gerações futuras.

Bibliografia

As cartas pastorais geralmente são sempre estudadas em conjunto. Entre os comentários, que seguem principalmente o método histórico-crítico, devemos mencionar:

BROX, N. *Le lettere pastorali*. Bréscia: Morcelliana, 1970 [Il Nuovo Testamento commentato, 7/2] [orig. alemão, 1969].

COLLINS, R.F. *1&2 Timothy and Titus* – A Commentary. Louisville/Londres: Westminster John Knox Press, 2002 [The New Testament Library].

DE LESTAPIS, S. *L'énigme des Pastorales de Saint Paul*. Paris: Gabalda, 1976.

IOVINO, P. *Lettere a Timoteo, Lettera a Tito*. Milão: Paoline, 2005 [I libri biblici – Nuovo Testamento, 15].

MARCHESELLI-CASALE, C. *Le lettere pastorali* – Le due lettere a Timoteo e la lettera a Tito. Bolonha: EDB, 1995 [Scritti delle Origini Cristiane, 15].

MERKEL, H. *Le lettere pastorali*. Bréscia: Paideia, 1997 [NuovoTestamento – Nuova serie, 9/1] [orig. alemão, 1991].

OBERLINNER, L. *Le lettere pastorali*, I-III. Bréscia: Paideia, 1999 [Commentario Teologico del Nuovo Testamento, 11/2, 1.2.3] [orig. alemão, 1994, 1995, 1996].

PAXIMADI, G. "Tito". In: MAGGIONI, B. & MANZI, F. (eds.). *Lettere di Paolo*. Assis: Cittadella, 2005, p. 1.393-1.427.

PEDROLI, L. "1–2 Timoteo". In: MAGGIONI, B. & MANZI, F. (eds.). *Lettere di Paolo*. Assis: Cittadella, 2005, p. 1.155-1.389.

SPICQ, C. *Les epîtres pastorales. I-II*. Paris: Gabalda, 1969 [Études Bibliques].

TOWNER, P.H. *The Letters to Timothy and Titus*. Grand Rapids: Eerdmans, 2006 [New International Commentary on the New Testament].

Para os comentários a seguir se destaca a análise retórica:

MARCHESELLI CASALE, C. *Le Lettere Pastorali raccontano* – La loro storia, la loro composizione, il loro messaggio. Roma: Borla, 2010 [Commenti Biblici].

Dentre os comentários espirituais, destaca-se:

ORSATTI, M. *Lettere pastorali – 1–2 Timoteo, Tito*. Pádua: Messaggero, 2007 [Dabar Logos-Parola].

Entre as coleções de estudos que oferecem um *status quaestionis* da pesquisa recente e contemporânea destacam-se:

DE VIRGILIO, G. *Il deposito della fede* – Timoteo e Tito. Bolonha: EDB, 1998 [Supplementi alla Rivista Biblica, 34].

DONELSON, L.R. *Pseudepigraphy and ethical argument in the Pastoral Epistles*. Tübingen: Mohr Siebeck, 2006 [Hermeneutische Untersuchungen zur Theologie, 22].

MANES, R. *Tra la grazia e la gloria* – L'epifania divina nella Lettera a Tito. Assis: Cittadella, 2010 [Studi e Ricerche – Sezione Biblica].

Para as questões introdutórias às cartas pastorais, e para um primeiro contato com o texto grego e aos problemas de tradução, confira-se:

FABRIS, R. *Le lettere pastorali*. Bréscia: Queriniana, 1986 [Leggere Oggi la Bibbia, 2/11].

MANES, R. *Lettera a Tito; Lettera a Filemone*. Cinisello Balsamo: San Paolo, 2011 [Nuova versione della Bibbia dai testi antichi, 51].

PELLEGRINO, C. *Lettere a Timoteo*. Cinisello Balsamo: San Paolo, 2011 [Nuova versione della Bibbia dai testi antichi, 50].

No que tange à recepção patrística das cartas pastorais devem destacar-se as seguintes contribuições:

GORDAY, P. *Colossesi, 1–2 Tessalonicesi, 1–2 Timoteo, Tito, Filemone*. Roma: Città Nuova [La Bibbia commentata dai Padri – NuovoTestamento, 9].

LOOKS, C. *Das Anvertraute bewahren* – Die Rezeption der Pastoralbriefe im 2. Jahrhundert. Munique: Herbert Utz, 1999 [Münster Theologische Beiträge].

TWOMEY, J. *The Pastoral Epistles Through the Centuries*. Malden/Chichester: Wiley-Blackwell, 2009 [Blackwell Bible Commentaries].

V

Primeira Carta a Timóteo

M. Girolami

Introdução

O texto procede linearmente e alterna entre breves exortações dirigidas diretamente a Timóteo e instruções mais gerais. Parece que o tema urgente é o das "doutrinas extravagantes": a carta abre (1,3) e encerra (6,3) com a advertência a ter cuidado com aqueles que se desviam da fé. Toda a carta é um convite a permanecer na "sã doutrina" recebida de Paulo. No entanto, a "sã doutrina" não se refere somente aos conteúdos a serem transmitidos, mas toca a vida das pessoas pertencentes à comunidade cristã, e o seu comportamento deve ser orientado de modo a conformar-se com a fé recebida, caso contrário a sua transmissão às novas gerações será comprometida.

Esquema

Por isso, se excluirmos o pré-escrito epistolar (falta um verdadeiro *postscriptum*), podemos identificar três partes principais, quase organizadas, do ponto de vista do conteúdo, em forma concêntrica:

A. 1,3-20: que Timóteo seja um verdadeiro mestre e testemunha a exemplo de Paulo;

B. 2,1–3,16: a boa ordem na comunidade composta por diferentes categorias de pessoas e ofícios; A. 4,1–6,21: prescrições dadas a Timóteo sobre o que ensinar e como dirigir a comunidade.

O diagrama a seguir pode ajudar a acompanhar o texto em suas partes fundamentais.

1,1-2: O pré-escrito epistolar

I. 1,3-20: Timóteo verdadeiro mestre

  A. 1,3-11: a palavra digna de fé e as palavras dos falsos mestres

    a. 1,3-7: a presunção dos falsos mestres

    b. 1,8-11: a Lei é para o iníquo

  B. 1,12-17: o exemplo e a história de Paulo

  C. 1,18-20: exortação a Timóteo para um bom combate

II. 2,1–3,16: A oração da comunidade e a ordem na casa de Deus

  A. 2,1-7: rezar por uma vida dedicada a Deus

  B. 2,8-15: homens e mulheres na assembleia

  C. 3,1-7: o epíscopo

  D. 3,8-13: os diáconos

  E. 3,14-16: a verdadeira piedade guardada pela Igreja

III. 4,1–6,19: Várias indicações para viver a verdadeira fé

  A. 4,1-5: Indicações doutrinais

  B. 4,6-16: Indicações para ser um bom guia

  C. 5,1–6,2: Indicações para o ministério de certos grupos de pessoas na comunidade

    a. 5,1-2: como numa família

    b. 5,3-16: as viúvas

    c. 5,17-25: os presbíteros

    d. 6,1-2a: os escravos

  D. 6,3-21: os falsos mestres e o mestre do Evangelho

    a. 6,3-21: o ensinamento segundo a piedade

    b. 6,6-10: a avareza das riquezas

    c. 6,11-16: exortação a Timóteo

    d. 6,17-19: advertência aos ricos

    e. 6,20-21: exortação final a Timóteo

Guia de leitura

O pré-escrito epistolar (1,1-2)

Cada carta, segundo os cânones da epistolografia do mundo antigo, começa por indicar imediatamente o remetente e o destinatário, a quem são dirigidos os desejos de saúde e de paz. Paulo apresenta-se como um "apóstolo de Jesus Cristo", como ele faz na maioria das suas outras cartas[124]. Somente

---

124. Cf. 1Cor 1,1; Gl 1,1; Rm 1,1; Cl 1,1; Ef 1,1; 2Tm 1,1; Tt 1,1.

em suas cartas aos tessalonicenses e aos Filipenses Paulo se apresenta unicamente com o nome romano[125].

A identidade apostólica de Paulo deriva de uma ordem de Deus, pois ele diz que é um apóstolo de Jesus Cristo "por ordem de Deus nosso Salvador". A sua atividade como apóstolo não vem de um desejo pessoal, mas da obediência que Paulo deu ao próprio Deus. A expressão "por ordem de Deus" pode ser encontrada similar em Tt 1,3, porém, aplicada não à identidade apostólica, mas à palavra de pregação proferida pela ordem divina. A palavra "ordem" (*epitaghé*) expressa mais fortemente o termo "vontade" que Paulo havia usado em suas outras cartas[126]. Se o termo "vontade" enfatiza a iniciativa divina que interpela a liberdade humana, a palavra "ordem" expressa a clara percepção de Paulo de seu ministério apostólico como uma exigência que nasce diretamente de Deus e que tem o mesmo valor de uma ordem militar dada por um comandante a seu soldado[127]. Paulo, como apóstolo do Evangelho, está portanto obedecendo a uma ordem da qual ele não pode escapar. Segue-se, para o ouvinte/leitor: aqueles que rejeitam o Apóstolo negligenciam a mensagem e a ordem do próprio Deus.

A ordem vem de Deus "nosso salvador" e de Cristo Jesus "nossa esperança". Se em algumas outras cartas Paulo é "apóstolo de Jesus Cristo pela vontade de Deus"[128], em 1Timóteo a origem da identidade apostólica vem simultaneamente de Deus e de Cristo, qualificados respectivamente como "salvador" e "esperança". O termo "salvador", se excluirmos Lc 1,47, é aplicado a Deus no Novo Testamento somente nas CP[129]; mais comumente é aplicado a Cristo[130]. Na tradição bíblica, o tema da salvação qualifica especificamente a atividade de Deus que trabalha para que "todos os homens sejam salvos" (1Tm 2,4). Original é a qualificação de Cristo como "nossa esperança" que ocorre apenas nessa passagem em todo o NT. Outras vezes

---

125. Na Carta a Filêmon ele se apresenta como "prisioneiro de Jesus Cristo", ativando a estratégia retórica de colocar-se no mesmo nível daquele para quem pede a graça de uma nova acolhida (Onésimo).

126. Cf. 1Cor 1,1; Cl 1,1; Ef 1,1; 2Tm 1,1.

127. Cf. Rm 16,25; 1Cor 7,6; 2Cor 8,8.

128. Cf. 1Cor 1,1; 2Cor 1,1; Cl 1,1; Ef 1,1; 2Tm 1,1.

129. Cf. 1Tm 1,1; 2,3; 4,10; Tt 1,3; 2,10; 3,4.

130. Cf. Lc 2,11; Jo 4,42; At 5,31; 13,23; Ef 5,23; Fl 3,20; 2Tm 1,10; Tt 1,4; 2,13; 3,6.

se fala da "esperança" em relação à vida eterna, que, no entanto, se manifesta na pessoa de Cristo (cf. Tt 1,2; 2,13; 3,7). O termo "esperança" não deve ser entendido em relação à vinda de Cristo, mas como aquilo que qualifica a fé dos fiéis no mundo.

O destinatário é "Timóteo, meu verdadeiro filho na fé", uma qualificação muito semelhante àquela encontrada em Tt 1, 4. O uso metafórico da palavra "filho" expressa a relação pessoal entre Paulo e Timóteo e a estreita ligação que os une em nome da fé. A filiação da qual falamos aqui é "na fé", que nas CP é qualificada apenas no sentido cristão, quase esquece aquela dimensão da fé que Paulo, em vez disso, mostrava conhecer do AT (cf. Rm 4). Nas CP agora "crer" só é possível em Cristo Jesus, porque Ele é a esperança e Ele é a caridade (cf. Tt 2, 11).

A saudação "graça, misericórdia e paz da parte de Deus Pai e de Cristo Jesus nosso Senhor", que se encontra também em 2Tm 1,1 (e 2Jo 3), acrescenta a palavra "misericórdia" à bíblica endíade[131] "graça e paz" que encontramos em todas as outras cartas.

O termo "misericórdia" (*éleos*) não é tão frequente no vocabulário paulino[132], ao contrário do termo "caridade" (*cháris*) que Paulo prefere de longe para falar da gratuidade e da liberdade do Evangelho de Cristo. No A.T., "misericórdia" é frequentemente associada à verdade (cf. Sl 24,10; 56,11; 84,11...), de modo que "verdade" e "misericórdia" são como duas faces da mesma moeda para expressar o mistério de Deus.

Primeira parte: Timóteo, verdadeiro mestre (1,3-20)

1) A palavra digna de fé e as palavras dos falsos mestres (1,3-11)

a) *A presunção dos falsos doutores* (1,3-7)

Paulo, como também relatado em At 20,1, passa pela Macedônia pela primeira vez para ir à Grécia e depois, não podendo voltar à Síria por mar, deve passar de novo pela Macedônia com alguns irmãos na fé, incluindo Timóteo.

A 1Timóteo está contextualizada durante essa passagem pela terra da Macedônia. No final, Paulo deixa Timóteo em Éfeso para que guie a comunidade, da qual foi um dos primeiros responsáveis depois da fase inicial

---

131. Figura retórica em que um conceito é expresso com duas palavras que se complementam.

132. Cf. Rm 9,23; 11,31; 15,9; Gl 6,16; Ef 2,4.

começada por Paulo; a sua tarefa é de cuidar do ensino de diferentes doutrinas (*eterodidaskaléin*).

Trata-se antes de tudo de "ensinamento", isto é, de coisas a serem aprendidas, de verdades a serem apreendidas: por isso, quem sabe ensinar deve ser tratado com mais honra (cf. 1Tm 5,17), e por isso, pede-se especialmente ao guia a capacidade de ensinar (cf. 1Tm 3; 2Tm 2,24). Timóteo recebe repetidamente a exortação de ensinar as palavras salutares do Senhor aprendidas de Paulo (cf. 1Tm 4,6.13; 2Tm 2,2; 3,10). A palavra "ensinar" também diz muito sobre como qualificar as relações dentro da comunidade: na Igreja há aquele que ensina – o apóstolo enviado por Cristo e aqueles que foram formados por Ele –, e aquele que escuta e aprende para poder, por sua vez, transmitir o que recebeu (cf. 2Tm 2,2). Mas não é a ideia da escola que deve vir à mente aqui, mas a da experiência de uma vida partilhada em todos os seus aspectos (cf. 2Tm 3,10), que, com os evangelhos, poderíamos chamar de "sequela". A diferença entre a experiência evangélica e a apostólica das CP reside no fato de que, se nos evangelhos se deve seguir a pessoa de Jesus, nas CP o verdadeiro ensinamento deve ser aprendido somente de Paulo, o "apóstolo de Jesus Cristo".

É evidente que esta terminologia reflete um dos primeiríssimos problemas das comunidades cristãs, que têm necessidade de fundamentar a própria vida de modo seguro, porque as contradições e as diferenças entre os vários pregadores e estilos de anúncio criaram não pouca confusão. Havia necessidade de encontrar garantias de autenticidade e estas foram oferecidas por aqueles que fizeram uma experiência direta e pessoal do Cristo ressuscitado, como aconteceu com Paulo.

De fato, os outros mestres, aqueles falsos, têm "outro" (*éteros*) ensinamento. Já em Gl 1,6, Paulo havia advertido contra aqueles que carregam "outro evangelho". "Outro" aqui significa de natureza diferente face ao apostólico. Parece que as primeiras comunidades cristãs já desenvolveram em si mesmas anticorpos para discernir entre o que alimenta e o que contamina e envenena; este ensinamento é especificado como "fábulas" (mitos) e genealogias sem fim", indicando, com toda a probabilidade, um modo de ler a Escritura tipicamente judaico mais preocupado com o detalhe do texto e o seu significado oculto, em vez de ter que compreender o seu significado global que as CP chamam "desenho de Deus" (*oikonomía*), expressão que também encontramos em outros lugares (cf. Ef 1,10; 3,2.9; Cl 1,25) e que tanto sucesso terá então na literatura cristã posterior. As muitas fábulas e genealogias são contrastadas com o único desígnio de Deus que encontra sua visibilidade mais clara "na fé". Portanto, parece provável que as "fábulas e genealogias" sejam os relatos de mestres judaizantes que gostavam de basear seus discursos nas Escrituras, mas sem poder ver aquele significado unitário que os cristãos viam na pessoa de Cristo (cf. o caso de Apolo em Éfeso em At 18,28). No v. 7 pode-se deduzir que eles são mestres judeus, onde se diz que eles pretendem "ser doutores da lei", portanto, especialistas naquela expressão escrita da vontade de Deus, cuja interpretação tem sido objeto de disputa entre Jesus, escribas e fariseus por muitas vezes.

O v. 5 centra-se nas características daqueles que querem ser verdadeiros apóstolos: "coração puro, boa consciência e fé sincera". A expressão "coração puro" não é muito frequente no AT (cf. Sl 23,4.50.12) e nem mesmo no NT, de fato, a encontramos somente nas CP (cf. 1Tm 3,9; 2Tm 1,3; 2,22); indica a interioridade do homem pronta para servir a Deus porque está livre de todos os laços com o pecado. O "coração" deve ser entendido como o centro de decisão da pessoa, onde pensamentos, afetos, sentimentos, vontade encontram o seu lugar de discussão antes de se tornarem visíveis nas ações e nas palavras. A "pureza" no mundo do Antigo Testamento está sempre ligada à capacidade da pessoa de se apresentar perante Deus para oferecer os sacrifícios que lhe agradam (cf. Lv 10-11).

A "boa consciência" é uma expressão que encontramos nas CP (cf. 1Tm 1,19; 3,9; 2Tm 1,3), mesmo se a palavra "consciência" por si só já pertence ao vocabulário das cartas protopaulinas (cf. 1Cor 8,7; 10,25). A "bondade" deve ser vista como expressão da retidão da consciência, enquanto uma "má" consciência se manifesta na mentira e na hipocrisia daqueles que não querem reconhecer a verdade das coisas (cf. 1Tm 4,2; Tt 1,15). É boa aquela consciência que se confronta com o plano de Deus e o entende como bom.

Uma terceira característica é a "fé sincera", literalmente "fé não hipócrita", ou seja, não mascarada (cf. 2Tm 1,5). O adjetivo *anypókritos*, que pode ser traduzido como "sincero", "sem falsidade", "sem hipocrisia", "genuíno", é usado nas cartas protopaulinas em referência à caridade (cf. 2Cor 6,6; Rm 12,9) e refere-se à atitude interior que se manifesta claramente no comportamento exterior, evitando qualquer tipo de duplicidade e ambiguidade que possa enfraquecer e tornar instável a pessoa (cf. Tg 1,8; 4,8). O ensino na Igreja, portanto, sendo uma atividade apostólica que deriva diretamente de

Deus, não pode ser realizado por quem não cultiva uma vida interior inteiramente orientada para Deus ("coração puro"), que age segundo as normas e o estilo da economia divina ("boa consciência") e que manifesta sua fé com a simplicidade da vida cotidiana que tudo faz em nome do Senhor (cf. Cl 3,17).

Estas três características, que exprimem de diferentes pontos de vista o caminho interior que cada fiel é chamado a construir dia após dia, têm como finalidade não tanto a perfeição moral, mas a caridade – *ágape* – que é a síntese do projeto de Deus realizado na história e que Ele confiou aos fiéis em Cristo, para que "todos sejam salvos e cheguem ao conhecimento da verdade" (1Tm 2,4). A finalidade de cada ensinamento é a caridade, isto é, o poder participar com o próprio comportamento naquelas atitudes divinas que Deus tornou visíveis na pessoa de Cristo. Portanto, a caridade, que nasce de um "coração puro", de uma "boa consciência" e de uma "fé sincera", é a finalidade de todo ensinamento apostólico, que visa transformar a vida do fiel para que também ele possa expressar os mesmos sentimentos de Cristo (cf. Fl 2,5); Estamos, portanto, longe da gnose que confia o dom da salvação somente ao conhecimento intelectual. Ensina corretamente quem vive o que aprendeu do exemplo apostólico.

b) *A Lei é para o iníquo* (1,8-11)

A atitude daqueles que confiam no conhecimento da Lei, confundindo aqueles que vivem segundo o Evangelho, não deve levar ao desprezo da própria Lei, que é um dom de Deus ao homem. De fato, se ela é usada por uma má consciência, então ela se torna um instrumento odioso. É por isso que os v. 8-11 são necessários para reorientar o valor da Lei divina, que já tinha sido discutida nas cartas protopaulinas (cf. Rm 7; Gl 3,19): a Lei, dom de Deus, é justa e santa, mas não podia produzir o que prometia, pois era necessário transformar primeiro o coração do homem, tornando-o capaz de obedecer livremente aos mandamentos divinos, porque já não eram vistos como uma ameaça ou um atentado à liberdade humana, mas como caminhos de bondade e de autêntica relação com Deus. Note-se que o termo "lei", que ocorre nas CP apenas em 1Timóteo 1,8.9, não é uma preocupação vinculante do autor, na verdade parece mais preocupado com a "sã doutrina" (cf. v. 10), coração do ensinamento apostólico e critério de discernimento, a fim de remover qualquer outro ensinamento que não lhe corresponda. O termo *didaskalía*, mais do que doutrina, deveria ainda ser traduzido como "ensinamento", com todo esse espectro semântico já sugerido para envolver toda a vida (cf. 2Tm 3, 10). Além disso, é especificado como "salutar", adjetivo usado também para as palavras de Jesus (cf. 1Tm 6,3) que ecoam na pregação apostólica (cf. 2Tm 1,13). Usado em sua maior parte no singular, o "ensinamento salutar" indica a correta transmissão da fé apostólica que agora pode ser considerada quase fixa em algumas expressões ou indicações de conduta que são consideradas fiéis à pessoa de Jesus. No plural denota os falsos ensinamentos (cf. 1Tm 4,1), refletindo assim a oposição do Antigo Testamento entre o culto do único e verdadeiro Deus e o culto de muitos ídolos (cf. Sb 15; 1Ts 1,9). O adjetivo "salutar" é como uma metáfora tirada de sua referência à saúde do corpo e aplicada ao ensinamento apostólico que não tem doenças ou fraquezas. Tudo nele é saudável, robusto, forte, pronto para enfrentar o trabalho diário e os acontecimentos da vida.

Nos v. 9-10 encontramos uma lista de vícios, que também podem ser encontrados nas cartas paulinas[133] e em outros textos, especialmente estoicos. Em 1Timóteo esta lista indica os pecadores, transgressores não só da Lei judaica, mas das leis do mundo pagão, assim pode-se dizer que esta lista apresenta uma espécie de cristianização de algumas listas helenístico-judaicas de vícios condenados[134].

O v. 11 volta ao fundamento do "ensino salutar" que nos permite apreciar a Lei de Deus, que, no entanto, é em função das transgressões dos homens e inútil para aqueles que já têm o coração transformado pela fé em Cristo. A expressão "segundo o evangelho" refere-se, obviamente, à própria origem da mensagem apostólica entendida em seu ser um evento que manifesta o poder de Deus através da fé dos crentes (cf. Rm 1,16-17). Por "evangelho" certamente não podemos entender os livros escritos, mas aqui se deve referir à realidade escatológica que a pessoa de Cristo trouxe consigo na história, de fato a especificação "da glória" pretende precisamente referir-se ao que os apóstolos e os primeiros seguidores de Jesus puderam experimentar: "Glória" é o que se pode experimentar de Deus, e o que se pode expressar dele; tudo o que diz respeito ao Deus de Jesus Cristo foi percebido como "evan-

---

133. Cf. Rm 1,19-31; 1Cor 6,9-10; 2Cor 12,20; Gl 5,19-21; Ef 4,31; 5,3-5; Cl 3,5.8; 2Tm 3,2-5; Tt 3,3.

134. Cf. MARSHALL, I.H. *The Pastoral Epistles*. Edimburgo; T&T Clark, 1999, P. 380-381 [The International Critical Commentary].

gelho", boa notícia. A expressão "bendito Deus" deve ser referida a Deus Pai como também pode ser vista em 1Tm 6,15.

Em resumo

A Lei, inútil para aqueles que já vivem segundo a justiça, é boa; é fonte de juízo para aqueles que estão em pecado e vivem de modo contrário ao ensinamento apostólico, que continua a manifestar o poder de Deus através da pregação.

2) O exemplo e a história de Paulo (1,12-17)

Os v. 12-16 relatam, em primeira pessoa, uma das narrações da história de Paulo, interceptado pela graça de Deus. O v. 17 tem o tom de uma doxologia, resolvendo a narração anterior numa oração de louvor ao único Deus verdadeiro. O início quase eucarístico com o "dou graças" e a conclusão litúrgica com um "amém" permitem isolar esta perícope como uma unidade em si mesma. A passagem pode ser dividida em outras subseções: os v. 12-14 são abertos e fechados por "Jesus Cristo", que fortaleceu Paulo com sua graça superabundante nele (v. 14). O v. 13 está quase em um centro literário onde narra o fato fundamental que aconteceu com Paulo: a misericórdia que Deus demonstrou o transformou de perseguidor ignorante da fé em um arauto do Evangelho para a fé de todas as nações. O termo "graça" (*cháris*) é especificado como "de Cristo Jesus", de modo que não há maneira de ser outra graça a não ser aquela ligada à pessoa de Cristo. O termo "graça", já usado nas cartas protopaulinas, podemos dizer, resume a compreensão de Paulo sobre o encontro com o Ressuscitado: um dom gratuito, recebido por livre-iniciativa divina, que requeria, não mais uma obediência aos preceitos, mas o dom livre e gratuito de si no anúncio do Evangelho a todos os povos (cf. Rm 3,24).

O encontro transformador com Cristo é reinterpretado pelo autor das CP como um "reforço" interior que se manifestou através do ministério (*diakonía*), realizado em um incansável serviço ao Evangelho, capaz de enfrentar inúmeros perigos e dificuldades (cf. 2Cor 11,22-27; 2Tm 4,17). A frase "tudo posso naquele que me fortalece" (Fl 4,13) exprime bem a convicção apostólica da força recebida de Deus que permite enfrentar todas as dificuldades (cf. Rm 1,16). Timóteo é também convidado a tornar-se mais forte na graça de Cristo (cf. 2Tm 2,1), que indica que a força apostólica não é dada pela resistência humana, mas apenas pelo vínculo com o dom do próprio Cristo.

No v. 13 o Paulo pré-cristão é descrito como um "blasfemo, perseguidor e violento". É única em seu gênero a redundância de termos depreciativos que desqualificam a sua conduta como transgressor da lei, algo que o Apóstolo nunca afirma nas cartas protopaulinas (cf. Fl 3,4-6). A construção da frase visa exaltar a novidade da misericórdia divina que atua onde ela é menos esperada. Deve-se ter em mente que a forma verbal "alcancei misericórdia" é encontrada no epistolário paulino apenas nesta passagem duas vezes (v. 13,16) e destaca bem a iniciativa de Deus, livre e gratuita.

O v. 15 quase cria mais um atraso na iniciativa divina: uma fórmula típica das CP introduz a profissão de fé na vinda de Jesus como salvador dos pecadores (cf. Lc 15,2; 19,10).

Aprofundamento
Palavra digna de fé

A fórmula introdutória, "esta palavra é digna de fé e de ser aceita por todos", encontra-se, com diferentes modulações, em diferentes passagens das CP (cf. 1Tm 3,1; 4,9; 2Tm 2,11; Tt 1,9; 3,8): encontra-se somente nas CP e geralmente precede (cf. 1Tm 1,15) ou segue (cf. 1Tm 3,1; 4,9; Tt 3,8) o que se quer destacar. Portanto, não tem um valor em si mesma, mas como um indicador de algo que se disse ou deve ser dito, que deve ser tomado com absoluta atenção. O adjetivo "fiel" ou "digno de fé", que nas cartas protopaulinas é atribuído ao próprio Deus (cf. 1Cor 10,13; 2Cor 1,18; 1Ts 5,24), é antes aplicado nas CP ao termo *lógos* que indica uma palavra já fixada, como se pode deduzir do contexto em que é usado. De fato, em alguns casos, esta fórmula acompanha uma palavra litúrgica (cf. 2Tm 2,11; Tt 3,8), que exprime a razão de ser da comunidade crente. O termo *lógos* pode ser entendido tanto como palavra, discurso, mas também como razão e razão de ser de uma coisa. Talvez em torno desta fórmula de acompanhamento "esta palavra é digna de fé" se possa começar a vislumbrar o esforço das primeiras comunidades cristãs para cristalizar em torno de algumas expressões particularmente significativas o anúncio da fé, definitivamente enraizado na pessoa de Jesus Cristo[135]. De fato, também aqui no v. 15 a fórmula introduz uma profissão de fé que encontramos bem expressa nos evangelhos e que indica a missão de Cristo, isto é, salvar os pecadores.

---

135. Cf. KNIGHT, G.W. *The Faithful Sayings in the Pastoral Letters*. Kampen: J.H. Kok/N.V. Kampen, 1968, p. 152.

O v. 16 retorna à pessoa de Paulo, ou melhor, ao protagonista indiscutível na vida de Paulo, que é a misericórdia de Deus manifestada em Cristo Jesus. Assim como ele, à luz de Cristo, foi descoberto na primeira fila entre os pecadores para ser salvo (cf. v. 15c), assim agora ele está na primeira fila entre os anunciadores do Evangelho para que seja exemplo para todos os crentes. O termo "exemplo" (cf. tb. 2Tm 1,13), usado para indicar Paulo como modelo a seguir para os crentes, é um espião importante do espírito das CP: Paulo não é o único apóstolo reconhecido, mas é o exemplo a seguir ao aceitar o dom de Deus. Os fiéis podem olhar para Paulo como um exemplo concreto – *hipotýposis* poderia ser traduzido também como "protótipo" – a ser seguido. De fato, quando ele exorta Timóteo a tornar-se um "exemplo" para os fiéis da sua comunidade (cf. 1Tm 4,12 e também Tt 2,7), ele usa o termo *týpos* que tem uma nuança diferente com relação ao termo *hypotýtosis*, que implica a vontade de gerar o modelo original, o molde fundamental que Cristo quis dar ao caminho dos fiéis, mostrando em Paulo como sua graça pode ser eficaz. Quando Paulo ao invés disso exorta Timóteo e Tito a serem um "exemplo" (*týpos*) pretende referir-se às suas qualidades morais, que devem ser irrepreensíveis para conduzir bem a comunidade, de modo que o seu ensino não seja desacreditado por comportamentos impróprios. Se uma simplificação é permitida, no entanto, deve reter todas as nuanças do caso, o uso do termo *týpos* tem um valor ético, enquanto o termo *hypotýposis* implica uma dimensão cristológica fundamental que transforma a vida de Paulo e do fiel (cf. 2Tm 1,13).

A doxologia do v. 17 resolve o relato da experiência de Paulo no louvor a Deus, restaurando assim a primazia teológica sobre todo o evento cristão. Se o encontro com Cristo Ressuscitado foi uma autêntica experiência da misericórdia de Deus, então Paulo reconhece que Deus é a fonte de toda graça e, portanto, a Ele "honra e glória" (cf. Ex 28,2.40; Dn 2,37; 5,18). A expressão "rei dos séculos", também conhecida em Tb 13,7 e similar em Eclo 36,17, é um atributo divino que indica a extensão do reino divino sobre cada época[136]. Os adjetivos "incorruptível" e "invisível", embora radicados na tradicional teodiceia filosófica, especialmente estoica, reafirmam a diferença fundamental entre aquilo que é criatura humana e Criador, que não se corrompe nem

---

136. Isto é confirmado com a fórmula litúrgica final "pelos séculos dos séculos". Cf. Sl 83,5; Dn 3,90; Gl 1,5; Fl 4,20; 2Tm 4,18; Hb 13,21; 1Pd 4,11; Ap 1,16.

experimenta a mortalidade (cf. Mc 9,1), nem pode ser visto como os ídolos (cf. Sb 15,15), segundo o grande mandamento da impossibilidade de representar a Deus (cf. Ex 20,4). A expressão "só Deus" ocorre somente nos textos de caráter litúrgico de Rm 16,27 e em Jd 25 e é uma profissão de fé que manifesta a sua matriz veterotestamentária, contra toda forma de politeísmo. A unicidade de Deus permanece a síntese mais verdadeira, tanto para o mundo judeu como para o mundo grego, da absolutez do mistério de Deus sobre toda a multiplicidade da criação e da história humana.

3) A exortação a Timóteo para um bom combate (1,18-20)

Encontramos no v. 20 um dos elementos considerados entre as *"personalia"* que, neste caso, diz respeito sobretudo a personagens desconhecidos (cf. 2Tm 2,17; 4,14; At 19,33). No gesto de "entregar a satanás" (cf. 1Cor 5,5), foram feitas várias hipóteses, mas todas implicam a ideia de um afastamento da comunidade em vista do arrependimento (cf. 2Tm 2,25-26).

Por outro lado, este gesto exprime também a autoridade dos líderes em relação à comunidade para expulsar aqueles que ameaçam a unidade do grupo dos fiéis. Vale a pena notar que a presença do demônio – "diabo" ou "satanás" – nas CP é bem atestada e é sempre vista como uma insídia à comunhão na comunidade (cf. 1Tm 3,6.7; 2Tm 2,26). Pode-se deduzir que o "entregar a satanás" é uma forma de preservar e salvaguardar a comunidade que professa a única fé. Mas o poder de afastar alguém não deve ser exercido de forma parcial e sumária, de fato Timóteo é instado a agir com fé e "boa consciência". A tradução literal do v. 19a é a seguinte: "tendo fé e boa consciência" uma combinação que implica o conteúdo e o aspecto moral de quem é chamado a exercer autoridade na comunidade dos fiéis. O "bom/belo combate" a ser travado, portanto, não é contra os inimigos, que poderíamos definir, anacronicamente, "hereges", mas a batalha é antes de tudo de Timóteo que é chamado em todos os seus julgamentos a ter diante dos olhos a fé recebida, para que, guiado por uma boa consciência, possa manifestar o plano de Deus (cf. 1Tm 1,4-5). A imagem do "naufrágio" é uma metáfora muito significativa para indicar a perda de cada direção do caminho (cf. 2Cor 11,25).

A expressão "bom combate", literalmente "bela batalha", refere-se ao mundo militar, bem conhecido pelas CP (cf. 2Tm 2,4), mas no NT é sempre aplicada à luta interior contra as paixões ou provações[137]. Juntamente com a palavra *strateia*, "batalha", Paulo usa de boa vontade o termo *ágon*, "luta", sempre com referência a uma tensão interior a ser mantida para permanecer no dom recebido[138]. Também neste caso a batalha não é para destruir nenhum inimigo, mas para permanecer no caminho marcado pelo ensinamento apostólico, com o risco de que, afastando-se dele, se possa naufragar. A força e o espírito do soldado parecem ser as características mais necessárias para o serviço do Evangelho (cf. 2Tm 2,4; Ef 6,13-17)[139].

O adjetivo "bom", literalmente "belo", é característico das CP e se aplica às boas obras[140], ao testemunho e à confissão de fé (cf. 1Tm 3,7; 6,12.13), ao ensinamento apostólico (cf. 1Tm 4,6), ao depósito recebido para ser guardado com cuidado (cf. 2Tm 1,14). O autor das CP, na esteira da tradição bíblica consolidada que resume a perfeição das coisas, inclusive a moral, no termo "belo" (cf. Gn 1; Sb 10,3), assimila a bondade e a beleza, mostrando como as boas obras e o bom combate que o fiel é chamado a realizar para manter a fé correspondem ao projeto de Deus (cf. 1Tm 4,4).

O bom combate é travado "de acordo com as profecias" (cf. v. 18), feitas em Timóteo para que ele possa ter força através delas. As "profecias já feitas a teu respeito" é uma expressão que provavelmente pretende referir-se ao momento em que Timóteo recebeu a imposição das mãos dos presbíteros, onde se refere que o dom de Deus que lhe foi dado se realiza tanto pelo gesto apostólico como pela "palavra profética" (cf. 1Tm 4,14). No entanto, o conteúdo desta palavra profética é difícil de definir porque poderia se referir tanto ao julgamento dos anciãos que escolheram Timóteo como seu guia como a uma manifestação do Espírito que o teria indicado como apto para o ministério apostólico (cf. At 13,2). Como sabemos de 1Cor 14, a presença do Espírito se manifesta através do dom da profecia.

Em resumo

O problema de quem ensina doutrinas diferentes torna-se o pretexto para advertir Timóteo da necessidade de ter uma boa consciência baseada

---

137. Cf. 2Cor 10,3; Tg 4,1; 1Pd 2,11.

138. Cf. Fl 1,30; Cl 2,1; 1Ts 2,2; Hb 12,1.

139. O convite a ter o mesmo espírito de luta pelo bem encontra-se em todas as exortações de Paulo; cf., p. ex., 1Ts 5,12-22.

140. Cf. 1Tm 3,1; 5,10.25; 6,18; Tt 2,7.14; 3,8.14.

na fé recebida, pela qual deve-se ter um espírito forte para não se perder na multiplicidade das opiniões humanas. O exemplo de Paulo (v. 12-16) não é apenas o protótipo mais eloquente do que a graça de Deus pode fazer, mas também o modelo de quem é eleito para dirigir a comunidade dos fiéis, que tem como ponto de referência estável o plano de Deus que se revela em Cristo como misericórdia.

Segunda parte: a oração da comunidade e a ordem na casa de Deus (2,1–3,16)

Orar por uma vida dedicada a Deus (2,1-7)

Esta passagem é uma exortação à oração da comunidade por todos os homens (v. 1-3) que encontra o seu fundamento teológico na vontade salvífica universal de Deus (v. 4-6), proclamada pelo Apóstolo por excelência, que é Paulo (v. 7).

A primeira recomendação diz respeito à oração, primeira tarefa da comunidade crente, porque é na oração que a comunidade recebe a Palavra de Deus (cf. 1Ts 2,13), é na oração que recebe o dom do Espírito (cf. 1Cor 12,3) e é através dela que Deus age no coração dos fiéis (cf. Rm 5,5; 12,1-2). Na nossa passagem, no entanto, pelo menos dois elementos característicos das CP devem ser sublinhados. A série "perguntas, súplicas, orações e agradecimentos" está sob o signo da abundância e da variedade com que se exprime e se manifesta a atitude de oração incessante (cf. 1Ts 5,17). Um segundo elemento da oração eclesial é o destino universal: "por todos os homens", que caracteriza especificamente as CP, porque nenhum texto do NT destaca o valor universal da oração dos fiéis como as CP. A menção específica de "reis" e de "todos os que têm o poder" é ditada somente e unicamente pelo fato de que suas decisões envolvem muitas pessoas sujeitas a elas e, portanto, é necessário que sejam os primeiros a deixar-se guiar pela vontade de Deus, que é a favor de todos os homens. O propósito da oração é "uma vida tranquila, digna e dedicada a Deus". A tradução literal diria: "para que possamos levar uma vida calma e tranquila com toda a piedade e dignidade". O par de adjetivos "calma e tranquila" talvez se refira a tempos de perseguição em que os cristãos vivem continuamente sob ameaça; assim como a expressão "com toda piedade e dignidade" se refere à liberdade de poder voltar-se para o Deus vivo e verdadeiro sem se expor à idolatria vã ou a formas de piedade que não correspondam ao verdadeiro culto.

Tal vida é "bela" e "agradável diante de Deus". Se a atitude de oração permite que a comunidade se volte para Deus, o próprio sopro universal da oração chama a atenção de Deus para a comunidade que, rezando por todos os homens, está em perfeita harmonia com Deus, que "quer que todos os homens sejam salvos e cheguem ao conhecimento da verdade". Talvez nenhum texto do NT seja tão explícito e claro ao declarar a vontade universal de salvação por parte de Deus dirigida a todos os homens. O sentido de "todos" é o mais amplo possível e não há possibilidade de excluir qualquer categoria humana. A consciência cristã do valor universal e público da fé, recebida pela pregação apostólica, encontra neste texto um dos momentos mais brilhantes, que será a base de toda a reflexão teológica posterior[141]. A frase é composta por dois membros que não devem ser lidos como uma hendíade, ao contrário do que a maioria dos comentaristas afirma, mas como dois momentos distintos, mas não separados, da obra de salvação: Deus quer que todos os homens sejam salvos e assegura que esta vontade seja sempre positivamente expressa pelo evento Cristo. Depois de Cristo ninguém poderá dizer que Deus quer outra coisa que não seja a salvação de todos os homens. Mas esta vontade claramente expressa não se aplica independentemente do caminho que cada um deve tomar para se aproximar da verdade. De fato, fala-se de "chegar", de "vir ao conhecimento da verdade", o que implica um caminho pessoal de discernimento de como Deus opera a salvação na história humana. A vontade de salvar todos os homens é clara e explícita por parte de Deus, mas esta clareza deve também tornar-se posse para aqueles que se aproximam da verdade.

A expressão "conhecimento da verdade" só se encontra nas CP e em Hb 10,26, como se fosse uma fórmula que codifica a assunção de um comportamento ético em conformidade com o anúncio recebido (cf. 2Tm 2,25; 3,7; Tt 1,1). Daqui se pode deduzir que aqueles que conhecem a verdade não vão atrás de fábulas inexistentes (cf. 1Tm 6,5; 2Tm 3,7-8; 4,4; Tt 1,14), nem rejeitam a obra de Deus (cf. 1Tm 4,3), mas guardam a manifestação de Deus em Cristo de modo justo, segundo a verdadeira "piedade" de uma vida dedicada a Deus. Portanto, se pode chegar a conhecer a verdade através daqueles que, na Igreja, "coluna e sustentáculo da verdade" (1Tm 2,15), dispensam a palavra da verdade (cf. 2Tm 2,15), como o Apóstolo Paulo, que é "mestre dos pagãos na fé e na verdade" (1Tm 2,7).

---

141. Pensemos, p. ex., em Justino e Irineu.

Esta exigente afirmação teológica se baseia na profissão de fé da comunidade orante, que nos apresenta um texto litúrgico bem estruturado e que articula o projeto universal de salvação em dois passos sucessivos: a unicidade de Deus e a unicidade do mediador. A antiguidade é reconhecível não só pela forma literária, mas também pelo vocabulário: os termos "mediador" e "redenção" (*antílytron*) aparecem nos escritos do Novo Testamento somente nesta ocasião; além disso, só aqui, em todo o NT, está a expressão "homem Jesus", onde o termo *ánthropos* é diretamente especificado pelos nomes "Cristo Jesus". Se excluirmos o texto de 1Cor 15,21.47, onde se faz referência ao primeiro homem (Adão) e ao segundo homem (Cristo), 1Tm 2,5-6 é o único testemunho da comunidade cristã primitiva de tal expressão que atesta a plena participação de Cristo na humanidade. Isto não significa que sua divindade permaneça oculta, pois seus efeitos salvadores podem ser vistos através de sua morte, que atinge todos os homens.

A primeira e indispensável afirmação diz respeito à unicidade de Deus, que é o fundamento da universalidade do seu projeto: sendo Ele o único Deus, é o responsável por toda a sua criação. Se alguém admitisse mais de uma divindade, seria necessário, como ensina o classicismo grego, atribuir a cada deus competências várias, mas a nenhum deles, em última análise, a responsabilidade pelo todo.

A segunda afirmação a respeito do único "mediador entre Deus e os homens" é dividida em três outras especificações: é o homem – *ánthropos* – Cristo Jesus que se deu como resgate por todos; seu testemunho ocorreu nos tempos estabelecidos. A categoria de "mediador" é tipicamente helenística e indica aquele que faz a transição de um contrato ou de um pacto entre duas partes[142]. O que se deve notar aqui é a unicidade da relação de mediação e seu caráter universal; de fato, Cristo, através de sua humanidade, atinge a todos. Com base em duas afirmações: que Ele é homem, como todos os homens, e, portanto, partilha o destino humano como próprio; os homens, graças a Ele, podem aproximar-se do mistério de Deus. Não é o seu ser *lógos*, como os judeus helenistas teriam mantido, mas é o seu ser "homem" que desempenha a função de mediador[143]. Em primeiro plano, portanto, está a profissão de

---

142. Cf. Gl 3,20; Hb 8,6; 9,15; 12,24.

143. A importância dessa afirmação para a reflexão cristológica na era Patrística será fundamental contra o docetismo, o gnosticismo e o apolinarismo.

fé na Encarnação do Filho de Deus, que é entendida como o único caminho para todo tipo de relação entre Deus e homem e é o único caminho capaz de alcançar todos os homens. A segunda afirmação é tipicamente paulina e diz respeito à sua morte interpretada como um resgate para todos (cf. 2Cor 5,14.15; 1Tm 4,10). A expressão "tempos estabelecidos" refere-se mais uma vez ao plano que é guiado por Deus que conhece os tempos e os momentos a serem revelados, primeiro com a encarnação do Filho de Deus, depois dado a conhecer através da pregação apostólica (cf. 1Tm 6,15; Tt 1,3).

O v. 7 é o selo apostólico do que foi dito até agora: deste testemunho, isto é, da única mediação de Cristo para o bem de todos, Paulo tornou-se "mensageiro e apóstolo... o mestre dos pagãos na fé e na verdade". Paulo é acima de tudo um mestre e a sua autoridade é baseada em sua habilidade de instruir os fiéis, já que ele soube como ensinar a fé e não apenas gerá-la através da pregação (cf. 1Cor 4,15). Entende-se como as qualidades que são então exigidas a Timóteo, Tito e ao bispo estão principalmente relacionadas com a capacidade de ensinar, como foi para o Paulo das CP[144].

Homens e mulheres na assembleia (2,8-15)

O início de outra perícope é confiado a um seco e claro "quero" (cf. 1Tm 5,14) que confia à autoridade do Apóstolo Paulo as indicações sobre como rezar na assembleia. Depois de ter exortado a oração (v. 2,1-2) e de ter motivado teologicamente as intenções divinas e os efeitos salvíficos universais (v. 3-7), enfrenta agora os problemas que surgiram nas assembleias litúrgicas. Fala-se primeiro dos homens (v. 8) e depois das mulheres (v. 9-10). Os v. 11-12 tratam do caso particular das mulheres que ensinam na assembleia, enquanto os v. 13-14 justificam com um raciocínio rabínico sobre o texto de Gn 3,6 a atitude submissa à qual a mulher deve conformar-se. O v. 15 termina com uma exortação a comportar-se de acordo com a fé. À primeira vista, o texto parece dever muito à cultura antiga, que não considerava socialmente reconhecido o papel das mulheres. Mas uma leitura mais atenta mostra uma situação eclesial em que as mulheres estão ao lado dos homens na assembleia litúrgica e ensinam. Como justificar, então, estas indicações? Em primeiro lugar, o que é dito aos homens deve ser destacado: eles devem orar, "sem ira

---

144. Cf. 1Tm 3,2; 4,17; 2Tm 2,24; Tt 1,9.

e sem polêmicas", expressão única no NT. A exortação nos faz compreender como, durante as assembleias, houvesse manifestações de raiva e discussões animadas que não ajudavam a rezar. Nos v. 9-10, também as mulheres, vestidas de maneira muito chamativa, perturbavam a oração da comunidade, distraindo os participantes com "tranças e ornamentos de ouro, pérolas ou roupas suntuosas". A abundância de referências tenta mencionar todos os possíveis embelezamentos femininos. Portanto, homens e mulheres devem adotar atitudes propícias à escuta e à oração, sem serem fonte de discussões ou distrações desnecessárias.

A passagem do plural "mulheres" para o singular "mulher" nos faz compreender como o autor agora trate, nos v. 11-12, não das mulheres em geral, mas somente daquelas que ensinam na comunidade. Os dois versículos estão incluídos na expressão "em silêncio" (*en esychía*), que recorda a "vida tranquila" de 1Tm 2,2. O conceito de submissão deve ser interpretado no horizonte da boa ordem em que se realiza a reunião da assembleia, respeitando os vários ofícios que manifestam a variedade dos ministérios. Devemos pressupor, como também pode ser visto em 1Tm 5,13-14 e 2Tm 3,6, que algumas mulheres, talvez hospedando "hereges" em suas casas, causaram confusão nas comunidades, afirmando ensinar aqueles que receberam este ministério apostólico. A peremptoriedade das indicações paulinas sugere que as assembleias litúrgicas eram muito movimentadas e era necessário restabelecer alguma ordem (cf. 1Cor 11). De fato, nos v. 13-14, o autor reafirma que, tendo sido formado Adão antes de Eva, esta última lhe deve obediência, pois ela foi a primeira a enganar-se a si mesma. Esta visão pode ser encontrada também na sabedoria de Israel (cf. Eclo 25,24), mas é negada pela reflexão paulina que mostra como Adão é o primeiro pecador (cf. Rm 5,12). Talvez o texto de 1Timóteo ataque polemicamente aquelas mulheres que, por amor à curiosidade (cf. 1Tm 5,13), se deixam seduzir por falsos mestres, trazendo depois as suas opiniões de volta à comunidade, criando confusão e perplexidade.

A indicação do v. 15 – a sua salvação depende do ser mãe – é uma posição clara contra aqueles que desprezam o matrimônio (cf. 1Tm 4,3) e contra aqueles que passam a vida sem concluir nada (cf. 1Tm 5,13-14).

"Fé", "caridade", "santificação" e "sabedoria" trazem de volta ao horizonte da vida cristã o papel da mulher. A combinação de "fé" e de "caridade" em outros lugares é sempre especificada pela expressão "Cristo Jesus" (cf. 1Tm 1,14; 2Tm 1,13), revelando que o mistério cristão se traduz na fé nele e na caridade para com os irmãos (cf. Fm 5). É uma expressão que já pertence à literatura paulina primitiva (1Ts 3,6; 5,8), mas que então reaparece apenas nas CP. O termo "santificação", que só se repete aqui, é bem usado no epistolário paulino para indicar a ação do Espírito Santo na vida do fiel que por ele é guiado (cf. Rm 6,19.22; 1Ts 4,3-7). O termo *sabedoria* (*sofrosýne*), por outro lado, que encontramos também em 1Tm 2,9 sobre o tema do vestir-se com "pudor", alude à ideia de um comportamento casto e modesto para evitar qualquer tipo de provocação que possa causar confusão na comunidade dos fiéis.

O epíscopo (3,1-7)

A evolução do texto não é tão linear como parece: começa com uma hipótese que dá o tema da perícope (v. 1), depois há duas partes onde se explicam as condições para acolher alguém ao episcopado introduzidas por dois "é necessário" (*dei*). Ao primeiro "é necessário" (v. 2-6) segue-se uma lista de adjetivos, na sua maioria, indicações das qualidades morais daqueles que assumem o ofício de bispo; ao segundo (v. 7) se especifica uma segunda característica importante do bispo que é a sua reputação em relação aos de fora.

Se ao primeiro "é necessário" é dada a lista de características que correspondem às necessidades da comunidade crente; ao segundo "é necessário" se dá atenção ao fato de que o bispo deve representar a comunidade fora dela e, portanto, é necessário que ele tenha uma boa reputação para não desacreditar toda a comunidade. Os v. 2-6 são interrompidos por uma pergunta retórica no v. 5 que interrompe a longa lista das qualidades do bispo, mas é funcional para introduzir a imagem da casa como figura da Igreja que será explicada um pouco mais tarde no v. 15. Tanto os v. 2-6 quanto o v. 7 fecham com a menção do "diabo" em cujas armadilhas o bispo não deve cair.

Aprofundamento
Episcopado

É preciso especificar que se o termo "bispo" já é conhecido em Fl 1,1 e em At 20,28 (no plural), no entanto, o uso técnico do termo "episcopado" (*episkopé*) é uma novidade das CP (cf. At 1,20; Lc 19,44; 1Pd 2,12), que agora testemunha como já existe a função do bispo, visto como figura solitária em relação ao grupo dos diáconos (v. 8-13) ou dos presbíteros (cf. 1Tm 5,17-19). No entanto, isto ainda não implica que se possa falar de episcopado monárquico ou monoepiscopado como será mais claro com Inácio de Antioquia, mas é certo que a palavra *episkopé* já identifica precisamente a função de liderança dentro da comunidade. De fato, não há referência à autoridade que o bispo pode exercer sobre os presbíteros ou os diáconos. As exigências são as de um bom líder que deve manter suas paixões e instintos sob controle e deve garantir que suas ordens sejam respeitadas. As mesmas exigências estão presentes em Tt 1,7-9, texto que enfatiza principalmente a sua função de ensinar e de neutralizar os "hereges", dando a entender que essa tarefa é específica do bispo. É-lhes exigido que tenham sido cristãos durante um certo tempo para evitar o orgulho e a soberba.

Os diáconos (3,8-13)

O tratamento dos diáconos é encontrado apenas em 1Timóteo: nem a 2Timóteo nem Tito falam disso. Em 2Tm 4,5.11, assim como em 1Tm 1,12, o termo *diakonía* é corretamente traduzido como "ministério", referindo-se ao serviço apostólico e não tanto a uma tarefa específica dentro da comunidade. Já conhecemos os "diáconos" de Fl 1,1 como figuras ligadas aos bispos. Paulo voluntariamente usa a palavra *diákonos* para falar do serviço ao Evangelho (cf. 2Cor 3,7-9; 5,18). O verbo *diakonéo*, "servir", foi usado pelo próprio Jesus para definir a sua missão entre os homens (cf. Mc 10,45).

A passagem de 1Tm 3,8-13 deve ser vista como uma continuação da anterior e, portanto, ainda parte daquela "palavra digna de fé" (v. 1), que trata do bispo, dos diáconos e das mulheres, de todos aqueles que servem (v. 13). Esta continuidade é visível a partir da repetição no v. 8 e no v. 11 do advérbio grego *osáutos*, "do mesmo modo", que introduz primeiro as qualidades dos diáconos (v. 8) e depois as qualidades das mulheres. Um "de fato" no v. 13, enquanto encerra as recomendações feitas aos diáconos e às mulheres, garante duas promessas àqueles que servem bem. Portanto, poderíamos identificar o curso do texto nas seguintes passagens: v. 8-10 o tratamento das qualidades morais dos diáconos; v. 11 o tratamento das qualidades das mulheres (diaconisas); v. 12 novamente os diáconos na sua qualidade específica de guia da própria casa (qualidade também exigida ao bispo: cf. v. 5); v. 13 uma dupla promessa a todos aqueles que servem bem a casa do Senhor.

As qualidades morais dos diáconos e das mulheres são então descritas (v. 8.11). É muito significativo notar que as funções ou tarefas do seu papel não estão descritas, o que, no entanto, é reconhecido como importante. O autor das CP está preocupado com a sua "dignidade", de fato, o adjetivo *semnós*, repetido para diáconos e mulheres, é a primeira exigência para o seu serviço (cf. Tt 2,2; Fl 4,8). O segundo requisito é não ser duplo com a palavra (v. 8) e não dividir (v. 11); o terceiro é não ser devotado a muito vinho para os diáconos (v. 8) e ser sóbrios para as mulheres (v. 11), provavelmente convidando também aqui a evitar qualquer forma de embriaguez. A palavra "sóbrio", que se encontra também na lista das exigências para o bispo (cf. 1Tm 3,2) e na lista das exortações feitas aos anciãos (cf. Tt 2,2), é uma palavra que encontramos apenas nas CP. O quarto requisito diz respeito à relação com o dinheiro que poderia suscitar a ganância (v. 8) ou uma administração descuidada (v. 11). Por isso, são explicitadas quatro exigências que podem ser vistas em paralelo, tanto para os diáconos como para as mulheres, e estas exigências dizem respeito ao temperamento moral que devem ter para poderem exercer bem o seu serviço. Não há indicação das funções e deveres que devem desempenhar dentro da comunidade, certamente não a tarefa de ensinar ou pregar que cabe ao bispo (cf. 1Tm 3,2) e aos presbíteros (cf. 1Tm 5,17).

Deve-se notar que o termo "diácono" é aplicado apenas uma vez no NT a uma mulher (cf. Rm 16,1), aqui em 1Timóteo é aplicado somente a homens, já que "diaconisas" são simplesmente chamadas "mulheres"[145]. Entretanto, o curso do texto e a conclusão do v. 13 leva a pensar que o v. 11 não tem nada a ver com o gênero feminino como um todo, mas com aquelas "mulheres" que realizavam um serviço particular dentro da comunidade e que eram convidadas a ter as mesmas qualidades morais que os diáconos homens. Não há elementos no texto que permitam obter uma indicação mínima dos seus deveres na comunidade[146].

---

145. Cf. MERKEL. *Lettere pastorali*, p. 45-46.

146. Também Plínio o Jovem atesta a presença de *"ancillae, quae ministrae dicebantur"* no começo do II século. Cf. PLÍNIO O JOVEM. *Epistula* 10, 96, par. 8.

Pede-se aos diáconos que "guardem o mistério da fé com a consciência pura" (v. 9). O termo "consciência" já foi discutido a propósito de 1Tm 1,5. A expressão "mistério da fé", única no seu gênero, deve ser lida juntamente com a expressão "mistério da piedade" de 1Tm 3,16, que é depois explicado no hino seguinte. O tratamento do termo "mistério" é complexo: lembre-se de que já é usado por Jesus para falar do Reino de Deus[147]; Paulo fala dele com referência a Deus (cf. 1Cor 2,1; 4,1; Cl 2,2; 4,3) e à sua vontade (cf. Ef 1,9) ou a Cristo (cf. Ef 3,4). O próprio "evangelho" especifica o mistério (cf. Ef 6,19). É provável que, para abordar o significado que o autor das CP tinha em mente, seja necessário entender esta palavra como sinônimo do termo "economia" (1Tm 1,4). Se o tema da "fé" é muito frequente nas CP (33 vezes nos 13 capítulos das CP) e, em geral, se refere à condição do cristão que recebeu o conhecimento da verdade através da pregação apostólica e vive segundo ela, aqui a expressão "mistério da fé" tem a ver diretamente com o conteúdo da fé que é guardado contra aqueles que ao invés o dispersam com as suas ideias, como fazem os "hereges". E o conteúdo recebido em breve será especificado em 1Tm 3,16.

Em seguida, são dadas instruções precisas a quem deve admitir os diáconos ao serviço da comunidade, sinal de que as necessidades cresciam e era necessário cooptar continuamente novas pessoas para o serviço do Evangelho (v. 10). Por isso era necessário dar-se normas de discernimento, pois desde o início apareceram falsos mestres (cf. 1Tm 1,7). O termo "submeter a uma prova" (*dokimázein*), que tem um significado muito denso no epistolário paulino[148], é usado apenas aqui nas CP e se refere a uma época de prova à qual aqueles que pretendiam servir à comunidade como diáconos tinham que ser submetidos. O discernimento, como podemos ver, não é do indivíduo que deseja tal ministério, mas da comunidade liderada por Timóteo.

O autor volta aos diáconos (cf. v. 12), retomando as exigências já expressas pelo bispo sobre a sua vida familiar, isto é, que seja casado apenas uma vez e que tenha demonstrado que sabe conduzir bem os seus próprios filhos e a sua própria casa.

A conclusão do v. 13 amplia o horizonte sobre as promessas escatológicas que o serviço ao Evangelho traz consigo: um "belo passo" (literalmente

---

147. Cf. Mt 13,11; Mc 4,11; Lc 8,10.

148. Cf., p. ex., Rm 12,2; 1Cor 3,11; 11,28; 2Cor 8,22.

a tradução de "grau digno de honra"), isto é, uma boa reputação diante de Deus e dos homens e sobretudo a *parresía*, isto é, franqueza, grande coragem, como se traduz, na fé em Cristo. O termo *parresía* se refere a At 28,31 onde se diz que Paulo estava às portas de Roma e com franqueza e sem impedimento anuncia o Evangelho, em completa liberdade e gratuidade. Aqueles que servem bem ao Evangelho na comunidade terão, portanto, cada vez mais liberdade para viver a sua fé e partilhá-la com aqueles com quem se encontram (cf. 1Cor 9, 18).

A verdadeira piedade guardada pela Igreja (3,14-16)

Timóteo volta a ser o interlocutor de Paulo depois do longo discurso que começou em 1,18. Há uma breve referência ao desejo de Paulo de vir logo a Éfeso, em contradição com o que ele diz em 2Tm 4,9, onde convida Timóteo a ir ter com ele (cf. v. 14). De acordo com os textos, devemos assumir que houve pelo menos um encontro de Paulo com Timóteo entre a 1Timóteo e a 2Timóteo e que, além disso, em 2Timóteo, o Apóstolo tinha a clara percepção de já estar no fim. O v. 14 começa com a expressão *táuta*, "essas coisas", que será repetida várias vezes na carta[149]. O objetivo da redundância é concentrar a atenção do leitor nas indicações dadas. No nosso caso, 1Tm 3,14 e 6,2, a atenção está no que é dito depois, mas em 2Tm 2,14; Tt 2,15 e 3,8, pelo contrário, está no que é dito antes. A exortação feita a Timóteo para "guardar o depósito" (1Tm 6,20; 2Tm 1,12-14) é bem aplicada em primeiro lugar pelo autor das CP que transmite, através de textos litúrgicos, orientações para agir com discernimento no presente. Portanto, esta *táuta*, como a expressão já encontrada "digna de fé é esta palavra"[150], é um estilo literário típico das CP que geralmente enquadra textos de natureza litúrgica para nos preparar a escutar a expressão de fé da comunidade fiel.

A razão do escrito (cf. v. 15) é então explicada, a saber, que Timóteo saiba comportar-se bem na "casa de Deus", expressão que também se repete em Hb 10,21 e 1Pd 4,17. O verbo *anastréfo*, "comportar-se", aparece como substantivo em 1Tm 4,12 e refere-se à conduta que o ministro deve ter na Igreja. A imagem da Igreja como "casa" é certamente um dos aspectos mais

---

149. Cf. 4,6.11.15; 6,2.11.

150. Cf. 1Tm 1,15; 3,1; 4,9; 2Tm 2,11; 3,8.

originais das CP. Com o termo casa devemos entender como sinédoque[151], não tanto o edifício, mas todo o ambiente vital que gira em torno dele. A "casa" é a metáfora do mundo, mas configurada por relações organizadas de maneira ordenada, sem confusão de papéis e de planos. Cada um é chamado a respeitar o papel de todos, se quiserem fazer parte da casa e ajudar a manter a sua coesão e unidade. Embora as implicações conceituais básicas sejam muito semelhantes, estamos longe da visão da Igreja como "corpo de Cristo" (cf. 1Cor 12) ou como "templo de Deus" (cf. 2Cor 6,16). Se de fato a imagem do templo evidenciava a centralidade da presença de Deus no meio do povo, e a imagem do corpo evidenciava a pertença a Cristo como vínculo fundamental do fiel, a imagem da casa interpela mais estritamente a responsabilidade dos indivíduos, especialmente daqueles que devem guiá-la sabiamente[152].

Para evitar, porém, o uso inadequado da imagem da casa, o autor especifica imediatamente que é a "Igreja de Deus vivo, coluna e fundamento da verdade", expressão única em todo o NT, que indica por um lado o ponto visível de apoio de um edifício, como é uma coluna[153], e, por outro, o fundamento, no sentido do que dá estabilidade. A Igreja de Deus é o ponto visível de referência e o critério estável da verdade, dispensada pelo Apóstolo (cf. 2Tm 2,15) através da sua pregação (cf. 1Tm 2,4; Tt 1,1) que ensina a não rejeitar as coisas boas criadas por Deus (cf. 1Tm 4,3). A especificação "casa do Deus vivo" resume a convicção do Antigo Testamento de Deus como vivo, presente, operante, fonte de todas as coisas vivas[154]. A Igreja é de Deus porque ela pertence a Ele e quem quer ser parte dela reconhece nele o fundamento da casa.

---

151. Figura retórica para a qual usamos uma palavra com um significado mais amplo ou menos amplo do que o próprio: *pars pro toto*.

152. Cf. MERKEL. *Lettere pastorali*, 17, 48. • MARCHESELLI-CASALE. *Le Lettere Pastorali raccontano*, p. 154-170.

153. "Coluna e suporte da verdade." São duas palavras muito raras no NT: os apóstolos-"colunas" (Gl 2,9); a vencedora "coluna" no templo (Ap 3,12); o anjo com pernas como "colunas" de fogo (Ap 10,1); "fundamento" só se encontra aqui. Dois *backgrounds*: Êxodo, onde a coluna de fogo guia o povo, e os templos pagãos, cujo espaço sagrado era delimitado pelas colunas (cf. Partenon em Atenas); na coluna central ficava a estátua da divindade. Portanto, a coluna é a mão de Deus que guia o seu povo e é o pedestal da sua presença. Ambos os significados são possíveis aqui: a Igreja traz o Evangelho de Deus ao mundo e, unida à sua origem, torna-se um guia luminoso.

154. Cf. Dt 4,33; Os 2,1; Mt 16,16; Rm 9,26.

O texto de 1Tm 3,16 é um texto com o estilo de hino, composto por seis membros agrupados em pares de dois com uma estrutura muito simples: um verbo, sempre no passivo, é seguido de uma especificação da ação que tenta tocar todos os horizontes da experiência humana. O uso do aoristo passivo indica a preeminência da ação divina em todas as fases da manifestação do seu mistério, que coincide com os momentos salientes do próprio evento Cristo, apesar de nunca mencionado aqui; em particular a encarnação, a ressurreição e a ascensão ao céu. A sucessão dos complementos de cada um dos membros nos permite identificar um curso cruzado do tipo: a-b-b-a-a-b-, isto é, o segundo membro do primeiro par é refletido pelo primeiro membro do segundo par e assim por diante. De fato, à "carne" dimensão terrestre, segue o "espírito", dimensão celestial; tal dimensão é então representada, no segundo membro, pelos "anjos" aos quais seguem os "povos", dimensão terrestre, que no terceiro membro é designada pela palavra "mundo" à qual segue a palavra "glória" que designa a dimensão celestial por excelência.

O primeiro par apresenta a totalidade do acontecimento: a referência à "carne" refere-se ao momento, manifestação do mistério de Cristo na história. O verbo "manifestar" encontra-se nos relatos da ressurreição (cf. Jo 21,1.14), mas é sobretudo usado por Paulo em referência ao que Deus faz na vida do fiel (cf. 2Cor 4,10; Cl 3,4); o verbo "considerado justo", que é usado nas cartas paulinas para falar da justificação dos pecadores, é traduzido não como "justificado", mas "considerado justo", pois é uma das categorias mais exigentes de todo o AT: só o justo pode estar diante de Deus (cf. Hab 2,4). Este reconhecimento ocorreu no espírito, ou através do espírito, para indicar a total submissão da pessoa de Cristo à ação do Espírito de Deus que o conduziu em cada passo. "Carne" e "espírito" são como os dois polos dentro dos quais toda a experiência humana e criação de Deus acontece. A oposição "carne"-"espírito" não deve ser entendida no sentido moral paulino (cf. Gl 3,3; 4,29): a carne como regime que conduz ao pecado e o espírito como regime que conduz à santidade. Antes, a dialética "carne"-"espírito" deve ser vista na esteira de João (cf. Jo 1,14 e Rm 1,3-4) da polaridade do mundo real formada por elementos visíveis, concretos, frágeis e fracos, e por elementos invisíveis, cheios de vida e de poder.

O segundo par é formado por "anjos" e "povos" que representam os destinatários celestiais e terrenos. O verbo "foi visto" (*ófthe*), mencionado no *kérygma* pascal de 1Cor 15,5 como explicação do acontecimento da ressurreição, é usado aqui para estender a manifestação do mistério de piedade ao mundo dos anjos, alcançando assim todos os seres vivos. "Anunciado" só se encontra aqui no NT nesta forma (cf. Jo 3,7) e pretende referir-se à atividade de proclamação realizada pelos apóstolos (cf. 1Tm 2,7). O que se tornou visível e comunicável é agora anunciado a todos os níveis da criação.

O terceiro e último casal tem a ver com a recepção da mensagem proclamada: no "mundo" foi acreditado pelos homens e na "glória" foi elevado por Deus.

1Tm 3,16 é um hino que resume em si o "mistério da piedade", que é o "mistério da fé" (cf. 1Tm 3,9). É um mistério que se revela no anúncio apostólico que envolve aqueles que creem, os quais se tornam protagonistas ativos desta revelação com a sua fé. Este texto, portanto, resume tanto o anúncio apostólico como os conteúdos fundamentais que bispo, diáconos e mulheres devem guardar contra aqueles que professam outras opiniões. Este versículo abre assim a segunda parte da carta (c. 4–6) dedicada à correção dos erros provocados pelos falsos apóstolos e às atenções que as diversas categorias de pessoas devem ter dentro da comunidade.

Em resumo

No espírito de oração, que dá a verdadeira consciência de ser Igreja reunida na casa de Deus, Paulo oferece a Timóteo indicações para que esta reunião se realize segundo o autêntico espírito cristão que reconhece um só Deus e um só mediador, o homem Jesus Cristo. Para o bom andamento da vida eclesial há certos papéis, como o de bispo, que deve garantir a autenticidade da mensagem, para que a casa de Deus permaneça aberta a todos os homens, isto é, enraizada na sua vontade salvífica universal.

Terceira parte: indicações várias para viver e trabalhar a fé (4,1–6,19)

Esta parte da carta aborda os diversos problemas dentro da comunidade através de uma revisão das diferentes categorias que a compõem: o guia, que deve saber o que ensinar (4,1-6), as viúvas (5,3-16), os presbíteros (5,17-25), os escravos (6,1-2a), os ricos (6,17-19). Estas recomendações começam com um esclarecimento doutrinário de como a criação deve ser entendida (4,1-5) e uma ampla reflexão conclusiva sobre o que Timóteo é chamado a ensinar (6,2b-16).

Indicações doutrinárias (4,1-5)

A passagem se apresenta como um discurso em terceira pessoa, enquanto no v. 6 volta a interpelar Timóteo na segunda pessoa; mais ainda, há o *táuta* que cria uma evidente separação. O v. 3 menciona diretamente os problemas doutrinais e éticos daqueles a quem chamamos anacronicamente de "hereges": proíbem o matrimônio e pedem que se abstenham de certos alimentos, manifestações de um desprezo pela dimensão corporal do homem. Também o exercício da sexualidade em vista da procriação é um desejo de perpetuar a fragilidade do homem com outros corpos. A fé cristã sempre combateu este espírito de desprezo contra a corporeidade e a sexualidade humana, que são, pelo contrário, participação ativa na obra criadora de Deus. De fato, a motivação que o autor das CP traz é clara: "toda criatura de Deus é boa, e nada é desprezível" (v. 5). A apresentação dos dois problemas doutrinais é introduzida pelo contraste entre o Espírito[155], que fala a verdade e o ensinamento dos demônios, que hipocritamente dizem palavras falsas, porque têm a consciência marcada com fogo, literalmente "cauterizaram a própria consciência" (v. 2). Esta última expressão, muito forte, dá a entender qual é o problema radical de todo afastamento da fé: uma consciência que não conserva com pureza os bons ensinamentos recebidos (cf. 1Tm 1,5; 3,9), mas que perdeu todo tipo de sensibilidade e já não é capaz de distinguir o verdadeiro do falso e o bem do mau.

Os v. 3b-4 merecem atenção na sua tradução literal: "coisas que Deus criou para que os crentes participem com ação de graças e assim conheçam a verdade". O termo "participação" é usado apenas aqui no NT e indica o tomar juntos, o participar, ação que é especificada "com eucaristia", ou seja, com ação de graças. Embora não possamos pensar na refeição eucarística neste contexto, no entanto, não podemos deixar de notar como o sentido da eucaristia se estenda a todas as formas de refeição, pois é imitação do que Jesus fez quando tomou o pão, deu graças e o deu aos seus discípulos (cf. Mc 14,22).

Como se diz no v. 4, a santificação não vem da abstinência das coisas criadas, mas da atitude interior daqueles que as recebem como fruto da Palavra de Deus e se aproximam delas com a oração de súplica. Esta oração revela a disposição interior de quem sabe que depende em tudo daquele que

---

155. Sobre o tema do Espírito Santo, cf. o comentário em Tt 3,5-6, p. 183s.

dá a vida. Recusar o alimento ou parte dele significa recusar o modo com o qual Deus quis perpetuar a obra da vida na terra.

Indicações para ser um bom guia (4,6-16)

Com o "tu" Paulo se volta diretamente a Timóteo, para que ele possa tomar atitudes apropriadas para ser um guia revestido de autoridade. Os v. 1-5 devem ser considerados como um discurso geral sobre as motivações teológicas para as respostas corretas a serem dadas, enquanto os v. 6-16 são dirigidos a Timóteo para que ele possa realizar o seu serviço de forma impecável.

Depois há um ulterior esclarecimento sobre a fé (cf. v. 6): as palavras sãs (cf. 1Tm 6,2) são um bom e "belo" ensinamento[156]. Entende-se bem que a fonte apostólica está ligada às palavras de Jesus transmitidas através daqueles que foram chamados apóstolos e não admite outras palavras que vêm de outras autoridades.

Os imperativos dirigidos diretamente a Timóteo: "Exercita-te" (v. 8), "prescrever" e "ensinar" (v. 11), "aplica-te" (v. 13), "não descuides" (v. 14), "desvela-te" (v. 15), "cuida de ti" (v. 16), "persevera" (v. 15) também marcam o movimento do texto.

Os v. 7b-10 são caracterizados pela imagem do exercício físico que requer esforço e compromisso, elementos necessários também no ministério apostólico; de fato, o autor especifica que Paulo e companheiros se cansam e lutam, como todo bom atleta. Com razão, portanto, se diz a Timóteo para exercitar-se, para não sucumbir à fadiga e ao combate. Mas o exercício é pela "piedade" (cf. v. 8; 1Tm 2,2 e 3,16). A razão da fadiga, como Paulo já tinha dito em 1Cor 9,25, é a esperança no "Deus vivo" (cf. 1Tm 3,15), que, sendo o único Deus, é o único que pode salvar todos os homens (cf. 1Tm 2,4). O termo "salvador", *sotér*, é um termo novo no panorama do NT e é de fato usado sobretudo pelas CP[157], juntamente com o adjetivo "bendito" (cf. 1Tm 1,11; 6,15) e "soberano" (cf. 1Tm 6,15). Estes nomes eram usados no mundo helenístico em geral para as figuras imperiais, já que eram os imperadores que salvavam os povos dos inimigos, das fomes e das guerras. Enquanto Paulo e Sinóticos evitavam usar termos helenísticos e imperiais para falar de Deus e evitar sobreposições indevidas, as CP ao invés disso absorvem esta

---

156. Cf. 1Tm 1,10; 2Tm 4,3; Tt 1,9; 2,1.

157. Cf. 1Tm 1,1; 2,3; 4,10; Tt 1,3; 2,10.

linguagem mostrando uma atitude muito favorável ao uso cristão de uma terminologia que não parece mais apresentar dificuldades ou ambiguidades. Deve-se ter em mente que as afirmações fundamentais permanecem as bíblicas: Ele é o único (cf. 1Tm 2,5) e é o vivente (cf. 1Tm 3,15).

"É isto que deves prescrever e ensinar". Os dois imperativos do v. 11 destacam mais uma vez as tarefas de Timóteo: governar e instruir a comunidade a ele confiada. Em particular, o verbo "prescrever", que é usado somente em 1Timóteo nas CP, indica a atividade de exortação, através do ensino, que Timóteo é chamado a empreender com as indicações de comportamento que um guia deve dar àqueles que estão sujeitos a ele (cf. 1Tm 6,2).

> ### Aprofundamento
> #### Ensino
>
> O ensino é uma atividade que pertence a Timóteo (cf. 1Tm 4,11 e 6,2), não é para mulheres em assembleia (cf. 1Tm 2,12), ao bispo e em geral ao servo do Senhor é pedido estar apto ao ensino (cf. 1Tm 3,2; 2Tm 2,24); o mestre por excelência é Paulo que ensina a verdade do Evangelho (cf. 1Tm 2,7; 2Tm 1,11), enquanto o ensino dos falsos mestres deve ser evitado (cf. 2Tm 4,3; Tt 1,11). Se então analisarmos as passagens em que se utiliza a palavra "ensinamento"[158], percebemos que na época das CP em torno desta palavra se concentrou o processo de transmissão da fé apostólica às novas gerações, estruturado na dinâmica entre mestre e discípulo. Em breve este processo se tornará também insuficiente diante da pretensão gnóstica de resolver a transferência do conhecimento só na relação entre mestre e discípulo, muito confiada à honestidade do mestre, destacando a importância de uma tradição apostólica baseada na sucessão dos bispos. Basicamente, o propósito das CP é fornecer critérios para distinguir o "ensino são" (cf. 1Tm 1,10; 2Tm 4,3; Tt 1,9; 2,1) de todos aqueles que *heterodidaskaléin* (cf. 1Tm 1,3; 6,3), ensinam coisas estranhas à verdadeira fé.

O ensinamento de Timóteo, porém, é feito principalmente assumindo a tarefa de se tornar "modelo" para os fiéis; são listadas cinco áreas nas quais o líder deve se destacar: a palavra, o comportamento, o amor, a fé e a pureza. Estas áreas dizem respeito tanto à esfera externa dos comportamentos de Timóteo – palavra e comportamento – como à esfera interior, que deve ser guiada pela caridade e pela fé, de modo que o seu modo de relacionar-se com todos seja "puro", isto é, não guiado por paixões pessoais. O conceito

---

158. Cf. 1Tm 1,10; 4,1.6.13.16; 5,17; 6,1.3; 2Tm 3,10.16; 4,3; Tt 1,9; 2,1.7.10.

de "pureza", embora usado para a pureza do culto nos LXX (cf. Nm 6,2.21), aqui parece referir-se não tanto à castidade, como abstinência de qualquer tipo de contato sexual (cf. 1Tm 5,2), também necessária, mas à integridade das motivações com que Timóteo deve imprimir as suas relações, para que sejam sempre iluminadas pela fé e pela caridade, sem motivações espúrias ou paixões pessoais que possam alterar a mensagem anunciada. A exortação a dedicar-se à leitura, à exortação e ao ensino é uma indicação muito concreta para que Timóteo mantenha a integridade interior requerida ao ministro. A indicação da idade jovem de Timóteo, talvez cerca de 30 anos, é uma boa razão para tais exortações, mas também uma indicação historiográfica muito importante porque atesta que a "ancianidade" na Igreja não é ditada pela idade de nascença, mas pela disponibilidade ao evangelho pregado pelos apóstolos, mesmo que isso, pela cultura antiga da época que previa a subordinação dos jovens aos anciãos, pudesse criar desentendimentos ou conflitos entre gerações[159].

O v. 14 tem sua importância histórica porque pela primeira vez no NT encontramos o gesto da imposição das mãos para dar início ao ministério de um guia na comunidade.

Aprofundamento

Imposição das mãos

A expressão "imposição das mãos" é encontrada pela primeira vez em At 8,18 onde se diz que Simão voluntariamente teria oferecido dinheiro para dar o Espírito Santo com tal gesto, visto que foi feito pelos apóstolos. Dele tomou o nome a triste prática da simonia, que Pedro rejeitou desde o início. Em Hb 6,2, por outro lado, a imposição das mãos faz parte de uma lista de elementos que completam o "discurso sobre Cristo" e que exprimem as realidades nas quais os cristãos são chamados a crescer para não permanecerem sempre iniciantes na fé. Também em 2Tm 1,6 se faz referência à imposição das mãos que Timóteo teria recebido de Paulo e não mais do presbitério como é dito em 1Tm 4,14. Esta é talvez uma das contradições mais visíveis e mais difíceis de preencher das CP: de quem Timóteo recebeu a imposição de mãos? Só de Paulo, como parece de 2Tm 1,6, ou do presbitério (termo que no significado de presbíteros cristãos ocorre apenas aqui no NT; em Lc 22,66 e At 22,5 se refere aos anciãos de Israel). A imposição das mãos é certamente um gesto apostólico (cf. At 8,18 e 2Tm 1,6) que remonta diretamente à atividade taumatúrgica de Jesus e é confiado aos

---

159. Cf. tb. INÁCIO. *Aos magnésios*, 3,1.

apóstolos para que continuem a obra de Cristo[160]. Nas CP adquire um significado especial porque se torna o gesto com o qual uma pessoa é encarregada de um ministério para a comunidade. Não se trata só de um serviço ou de um ofício, mas é um "dom", *chárisma*, dado à pessoa posta à prova (cf. 1Tm 3,10; 5,22) e que exprime a fisionomia espiritual da pessoa dedicada ao ministério do Evangelho na comunidade.

Do dom diz-se que está "em ti", isto é, que pertence a Timóteo e faz parte da sua identidade. Mas tal identidade, como está na dinâmica doadora da fé, é um dom recebido (cf. o passivo teológico *edóthe*, "foi-te concedido", "foi-te dado"), não uma conquista pessoal. De fato, foi dado para ser recebido e feito crescer e é por isso que Paulo nos pede que não negligenciemos este dom, mas o cultivemos através do ensino e da leitura. O gesto da imposição das mãos é acompanhado de uma "palavra profética", palavra que já encontramos em 1Tm 1,18 e cujos contornos de significado são difíceis de delinear. Não temos elementos suficientes para entender se o autor pretendia referir-se às palavras proféticas da Escritura que eram lidas na assembleia, ou talvez à escolha que foi feita sobre o candidato (cf. At 13,2) ou a alguma manifestação particular do Espírito (cf. 1Cor 14,6.22). O certo é que o gesto da imposição das mãos é um momento em que se manifesta a força profética do Espírito que, pela Palavra de Deus, na Escritura e na comunidade, continua a suscitar servos para assumir a tarefa de serem guias (cf. Nm 11).

Timóteo é exortado a pôr "nisto toda a diligência" (v. 15), a dedicar-se inteiramente a elas (literalmente, "estar nestas coisas"), "de modo que se torne manifesto para todos o teu progresso". Receber a imposição das mãos, portanto, coloca o ministro em uma dinâmica de crescimento no Espírito, porque se deixa guiar e moldar por ele pelo bem da comunidade.

O texto do v. 16 encerra a parte da exortação dedicada a Timóteo, retomando o tema da vigilância sobre si mesmo e sobre o próprio ensinamento, para crescer no dom recebido e assim fazer crescer todos aqueles que escutam.

Indicações para o ministro sobre alguns grupos de pessoas dentro da comunidade (5,1–6,2)

Os capítulos finais da 1Timóteo oferecem indicações concretas para a liderança da comunidade sobre viúvas, sacerdotes e escravos.

---

160. Cf. Mc 5,23; 6,5; 7,43; 8,23.25 e par.; Mc 16,18.

a) *Como em uma família* (5,1-2)

A introdução deste assunto é significativa: trata o ancião "como a um pai; aos jovens, como a irmãos; às senhoras de idade, como a mães; às jovens, como a irmãs". "Pai", "irmão", "mãe" e "irmã" recordam o ambiente familiar no qual cada um encontra o seu próprio espaço de existência e a possibilidade de relacionar-se com todos os outros membros (cf. 1Tm 3,15). São indicações dadas a Timóteo, jovem liderança (cf. 1Tm 4,12), que deve relacionar-se com todos de modo imparcial e "com toda pureza". Esta expressão não deve se referir apenas à relação com as jovens mulheres, mas à integridade pessoal com que Timóteo deve se aproximar de cada pessoa, para que "o adversário seja confundido e nada de mal tenha a dizer sobre nós" (Tt 2,8).

b) *As viúvas* (5,3-16)

O tema das viúvas é introduzido (v. 3), focalizando imediatamente a questão que cabe ao guia: distinguir as que são verdadeiramente viúvas. No mundo antigo, aquelas que virassem viúvas, de fato, logo caíam na indigência.

Havia dois casos: a viúva que ainda vive na família e que, portanto, ainda pode dedicar-se aos seus filhos e netos (v. 4) e a que fica sozinha (v. 5), que pode se perder na busca do prazer (v. 6) em vez de se dedicar à oração (v. 5). A dedicação à família no cuidado das novas gerações é uma característica das CP (cf. 1Tm 2,3).

A breve exortação do v. 7, que se refere a 4,11, foca mais uma vez na tarefa do guia que deve prescrever, indicar, exortar a fazer essas coisas. O v. 8 reitera a necessidade de cuidar daqueles que estão em casa, porque negligenciá-los significa tornar-se apóstatas e pagãos, pessoas sem fé.

Os v. 9-16 mostram que a comunidade cristã era ordenada por categorias de pessoas, que eram inscritas num catálogo especial, quase sem dúvida para o bom exercício da caridade, para que os bens da comunidade pudessem ser destinados àqueles que tinham verdadeira necessidade, evitando assim formas de mendigar indignas tanto para a comunidade como para os necessitados. De fato, enquanto conhecemos a categoria dos "presbíteros" e dos "diáconos", da qual não há menção de um catálogo, para as viúvas, pelo contrário, fala-se de cadastro num catálogo especial. Os critérios para esta inscrição são muito claros: uma idade superior a 60 anos e boas obras, que são explicadas: educar filhos, acolher os estrangeiros, lavar os pés dos santos, ajudar os aflitos. Se acolher o estrangeiro e ajudar o aflito faz parte das boas obras que já pertencem à ética do Antigo Testamento[161], educar os filhos e lavar os pés dos santos parecem ser regras adotadas pela comunidade cristã. O "lavar os pés dos santos", além de ser um gesto de hospitalidade praticado amplamente e no geral por uma mulher para com um homem[162], recorda o gesto que a mulher pecadora fez para com Jesus (cf. Lc 7,36-50) e que Jesus fez para com os seus discípulos (cf. Jo 13).

A Timóteo é dada uma indicação muito precisa das jovens viúvas (v. 11-15) consideradas em condição perigosa por causa da ociosidade em que podem cair, o que as levaria não só a abandonar a sua fé em Cristo, mas também a tornar-se uma desculpa para fofocas inúteis em desordem da boa ordem na comunidade. Cuidar da casa e da família (v. 14) continua a ser a melhor solução para evitar cair à mercê de satanás (cf. v. 15).

No v. 16 já está claro o princípio da subsidiariedade como regra que deve regular a atividade caritativa no seio da comunidade.

O quadro que emerge desta longa descrição da condição das viúvas, 14 versículos, cerca de 1/6 de toda a carta, mostra como eram numerosas as situações de viuvez e como sua presença na Igreja poderia se tornar tão desafiadora que precisava de regras precisas não só por como se comportar e vir em seu auxílio, mas acima de tudo para estabelecer quem deveria realmente ser ajudado.

c) *Os presbíteros* (5,17-25)

A seção sobre os presbíteros, que também é mencionada em Tt 1,5, é a única no NT dedicada a tal tema. O propósito da carta não permite ao autor delinear detalhadamente as funções, como para o bispo (cf. 1Tm 3,17), mas nos permite deduzir que entre o grupo dos presbíteros havia aqueles que tinham a tarefa de pregar e ensinar, o ofício principal de Timóteo (cf. 1Tm 4,6.11-16) e aqueles que são comissionados por ele (cf. 1Tm 3,2). Conclui-se que também havia presbíteros que não se cansavam na pregação, mas que provavelmente tinham outros deveres. O desenvolvimento do texto permite identificar um primeiro argumento sobre o "duplo reconhecimento" para aqueles que pregam e ensinam (v. 17-18), depois uma segunda parte dedicada à autoridade que Timóteo revela ter para colocar-se como juiz

---

161. Cf. Gn 18,1-2; Dt 10,18; Is 1,17.

162. Cf. Gn 18,4; 1Sm 25,41.

quando um presbítero é acusado (v. 19-20) com o consequente convite a ser imparcial (v. 21). Para evitar uma desagradável infidelidade, deve-se considerar cuidadosamente quem admitir no presbitério (v. 22). Para que a grande responsabilidade exigida não torne Timóteo muito rígido consigo mesmo, o v. 23 é um convite a usar o vinho para evitar alguns males que o afligem. Os v. 24-25, em conexão com o que foi dito anteriormente com a palavra "pecados", são destinados a trazer maior serenidade à alma de Timóteo, já que as infidelidades dos presbíteros escolhidos não dependem somente do julgamento daqueles que os introduziram no ministério, e cabe a cada um ser julgado pelo Senhor.

No tocante aos v. 17-18, dois elementos merecem uma menção especial. O primeiro diz respeito ao "duplo reconhecimento", ou mesmo à "dupla honra", provavelmente se refere a um apoio concreto, econômico, devido àqueles que se cansam, literalmente "com a palavra e o ensino". O segundo elemento é a citação da Escritura (cf. Dt 25,4), primeira e única citação explícita do AT em 1Timóteo. Provavelmente, porém, como Paulo já a usa em 1Cor 9,9, podemos supor que o autor das CP não tinha o texto do AT em sua mão, mas se refere aos textos cristãos conhecidos nas comunidades. Em confirmação disto, em Dt 25,4, ele acrescenta a frase "quem trabalha tem direito à sua recompensa", como se encontra em Lc 10,7 (e Mt 10,10). A palavra do AT transmitida por Paulo e a palavra de Jesus são colocadas no mesmo nível de autoridade.

O problema de como tratar os pecadores dentro da comunidade já tinha sido abordado por Jesus (cf. Mt 18) e aqui é discutido em relação aos presbíteros. Timóteo tem a autoridade para julgar e censurar de acordo com os critérios já dados por Jesus. Mas este poder não deve ser administrado imparcialmente, pois o juízo do ministro deve ser reflexo do juízo de Deus, de Cristo e dos anjos eleitos, três "testemunhas" que invocam a consciência de Timóteo para que tudo seja feito à luz do sol e para o bem da comunidade; a indicação "de observar estas normas", diz a peremptoriedade com que Paulo pede a Timóteo para ser um juiz com atitudes conformes ao dom da fé (cf. 1Tm 4,11.15; 6,2; Tt 2,15). A advertência do v. 22 de que "não te apresses a impor as mãos sobre alguém" é a consequência lógica do discurso feito. Da mesma forma que se pede para colocar à prova os diáconos antes de entrarem no serviço do ministério (1Tm 3,10), assim também os candidatos ao sacerdócio devem receber uma formação adequada para assumirem responsavelmente a tarefa que lhes foi atribuída.

O convite a beber um pouco de vinho para aliviar as frequentes indisposições não vai contra as indicações dadas (cf. 1Tm 3,3.8), mas sugere que Timóteo, para evitar falatórios sobre si, o tinha eliminado completamente, comprometendo assim a sua saúde. O esclarecimento escatológico dos v. 24-25 pretende recolocar as ações individuais dos homens no horizonte certo, pois nenhum deles ficará sem juízo, mesmo que tal juízo se possa manifestar agora, nas consequências das ações empreendidas, ou mais tarde no tempo, quando Deus trará todas as coisas à luz (cf. 1Cor4,4).

d) *Os escravos* (6,1-2a)

A condição social dos escravos não era vista imediatamente como uma condição que os impedia de viver a vida cristã (cf. Filêmon e Gl 3,28). Com efeito, a instrução apostólica não é de libertar-se do estado de escravidão, mas de viver o próprio estado com o novo espírito cristão de fraternidade (cf. Ef 6,5); de fato, em 1Tm 6,2, pede-se aos escravos que tratem os patrões fiéis como "irmãos", termo técnico do cristianismo primitivo para indicar os que têm a mesma fé em Cristo. O que merece ser enfatizado é a combinação de "blasfemar o nome de Deus", que já encontramos em Is 52,5, e o "ensinamento": o nome de Deus é honrado com base no ensinamento aprendido e aqueles que vivem segundo a doutrina apostólica honram o nome de Deus. A comparação entre o "nome de Deus" e o "ensinamento" apostólico só se encontra aqui e exprime muito fortemente a convicção apostólica de que a fé recebida é a autêntica manifestação de quem Deus é.

Os falsos mestres e o mestre do Evangelho (6,3-21)

O último capítulo da carta volta ao tema dos vários ensinamentos com os quais ele abriu o argumento (cf. 1Tm 1,3). Por causa da importância deste tema, a frase de 6,2b: "eis o que deves ensinar e recomendar", deve ser colocada como introdução ao que segue e não como conclusão do que precede. A sondagem do texto muda: o comportamento dos falsos mestres (6,3-5), o desejo de dinheiro como raiz de todos os males (6,6-10), o comportamento do verdadeiro apóstolo que Timóteo deve assumir (6,11-16), o comportamento dos ricos na comunidade (6,17-19). Enfim, a saudação final que constitui o *pós-escrito* de toda a carta (6,20-21).

a) *Ensinamento segundo a piedade* (6,3-5)

Os termos fundamentais já tratados no decorrer da carta são reafirmados: as "palavras salutares" de Jesus Cristo e a "doutrina", desta vez especificado "segundo a piedade", ou seguindo a tradução da Conferência Episcopal Italiana (CEI): "doutrina conforme a verdadeira religiosidade". A longa lista do v. 4 pretende confrontar as perversões do pensamento quando se afasta da verdade e, assim, se distorce o sentido da "piedade", *eusébeia*. O efeito concreto sobre esta distorção mental, não radicada no ensino apostólico, é o apego ao dinheiro.

b) *A avareza das riquezas* (6,6-10)

O motivo da "piedade" é introduzido como fonte de renda no verdadeiro sentido da palavra, indicando a "sobriedade" como uma certa independência das coisas exteriores, pelo menos no uso estoico do termo, mas também em Paulo (cf. 1Cor 9,8) indica ter o necessário em tudo, sem que nada de essencial falte. A tradução da CEI diz: "desde que saibamos como estar satisfeitos". Os v. 7-8 são compostos de dois tipos de provérbios que podem ser uma referência à tradição sapiencial de Israel (cf. Jo 1,21; Ecl 5,14) e que dizem a condição humana que vem e deixa este mundo sem nenhum bem a não ser a si próprio[163]. O argumento, após a sábia pausa, volta ao tema daqueles que anseiam por riqueza, reafirmando mais uma vez que eles seguem enganos da mente, são *anóetoi*, sem inteligência para entender o valor das coisas. O v. 10 retoma o tom sapiencial apontando a avareza, o amor ao dinheiro, como uma raiz que produz todos os males, pela sua força persuasiva e pela sua capacidade ilusória de fazer crer que são poderosos, mas na realidade dependentes e escravos do próprio dinheiro.

c) *Exortação para Timóteo* (6,11-16)

O discurso é dirigido diretamente a Timóteo, para que busque o que é verdadeiro e segundo a "piedade". Segundo Käsemann, este texto é a primeira fórmula do Novo Testamento de uma parênese de ordenação[164]. É chamado "homem de Deus", expressão que, segundo a tradição profética (cf. 1Sm

---

163. O v. 7 se encontra também em POLICARPO. *Aos Filipenses*, 4,1.

164. Cf. KÄSEMANN, E. "Ministry and Community in the New Testament". In: *Essays on New Testament Themes*. Londres: SCM, 1964, p. 63-94.

2,27), reconhece um vínculo especial com Deus. Se no AT era o profeta, nas CP é o sucessor de Paulo (cf. 2Tm 3,17).

Os v. 11-12 estão estruturados quase em forma poética, marcados por quatro imperativos: "foge", "segue" ou "tenda", "combate" e "conquista" ou "tente alcançar". Timóteo deve fugir da avareza, mas sobretudo das enganações que ela traz consigo. Ao imperativo "tenda" (v. 11b) segue uma série de seis objetos diretos que têm a ver com o fato de ele ser o líder de uma comunidade, porque é chamado a ser justo e a exprimir a retidão da fé, procurando-a ele próprio primeiro; mas a tais virtudes a perseguir acrescentam-se o "amor", a "paciência" e a "mansidão", atitudes interiores que fazem de Timóteo um pai de família (cf. 2Tm 3,10; Tt 2,2).

A batalha é "boa" (cf. 2Tm 4,7), porque a fé pela qual se luta é "mistério" a ser conservado numa consciência pura (cf. 1Tm 3,9). É "batalha da fé", porque o seu objetivo não é vencer um inimigo, mas conservar a fé recebida para que seja transmitida integralmente (cf. 2Tm 4,7).

A expressão "vida eterna" faz parte da tradição mais próxima de Jesus, como se pode deduzir do fato de Ele ser interrogado sobre ela (cf. Mt 19,16), promete-la àqueles que o seguem (cf. Mt 19,26) e àqueles que nele creem (cf. Jo 3,15-16). O caráter de "eternidade" é um atributo divino (cf. Gn 21,33) e, portanto, dizer "vida divina" ou "vida eterna" é a mesma coisa; Nas CP a "vida eterna" faz parte da esperança que os fiéis têm de encontrar o Senhor da glória (cf. Tt 1,2; 3,7; 1Tm 1,16). De fato, somos chamados a esta vida e é esta esperança que sustenta a confissão da fé diante de muitas testemunhas. O termo *omologuía*, que se encontra apenas nesta passagem dos v. 12-13, já se tornou um termo distintivo da profissão pública da fé, como em Hebreus[165]. De fato, pouco depois, se testemunhará o "belo testemunho", do próprio Jesus diante de Pilatos, ou seja, diante da autoridade imperial[166]. Trata-se do testemunho público da fé não só aos fiéis (cf. 2Cor 9,13), mas sobretudo àqueles que não creem. Jesus já tinha anunciado tal prova (cf. Mt 10,23; Lc 12,8). O modo cristão de como se deve dar testemunho deve ser claramente destacado: a própria fé e esperança na vida eterna são testemunhadas através da luta que deve ser empreendida para ser justos, amorosos e pacientes.

---

165. Cf. Hb 3,1; 4,14; 10,23.

166. 1Tm 6,13, com os evangelhos e os Atos dos Apóstolos, é o único texto em todo o epistolário do NT em que se menciona a figura de Pôncio Pilatos.

A última parte da exortação é dirigida a Timóteo com uma prescrição (*paranguéllo*, cf. 1Tm 1,3; 4,11; 5,7) a guardar o mandamento (*entolé*) até a manifestação de Cristo no tempo prescrito (cf. v. 13). O termo *entolé*, "mandamento", típico da literatura joanina (cf. 1Jo 2,7), é usado apenas aqui nas CP e pretende referir-se não só à fé recebida (cf. 2Tm 4,7), que deve ser obedecida, mas também àquele que obedece ao mandamento que é chamado a guardar a si mesmo (cf. 1Tm 5,22). De fato, os dois adjetivos que se traduzem "sem defeito e irrepreensível" podem ser entendidos tanto para a integridade do conteúdo a se transmitir quanto para a integridade daquele que transmite. Assim, a profissão de fé torna-se "bela".

Esta parte exortativa termina com um hino de louvor (cf. o "amém" final) no qual todos os títulos honoríficos mais importantes são atribuídos a Deus para atestar a sua soberania sobre todas as coisas (cf. v. 15-16). Os vários títulos teológicos estão certamente enraizados na tradição do Antigo Testamento, que afirma a absoluta unicidade de Deus, à qual se acrescentam, porém, os títulos característicos das CP, como o título de "bem-aventurado" (cf. 1Tm 1,11) e de "soberano", que só ocorre aqui. A ideia de Deus que habita na luz (v. 16) já pertence ao AT (cf. Sl 104,2); por isso não pode ser visto; de fato, a luz nos permite ver as coisas, mas não pode ser vista.

Se considerarmos boa a hipótese de Käsemann, devemos sublinhar a centralidade da profissão de fé, que emerge aqui não só como um ato pontual e público, mas sobretudo como ideal que guia a vida do ministro, ideal pelo qual vale a pena empreender "bons combates".

d) *Admoestação aos ricos* (6,17-19)

Pela última vez o verbo *paranguéllo* retorna, "ordena", "prescreva" a respeito dos ricos que pertencem à Igreja e que devem usar bem as suas riquezas, mantendo a atitude fundamental de confiança em Deus e não nos bens materiais. As CP fornecem três critérios para que os ricos também possam participar da vida cristã em sua condição: confiança em Deus e não nas riquezas; boas obras e a partilha dos bens, aprendendo a partilhar em benefício da maioria.

e) *Exortação final a Timóteo* (6,20-21)

A exortação final conclui e resume os temas que moveram a carta: um convite a Timóteo para ser guardião fiel do Evangelho recebido (cf. 1Tm

1,18-20) e uma advertência para se afastar da "falsa ciência" alimentado por fábulas e genealogias (cf. 1Tm 1,4), mais útil para as discussões vãs e diatribes, do que para viver o "mistério da piedade". Lembrar que alguns se desviaram da fé coloca Timóteo em alerta sobre a retidão de seu ensino e da sua conduta (cf. 1Tm 4,16).

A saudação final "a graça esteja convosco" cria algumas perplexidades, uma vez que a carta é dirigida a um indivíduo. No entanto, sabemos que os escritos apostólicos, mesmo se dirigidos a indivíduos, eram lidos publicamente.

A carta termina com a mesma expressão que encontraremos no início de 2Timóteo: "guarda o depósito que te foi confiado", preparando, dessa forma, o que pode ser considerado o testamento espiritual de Paulo.

Em resumo

A terceira parte da carta declina algumas indicações para a boa ordem na comunidade: em primeiro lugar, uma atenção ao tipo e à qualidade do ensino recebido, que ajuda a não dar ouvidos ao que obscurece a verdade e a bondade da criação, querida por Deus. Por isso, quem ensina, além de ser bem instruído pela autoridade apostólica, deve guardar com atenção para transmitir fielmente as palavras a fim de tornar conhecida a verdade revelada. Mas o ensinamento passa pelo exemplo de como as pessoas são tratadas, especialmente as viúvas, os presbíteros, mesmo aqueles que cometem erros, os escravos e os ricos.

VI

Carta a Tito

M. Girolami

Introdução

A Carta a Tito é a mais curta das CP e, no estilo de 1Timóteo, continua a dar orientação ao líder da comunidade sobre como ele deve se comportar, o que deve ensinar e o que deve exortar aos crentes em Cristo. De fato, encontramos breves exortações dirigidas a categorias de pessoas, como os anciãos, os jovens, mas também profissões de fé que reúnem a profunda compreensão da vida cristã por parte das primeiras comunidades (cf. Tt 2,11-14; 3,4-7). A carta pode ser seguida em dois movimentos fundamentais: os dois primeiros capítulos dedicados à apresentação da "sã doutrina" e o último capítulo dedicado às "boas obras", prova decisiva da bondade da vida cristã. Se este esboço nos ajuda a ver a estreita relação que existe entre cristologia e ética, deve ser útil apenas seguir o curso do texto, sem criar divisões que não existem; de fato, toda a carta contém partes doutrinais (cf. 3,4-7) e exortações às "boas obras" (cf. 2,7.14).

Esquema

Propomos um esquema de exposição para acompanhar o texto.

I. 1,1-4: pré-escrito epistolar
II. 1,5-9: indicações para a comunidade
III. 1,10-16: dissidentes da sã doutrina

IV. 2,1-15: os ensinamentos a serem dados por Tito
   A. 2,2-5: os anciãos
   B. 2,6-7: os jovens
   C. 2,8-10: os escravos
   D. 2,11-14: a graça de Deus
V. 3,1-2: exortação à colaboração
VI. 3,3-7: memória da graça recebida
VII. 3,8-11: as boas obras são úteis a todos
VIII. 3,12-15: recomendações e saudações

Guia de leitura

1) O pré-escrito epistolar (1,1-4)

É certamente um dos melhores pré-escritos epistolares elaborados, não só para as CP, mas também de todo o epistolário paulino, tanto que pode ser lido muito bem ao lado daquele de Rm 1,1-7. Como em todo pré-escrito é apresentado o remetente, Paulo, e o destinatário, Tito, juntamente com a saudação inicial. Toda a atenção é dada a Paulo, que é apresentado na sua identidade apostólica de modo amplo e solene: ele é "servo de Deus", "apóstolo de Jesus Cristo", aquele designado por Deus para pregar a sua palavra. Se o ser "servo de Deus" (só em Tg 1,1) está enraizado na tradição vetero-testamentária que remonta a Moisés e aos profetas[167], e implica uma relação especial de eleição em benefício de todo o povo, a expressão "apóstolo de Jesus Cristo" é mais frequente e agora tradicional para identificar o próprio Paulo como um enviado de Cristo (cf. Gl 1,12). Ser enviado implica que a iniciativa apostólica não é sua, mas é uma tarefa recebida, como reitera no v. 3 "segundo o mandato de Deus nosso Salvador". Como nas outras CP a autoridade apostólica indiscutível de Paulo emerge com clareza distinta.

A identidade apostólica é especificada em duas passagens marcadas pelo tema da fé e da esperança: "segundo a fé" e "em vista da esperança". "De acordo com a fé dos escolhidos de Deus"[168] significa que Paulo é apóstolo para anunciar a fé e que o seu ser apóstolo é segundo a fé daqueles que foram

---

167. Cf. Dt 34,5; Js 1,1; Jr 25,4; Ez 38,17.

168. A expressão *katà pístin* é traduzida pela CEI: "para levar à fé aqueles que Deus escolheu". É um modo de dizer difícil de expressar na tradução italiana.

escolhidos por Deus, porque reconhecem nele um autêntico mensageiro do Evangelho. Este segundo aspecto evidenciaria a dimensão eclesial da identidade apostólica de Paulo: ele não é um apóstolo "irregular", mas o seu ser apóstolo deriva da fé manifestada em Cristo e é para a fé dos eleitos de Deus. Ele é um apóstolo de pleno direito porque proclama a fé da Igreja. Com efeito, a expressão "para levar os eleitos de Deus à fé e ao conhecimento da verdade, que conduz à piedade" (literalmente "e segundo o conhecimento da verdade segundo a piedade") continua a referir-se àquele "mistério de piedade" (cf. 1Tm 3,16) que foi revelado por Deus em Cristo e ao qual se deve permanecer para obter a vida eterna (cf. 1Tm 4,8).

A expressão "na esperança da vida eterna" (*ep'elpídi*), que também se encontra em Tt 3,7 com uma ligeira variação (*kat'elpída*), não se repete em outros lugares do Novo Testamento e indica o horizonte da promessa contida na pregação apostólica, a vida eterna, isto é, a vida divina, que agora é vista na esperança. Recordando o texto de 1Tm 1,1, a esperança é o próprio Cristo que, depois da Encarnação, vem manifestar-se como Senhor da glória (cf. 2Tm 2,10). É uma esperança fundada, já perceptível e realizada, mas que ainda espera ser completamente revelada. Tal vida eterna foi prometida por Deus antes de qualquer tipo de tempo[169]. Deus é definido como "não mentiroso", termo que encontramos apenas aqui em todo o Novo Testamento e que está subjacente ao dado indiscutível da revelação bíblica, isto é, que Ele é o fiel e o verdadeiro (cf. Sl 85,15).

O v. 3 recoloca no centro a atividade de Deus que é "manifestar no tempo estabelecido em sua palavra através da pregação" (literalmente "manifestou em tempos estabelecidos a sua palavra por meio da pregação").

Aprofundamento

Pregação

Deve-se enfatizar a alta consciência da pregação apostólica, aqui chamada *kérygma*, que é o instrumento para tornar conhecida a Palavra de Deus que manifesta o seu desígnio (cf. *oikonomía* de 1Tm 1,4). Portanto, não só Cristo é a "epifania" (cf. Tt 2,11) de Deus, mas a atividade apostólica continua, no ato da pregação, a obra iniciada por Cristo. O substantivo *kérygma*, ao contrário do

---

169. Faço assim a difícil sintaxe do *pro chrónon aiónon*. *Chrónos* indica um tempo indefinido e *aión* em vez disso um tempo determinado. Deus prometeu a vida eterna antes de qualquer forma de tempo concebível.

verbo *kerýsso* que contém o "evangelho" na pregação de Jesus (cf. Mc 1,14), na era apostólica tem como único objeto a pessoa de Cristo (cf. Rm 16,25; 1Cor 2,4; 15,14) e deve ser referido à atividade da pregação, que permite o acesso à fé por aqueles que a ouvem (cf. Rm 10,14). Se a pregação tem tal poder, isto é, tornar manifesta a obra de Deus, entende-se por que o ofício do apóstolo tenha um lugar proeminente dentro da comunidade fiel e que, portanto, ninguém possa empreender tal tarefa, exceto sob as ordens do próprio Deus. De fato, Paulo declara que por ordem (*kat'epitaghén* cf. 1Tm 1,1) de Deus empreendeu a pregação. O apelativo de Deus Salvador já tinha sido encontrado em 1Tm 1,1 (cf. Tt 2,10; 3,4).

O destinatário da carta, Tito, é chamado, como Timóteo, "verdadeiro filho na mesma fé", literalmente "segundo a fé comum" (cf. 1Tm 1,2). Se por um lado se destaca a tarefa geradora do Apóstolo Paulo (cf. Gl 4,19), interpretando a relação entre mestre e discípulo como uma relação familiar, a menção da "fé comum" torna claro que tanto quem dá quanto quem recebe fazem parte de um plano mais amplo ao qual estão obedecendo.

2) Indicações para a comunidade (1,5-9)

Depois de uma breve indicação pessoal a Tito sobre a necessidade de instituir presbíteros em Creta (v. 5), com as relativas exigências morais que este ofício requer (v. 6), são descritas com mais detalhes as qualidades exigidas ao bispo, chamado a guiar a comunidade (v. 7-9). Paulo deixou Tito em Creta com a finalidade precisa de "pôr ordem" e "estabelecer" presbíteros. Estes dois verbos (*epidiorthóo* e *kathístemi*) nos fazem compreender a tarefa principal de Tito, que já demonstrou notáveis capacidades de organização (cf. 2Cor 7): a vida eclesial deve ser orientada segundo uma boa ordem, evitando qualquer tipo de confusão, causada sobretudo por personalismos capazes de provocar invejas e ciúmes (cf. Tt 3,3). O estabelecimento de "presbíteros" – termo usado pela primeira vez no NT pelas CP com um significado técnico em referência à tarefa recebida e não à idade avançada (cf. 1Tm 5,17) – é a solução para a boa ordem na comunidade, para que cada cidade tenha seu próprio guia. Tal indicação é uma ordem específica de Paulo, que investe a sua autoridade apostólica na apresentação desta solução como a melhor para enfrentar a gestão da comunidade (v. 3b). As exigências pedidas a cada presbítero são as de todo bom pai de família que sabe ser um bom exemplo de fidelidade conjugal, de dedicação ao próprio papel de pai e de uma vida disciplinada e regular (v. 6).

Nos v. 7-9 encontramos em vez disso as características exigidas ao epíscopo. Note-se a passagem do plural ao singular: primeiro se fala de "presbíteros" e depois de "bispo". De fato, o v. 6, que constitui uma passagem dos presbíteros ao bispo, poderia sugerir que "presbítero" e "bispo" devem de fato ser considerados como funções equivalentes. Mas também isso não seria uma dedução totalmente correta, porque, como já visto em 1Tm 3,1-7 e 5,17-20, as duas funções permanecem distintas. Se as CP especificassem as tarefas destas figuras, entenderíamos melhor a diferença de papéis de acordo com suas funções, mas em vez disso encontramos apenas listas de qualidades morais necessárias para serem autênticos em seu ministério.

Em comparação com as características mostradas em 1Tm 3,1-7, Tito acrescenta alguns elementos próprios. Em primeiro lugar, é dado um horizonte de fundo, que serve também de critério para verificar o trabalho do epíscopo: ele é "como administrador de Deus", termo que podemos deduzir da herança de Paulo (cf. 1Cor 4,1-2) e da tradição de Jesus (cf. Lc 12,42). A característica fundamental do administrador é a fidelidade àquele que dá a tarefa verificável através da custódia dos bens do patrão (cf. Lc 16,1), que nas CP é a "sã doutrina" apostólica. Com dois adjetivos repete-se a exigência de um modo suave e afável de fazer as coisas, sem arrogância e sem ira (cf. Fl 4,5), reafirmando a necessidade de ser sóbrios na bebida e na sede de lucro. Após os defeitos a serem evitados, nos v. 8-9 apresentam-se as características positivas, às quais, comparadas com as listadas em 1Timóteo, acrescenta-se que seja "amante do bem" e "patrão de si mesmo". Se tais adjetivos se encontram apenas aqui em todo o NT, e correspondem em parte às virtudes dos filósofos helênicos, no entanto, são relatados como o fruto do Espírito (cf. Gl 5,22-23). Mas o elemento decisivo e tipicamente apostólico é a capacidade de deixar-se instruir pelo "salutar ensinamento" e de instruir os outros por sua vez.

O v. 9 acrescenta o critério eclesial para cada epíscopo: ser (literalmente) "firmes na palavra fiel segundo o ensinamento". O epíscopo nunca deve esquecer, mas ter sempre diante de si a palavra da fé que foi transmitida pelo ensinamento apostólico (*didachê*), para que ele também possa ensinar aos outros o salutar ensinamento (*didaskalía hyghiainúse*) e enfrentar aqueles que se lhe opõem. A figura do bispo, em suma, é delineada pela sua capacidade de exortar os fiéis e confutar os adversários com o seu próprio tornar-se mestre do que aprendeu. Quase parece que o uso de dois termos, *didaché* e *didaskalía*, pretenda implicar não dois conteúdos diferentes, mas duas fases distintas e complementares da transmissão dos mesmos conteúdos: se a *didaché*, que nas CP ocorre apenas aqui e em 2Tm 4,2, é o que se recebe dos apóstolos, a *didaskalía* é o que se transmite aos outros (cf. 1Tm 1,10; 4,6; 2Tm 4,3; Tt 2,1). Por isso, o ato de ensinar deve ser "salutar" porque é a tarefa principal da liderança na comunidade (cf. 1Tm 4,13). Vale a pena notar que enquanto nos evangelhos o termo *didaché* tem um significado predominantemente positivo e é atribuído a Jesus[170], nos Atos ele se refere aos apóstolos (cf. At 2,42; 5,28; 17,19) e em Paulo aos que têm o carisma (cf. 1Cor 14,6.26), o termo *didaskalía*, que nos evangelhos tem um significado depreciativo porque não diz respeito aos ensinamentos divinos, mas humanos (cf. Mc 7,7 e par.), nas CP sobe a um grau de dignidade sem igual, de tal modo que influencia decisivamente a tradição cristã posterior (cf. *Didascalia dos apóstolos*). Este ensinamento tem duas tarefas: exortar, encorajar os fiéis a viver de acordo com ele e reprovar os adversários. Portanto, uma função construtiva e uma função defensiva.

3) Os dissidentes da sã doutrina (1,10-16)

A variedade de grupos dentro das primeiras comunidades cristãs é atestada desde o início (cf. 1Cor 1,12). Também as CP refletem essa heterogeneidade de opiniões, que, no entanto, sob o olhar do Apóstolo, tornam-se traições do próprio ensinamento apostólico. Com os adjetivos, encontrados apenas aqui no NT, "charlatães" e "impostores", descrevem os dissidentes, dizendo que a maioria deles "vem da circuncisão". Esta expressão já tinha sido usada por Paulo para descrever cristãos que vieram do judaísmo, mas que gostariam de manter tradições e costumes judeus também na nova fé, forçando outros irmãos que não vieram do judaísmo a adotar seus costumes (cf. Gl 2,12; Cl 4,1). De fato, no v. 14 fala-se de mitos judeus (cf. 1Tm 1,4) e mandamentos de homens, referência clara a missionários cristãos que relatavam ensinamentos talvez sim ligados às Escrituras, mas completamente alheios à verdade. Tais mestres judaizantes são os que prevalecem, mas devemos presumir que não são os únicos.

---

170. Cf. Mc 1,22.27; 4,2; 11,18; 12,38; Lc 4,32; Jo 7,16.17; 18,19.

Com um procedimento típico das retóricas escolásticas antigas, o autor de Tito faz dois tipos de citações, quase certamente de memória: a primeira no v. 12, relatando um oráculo de Epimênides de Cnossos para fundamentar sob uma base segura a afirmação sobre a falsidade substancial desses mestres em Creta. A segunda citação encontra-se no v. 15, "para os puros tudo é puro", que é um provérbio encontrado em outras fontes[171] e usado contra o preconceito que levava alguns a descartar certos alimentos considerados injustificadamente não comestíveis. Se a primeira citação enfatiza a dimensão cognitiva do ensinamento desses judaizantes, que devem ser reprovados para que se curem "com a fé", a segunda citação, relativa à pureza, toca a dimensão ética de comportamentos prejudiciais que nascem, entretanto, de uma decepção fundamental, e de fato no v. 15 se diz que tanto as suas mentes quanto as suas consciências estão poluídas. Assim, não só ensinam coisas que "não se devem ensinar", mas também se comportam como pessoas que não conhecem uma ação consequente com o bem conhecido, são incoerentes, mas se comportam assim porque o seu modo de compreender as coisas ("mente") e o modo com o qual decidem fazer uma coisa ("consciência") é comprometido pela falta de fé, que é o princípio de toda corrupção intelectual e moral (cf. Rm 14,23).

Uma breve advertência é dada aos dissidentes da fé que não sabem fazer o bem e ensinam coisas falsas (cf. v. 16). Se há uma profissão pública de fé em Deus, dizendo que o conhece (cf. 1Tm 6,12), há uma negação prática e ética, porque como demonstrado eles não estão preparados para realizar "qualquer boa obra". O conhecimento de Deus é manifestado pelas boas obras. A visão ética das CP parece clara: só quem vive na fé e se deixa guiar por ela é capaz, é suficientemente provado para fazer o bem. E quem faz concretamente o bem tem a credibilidade suficiente para poder fazer a profissão pública de fé em Deus.

4) Os ensinamentos que Tito deve dar (2,1-15)

O c. 2 começa com uma ordem dirigida diretamente a Tito sobre o que deve ensinar (v. 1), e termina com uma mesma exortação (v. 15). Tanto no início como no fim há o verbo "ensinar", que é atribuído tanto a Deus (cf. Gn 12,4) como aos profetas (cf. Jr 33,7), e ao próprio Jesus (cf. Mt 23,1; Jo

---

171. Cf. Fílon, Sêneca, Plotino.

15,11) e se refere ao ato da comunicação oral, em voz alta, de uma indicação que deve ser escutada com o máximo cuidado. Se o v. 1 enfatiza que este ensinamento é segundo a "sã doutrina" (cf. Tt 1,9), o v. 15 enfatiza que aquele que tem a tarefa deste ensinamento deve trabalhar "com toda a autoridade", isto é, com toda a forma possível de autoridade, para que suas ordens sejam ouvidas e obedecidas. O papel de liderança na comunidade encontra a sua legitimidade e autoridade na conformidade com o ensinamento apostólico, e tudo o que está em conformidade com este ensinamento não só garante ao *líder* um papel de mando, mas também promove a obediência da fé por parte de quem escuta e aprende.

A seção interna pode ser lida em dois momentos fundamentais: um momento ético-prático sobre os ensinamentos a serem dados aos anciãos (v. 2), às anciãs (v. 3-5), aos jovens (v. 6-7) e aos escravos (v. 9-10), e um momento cristológico-doutrinal sobre o fundamento teológico da ética cristã que se aplica a todos os tipos de fiéis (v. 11-14).

Olhando para a proporção do texto dedicado às categorias individuais de pessoas, deve-se notar que um versículo curto é dedicado aos anciãos e aos jovens, enquanto para as mulheres anciãs e os escravos o autor dedica mais tempo.

a) *Os anciãos* (2,2-5)

Pede-se aos anciãos que sejam sóbrios (cf. 1Tm 3,2.11), dignos (cf. 1Tm 3,8.11), sábios (cf. 1Tm 3,2; Tt 1,8), firmes (literalmente "curados") na fé (cf. Tt 1,13), na caridade e na paciência, que mantém viva a esperança (cf. 1Ts 1,3). O termo *hypomoné* ("paciência") encontra-se nas CP sempre ligado à fé e/ou à caridade (cf. 1Tm 6,11; 2Tm 3,10). "Estar em boa saúde" na fé, na caridade e na paciência/esperança exprime a integridade e a maturidade da vida cristã vivida na comunhão com Deus, condição expressa por aquilo que chamamos virtudes "teologais", que são precisamente fé, esperança e caridade.

Com o advérbio "da mesma forma" (já encontrado em 1Tm 3,8.11) passamos ao que Tito deve ensinar às mulheres idosas e aos jovens. Se a exortação a não ser caluniadores (literalmente "não ser diabos") já tinha sido expressa em 1Tm 3,11, e a exortação a não beber muito vinho estava implícita na de ser sóbrios, em Tt 2,3 usa-se dois adjetivos que são encontrados apenas aqui em todo o NT: *hieroprepéis* e *kalodidáskaloi*, que são traduzidos respectivamente como "um comportamento santo" e "sabemos ensinar o bem". Se o primeiro adjetivo, literalmente "o que é digno do sacerdote", indica o valor altíssimo de um comportamento que poderia tornar possível realizar o culto no templo, o segundo adjetivo, literalmente "mestres do que é belo/bom", destaca a atitude fundamental que as CP pedem não só dos guias, mas de todos os cristãos: a capacidade de ensinar, de instruir as jovens gerações na aprendizagem do dom da fé e viver de acordo com ela. De fato, nos v. 4-5 se diz o que as mulheres mais velhas devem ensinar às jovens. Percebe-se como o ensino das jovens esposas é orientado não só à fidelidade conjugal, mas também à educação dos filhos. A razão desta fidelidade e dedicação à vida familiar não é excluir a participação na vida pública da comunidade, como poderia sugerir o texto de 1Tm 2,11-12, mas é destacar o papel insubstituível que uma esposa e mãe tem para com o marido e os filhos. A conclusão do v. 5 é significativa: "para que a palavra de Deus não seja difamada" (cf. 1Tm 6,1). A expressão deixa claro que existe uma preocupação com o comportamento das jovens esposas para que não causem escândalo aos que não creem. Se a vida cristã é obediência à palavra de Deus e submissão à mesma, a vida conjugal e familiar deve ser vivida no mesmo espírito de mútua submissão (cf. Ef 5,21). É certo que aqui, não estando em primeiro plano o fato conjugal, mas somente o aspecto social, não emerge a reciprocidade que deve existir entre marido e mulher, mas somente a submissão das esposas.

b) *Os jovens* (2,6-7)

A exortação dirigida aos jovens é muito breve: "ser moderados". Aqui fica claro que Tito deve "exortar", o mesmo verbo que depois fechará a seção (cf. Tt 2,15). O texto que talvez melhor explique o que significa ser "prudente/sábios" é o de Rm 12,3: "não faça de si próprio um conceito maior do que convém, mas um conceito modesto, de acordo com a medida da fé que Deus lhe concedeu". A prudência/sabedoria, portanto, não é apenas uma virtude moral do homem que cresce com a experiência, algo que os jovens só têm em parte, mas é uma atitude para avaliar todas as coisas, especialmente a si mesmo à luz da fé recebida (cf. 1Ts 5,21). A exortação aos jovens transforma-se logo numa exortação a Tito, que, como para Timóteo (cf. 1Tm 4,12), entendemos ser um jovem *líder* a quem se pede que assuma em breve a tarefa de guiar os outros. A construção da frase grega não é clara, mas dois elementos importantes devem ser captados: Tito é chamado a tornar-se um "modelo" de "boas obras", através do ensinamento que deve dar. O tema do ensino que abriu esta seção (cf. Tt 2,1) permanece predominante e em primeiro plano na transmissão da fé às novas gerações. As "boas obras"[172] são as obras da fé que manifestam um coração unificado e orientado à obediência à caridade. As mesmas exigências feitas primeiro aos anciãos, depois às anciãs e aos jovens, podem ser consideradas uma exemplificação do que se deva entender por "obras boas". A exortação a tornar-se modelo – dirigida também a Timóteo (cf. 1Tm 4,12) – é inerente à possibilidade concreta dada aos cristãos para que, olhando para ele, tenham um exemplo claro de como se comportar. A exemplaridade caracteriza as CP, particularmente no que diz respeito às figuras que garantem a transmissão da fé: o bispo (cf. 1Tm 3,2-7; Tt 1,7-9), os diáconos (cf. 1Tm 3,8-12) e os presbíteros (cf. Tt 1,5-6). De fato, a transmissão da fé apostólica encontra a sua dinâmica mais visível e concreta precisamente na exemplaridade de quem guia e ensina. No entanto, se em 1Timóteo o guia se torna um modelo para os crentes, aqui em Tt 2,7 o *líder* deve dar o exemplo também para aqueles que estão fora da comunidade, deixando claro que esta tarefa não é mais apenas uma função interna, mas assumiu um grau de representatividade que coloca a própria comunidade em diálogo com a sociedade e o mundo através de seus líderes. Não é por nada que se diz que esta exemplaridade é "para que o nosso adversário permaneça envergonhado, não tendo nada de mal a dizer contra nós". De fato, o guia deve ser íntegro, pois tem sua força interna não tanto na arquitetura lógica do que diz, mas em sua adesão à realidade verificável nos fatos que ela realiza (cf. 1Pd 2,15; 3,16).

c) *Os escravos* (2,9-10)

A breve exortação dirigida aos escravos retorna ao tema da submissão, pedindo-lhes que adotem um comportamento que não desacredite o ensinamento cristão diante da sociedade. O escravo cristão não deve confundir a própria liberdade em Cristo com um comportamento subversivo das normas sociais, criando confusão e desordem, mas é convidado a viver a submissão ao patrão como se fosse a Deus, para que sua fé cristã, embora professada livremente, não passe de pretexto para se libertar socialmente. Em relação

---

172. Cf. Tt 2,14; 3,8.14; 1Tm 3,1; 5,10.25; 6,18.

à exortação em 1Tm 6,1-2, em Tt 2,9-10, a preocupação permanece com "os de fora", de modo que não tenham nada a dizer sobre como os escravos cristãos se comportam. Esta atenção nos faz entender como em Tito, ao contrário de 1–2Timóteo, há a preocupação com a credibilidade dos cristãos na sociedade. De fato, através do comportamento de seus membros, a comunidade cristã transmite o ensinamento apostólico, centro constante de toda a reflexão cristológica e ética das CP.

d) *A graça de Deus* (2,11-14)

As diretrizes apostólicas são seguidas pela explicação do fundamento teológico através da apresentação de Cristo, o primeiro exemplo a ser seguido, porque Ele é a primeira palavra salutar e incensurável. Os quatro versículos são uma única frase que tem como proposição principal o começo do v. 11: "manifestou-se, com efeito, a graça de Deus, fonte de salvação para todos". Em seguida, seguem-se proposições subordinadas todas dependentes desse começo que dá o tema fundamental. Em primeiro lugar, a "graça de Deus", que só se encontra aqui nas CP, é uma expressão que deriva do vocabulário paulino[173] e que, podemos dizer, tenta resumir a percepção pessoal que Paulo teve de Deus em Cristo. Como Paulo conheceu Cristo? De modo livre e inesperado, no caminho de Damasco (cf. At 9). Qual foi a aceitação do Evangelho que ele levou às comunidades? Sem qualquer previsibilidade, foi uma acolhida gratuita e livre, como livre e gratuita foi a sua ação missionária. O termo "graça" implica a gratuidade do dom de Deus e a absoluta liberalidade de Deus de dar dons a quem quiser. Portanto, dentro da experiência paulina, a "graça de Deus" é a expressão que melhor resume a verdadeira e experimentada realidade do encontro com Cristo, verdadeira manifestação de Deus ao homem.

Aprofundamento

Epifania

Na esteira da literatura apocalíptica (cf. 2Cor 4,10; Rm 3,21), a revelação divina já não é concebida como uma "vinda da palavra divina" sobre um profeta (cf. Jr 1,2), mas como um "vir à luz", uma manifestação de uma realidade que até agora tinha permanecido escondida. Não se trata apenas de uma revelação,

---

173. Cf. 1Cor 4,1; 3,10; 15,10; 2Cor 1,12; 6,1; 8,1; 9,14; Gl 2,21.

isto é, de remover o que cobria e escondia, como no caso do Apocalipse (cf. Ap 1,1), mas de um "mostrar-se" da graça de Deus, tornando-se assim visível, perceptível, compreensível e imitável (cf. 1Jo 1,1-4). No cenário conhecido da história humana surgiu um novo elemento que põe em jogo a forma de compreender todo o resto. Não se fala mais nas CP da *parusia*, da vinda/retorno iminente do Senhor, como em 1Ts 4,15, mas da sua manifestação na história. O uso dos termos ajuda a compreender como caminhou o pensamento cristão: de uma expectativa de um retorno iminente de Cristo que absorveria a história humana numa nova dimensão divina (cf. 1Tessalonicenses), a um viver a história, com as suas contradições, como possibilidade de manifestar a gratuidade de Deus que intervém sempre com a sua graça para alcançar todos os homens. O destino universal explícito da "graça de Deus" é um traço característico das CP (cf. 1Tm 2,4; 4,10) e é expressão da genuína catolicidade da mensagem cristã.

A gratuidade de Deus, mesmo que não seja explicitamente declarada, identifica-se com a pessoa de Jesus Cristo, como se verá claramente no v. 13: "manifestação gloriosa do grande Deus e do Salvador nosso Jesus Cristo". Não se fala de Cristo diretamente porque o conceito de "epifania" implica não só a pessoa de Jesus, Verbo encarnado, mas também os efeitos provocados, isto é, a fé que dá salvação a quem a aceita e o julgamento a quem a rejeita. De fato, a primeira nota característica da "graça de Deus" é que ela é educadora: "nos ensina" (*paidéuusa*), ou seja, acompanha o fiel no discernimento que envolve duas operações internas: negar o que é considerado inútil e aceitar o que é útil. De fato, a finalidade da educação que Deus dá ao homem é para que ele aprenda a negar "a impiedade e os desejos mundanos", expressão que pode ser explicada pelo contrário do que se diz na exortação a viver, ao invés, segundo a sobriedade, a justiça e a piedade. Quando a vida do homem é guiada pela rebeldia e pela falta de disciplina, pela injustiça e pela falta de sentido da presença de Deus na sua própria vida, então permanece escravo da impiedade e das várias paixões que o levam a um mundo de prazeres voltado a si mesmo (cf. Tt 3,3). Não se tem a força de renegar "a impiedade e os desejos mundanos" se não se é educado e guiado pela graça de Deus recebida gratuitamente de Cristo. É um apelo muito forte à vida batismal que exige, pela profissão da fé, saber dizer não ao que é mal em todas as suas formas. O mal é "a impiedade", atuar como se Deus não existisse. Mas a negação não é um fim em si mesmo, mas para acolher a "bendita esperança" e "a manifestação da glória do nosso grande Deus e Salvador Jesus

Cristo". Deve-se notar a combinação entre "esperança" e "manifestação". Se a dimensão da esperança está relacionada com o que está para vir no futuro, a manifestação está relacionada com o presente. Mas os dois termos devem ser lidos juntos e de modo recíproco: se para o fiel a esperança é um dom de fé que impele à espera da plena revelação de Cristo, a atual manifestação de Cristo na história, com a encarnação e a paixão, morte e ressurreição, abre a história a uma dimensão de esperança. Se a manifestação de Cristo gera esperança, então pode-se deduzir que aqueles que vivem na "bendita esperança" são testemunhas da manifestação de Cristo.

A expressão "Ele entregou-se por nós" do v. 14 provavelmente se refere a uma das mais antigas profissões de fé que conhecemos. Em nenhum outro lugar no Novo Testamento nós encontramos a interpretação da vida e morte de Jesus de forma tão firme e clara. Talvez seja um eco de Gl 2,20, quando Paulo, numa apaixonada autodefesa do seu apostolado, aplica a si mesmo o dom de Cristo, sentindo-se envolvido em primeira pessoa: "me amou e se entregou por mim". Mas é provável que a comunidade cristã interpretasse o "se entregou por nós" como a forma de interpretar toda a sua vida. Toda a "epifania" de Jesus, com sua vida e morte, tinha como finalidade o "para nós", manifestando assim uma finalidade estritamente soteriológica e antropológica de toda a sua missão. A fórmula de fé, como podemos intuir, é muito antiga e comumente usada por Paulo como um fato adquirido[174]. Os efeitos deste dom de si mesmo também estão aqui em dois lados, como encontramos no v. 12: ser redimidos de todo tipo de iniquidade e ser purificados para realizar "belas obras". O dom de si de Cristo produz, portanto, dois efeitos: libertar-se de todo tipo de vida sem lei (*anomia* é traduzida como "iniquidade"), isto é, sem uma ordem, sem um objetivo, portanto sem finalidade, que é também julgamento e avaliação; mas também tornar-se povo "cheio de zelo pelas boas obras". As boas obras são a manifestação na vida do fiel da sua pertença a ele e do seu ter como norma de vida o ensinamento de Cristo[175]. Neste ponto poderia ser útil reler em paralelo os v. 12-13 e o v. 14: de um lado, a graça de Deus que nos ensina a negar a impiedade e os desejos mundanos para viver com piedade; de outro, Cristo que se dá para

---

174. Cf. Rm 5,8; 8,31-34; 2Cor 5,14.21; Gl 3,13; Ef 5,2; 1Ts 5,10; 1Tm 2,6; mas também Hb 9,14.28.

175. Cf. 1Tm 5,10.25; 6,18; Tt 2,7; 3,8.14.

que possamos ser redimidos de toda sorte de iniquidades a fim de estarmos cheios de boa vontade na realização de boas obras.

A conclusão do v. 15 é lembrada, na inclusão com 2,1, com a admoestação a Tito para ensinar, exortar e reprovar. Estes verbos resumem as tarefas de liderança na comunidade que dá as diretrizes, encoraja os que lutam e coloca os que tropeçam no caminho certo. "Ninguém te despreze" é um imperativo dirigido a toda a comunidade, para que o papel de Tito seja respeitado em virtude da sua função de mestre da fé. Um pequeno sinal de que esta carta, mesmo que dirigida apenas a Tito, era lida por toda a comunidade.

Em resumo

A carta se inspira nas indicações que Tito recebe para estabelecer guias na comunidade. A primeira atenção é sempre dada ao conteúdo da pregação, para que não se difundam ideias alheias ao evangelho apostólico. Da fidelidade à mensagem recebida, toma-se a luz para guiar os idosos, os jovens e os escravos. No entanto, o pano de fundo de cada ação pastoral permanece a graça de Deus que se manifestou como salvação para os homens, para que se deixem educar por Deus para rejeitar o mal e escolher o bem.

5) Exortação à colaboração (3,1-2)

As diretrizes apostólicas que Paulo dá a Tito continuam a responder ao tema da exortação e do ensino: de fato, o verbo "recordar", que ocorre aqui e em 2Tm 2,14, pode ser interpretado tanto como um convite a Tito a ter sempre presente as atitudes fundamentais que expressam a fé, mas também para recordar a todos os fiéis como se vive a fé. Várias vezes, Tito manifestou uma atenção especial ao papel dos fiéis na sociedade civil, e também aqui se reitera a importância de uma colaboração eficaz com as autoridades em plena submissão. Se, no entanto, em Rm 13,1-7, o convite à submissão dizia respeito a um bom comportamento por parte dos cristãos para que não se aborrecessem com as autoridades, em Tito se pede uma participação ativa na vida pública com atitudes tipicamente cristãs de diligência e mansidão. A submissão no epistolário paulino tem uma qualificação essencialmente cristológica (cf. 1Cor 15,28), que caracteriza as relações entre os fiéis (cf. Ef 5, 21) e que, nas CP, torna-se de modo particular uma atitude de identificação dos cristãos na sociedade, que não subvertem a ordem estabelecida, mas preenchem o tecido social com suas boas obras e seu comportamento bem disposto para com todos os homens. De fato, a expressão "estar prontos para toda boa obra" implica uma atitude proativa e ativa que nunca encontra o cristão passivo ou na inanição, mas sempre pronto para fazer o bem, manifestação de uma fé que sempre sustenta a esperança de construir.

São indicadas com precisão as atitudes negativas que não favorecem uma boa participação na vida social (cf. v. 2): falar mal, ser briguento, arrogante e prepotente. Note-se que tais atenções devem ser "para com todos os homens", reafirmando mais uma vez a convicção teológica de que "Deus quer que todos os homens sejam salvos" (1Tm 2,4). As afirmações teológicas, que são profissões de fé, como se pode ver, têm consequências éticas muito precisas: nenhum homem deve ser impedido de conhecer a vontade salvífica de Deus por causa do mau comportamento dos fiéis; com efeito, é a mansidão e a aceitação que os fiéis reservam a todos os homens que manifestam a sua fé em Deus Salvador de todos. Deve ser levado muito em conta o termo *blasfeméin*, aqui traduzido como "falar mal", que ao contrário de 1Tm 6,1 e Tt 2,5 não se aplica a Deus, mas aos próprios homens, indicando que a palavra humana pode tornar-se um instrumento de grande falsidade e de destruição se não for usada para o bem. A blasfêmia em si mesma é uma falsidade que pretende destruir e vai contra o mandamento divino de não dizer mentiras. Os cristãos com "toda mansidão" são chamados a compor as relações humanas para que não haja guerras e divisões. Entende-se que, se por um lado a exortação mostra uma situação eclesial em que alguns cristãos não favorecem o bem comum com as suas palavras fora de lugar e arrogância, por outro lado já se experimentou que, onde há autênticos fiéis em Cristo bem-dispostos para com todos os homens, a sociedade recebeu um grande benefício. Pede-se ao líder para recordar que a mansidão para com os homens e a submissão às autoridades é o que mais se conforma com a "sã doutrina" recebida.

6) Memória da graça recebida (3,3-7)

Com um hino cheio de significado centra-se no valor da vida cristã. O v. 3 o introduz com uma série de adjetivos que descrevem as condições de vida em que se encontram os homens antes de receber a fé. É interessante notar a ordem da sequência: parte-se de "insensatos" (cf. Lc 24,25; Gl 3,1.3), sem razão, isto é, sem uma lógica com a qual viver, e chega-se ao "odiar-se mutuamente". O ódio mútuo é, portanto, o resultado de uma falta de compreensão das coisas que provoca a desobediência à verdade e o ser incapazes de resistir às paixões e aos prazeres que tornam o homem escravo dos próprios vícios. Assim, a relação com outros é regulada pela inveja e pelo ódio que levam à destruição.

O seguinte hino (v. 4-7) é uma obra-prima da síntese teológica sobre o valor da vida cristã. Destacamos apenas algumas características essenciais. Em primeiro lugar, a centralidade do verbo "apareceu" – em grego está no singular apesar de o sujeito estar no plural – e retoma Tt 2,11 onde se descrevia a "graça de Deus" que é Cristo, que "se entregou por nós" (2,14). Como em Tt 2,11-14, também aqui o v. 4 dá o tema fundamental de todo o hino. O sujeito é a "bondade e o seu amor pelos homens". No NT não são termos muito usados, especialmente o segundo, embora se encontrem na literatura grega helenística (cf. Plutarco) e indiquem a atitude benevolente de Deus para com os homens, que Ele prefere perdoar em vez de punir (cf. Rm 11, 22). À luz também de Tt 2,11, podemos considerar que "bondade e amor pelos homens" são a tradução da "graça de Deus": se esta exprime mais adequadamente o seu conteúdo teológico, a primeira expressão põe antes a tônica no modo como os homens receberam esta graça: como bondade e humanidade. Mas que se trata, em todo caso, de Cristo está claro no título "nosso salvador" encontrado nos v. 4 e 6.

O hino, portanto, quer expressar a percepção humana da graça manifestada em Cristo e seus efeitos no mundo. De fato, diz que "não por meras obras feitas por nós" – literalmente "não por obras que com justiça nós fizemos" – para reafirmar a absoluta gratuidade da iniciativa divina que não depende de méritos ou causas humanas. "Mas pela sua misericórdia": termo bíblico por excelência que descreve a misericórdia de Deus e que Paulo, embora raramente o utilize, coloca no centro do plano de Deus (cf. Rm 11,31). Com a palavra "graça", que encontramos no v. 7, podemos dizer que este hino concentra em poucos versículos todas as palavras que as primeiras gerações cristãs usaram para descrever a gratuidade e a liberalidade de Deus manifestada em Cristo: "bondade", "amor aos homens", "misericórdia", "graça", termos que criam um espaço semântico que expressa sentimentos e atitudes positivas, favoráveis, benevolentes e propositivas. Assim foi a obra e a vida de Jesus de Nazaré, "para que ninguém se perca" (cf. Jo 10,28; 18,9), uma vida sempre a favor dos homens (cf. Mc 10,45).

No centro do hino está, de fato, o verbo fundamental: "Ele salvou-nos" (v. 5), que recorda o "salvador" do v. 4 e do v. 6. Ainda que seja a única recorrência em Tito (o mais frequente é o uso do termo "salvador": Tt 2,10.13; 3,4.6), o verbo "salvar" é retomado várias vezes nas outras CP[176] e expressa melhor a atividade de Deus na história (cf. Dt 33,29; Is 45,17). Salvar, de fato, significa libertar da escravidão, como no êxodo, e levar a uma condição de verdadeiro culto, de autêntico serviço a Deus. Encontramos novamente esta dinâmica, já encontrada em Tito 2,12-14, expressada na formulação que recorda o ato batismal: "água que regenera e renova no Espírito Santo". É difícil não ver uma referência clara ao ato batismal (cf. Ef 5,26) vivido no duplo efeito de uma purificação do pecado e de um revestir-se de uma nova dignidade que é dada pela presença do Espírito Santo: "A água que regenera" tem a ver com a experiência difundida no mundo greco-romano dos banhos termais, onde havia os banhos para se purificar. Mas no batismo tal banho é "de regeneração", *palinghenesía*, termo usado pelos filósofos estoicos para indicar o início de um novo ciclo do mundo depois da sua destruição no fogo (cf. 2Pd 3,12-13); aqui aplicado ao evento batismal refere-se ao renascimento, a um ser gerado em uma nova condição (cf. Jo 3).

O tema da "renovação", *anakainósis*[177], é certamente de descendência paulina (cf. Rm 12,2) e indica o processo dinâmico vital no qual o cristão está inserido por meio do banho: o Espírito Santo torna-se protagonista da vida do crente (cf. Rm 8,14), e como é Ele quem cria e recria as coisas, é Ele o princípio de novidade de todas as coisas, e é Ele, portanto, quem pode renovar sempre a vida do crente. O batismo é visto como um ser entregue à força do Espírito Santo, que regenera e renova o crente num processo contínuo de purificação do mal e de aceitação cada vez maior do dom do próprio Espírito.

Voltamos ao dado fundamental (cf. v. 6): o Espírito é dado por "Jesus Cristo nosso Salvador" com abundância (cf. Rm 5,5). O verbo "derramar", que só se encontra aqui nas CP, é referido na tradição cristã como o dom superabundante do Espírito (cf. Gl 3,1; At 2,17-18) e implica a ideia de uma tal superabundância que se torna também um desperdício, como aconteceu

---

176. Cf. 1Tm 1,15; 2,4.5; 4,16; 2Tm 1,9; 4,18.

177. Os termos que terminam com -*sis* geralmente indicam um conceito dinâmico, um processo. Cf. BARR, J. *Semantica del linguaggio biblico*. Bolonha: EDB, 1980, p. 202 [Studi Religiosi].

com o sangue de Jesus[178]. Mais, aqui em Tt 3,6 diz-se que foi derramado "com abundância", para sublinhar ainda mais o dom que excede em muito a capacidade de quem o recebe. Deve-se destacar o "sobre nós", que é a finalidade da ação de Deus: como Deus nos salvou (v. 5), assim o Espírito Santo foi derramado "sobre nós" com abundância sempre através da mediação única de Cristo.

Os efeitos do batismo, que marca a entrada na vida do Espírito de Cristo, são: ser "justificados" e tornar-se "herdeiros": dois termos que recordam as cartas paulinas e atestam, por um lado, o salto de qualidade que o dom da fé permitiu ao crente dar, isto é, ser justificado, perdoado pelo pecado (cf. Rm 5,1.9), e, por outro lado, se tornando filho, legítimo herdeiro dos dons de Deus (cf. Rm 8,17; Gl 4,7). O objeto da herança não é especificado, mas diz-se que é "segundo a esperança da vida eterna", isto é, está em conformidade com a nova lógica do Espírito que, já sendo derramado abundantemente de agora em diante, torna perceptível o dom da vida eterna, ainda que seja esperado em sua plena manifestação, como princípio ativo na esperança que anima a vida do crente; se ser justificados indica o início da vida de graça, o termo herdeiros indica a realização do caminho, isto é, quando se recebe o próprio Deus como herança (cf. Rm 8,17).

Em poucas linhas resume-se o grande valor da vida cristã que é a condição na qual o crente, justificado pela graça e não pelas próprias obras, acolhe a bondade de Deus revelada em Cristo pelo dom do seu Espírito; esta vida no Espírito é dada pelo batismo que, se por um lado purifica da sujeira e do pecado, por outro regenera e renova a vida para que se torne cheia de esperança.

7) As boas obras são úteis a todos (3,8-11)

Depois da breve fórmula "esta palavra é digna de fé", que põe um selo de autoridade sobre o que foi dito acima[179], o autor reitera a exortação a Tito de agir como verdadeiro guia na comunidade. A importância das "boas obras" como objeto de constante atenção por parte dos crentes, que com eles manifestam a bondade de sua fé, é reafirmada. Estas obras não só são "boas" ("belas"), mas também "úteis", termo que aparece somente nas CP (cf. 1Tm 4,8; 2Tm 3,16). Portanto, o ensino da verdade não é um exercício estético

---

178. Cf., p. ex., Mt 9,17; 23,35; 26,28.
179. Cf. 1Tm 1,15; 3,1; 4,9; 2Tm 2,11.

de raciocínio equilibrado, mas tem um lado ético que dá proveito à vida daqueles que vivem segundo o ensinamento recebido. A contraevidência de tal utilidade é mencionada logo em seguida na descrição daqueles que vivem de acordo com outros ensinamentos que são "tolos", "estúpidos/loucos", porque não levam a nada, mas apenas geram discussões e brigas. Na verdade, são "inúteis e vãs". O contraste entre o que é útil e o que é inútil, entre o que é confiável e o que é vazio e insensato, portanto, destaca bem a importância do ensino de Tito, que deve ser aplicado a esta tarefa com todo o esforço, dando-lhe o primeiro exemplo (cf. Tt 2,7) de dedicar-se às boas obras da fé.

Os v. 10-11 dão uma indicação disciplinar para que Tito intervenha em relação aos "facciosos": é retomado uma primeira e uma segunda vez, mas depois, se não entende a correção, deve ser deixado às suas obras que o julgarão (cf. Rm 1,24). Tal indicação não dispensa a autoridade do dever de repreender, mas dispensa o guia de responsabilizar-se do comportamento correto daqueles que se desviam do caminho correto; aqueles que fazem boas obras não temem a reprovação; mas aqueles que não aceitam o chamado apostólico são julgados por suas próprias obras. Deve-se notar que o termo *airetikós*, literalmente "herético", não pode ser tomado no sentido que terá no segundo século. O "herege" das CP é faccioso, aquele que não aceita a integridade do dom da fé, mas escolhe para si o que considera mais útil, não considerando que a maior utilidade se encontra em fazer as boas obras da fé.

8) Recomendações e saudações (3,12-15)

Os v. 12-14 recolhem informações, chamadas *"personalia"*, que pretendem reforçar junto ao leitor a origem paulina do escrito e buscam dar uma profundidade histórica às indicações dadas. A menção de nomes e lugares, provavelmente bem conhecidos pela audiência, lembra que Paulo conhecia essas pessoas e passou por aqueles lugares: mas Artema e Zena são mencionadas apenas aqui, Tíquico, pelo contrário, é bem conhecido, e também Apolo[180]. Nicópolis é mencionado apenas aqui e talvez para indicar que a ação missionária de Paulo se espalhou muito além dos territórios conhecidos.

A última recomendação diz respeito aos "nossos", expressão que encontramos apenas aqui aplicada aos cristãos. Não há mais o apelativo de "ir-

---

180. Cf., respectivamente, At 20,4; Ef 6,21; Cl 4,7; 2Tm 4,12; At 18,24; 19,1; 1Cor 1,12; 3,4.5.6.22; 4,6; 6,12.

mãos" (cf. At 21,7) como termo técnico referido aos fiéis em Cristo, mas o genérico "nossos" para indicar uma ligação de pertença recíproca. O convite é o de não permanecer sem frutos, como pessoas inúteis que jogam fora os dons recebidos de Deus, mas para fazer boas obras[181]. O tema da produção de frutos nos lembra o grande discurso de Jesus sobre a necessidade de permanecer unidos a Ele para não ser jogados fora como rebentos inúteis (cf. Jo 15).

A saudação final é um convite para receber as saudações daqueles que estão com Paulo e uma exortação para saudar todos aqueles que recebem a carta e estão ligados a ele.

A breve conclusão recoloca no centro o tema da "graça", que é o tema teológico fundamental de toda a Carta a Tito (cf. 2,11; 3,7), porque é o próprio Cristo quem educa os homens a renegar a impiedade e a viver fazendo boas obras.

Em resumo

Formados pela ação benéfica de Deus na história, que revela a sua bondade, também os cristãos são chamados a colaborar e a ajudar-se mutuamente para manifestar através das boas obras a vontade de Deus, que é a favor de todos os homens. Tito é chamado a ser promotor de boas obras para que todos os homens, olhando para elas, se deixem educar pela verdade.

---

181. Cf. 1Cor 14,14; Ef 5,11; 2Pd 1,8; Jd 12.

VII

Segunda Carta a Timóteo

M. Girolami

Introdução

Leiamos em último lugar[182] este livro, que pode ser definido como um testamento espiritual, que não só dá indicações práticas a Timóteo, mas dá sobretudo o espírito apostólico que Paulo viveu até o fim. Delineia-se, assim, a fisionomia espiritual do verdadeiro apóstolo, que enfrentou lutas e cansaços para manter intacta a fé recebida, tarefa de todo anunciador do Evangelho.

Esquema

Aqui está um esboço possível para seguir a leitura.

> I. 1,1-2: pré-escrito
> II. 1,3-18: a fé é força na luta pelo Evangelho
> III. 2,1-26: instruções ao ministro e exortações
>> A. 2,1-13: o ministro fortalecido pela graça de Cristo
>> B. 2,14-26: o ministro que anuncia a palavra serve ao Senhor
> IV. 3,1–4,8: o Testamento de Paulo
> V. 4,9-18: as últimas recomendações
> VI. 4,19-22: as últimas saudações

---

182. Como já foi dito (p. 118), a escolha de ler 2Timóteo depois de ler 1Timóteo e Tito é motivada pela semelhança muito próxima que estas duas últimas cartas têm entre si. A ordem canônica, que segue o comprimento dos textos, não ajuda a destacar as diferenças no gênero literário.

Guia de leitura

1) Pré-escrito (1,1-2)

O início da carta segue os cânones da epistolografia clássica, segundo a qual apresenta-se o remetente ("Paulo, apóstolo de Jesus Cristo"), o destinatário ("Timóteo, filho caríssimo") e a saudação ("graça, misericórdia e paz da parte de Deus Pai e de Jesus Cristo, nosso Senhor"); há poucas diferenças em relação aos outros pré-escritos vistos em 1Timóteo e Tito. A apresentação de Paulo como "apóstolo de Jesus Cristo" não é mais "por ordem", mas "por vontade de Deus", expressão que recorda à mente a autoapresentação de Paulo em 1Cor 1,1 e 2Cor 1,1 (mas também Ef 1,1 e Cl 1,1). A expressão "por vontade de Deus" enfatiza a livre-iniciativa divina, que, chamando Paulo para o serviço do Evangelho, manifesta a sua liberalidade não ligada a nenhuma forma de mérito e, ao mesmo tempo, assume a responsabilidade pelo ministério do Apóstolo.

Uma segunda diferença diz respeito à expressão "segundo a promessa da vida". A promessa é encontrada só em outra passagem nas CP (cf. 1Tm 4,8), mas é característica de algumas seções teologicamente relevantes das cartas aos Romanos (cf. Rm 4) e aos Gálatas (cf. Gl 3), referentes à relação entre promessa divina, fé do crente e justificação. Somente nas CP é especificada como "promessa de vida", com referência ao conteúdo do Evangelho, que torna atual e presente o dom da vida de Deus, alimento para a esperança do crente (cf. Tt 1,2; 3,7). Portanto, se em Gálatas e Romanos a promessa dizia respeito à iniciativa divina para com os patriarcas do AT, modelos de fé para cada crente, nas CP a promessa diz respeito ao dom da vida dado por Deus àqueles que acreditam em Cristo.

Um terceiro elemento relevante é o apelativo de "caríssimo filho", dirigido a Timóteo. Se em 1Timóteo e em Tito o autor tinha preferido chamar os seus destinatários de "verdadeiros filhos", em 2Timóteo surge a relação afetiva que dá à carta um tom confidencial e paterno (cf. Fm 1,1), pedindo ao leitor não só para entrar numa relação de passagem das noções entre mestre e discípulo, mas para participar da mesma afeição que permite a Paulo reconhecer em Timóteo um filho e a Timóteo de reconhecer em Paulo um pai na fé. O apelido de "testamento espiritual" está à altura desta carta.

2) A fé é força na luta pelo Evangelho (1,3-18)

Esta primeira parte da carta pode ser lida em três passagens bem separadas: um agradecimento pela fé de Timóteo (1,3-5), um convite a recordar o dom do Evangelho e o exemplo de Paulo (1,6-14), *"personalia"* (1,15-18). A disposição do texto destaca a profissão de fé dos v. 9-11, que descrevem o coração do anúncio apostólico, o dom que Timóteo recebeu (v. 6) e o depósito a guardar (v. 14).

Como é costume encontrar nas cartas paulinas, a passagem de 2Tm 1,3-5 começa com uma ação de graças a Deus pelo serviço que Paulo está prestando ao Evangelho e pela fé de Timóteo. Tanto o serviço apostólico de Paulo quanto a fé de Timóteo são vistos no horizonte de uma história que os precede: Paulo serve a Deus como seus antepassados e Timóteo vive da fé recebida de sua mãe Eunice e pela avó Loide. Este é um primeiro sinal da principal preocupação das CP: transmitir a fé e os ensinamentos recebidos às novas gerações fazendo memória do que as gerações anteriores comunicaram[183]. Paulo, referindo-se aos seus "antepassados", cria uma estreita continuidade entre aqueles que serviram a Deus com "consciência pura" no AT e seu atual estado apostólico. Enquanto em 1Tm 1,13 ele se apresentava como um perseguidor, um blasfemo e um violento, aqui ele se apresenta como um zeloso administrador dos dons de Deus. É claro que 2Timóteo mostra uma consciência da identidade apostólica que vê uma forte continuidade entre os ministros do Evangelho de Cristo e o culto dos patriarcas que serviram a Deus com um coração puro. O aspecto polêmico do judaísmo que rejeitou Jesus já não está presente, mas sim a consciência de que o Evangelho de Cristo levou a termo as promessas (cf. Rm 10,4) e fez dos crentes verdadeiros filhos de Abraão (cf. Rm 4,23-24). Se Paulo manifesta a consciência de ser um "verdadeiro israelita" pela fé em Cristo, não de menos Timóteo, que recebeu o evangelho de Paulo, sabe que foi educado à fé no âmbito familiar onde as gerações comunicam os valores da vida. O texto parece criar um paralelo entre o mestre Paulo, que serve a Deus com a mesma confiança nas promessas recebidas pelos seus antepassados, e o discípulo Timóteo, que vive pela fé recebida de seus parentes mais próximos.

---

183. Deve-se notar que quatro vezes nos v. 3-6 ocorre a semântica do recordar. Marcheselli Casale (*Le Lettere Pastorali raccontano*, p. 44-115) vê 2Timóteo como inteiramente estruturado sobre o verbo "recordar".

O verbo "servir" ocorre apenas aqui nas CP, mas também é encontrado em Rm 1,9 onde Paulo apresenta o seu serviço ao Evangelho como um culto dado a Deus no Espírito Santo; de fato, mesmo na LXX é usado com valor sagrado, em referência ao serviço dado ao culto, especialmente com o sacrifício[184]. Ele próprio exorta os fiéis a fazer da vida um "culto espiritual" (cf. Rm 12,1), para poder fazer o que é agradável a Deus. A difusão do Evangelho e a transmissão da fé recebida são, portanto, vistas como o culto que deve ser dado a Deus com "consciência pura" (cf. 1Tm 3,9). O ensinamento apostólico não é uma questão catedrática, mas um vínculo pessoal que se nutre da memória viva, da oração e do desejo de ver-se para poder comunicar os dons de Deus uns aos outros. O serviço de Paulo, portanto, é o de recordar sempre diante de Deus aqueles que lhe confiaram, para que a fé do discípulo possa enchê-lo de alegria. Poucos versículos sugerem a grande maturidade humana e espiritual que deveria decorrer entre mestre e discípulo: a alegria do mestre é ver a fé do discípulo, e o alimento para o crescimento do discípulo são as orações e a memória do mestre. Como Paulo serve a Deus com uma "consciência pura", assim Timóteo vive de uma "fé sincera", literalmente "não hipócrita" (cf. 1Tm 1,5).

Os v. 6-7 continuam a manter a estreita ligação entre a fé de Timóteo e o serviço apostólico de Paulo; de fato, com um verbo pouco usado em suas cartas (cf. 1Cor 4,17; 2Cor 7,15), pede-se que recorde o quanto Timóteo recebeu por meio da imposição das mãos do próprio Paulo. Esta é uma das passagens mais famosas sobre a transmissão apostólica, que se caracteriza por dois elementos fundamentais: o dom inescrutável e gratuito de Deus e o gesto da imposição de mãos que confere autoridade. Estes dois elementos, inseparavelmente ligados, impedem de fazer da vida cristã uma experiência entusiasta sem qualquer referência à autoridade estabelecida (como acontecerá com o montanismo algumas décadas depois), e também de fazer da autoridade um mecanismo de poder que não encontra a sua fonte no próprio Deus[185]. Deve-se notar a inconsistência entre a imposição das mãos recebida do presbitério (cf. 1Tm 4,14) e a recebida pelo próprio Paulo. Mas aqui não

---

184. Cf. STRATHMANN, H. *"Latréuo"*. In: KITTEL, G. & FRIEDRICH, G. (eds.). *Grande Lessico del Nuovo Testamento*, VI. Bréscia: Paideia, 1970, p. 174.

185. Acusações semelhantes foram feitas contra os bispos do século IV pelos monges do deserto, mas também por Orígenes no século III.

importa se o gesto é feito unicamente pelo Apóstolo ou pelo grupo que juntos administram a autoridade sobre a comunidade, porque em todo caso o que se enfatiza é a origem divina do dom conferido por um gesto apostólico que é o mesmo, seja que se trate só de Paulo seja que se trate do presbitério que guia a comunidade[186]. A leitura do texto não deve fazer-nos perder de vista a estreita ligação que se cria entre "dom de Deus" e "imposição das mãos", pois estes dois elementos estão ligados entre si e prolongam a lógica da encarnação. De fato, a percepção dos dons de Deus é agora garantida por alguns gestos apostólicos que garantem a presença eficaz de Deus que trabalha no coração dos crentes para enriquecer a comunidade (cf. 1Cor 12). Este dom deve ser "reavivado", literalmente "dar novamente vida ao fogo", verbo usado apenas aqui no Novo Testamento e que indica a atividade do Espírito que atua no coração do crente na medida de sua fé pelo bem comum (cf. 1Cor 12,7). De fato, a própria autoridade apostólica é um dom do Espírito e assegura não só o discernimento dos espíritos (cf. 2Tm 3), mas também a orientação da comunidade com um ensinamento saudável (cf. 2Tm 1,13; 4,3-5).

O *chárisma* é sempre dom do Espírito Santo e, de fato, no v. 7, especifica-se que o espírito recebido não é de "timidez, mas de fortaleza, amor e sobriedade". Com referência ao exercício da autoridade apostólica, são descritas as qualidades que um ministro do Evangelho deve ter e manifestar: antes de tudo força, energia e depois "caridade", que é a alma de todo carisma (cf. 1Cor 13), e finalmente "prudência", que é usado só aqui no NT e refere-se à sabedoria e à temperança que um líder deve ter para aproximar-se dos vários problemas que lhe são apresentados. Portanto, não "timidez" ou "covardia" diante dos problemas, mas energia e sabedoria, para que em tudo se manifeste a obra da caridade que Deus realiza através do serviço dos seus ministros (cf. 1Cor 4,5). A timidez diz respeito ao ministro que é o líder da comunidade, para que não tenha medo das provações que terá de enfrentar; o exemplo do próprio Paulo dará testemunho de quanto sofrimento enfrentou pelo Evangelho (cf. 2Tm 1,8-12).

---

186. Mesmo a atual liturgia de ordenação presbiteral continua a repetir o gesto apostólico, confiando o ato de consagração apenas ao bispo, mas não devemos esquecer que cada bispo tem a sua autoridade por causa da sua pertença ao colégio dos sucessores dos apóstolos.

O v. 8 introduz a profissão de fé dos v. 9-11 com um imperativo dirigido a Timóteo: "não te envergonhes", verbo que também retorna nos v. 12 e 16. O uso deste verbo está presente nas CP somente nestas três passagens da 2Timóteo, e algumas outras vezes no resto do epistolário paulino (cf. Rm 1,16; 6,21). Em 2Timóteo está sempre ligado aos sofrimentos ou às cadeias que Paulo deve sofrer pelo Evangelho e, portanto, não deve ser entendido no sentido psicológico de vergonha por algo fora do lugar, mas como uma afirmação expressa na forma de lítotes – de fato é sempre precedida pelo "não" – que afirma a bondade de uma situação que, se pode ser julgada desfavorável, na realidade, por causa da dinâmica paradoxal do Evangelho, deve ser acolhida como a realização da promessa de Deus. Assim como a cruz foi a ocasião para a manifestação do poder de Deus na ressurreição, assim também as correntes de Paulo manifestam o poder do Evangelho que se espalha através do seu testemunho.

Note-se que o texto cria uma estreita ligação entre o "testemunho do nosso Senhor" e o "eu, o seu prisioneiro", deixando claro que a experiência pascal de Cristo é uma realidade que envolve o Apóstolo em primeira pessoa, especialmente na situação de prisão. O convite é a "sofrer comigo pelo Evangelho", segundo o poder de Deus, com o poder de Deus. O termo *dýnamis* pode ser traduzido por "força, poder, energia" e é uma palavra central para a compreensão paulina do Evangelho, que é poder de Deus (cf. Rm 1,16), é o próprio Cristo (cf. 1Cor 1,24), é a força do Espírito (cf. 1Cor 1,24). O *dýnamis* é a atividade divina que intervém na história para introduzir vida e energia através da obra da fé, que envolve os homens através da livre-adesão ao anúncio do Evangelho. Tal atividade é explicada com a profissão de fé que se encontra nos v. 9-11.

Poderíamos dividir o texto em duas partes distintas, um antes e um "agora" que estabelecem dois tempos fundamentais: o v. 9, que depende inteiramente da expressão "poder de Deus", e o v. 10 que explicita a "graça" do fim do v. 9. O centro unitário desta profissão de fé é "Cristo Jesus", que se encontra "desde a eternidade", e cuja graça "agora" se manifesta através do Evangelho. O texto é claro: na origem há o mistério de Deus que salva através de um chamado que não é fruto das nossas obras, mas da sua iniciativa livre e gratuita. Dois elementos importantes devem ser destacados: a ação principal de Deus é explicitada como um "salvar", de acordo com a tradição bíblica do êxodo, retomada pelos profetas. Esta salvação se realiza através de um "chamado", conceito que envolve em si mesmo a proposta dos que oferecem e a liberdade dos que recebem e respondem. A livre-iniciativa é explicitada com a expressão "segundo seu plano e sua graça", que implica que a iniciativa de Deus não é uma arbitrariedade ou um capricho, mas é uma tese bem clara, não apenas uma intenção, mas um projeto bem definido; mas com a "graça" este projeto não é um plano de organização, mas uma oferta gratuita que tem o seu coração no amor que Deus nos dirige.

O segundo elemento não é menos insignificante porque se diz que tal graça "foi dada em Cristo Jesus desde a eternidade". O mistério de Cristo Jesus pertence à dimensão que está fora do tempo, é antes de todos os tempos. O projeto livre e gratuito de Deus sempre foi oferecido em Cristo Jesus. Tal profissão de fé nos faz compreender como, para as primeiras gerações cristãs, a experiência histórica de Cristo tenha feito perceber o seu mistério pascal como uma realidade pertencente à esfera do próprio Deus, muito além de qualquer dimensão temporal. Não se trata apenas de uma afirmação sobre a preexistência de Cristo como *Lógos* (cf. Jo 1,1-18), mas é uma atestação da plenitude existente em Cristo, porque todo projeto e toda graça divina sempre foi dada nele. Somos colocados em contato com o coração do mistério trinitário explicitado principalmente na relação entre Pai e Filho. Se na teologia essa relação é chamada de "geração", aqui é chamada de "projeto" e "graça" que têm origem em Deus e são dadas e tornadas perceptíveis somente através de Cristo.

O v. 10 é todo dedicado à revelação cristã inaugurada por uma "hora", início de um tempo novo: o que era antes dos tempos agora se manifesta em uma atualidade permanente. A conexão com todo o anterior é revelada pela expressão "com a manifestação do nosso salvador Jesus Cristo". Já se destacou o uso do vocábulo *epifáneia* nas CP[187], em referência a todo o mistério de Cristo "salvador". A combinação do termo com o verbo *faveróo*, "manifestar", torna a passagem única, porque permite interpretar o evento Cristo como a mesma graça de Deus que agora se tornou perceptível e visível como salvação. Se todo o projeto de Deus partia da salvação (cf. v. 9), agora se concretiza na pessoa de Cristo, que é o salvador. Acrescenta-se a Cristo Jesus duas expressões antitéticas, que explicam como a salvação manifestada por Cristo intervém na história: destruindo a morte e dando luz à vida. Esta-

---

187. Cf. 1Tm 6,14 e Tt 2,11.13; 3,4.

mos no mistério pascal, interpretado como o pináculo revelador da ação de Deus, que sempre salva, chamando segundo o seu propósito de graça dada a Cristo. Note-se o uso do verbo "fazer resplandecer", que significa iluminar algo do exterior. Enquanto a manifestação (*epifáneia*) é uma realidade que se torna luminosa quase de dentro, porque se revela e se torna perceptível; a vida e a imortalidade não poderiam ser vistas sem a luz que emana desta manifestação. Tudo aquilo que é vida e imortalidade adquiriu uma nova luz com a manifestação de Cristo, porque tudo que a ameaçava, a morte, foi destruída pela sua morte e ressurreição.

A iluminação[188] realiza-se através do Evangelho, palavra que abre a profissão de fé (v. 8) e fecha tal texto (v. 10).

Retorna o tema dos sofrimentos de Paulo, relatado na primeira pessoa (cf. v. 12). Ele não se envergonha dos sofrimentos, porque desde que chegou à fé nunca os abandonou e, sobretudo, sabe que o dom da fé não depende dele, mas permanece sempre um dom oferecido por Deus, capaz de guardar o "depósito". Sendo o Evangelho "potência de Deus", só Deus é capaz de conservá-lo e mantê-lo íntegro. Tal expressão coloca em contato direto com os primeiros elementos essenciais para compreender o que é a Tradição: não é um pacote de ideias ou fórmulas elaboradas e transmitidas pelos homens, mas é o próprio Deus que, através do Evangelho, manifestado em Cristo com uma lógica paradoxal, trabalha na história para que tal Evangelho, permanecendo o mesmo, possa iluminar a vida dos homens (cf. Jo 1,9). A Tradição está viva quando, mesmo através de fórmulas e ritos, mantém o primado absoluto de Deus que opera na história livremente segundo a lógica da Páscoa cristã.

Esta primeira parte termina dirigindo-se diretamente a Timóteo, para que ele possa transmitir o evangelho recebido de Paulo (cf. v. 13-14). Dois critérios importantes são fornecidos para salvaguardar o "depósito confiado": ter como modelo as sãs palavras ouvidas por Paulo e colaborar com o Espírito que habita nos fiéis. Paulo permanece, portanto, um ponto de referência indispensável porque o seu serviço foi um contínuo anúncio de Cristo através das "sãs palavras" e do seu testemunho de fé e de amor. A autoridade apostólica de Paulo é indiscutível porque as suas palavras nunca se afastaram em discussões vãs (cf. 2Tm 2,14) ou em contos de fadas (cf.

---

188. O termo será então usado por Justino em sentido técnico para indicar o batismo.

2Tm 4,4). Timóteo, então, sempre ouviu palavras sãs vendo a fé e o amor de Paulo por Cristo Jesus (cf. 1Tm 1,14); o segundo critério está ligado ao dom do Espírito que ele deve reviver dentro de si (cf. v. 6), e é também dom que habita em "nós", a comunidade que crê; por isso Timóteo, enquanto salvaguarda com a força recebida pelo Espírito, salvaguarda o Evangelho, potência de Deus que constrói a comunidade. Salvaguardar a comunidade é salvaguardar o Evangelho, porque tanto no Evangelho quanto na Igreja habita o Espírito de Deus, a potência de Deus. Ser ministros da Igreja, portanto, significa permanecer bem enraizados na autoridade apostólica transmitindo as sãs palavras para manter o vínculo da comunhão que cria a comunidade por obra do Espírito.

O fio condutor do discurso é quase interrompido com os v. 15-18 para chamar a atenção do leitor para elementos concretos, rostos conhecidos, acontecimentos bem conhecidos (*"personalia"*). Sem entrarmos na verificabilidade histórica das notícias e dos nomes mencionados, estes versículos cumprem a tarefa, como podemos teorizar, de dar profundidade histórica às "correntes" de Paulo mencionadas várias vezes nos versículos anteriores (cf. v. 8.12), recordando não só o fato de ter sido abandonado pelos da Ásia, mas também o conforto e apoio recebido, procurado com grande esforço. Note-se que Onesíforo "não se envergonhou" das correntes de Paulo (cf. v. 8.12). Por duas vezes encontra-se a bênção estilizada dos bons votos: "O Senhor conceda misericórdia", que, embora tenha várias expressões do Antigo Testamento como pano de fundo, no entanto, resulta como fórmula original, usada só aqui. A menção de Roma dá a entender como o autor das CP concebe a presença de Paulo na capital do Império.

3) Instruções para o ministério e exortações (2,1-26)

O c. 2 é um bloco em si mesmo, caracterizado pela constante inovação dos imperativos dirigidos a Timóteo, chamado "meu filho". Os imperativos continuam também no c. 3, mas com outro argumento. Aqui, pelo contrário, no centro da atenção está a identidade do ministro do Evangelho, para que permaneça firme nos ensinamentos aprendidos e viva a fidelidade a Cristo com coragem e força (2,1-13), mas também para que se comporte com juízo no discernimento daqueles que pertencem verdadeiramente à comunidade e daqueles que, pelo contrário, se perdem nas tagarelices (2,14-26).

a) *O ministro fortalecido pela graça de Cristo* (2,1-13)

Em dois momentos distintos o autor enfrenta a identidade apostólica do ministro: revestido da graça de Cristo poderá sofrer como um soldado, terá a constância de um atleta e a paciência de um camponês (v. 1-7), e assim poderá tornar-se testemunha transparente de Jesus Cristo ressuscitado dentre os mortos, com quem viverá e reinará (v. 8-14). Os v. 1-2 dão o tema a este capítulo: "obtenha força", "fortaleça-se" pela graça de Cristo Jesus. Mas a força da graça vem de dois fatores necessários: ter ouvido de Paulo as sãs palavras e transmitir o que foi recebido a pessoas capazes de ensinar. O versículo dá o critério geral para compreender o conceito de Tradição. Note-se que Timóteo deve escutar "por mim", Paulo, "diante de muitas testemunhas", ou através de muitas testemunhas. O ensinamento apostólico não é um grupo de ideias bem harmonizadas, mas é a vida apostólica atestada e verificada por muitas testemunhas. Portanto, Timóteo aprendeu não só a "doutrina" de Paulo, mas sobretudo o testemunho de muitos que tornam credível o que Paulo ensina. Na dinâmica viva da fé, receber é um ponto de partida, depois é necessário transmitir aos outros: não a todos indiferentemente, mas somente àqueles que podem então ensinar aos outros. Vê-se que as CP preocupam em dar indicações precisas à liderança da comunidade: ela recebe autoridade de quem a instruiu, mas a sua autoridade consiste em transmitir a obra da fé a quem a pode continuar. Esta dinâmica impede qualquer visão de poder no exercício do ministério, porque ter autoridade está em função da mensagem a ser transmitida a quem a pode ensinar. A mensagem é que conta e não tanto a função do mensageiro.

Três metáforas explicam a força da graça de Cristo que fortalece o ministro. Os v. 3-4 enfocam na metáfora do soldado que tem sua honra em permanecer bem concentrado na tarefa recebida, sem distrair-se em outras coisas genericamente chamadas "questões da vida comum"; o v. 5, com a metáfora do atleta, pede ao ministro que respeite as regras para legitimamente obter o prêmio; o v. 6 traz a imagem do agricultor: ele se cansa, mas também recolhe primeiro os frutos de seu trabalho. São três imagens complementares ligadas entre si pelo resultado que cada atividade produz: agradar ao superior; conquistar o prêmio; recolher o fruto. Tais metáforas não devem ser separadas, sob pena de perder a força que resulta da combinação. Se a metáfora do soldado pode induzir a aspectos de obediência passiva ao chefe ou de violência gratuita contra os inimigos, a do atleta destaca a necessidade de "não ir além do que está escrito", diria 1Cor 4,6, mas de permanecer fiel a regras válidas para todos como é para todo bom atleta. Para que tal esforço não pareça estéril, a metáfora do agricultor, trabalhador e paciente, assegura aos que se fortalecem com a graça de Deus a alegria de colher os frutos do seu trabalho. O v. 7, assumindo que nem tudo está claro para Timóteo, abre a porta à confiança em Deus, que dará inteligência para compreender o sentido da obediência de um soldado, o sentido do esforço de um atleta, e o sentido da paciência de um camponês.

A atenção volta ao motivo objetivo de todo esforço apostólico: "Jesus Cristo ressuscitado dentre os mortos" (cf. v. 8-13). O imperativo "lembra-te", que ocorre somente aqui nas CP, adverte a não esquecer o essencial da vida cristã: o mistério de Cristo, do qual dois elementos fundamentais são lembrados: a ressurreição dos mortos e a descendência davídica, que acumulam em si o início e a realização de toda a ação divina. Se, de fato, com a promessa messiânica (cf. 2Sm 7,12) Deus inicia a sua obra de restauração de Israel, é com a ressurreição de Jesus de Nazaré que esta obra se completa na sua plenitude, porque a realeza de Cristo ressuscitado eleva a realeza de Davi a um nível que excede o poder político e religioso e o torna poder sobre a morte e o pecado. Uma outra interpretação segue as linhas da promessa: assim como a descendência de Davi guardou a promessa messiânica até Cristo, assim a ressurreição de Cristo assegura a promessa da ressurreição a todos aqueles que lhe pertencem, porque a sua ressurreição não é só sobre a pessoa de Jesus, mas é um acontecimento que envolve todos aqueles que estão ligados a Ele pela fé no Evangelho proclamado pelos apóstolos. De fato, a expressão "como eu anuncio no meu evangelho", confirma que o "evangelho" apostólico proclama as promessas do AT plenamente realizadas na ressurreição de Cristo, coração de toda a mensagem do NT. De fato, podemos dizer que o Evangelho é autenticamente anunciado quando a ressurreição de Cristo é apresentada como realização de todas as promessas divinas, isto é, de toda obra de Deus, a partir da criação. O v. 9 destaca a situação do Apóstolo acorrentado, tratado como um "malfeitor", termo que no Novo Testamento encontramos apenas aqui e em Lc 23,32.33.39. O que importa, porém, é que essas cadeias são causadas não pelas más ações dos ministros, mas pelo Evangelho, que é rejeitado. Com efeito, a convicção de Paulo é que a "Palavra de Deus não está acorrentada", mas livre para mover-se e alcançar a todos, independentemente das situações contingentes dos anunciadores. Tal expressão, única em todo o Novo Testamento, faz eco no final de Atos (cf. At 28,31), que vê Paulo anunciar o Reino de Deus "com toda a franqueza e sem impedimentos".

Estabelece-se uma relação assimétrica entre o evangelho anunciado e a condição daquele que leva o evangelho: não são as circunstâncias externas, nem, podemos dizer à luz do v. 13b, as condições interiores do ministro que tornam eficaz a Palavra, mas, por ser de Deus, a Palavra tem sua própria origem interna e autônoma que sempre é proposta aos homens como proveniente diretamente de Deus. É verdade, porém, que, na lógica da encarnação, Deus não faz nada sem questionar a liberdade humana, ainda que sua proposta não dependa da adesão do homem. É essa liberdade da Palavra de Deus que torna Paulo capaz de sofrer por aqueles que foram escolhidos por Deus (cf. v. 10) para que possam obter a salvação em Cristo. A ideia da intercessão já está *no coração*: o sofrimento pelo Evangelho não é apenas expressão do mistério da cruz anunciado, mas é visto também como capaz de obter a salvação para os outros.

A expressão "verdadeira é esta palavra", típica das CP[189], introduz um hino que se desdobra em quatro proposições hipotéticas, as duas primeiras positivas, enquanto as outras duas preveem uma atitude negativa por parte dos fiéis. Em primeiro lugar, deve-se notar o uso da primeira pessoa no plural, um uso bastante raro não só nos outros hinos das CP, mas também no resto do NT: o dom da fé não é um privilégio para os solitários do espírito, mas é um fato para a comunidade dos fiéis, porque fruto da fé é a unidade entre os homens e seu ser irmãos. As duas primeiras hipóteses – "se morrermos com Ele" e "se perseverarmos" – recordam a fadiga da vida batismal, que provém da negação do mal e de um morrer a Ele por meio da livre-escolha de aderir a Cristo; esta escolha é renovada todos os dias pelo fiel tentado e incitado a seguir outros bens além do Senhor e, daqui a perseverança na fidelidade ao seguimento de Cristo. Se a condição é morrer ao mal, a recompensa consequente, como está inscrita na dinâmica batismal, é a vida do ressuscitado ("com Ele também viveremos"), uma vida plenamente capaz de reinar sobre todas as coisas ("com Ele também reinaremos"), porque a ressurreição colocou sob seus pés todos os inimigos de Cristo (cf. 1Cor 15,25). As duas últimas propostas hipotéticas baseiam-se negativamente no "negar",

---

189. Cf. 1Tm 1,15; 3,1; 4,9; Tt 3,8.

verbo repetido três vezes (cf. v. 12.13) e já presente na tradição evangélica em oposição ao testemunho[190]. O homem pode "negar" Deus, mas também Deus pode negar o homem (cf. Mt 10,33), mas Deus nunca nega primeiro, mas sempre como consequência da resposta negativa do homem. A quarta parte deste hino é mais articulada e prevê a falta de fé por parte dos que creem: "ser infiéis" é a falta de fé[191], entendida tanto como uma falta de fidelidade à palavra dada a Cristo (o caso de alguns traidores da fé por medo da perseguição) quanto como falta de fé em Cristo, vencedor de toda morte. O ritmo do hino neste ponto é quebrado, porque a fidelidade e a confiabilidade de Cristo nunca falham, precisamente por causa de sua ressurreição, que o consagrou como o eterno vencedor de toda morte e de todo pecado. Se Ele é "fiel"/"confiável", também a palavra que o anuncia é confiável (cf. v. 11), e, inclusive, torna confiáveis os ministros desse anúncio, se também eles permanecerem fiéis a essa palavra. O hino exalta a dimensão pascal da existência cristã como participação plena em todo o mistério de Cristo feito de morte e de ressurreição, de perseverança paciente e de domínio sobre todas as coisas, feito de traições, mas também de confiança renovada por aquele que é sempre e plenamente fiel.

b) *O ministro que anuncia a palavra serve o Senhor* (2,14-26)

Chama-se a atenção do leitor para os problemas experimentados pelas comunidades cristãs das CP, que o ministro deve interpretar e resolver. Os problemas resumem-se em duas categorias: "fofocas vazias e perversas" e "paixões juvenis": de um lado, portanto, uma dimensão mais doutrinal, sobre as ideias e as palavras que circulam entre os fiéis; e de outro, uma dimensão mais ética, manifestada em comportamentos que, seguindo as animosidades tipicamente juvenis, se revestem de arrogância e insolência. No entanto, o discurso é sempre dirigido a Timóteo, líder da comunidade, para que o seu exemplo e o seu ensinamento se conformem com a fé apostólica. Toda a passagem, portanto, tem sua própria unidade de fundo, mas para uma leitura mais articulada pode-se vislumbrar três partes: os v. 14-18 dedicados ao ministro que proclama a verdade contra os fofoqueiros; os v. 19-21 usam a imagem dos vasos para falar da diversidade de pessoas na comunidade; e

---

190. Cf. Jo 1,20; Mt 26,70-72; Lc 22,57; Jo 13,38.

191. Cf. Mc 16,16; Lc 24,11; Rm 3,3.

finalmente os v. 22-26 sugerem quais atitudes o ministro deve tomar: paciência e mansidão.

Na primeira parte (v. 14-18) o autor cria uma forte oposição entre "discussões vãs", "fofocas vazias e perversas" e a correta interpretação da verdade à qual Timóteo deve aderir. Os casos de Himeneu e Fileto nos ajudam a entender que um dos argumentos de tais fanfarrões dizia respeito à ressurreição, concebida como já presente e implementada graças à fé ou ao batismo. Tal visão, entretanto, esmaga a expectativa escatológica sobre um presente ainda marcado pela morte que poderia cancelar qualquer possibilidade de conversão para os não crentes. A ressurreição, portanto, não é uma condição completamente esgotada na graça batismal, ainda que seja eficaz e operante nela, mas é como uma semente, para retomar a imagem de 1Cor 15,37, esperando florescer na ressurreição da carne.

Se o v. 14 introduz o sinal "menos" no discurso, então retomado pelos v. 16-18, o v. 15 oferece indicações positivas sobre o que o ministro deve cultivar: "apresentar-te a Deus como homem provado", "como operário que não tem de que se envergonhar", alguém que "expõe corretamente a palavra da verdade". São três características que resumem todas as tarefas essenciais do ministro: ser um digno ministro diante de Deus, com consciência pura (cf. 1Tm 1,5), um trabalhador que não tem do que se envergonhar diante dos demais porque todos sabem como trabalha (cf. 1Tm 3,7), um mestre capaz de ensinar as coisas verdadeiras e de interpretar corretamente a "palavra da verdade"[192]. Em resumo, são relatadas as três dimensões que constituem a identidade do ministro: a adesão interior a Deus, o serviço irrepreensível ao povo de Deus, o confronto contínuo com a experiência apostólica que transmite a verdade do Evangelho.

Retorna-se, então, ao princípio teológico do ministério apostólico: Deus colocou um fundamento sólido para todos aqueles que são chamados a apoiar-se na verdade revelada por Ele que se traduz concretamente no estar distante de toda forma de injustiça (cf. v. 19). O termo "fundamento", também encontrado em 1Tm 6,19 (cf. 1Cor 3,10-12), indica que a base sólida sobre a qual todo discurso cristão pode ser construído é a inelutável iniciativa de Deus. Sem este fundamento todo edifício é erigido sobre um fundamento frágil (cf. Lc 6,48-49).

---

192. A expressão também é encontrada em 2Cor 6,7; Ef 1,13; Cl 1,5; Tg 1,18.

Há depois duas citações da Escritura que esclarecem a natureza do fundamento: com Nm 16,5 destaca-se a escolha livre e gratuita de Deus: Ele conhece quem escolheu e, portanto, é Ele o juiz que sabe discernir autenticamente quem lhe pertence e quem não. A segunda citação, tirada de Is 26,13, contaminada por Eclo 17,26, procura trazer à luz o critério de discernimento divino: quem invoca com os lábios o nome do Senhor (Is 26,13) deve distanciar-se de todas as formas de injustiça (Eclo 17,26). De tal forma, é claro que também o guia da comunidade tem critérios objetivos para poder discernir aqueles que ouvem a palavra da verdade, sem, por isso, poder tornar-se senhor de ninguém, porque só Deus conhece os corações. De fato, os v. 20-21 retomam a imagem dos vasos, já usada por Paulo em 2Cor 4,7-12, com um significado intimamente relacionado com o ministério apostólico; mas aqui a menção dos diferentes materiais com os quais os vasos são feitos é para descrever a coexistência na Igreja de diferentes sensibilidades e graus de maturidade, de tal forma que nada surpreenda, pelo contrário, alterando o sentido da metáfora, o autor até mesmo prevê que se houver santificação, um vaso de material de pouco valor pode tornar-se nobre, "pronto para qualquer boa obra". É um sinal de prudência na avaliação das pessoas, porque o caminho de santificação, que é obra de Deus, pode purificar e enobrecer as pessoas. Portanto, o guia da comunidade faz tudo para não distanciar ninguém, mas com o seu ensinamento e o seu exemplo todos possam ser estimulados a afastar-se de todas as formas de injustiça e assim invocar o nome do Senhor com coração puro.

Nos v. 22-26 volta-se a Timóteo para que possa aplicar os critérios de discernimento antes de tudo a si mesmo, fugindo dos desejos juvenis (v. 22), que não estão ligados só à sensualidade, mas sobretudo à falta de moderação e à falta de disciplina, e evitando disparates e brigas (v. 23). O convite é o de procurar a justiça, a fé, o amor e a paz (v. 22), o de ser mansos, capazes de ensinar e paciente (v. 24-25), para ser sinal visível e concreto da paciência de Deus para com aqueles que se lhe opõem, para que se convertam a fim de alcançar o conhecimento da verdade (cf. v. 25; 1Tm 2,4). Se a meta de toda conversão é conhecer a verdade, a condição para colocar-se a caminho é o voltar a si mesmo e recuperar a liberdade do laço do diabo, expressão que encontramos apenas aqui e em 1Tm 3,7. As CP nos fazem entender como a escolha de servir a Deus ou ao diabo é um ato que pertence à pessoa e somente quando percebemos que estamos escravizados ao diabo, isto é, fazemos sua vontade, podemos começar a nos converter. Pelo contrário, aquele que conhece a verdade já possui a liberdade e a exerce à serviço da verdade. Não há melhor comentário sobre este texto do que Jo 8,32: "conhecereis a verdade e a verdade vos libertará". Somente o serviço à verdade pode nos libertar, e Timóteo, sabendo disso, deve instruir aqueles que estão sob o jugo do diabo, que é divisão e mentira, para que, retornando a si próprios, possam se converter a Deus com um coração puro.

Em resumo

Pregar o Evangelho requer força e coragem, porque há muitas dificuldades para se enfrentar, mas o espírito de serviço e a memória do dom recebido sustentam o ministro da palavra de verdade que se manifestou em Cristo e é guardada pelo depósito da fé. Portanto, nenhum medo deve fazer com que aquele que tem o dom da fé se retire, porque, transmitindo-a fielmente, descobrirá a força da fidelidade de Cristo.

4) O testamento de Paulo (3,1–4,8)

Antes da saudação final, Paulo dá as últimas indicações a Timóteo, continuando o gênero exortativo que caracteriza todo o escrito. De fato, também aqui o imperativo é usado várias vezes (cf. 3,1.10.14; 4,2.5) e retorna o vocativo "mas tu" (cf. 3,10.14; 4,5)[193], que chama a atenção para o diálogo direto entre o autor e o seu interlocutor. A passagem pode ser lida em três momentos distintos: 1) 3,1-9: dedicada à lista dos vícios dos quais se abster e sobre os quais fazer discernimento para distinguir os falsos mestres; 2) 3,10-17: oferece dois critérios fundamentais para que o ministro não se perca, em memória do testemunho apostólico e a frequente presença das Escrituras; 3) 4,1-8: uma nova exortação a anunciar a Palavra com toda a audácia.

A passagem de 3,1-9 é introduzida pelo imperativo "saiba", advertindo Timóteo a não ser ingênuo diante dos árduos desafios de sua tarefa, especialmente nos "últimos dias" com momentos de dificuldade. Em continuidade com o ensinamento de Jesus que, antes de deixar os apóstolos pela sua paixão, dá critérios sobre os últimos tempos (cf. Mt 24,19.38; Mc 13,24), assim também o autor da 2Timóteo adverte o pastor sobre as inevitáveis durezas do serviço apostólico. Não se trata só dos "últimos dias" escatológicos, porque

---

193. Cf. MERKEL. *Lettere Pastorali*, p. 68.

são também os dias do tempo vivido por Timóteo na fadiga do ministério. De fato, a lista dos vícios relatados nos v. 2-5 dá a entender a presença na Igreja de personagens amantes mais de si mesmos do que de Deus. A lista de umas 19 atitudes repreensíveis começa com *phílautoi*, "egoístas" e termina com a expressão "amantes mais do prazer do que de Deus", *philótheoi*[194]. A lista dos vícios[195] também é comum na literatura não cristã da época, como testemunham Fílon, Plutarco, Flávio Josefo, Epicuro, Arriano.

A conclusão do v. 5 sugere que se trata de pessoas pertencentes à Igreja, porque se apresentam como tais com uma "aparência" de religiosidade, mas na realidade negam a força transformadora do conhecimento da verdade (cf. 1Tm 3,16), que rejeita toda a espécie de orgulho vão e se transforma em atenção e caridade ao próximo. De fato, todo vício listado pode ser elencado ou entre os vícios pessoais que fazem de si o centro das coisas, ou também entre os vícios relacionais que traem a confiança dos demais, revelando a incapacidade de demonstrar amor pelo próximo. A advertência de afastar-se assim das pessoas é um convite a cultivar a autenticidade do próprio comportamento, que deve nascer de uma adesão interior à palavra do evangelho recebida e traduzida na vida quotidiana com atitudes de autêntica piedade para com todos os homens.

Os v. 6-7 referem-se a uma prática provavelmente bem conhecida nas primeiras comunidades: os pregadores passam pelas casas e são acolhidos, mas nem todos são dignos do nome de apóstolos e, portanto, vendem a sua ciência como bom alimento, mas na realidade é apenas solicitação e curiosidade efêmera, coisas às quais se opõem o "conhecimento da verdade" alcançável com as sãs palavras do Apóstolo (cf. 2Tm 1,13). Aqueles que caem nas falsidades destes são chamados "doninhas carregadas de pecados", uma referência não só a certos grupos de mulheres que amam o gosto pelas novidades, mas a um modo de acolher as novidades desprovido de qualquer vigor intelectual, abandonando-se, como um cata-vento, ao vento que passa

---

194. Como Evágrio Pôntico vai expor sistematicamente no século IV, o caminho do vício à virtude é uma purificação do que conduz do amor a si (*philautía*) para o amor de Deus (*ágape*). Cf. EVAGRIO PONTICO. *Trattato pratico sulla vita monástica*. Org. de L. Dattrino. Roma: Città Nuova, 1992 [Collana di testi patristici, 100].

195. É um dos quatro catálogos nas CP; cf. 1Tm 1,9-10; 6,4-5; Tt 3,3. Ao contrário da longa lista de Rm 1,29-32, que se refere aos vícios presentes em toda a humanidade, 2Tm 3,2-5 parece se referir a pessoas que participam da vida da Igreja.

(cf. Ef 4,14; 1Tm 1,4; Tt 1,10). Mais do que ver pecados de natureza sexual, já que faz referência a "paixões de todo tipo", é mais correto compreender a acusação do autor mais do lado da aceitação indistinta de tudo o que se sente, sem qualquer escrutínio crítico.

O exemplo dado no v. 8 de Janes e Jambres[196] vai nessa direção, pois são chamados de personagens com uma "mente corrupta e que não deram boa prova na fé" (cf. 1Tm 6,5). A mente firme e sã aceita as sãs palavras apostólicas que permitem o acesso ao conhecimento da verdade disponível a todos os homens (cf. 1Tm 2,4), porque só a verdade conhecida torna provados na fé, isto é, confiáveis. Quantos, por outro lado, não permanecem firmes na fé recebida, mas seguem a instabilidade de uma busca do sempre novo, permanecem marcados pela "loucura", pela falta de inteligência das coisas, que logo se manifestará a todos, como foi para os dois adversários de Moisés. De fato, a própria aversão a Moisés é sinal da instabilidade deles. A leitura tipológica destes personagens cria um paralelismo entre os detentores da palavra divina, Moisés e o Apóstolo Paulo, e entre aqueles que são estranhos à verdade, Janes e Jambres e aqueles que circulam por aí.

Os v. 10-12 procedem por acumulação de âmbitos em que Timóteo foi fiel discípulo de Paulo. É certamente digno de nota a primeira área mencionada, que é o ensino, termo que permeia todas as CP[197], e as "perseguições" e os "sofrimentos", que são a verificação da autenticidade da mensagem anunciada, como se verá claramente no v. 12, em que se afirma que as perseguições são a condição normal de quem quer viver em Cristo Jesus (cf. 1Pd 4,16). A longa lista do v. 10 quase se traduz em um louvor a Timóteo, que demonstrou querer ser em todas as coisas autêntico companheiro de Paulo no seguimento de Cristo. A breve recordação dos sofrimentos passados em Antioquia, em Icônio e Listra, remetem ao relato da chamada primeira viagem missionária de Paulo (cf. At 13-14). Não é indiferente esta passagem rápida em referência ao relato dos Atos dos Apóstolos, que em muitos lugares difere das notícias obtidas pelas cartas autênticas de Paulo,

---

196. Nomes desconhecidos da tradição bíblica, mas que são transmitidos a partir da tradição rabínica relatada pelo *Targum Palestino* de Ex 7,11-13, que fala de magos egípcios que se opuseram a Moisés e Arão.

197. Cerca de 15 vezes de um total de 19 no epistolar paulino.

porque quer dizer que o autor das CP considera a narração lucana como uma fonte historicamente confiável para reconstruir a figura do Apóstolo, ou em todo caso, dá por suposto que os Atos dizem a verdade sobre os eventos apostólicos do perseguidor que se tornou cristão. A expressão "de todas as coisas me libertou o Senhor", é uma constatação já bastante enraizada na tradição bíblica (cf., p. ex., Sl 34,20) e é, ao mesmo tempo, uma profissão de fé para Timóteo e para os seus sucessores, para que confiem no Senhor, que, embora não evitando as provações aos seus servos, não os abandona nas mãos dos perseguidores (cf. 2Tm 4,17.18). Em contraste, no v. 13 são nomeados os homens insensatos cuja maldade reside em serem enganados e em enganarem os outros. Retomando o tema dos v. 6-9, o autor encerra todos os tipos de males na perversão da mente, incapaz de distinguir o bem do mal, deseducada com a verdade que dá o discernimento correto do certo e do errado. De modo que o mal não está tanto na maldade, mas na falta de autoeducação para a verdade das coisas, com a consequência inevitável de que, permanecendo prisioneiros do engano por si próprios, se comunica falsidades também aos outros.

Os v. 14-17, de fato, retomam o diálogo direto com Timóteo, indicando concretamente onde é possível ser educado na verdade e na bondade, ou seja, na Sagrada Escritura. Uma breve admoestação de caráter geral (v. 14) a permanecer, e estar bem confiante, nas coisas aprendidas introduz o tema da Sagrada Escritura como referência objetiva para a própria educação e para a formação dos demais. A expressão "conheça aqueles de quem se aprendeu" é uma afirmação explícita da autoridade apostólica, que não tem origem misteriosa ou secreta, mas é bem testemunhada pelos muitos que entraram em contato com os primeiros discípulos de Cristo. Conhecer a origem de um ensinamento significa conhecer a sua natureza e, pelo contrário, ignorar a origem de uma doutrina implica a impossibilidade de compreendê-la plenamente. Sem fazer anacronismos, a atitude sectária de se referir a doutrinas secretas e de origem oculta será típica das comunidades gnósticas que logo minarão o cristianismo. As CP deixam claro que a mensagem cristã sempre foi clara, aberta e pública porque sempre foi explícita a sua origem apostólica.

Aprofundamento
Sagrada Escritura

Os v. 15-16 enfocam o tema da Sagrada Escritura que Timóteo conhece desde a infância. Há duas expressões complementares para definir a Sagrada Escritura: *ierà grámmata* e *graphé*. Enquanto o termo *graphé*[198] é atestado muitas vezes no NT para se referir à Bíblia judaica, que os cristãos chamam Antigo Testamento (cf. 1Tm 5,18)[199], a expressão *ierà grámmata*, literalmente coisas sagradas colocadas por escrito, só ocorre nesta passagem e muito provavelmente se refere a livros, ou rolos, que circulavam nas comunidades e que foram lidos durante as assembleias. Não conhecemos o conteúdo exato desses livros, mas é plausível que contivessem os textos do AT, que Jesus já tinha indicado como profético com relação a Ele (cf. Lc 24,44).

A referência à infância de Timóteo sugere que nas comunidades cristãs havia o hábito de ensinar as crianças cristãs com as histórias e instruções do AT, que se diz serem capazes de fazer sábios, em vista da salvação que se obtém pela fé em Cristo Jesus. Em suma, concentra-se um programa de vida para a Igreja de todos os tempos: a Escritura lida na Igreja tem uma energia interna, capaz de levar o leitor à salvação, através do dom e do exercício da fé em Cristo. A fé em Cristo dá a salvação, mas esta fé pode ser conhecida e cultivada através do confronto objetivo com a Bíblia, que não só torna a salvação conhecida, mas educa para se tornar sábios para a salvação. O v. 16 especifica depois algumas propriedades da Escritura porque diz que é "inspirada por Deus" e "útil para ensinar", à qual segue uma lista de quatro motivos de porque é bom para o homem de Deus exercitar-se na Escritura. O termo *theópneustos*, "inspirado por Deus", que parece ser um neologismo, ocorre somente nesta passagem e envolve a ação de Deus, por meio do seu Espíri-

---

198. O adjetivo *pása*, traduzido como "toda", é também traduzido como "cada"; portanto, "cada passagem da Escritura". A tradução "toda a Escritura", porém, referindo-se ao texto do AT, é preferível também à luz dos dois adjetivos "inspirada" e "útil", complementares ao mesmo objeto e não referentes o primeiro a textos que são inspirados e o segundo a outros que são somente úteis. Mais complexa é a tradução de Merkel (*Lettere pastorali*, p. 99): "toda escritura que é inspirada por Deus é também útil". Mais plausível é a de B. Fiore (*The Pastoral Epistles*: First Timothy, Second Timothy, Titus. Collegeville, MI: The Liturgical Press, 2007, 165 [Sacra Pagina 12]): "cada passagem escriturística é divinamente inspirada e útil".

199. Na passagem de 1Tm 5,18 refere-se a *grafhé* em referência a Dt 25,4, mas é *graphé* também a palavra de Jesus que segue. Talvez se possa supor que nas comunidades das CP se usasse não somente o AT, mas também os primeiros rascunhos dos "evangelhos".

to, na existência e na interpretação da Sagrada Escritura. Se o conceito de inspiração divina é geralmente aceito pelo AT (cf. Nm 24,2) e pelo judaísmo helenístico[200], o que queremos enfatizar aqui é a origem divina do texto bíblico, que permanece sempre sob a ação do Espírito de Deus que o quis.

O adjetivo "útil", que é utilizado apenas nas CP (cf. 1Tm 4,8; Tt 3,8), deve ser lido como a aplicação concreta da finalidade soteriológica da Escritura, expressa no v. 15: a salvação vem ao encontro do homem antes de tudo como algo útil. Não há lugar para esteticismo, exercícios literários ou circunlóquio no caminho cristão, mas deve-se buscar sempre aquilo que é útil para a totalidade do homem. O objeto em questão não é o benefício econômico ou de bem-estar, mas é o útil para a salvação, ou seja, útil é o que alimenta a alma, a inteligência, o afeto, o comportamento saudável, para que o homem se torne sábio em alcançar a salvação.

A ligação entre "inspirado por Deus" e "útil" oferece um critério de discernimento também de natureza pastoral: as coisas que vêm de Deus são úteis para a salvação do homem e o que é bom para os homens, para a sua salvação, pode ser dito que vem de Deus. As consequências do contrário são facilmente deduzidas: se algo não serve à salvação, podemos assumir que não é inspirado por Deus. A utilidade, depois, é especificada por quatro elementos dispostos em cruz: "ensinar", "convencer", "corrigir" e "educar". A centralidade da dimensão do ensino, já sublinhada várias vezes nas CP, exprime-se nos seus métodos e na sua finalidade principal: ensina-se para educar na justiça e educa-se com a reprovação e a correção, temas bem atestados também em outros lugares do NT (cf. Mt 18; Hb 12,7-11).

O v. 17 retorna à importância do ministro a quem Timóteo deve educar. O permanecer no ensinamento recebido dos apóstolos e a frequência da Sagrada Escritura são, portanto, indicações precisas de que o guia da comunidade deve ser bem formado para que se torne "homem de Deus" e "apto para toda boa obra". A expressão "homem de Deus", única no NT[201], ocorre

---

200. Cf. FILONE ALESSANDRINO. *De Specialibus Legibus* 1,65; 4,49. Marcheselli Casale (*Le Lettere Pastorali raccontano*, p. 145) observa que, no entanto, jamais em Fílon se usa tal adjetivo, enquanto que a única recorrência extrabíblica se encontra no Pseudo-Focílide, p. 129.

201. A recorrência do vocativo de 1Tm 6,11 não pode ser considerada do mesmo teor por causa do contexto diferente, que enquanto em 1Timóteo segue o tom litúrgico-parenético, em 2Timóteo tem o tom didático e paradigmático.

várias vezes na literatura deuteronomista[202], e indica aquele que pertence a Deus porque está a seu serviço. Esta deve ser, portanto, a primeira e principal característica do guia da comunidade. Mas sua pertença a Deus se traduz em fazer todo tipo de boas obras para o bem dos homens. Oportunamente, de fato, primeiro com o adjetivo *ártios*, "completo" e depois com o verbo *exartízo*, "bem preparado", que tem a mesma raiz da palavra "arte", o autor das CP une em profunda unidade a pertença a Deus que se manifesta através do exercício das boas obras e o estar prontos para fazer todas as boas obras como fruto da educação recebida pelo próprio Deus.

A terceira parte desta passagem, 2Tm 4,1-8, continua na linha da exortação pessoal dirigida a Timóteo, com uma série de imperativos (cf. v. 2-5) e com o testemunho pessoal de Paulo que se apresenta como exemplo a seguir (v. 6-8). Estes oito versículos estão incluídos na palavra "manifestação", que se refere ao mistério de Cristo no mundo e aqui é mencionado em seu aspecto escatológico: Ele vem como juiz "dos vivos e dos mortos" (v. 1), "justo juiz" (v. 8) que dará o prêmio aos seus servos fiéis. O horizonte escatológico torna-se o contexto mais apropriado para compreender o sentido da missão apostólica, da necessidade de anunciar a palavra e de exortar com toda paciência (v. 2). Os v. 3-4 colocam novamente no centro o problema daqueles que não aceitam a verdade da sã doutrina apostólica (note-se o paralelismo entre "sã doutrina" e "escuta da verdade") e preferem rodear outros mestres que se perdem atrás das suas paixões e falsos mitos (cf. 1Tm 1,4). O afastamento do ensinamento apostólico gera uma curiosidade que leva à escuta de coisas falsas inventadas pelas paixões desmedidas de homens que já não estão dispostos a deixar-se educar pelo que é verdadeiro. O v. 5 retoma com o "mas tu", já encontrado em 2Tm 3,10.14, a exortação a Timóteo para ser sóbrio, para aprender a sofrer pelo bem, para fazer a "obra do evangelista" e para cumprir o seu serviço. São quatro indicações que abordam a dimensão interior do guia, de modo que sempre busque o que é essencial, tenha a capacidade de suportar os males, realize concretamente "a obra de evangelista"[203] através de um cultivo diurno do espírito de serviço (*diakonía*).

---

202. Cf., p. ex., Dt 33,1; Js 14,6; 1Rs 13,1.

203. Termo raro que se encontra também em At 21,8 em referência a Filipe, anunciador do evangelho e em Ef 4,11, na lista de apóstolos, profetas, evangelistas, pastores e mestres. Um papel que é inerente à proclamação da palavra e ao ensinamento apostólico.

Os v. 6-8 relatam um outro fragmento das *"personalia",* no qual Paulo sente seu fim próximo e interpreta a sua próxima morte como um ser derramado em libação, referindo-se ao gesto sacrificial de oferta à divindade[204]. A sua morte, como a sua vida, é um ato de culto prestado a Deus, ao qual tudo retorna como oferta agradável (cf. Rm 12,1-2). A morte é um ser desamarrado daquilo que prende para alcançar a liberdade plena de movimento. Toda a vida de Paulo no v. 7 é então resumida em três imagens complementares: a luta, a corrida e a fé. Os verbos no perfeito dizem que Paulo, desde que começou a sua missão apostólica, sempre combateu, sempre concluiu a corrida e sempre guardou a fé. A fé é uma corrida rumo ao prêmio (cf. Fl 3,12); a fé é uma luta contra as adversidades que entristecem e distanciam de Deus (cf. 2Cor 12,10); portanto, a salvaguarda da fé não tem nada de passivo, como poderia dar a entender a palavra "guardar", mas a salvaguarda da fé exige uma vontade sempre pronta para entrar no jogo e pôr-se à prova. Nada de passivo, portanto, na atividade apostólica. O v. 8 coloca tudo nas mãos do Senhor, "justo juiz", que dará a Paulo a "coroa de justiça" a todos aqueles que amaram a sua manifestação. A semântica da justiça que se atribui à coroa da vitória e a Cristo Juiz está enraizada na concepção do Antigo Testamento da correta relação com Deus que o homem estabelece graças à fé (cf. Hab 2,4). A aproximação da morte é descrita como uma abertura ao encontro com um juiz justo que não vem para condenar, mas para colocar uma coroa na cabeça daqueles que, amando a sua manifestação na história, o serviram e o aguardaram com a atividade apostólica.

5) As últimas recomendações (4,9-18)

Com o convite a apressar-se para vir ter com Paulo, repetido duas vezes nestes últimos versículos (os v. 9 e 21; cf. Tt 3,12), o autor das CP, antes das últimas saudações, traça um mapa muito detalhado das suas relações antes da sua morte já iminente (cf. 2Tm 4,6). Retorna umas duas vezes o verbo "abandonar" (v. 10 e 16), assim como se encontra também na boca de Jesus que morre na cruz (cf. Mt 27,46; Mc 15,34); assim também encontramos a imagem da "boca do leão", tirada do Sl 21,22, que acompanha os relatos evangélicos da Paixão. Estas alusões levam-nos a pensar numa espécie de comparação desejada pelo autor entre a paixão de Jesus e a "paixão" de Pau-

---

204. Cf. Fl 2,17; Nm 5,15; Jr 7,18.

lo, que imita o seu Senhor: assim como Jesus foi abandonado pelos apóstolos e traído pelos seus inimigos, assim também Paulo é abandonado pelos seus colaboradores mais próximos e ofendido pelos seus adversários (cf. Alexandre, o ferreiro do v. 14). O abandono, porém, é de dois tipos: há aquele que, como Dema, abandona o Apóstolo para seguir o mundo, há aquele que deixa Paulo para continuar a missão apostólica longe dele, como Crescente, que foi à Galácia, e Tito à Dalmácia. Tíquico, no entanto, foi enviado pelo próprio Paulo a Éfeso. A condição de abandono, porém, não coincide com a total solidão, como se diz no v. 16, porque afirma "Lucas está comigo", enquanto mais adiante, no v. 21, envia as saudações dos irmãos de Roma. Ele pede que Marcos venha a ele porque será útil para o ministério (cf. v. 11). Há contradições no texto que nos impedem de identificar com certeza a situação real do Apóstolo Paulo, mesmo que, referindo-se à primeira defesa no tribunal (v. 16), pode-se argumentar que ele está esperando por uma segunda audiência ou pela sentença de condenação. É mais provável que ele esteja à espera de uma nova audiência porque pede os livros, os pergaminhos e a capa (v. 13), talvez por causa do inverno agora iminente, que impedia qualquer viagem (v. 21). De tais versículos derivamos, porém, apesar da dificuldade histórica de determinar a identidade dos personagens individuais e a verdade das notas individuais, uma rede de relações muito estreitas com colaboradores de muita confiança que expandiram a missão apostólica. E em linha com o que aconteceu com Jesus, alguns foram embora e traíram a fé inicial, como é o caso de Dema, outros dificultaram a ação apostólica, como fez Alexandre. O pano de fundo, porém, traz sempre a marca escatológica da confiança em Deus: o Senhor liberta os seus fiéis de todo o mal, para conduzi-los ao seu reino coroado de justiça (cf. 2Tm 3,11; 4,8.17-18).

A cláusula doxológica do v. 18 "a Ele a glória nos séculos vindouros, amém" reorienta o propósito de todo esforço apostólico, concentrado em reconhecer e fazer reconhecer Deus como fonte de toda graça e objeto de todo louvor. Deve-se notar o termo "reino" (*basileia*), tão frequente na pregação de Jesus, pois nas CP aparece apenas duas vezes (cf. 2Tm 4,1.18) e em referência à condição futura daqueles que pertencem a Cristo e à sua manifestação (cf. 2Tm 4,8). Se em Jesus o conceito de Reino de Deus está ligado à ação de Deus aqui e agora (cf. Mc 1,15) na expectativa de uma plena participação ao seu reino na idade futura (cf. Mc 9,47; 10,24), e em Paulo está ligado sobretudo à possibilidade dos filhos de herdar o Reino de Deus[205], em 2Timóteo o reino é visto única e exclusivamente como condição final daqueles que foram fiéis ao Evangelho (cf. 2Tm 4,1) e foram libertos pelo Senhor de todos os males. A condição do reino é caracterizada pela liberdade de servir o próprio rei, o que não é possível neste mundo, no qual aqueles que levam o Evangelho são chamados a lutar contra todas as formas de engano e maldade, permanecendo fiéis à palavra recebida e realizando toda boa obra. Por último, mas não menos importante, o exemplo de Paulo de não contar o mal recebido por aqueles que lho fizeram (cf. 2Tm 4,16).

6) As últimas saudações (4,19-22)

As últimas saudações são compostas de indicações rápidas: Paulo pede para saudar Priscila e Áquila (cf. At 18,1) e a casa de Onesíforo já achado em 2Tm 1,16. Menciona-se Erasto e Trófimo, que ficaram respectivamente em Corinto e Mileto, personagens que aumentam o grupo de colaboradores de Paulo. O convite para apressar-se a vir antes do inverno, em conexão com o v. 9, dá a entender como Paulo pressinta o fim iminente. Dirige-se a Timóteo para que receba as saudações de Éubulo, Pudente, Lino e Cláudia, nomes romanos que sugerem que Paulo está em Roma, frequentemente visitado por tais amigos. Desta informação pode-se deduzir que Roma pode ter sido o lugar onde Paulo escreveu as suas CP (cf. 2Tm 1,17).

A conclusão final "a graça esteja convosco" já encontramos em 1Tm 6,21 (cf. Cl 4,18) e é semelhante em Tt 3,15, que acrescenta "todos vós". A fórmula é mais estreita que a conclusão mais ampla das outras cartas paulinas, pois não menciona o caráter cristológico da graça. Mais original é a expressão "o Senhor esteja com o teu espírito", que assegura a Timóteo que o Senhor nunca abandona nenhum dos seus. A dimensão do espírito (*pnéuma*), indica a parte do homem capaz de comunicar com Deus (cf. 1Ts 5,23). Tal saudação, portanto, assegura a Timóteo a boa disposição permanente de Deus para com ele e que o libertará de todo o mal.

Em resumo

Paulo pretende deixar a Timóteo o seu espírito apostólico de serviço ao Evangelho, guardado pelo discípulo através do seu amor à Sagrada Escritura

---

205. Cf. 1Cor 6,9; 15,50; Gl 5,21.

e a vigilância sobre o seu próprio ensinamento e comportamento para com os outros. O próprio Paulo dá o exemplo de poder suportar pacientemente todas as dificuldades e traições, imitando assim Jesus Cristo. Porém, a força desta paciência, que surge da palavra anunciada, revela a grande energia do Evangelho, porque é luz que vem diretamente da ressurreição de Cristo.

VIII

Carta aos Hebreus

A. Martin

Introdução

No Novo Testamento e, em particular, no *Corpus paulinum*, a Carta aos Hebreus constitui, talvez, o caso mais enigmático: o autor e as circunstâncias que geraram o escrito permanecem, para além de qualquer conjetura, completamente desconhecidos.

Autor

Na Igreja de Alexandria, em meados do II século, Hebreus foi incluída no *Corpus paulinum*; de fato, no papiro Chester Beatty é colocado imediatamente após Romanos. A opinião compartilhada era que fosse um escrito de Paulo (pelo menos era o que pensava Clemente Alexandrino, Orígenes e Eusébio), apesar de reconhecerem as diferenças de estilo comparado com as outras cartas do Apóstolo. A explicação oferecida, então considerada inteiramente suficiente, se baseava na distinção entre o autor, Paulo, responsável pelo conteúdo, e um discípulo secretário, que o teria ajudado na redação, determinando assim as diferenças estilísticas. No Ocidente, a atribuição paulina foi fortemente discutida, tanto que no cânone muratoriano a carta não está incluída; no entanto, foi aceita depois do V século, graças também ao parecer favorável de Agostinho e Jerônimo. Desta forma, foi considerada como um texto de Paulo, tanto no Oriente como no Ocidente: de fato, na lista canônica se encontra entre as cartas paulinas e as católicas[206].

---

206. Cf. o comentário a 13,22-25, na p. 276s.

Desde a Renascença e a Reforma, a teoria da relação autor-secretário, considerada até então como a explicação resolutiva das diferenças com as cartas de Paulo, foi considerada insuficiente e a atribuição paulina foi questionada. Hoje entre os exegetas não há mais ninguém que apoie a paternidade literária paulina de Hebreus.

Em primeiro lugar, é pouco provável que Paulo, tenaz defensor da própria autoridade apostólica como testemunha do Ressuscitado (cf. p. ex., Gl 1,11-16 e 1Cor 15,8), tivesse se reduzido a um simples ouvinte do anúncio das primeiras testemunhas da Palavra do Senhor (cf. autodescrição do autor em 2,3). Mas a diferença mais marcante no campo teológico com as cartas autênticas reside na originalíssima concepção de Jesus como sumo sacerdote, que não encontra paralelo no epistolário paulino (e no NT). Além disso, em Hebreus os grandes temas típicos de Paulo estão ausentes. Consequentemente, a opinião de que esta carta foi escrita por uma mão diferente da de Paulo é agora pacificamente partilhada no panorama exegético. A questão, no entanto, permanece: mas, então, quem a escreveu?

De acordo com Tertuliano[207] o autor de Hebreus foi Barnabé, um levita nativo de Chipre (cf. At 4,36), bem informado sobre as regras de adoração em vigor no templo; mas dificilmente poderia ter escrito passagens tais como as de 7,11-19 e 9,9-10, que claramente apoiam a ineficácia do culto. Martinho Lutero propôs outro candidato, Apolo, por sua habilidade na arte da retórica e por seu conhecimento das Sagradas Escrituras (At 18,24); infelizmente, nada se sabe do seu ensinamento para endossar ou não esta hipótese. Outras soluções foram propostas de acordo com os personagens mencionados nos escritos do Novo Testamento: Priscila, mas não sem a ajuda de seu marido Áquila, pois o autor faz alusão ao próprio sexo masculino (cf. 11,32)[208]. Silas, ou Silvanos, coautor das cartas aos tessalonicenses; Epafras, lembrado em Filêmon; Timóteo, a quem são dirigidos dois escritos do *Corpus paulinum*, e o diácono Filipe. A estas se acrescentam outras hipóteses ainda mais fantasiosas: Aristíon, um ancião mencionado por Papias, e a própria Maria, mãe de Jesus. Todas estas conjeturas permanecem demasiado vagas – e por

---

207. Cf. *De pudicitia,* 20,2. Eusébio, citando Clemente, relata a sua convicção de que Hebreus foi escrita em hebraico por Paulo e traduzida ao grego por Lucas, cf. *Historia ecclesiastica,* 6,14,2-4.

208. O participio *diegoúmenon* é de gênero masculino.

vezes bizarras – para serem criticamente rastreadas; a posição mais correta é respeitar a escassez de dados, aceitando a impossibilidade de alcançar uma determinada identificação.

Mas, mesmo por trás do anonimato, algo do nosso autor ainda emerge. Do escrito emerge um personagem bem instruído tanto na retórica bíblica quanto na clássica, dotado de alguns conhecimentos filosóficos gregos e especialista na exegese do AT na versão dos LXX. Muito provavelmente é um cristão de origem judaica, embora ainda não tenha sido uma testemunha ocular da história de Jesus (cf. 2,3).

Datação

Não menos complexa é a questão da datação. Não existem indicações explícitas e deve-se apoiar em indícios. Se o autor não esteve entre os cristãos da primeira hora (cf. 2,3) e os destinatários são crentes há algum tempo (cf. 5,12), significa que se passaram pelo menos algumas décadas do evento Jesus Cristo. O *terminus a quo* do 60 d.C. é apoiado por poucos comentadores. Talvez haja uma citação de Hebreus em 1 Clemente, cuja datação ainda é controversa (entre 90 e 120); portanto, é limitada a fixar um *terminus ad quem* em torno de 115 d.C. Até mesmo o Pastor de Erma (entre 120 e 140) parece conhecer a Carta aos Hebreus.

Tratando de questões relacionadas com o exercício do culto no templo, que parece ainda em vigor enquanto o autor escreve, muitos exegetas estabeleceram um período anterior à sua destruição (antes do 70), mas não faltam escritos em que as ações cúlticas ainda parecem estar em vigor mesmo que já estejam extintas (cf. as *Antiguidades judaicas*, de Flávio Josefo). É verdade que o autor nunca menciona a destruição, mas este argumento *e silentio* não é conclusivo.

Talvez a referência a Timóteo (13,32) possa ser útil: se se trata do discípulo de Paulo, então, não é possível imaginar que ele ainda estava vivo tempo depois do ano 100.

Alinhando, então, as várias hipóteses formuladas pelos estudiosos, pode-se fixar uma margem temporal bastante ampla: aproximadamente entre o 60 – mesmo que seja um *terminus* bastante incerto – e o 100 d.C.

Destinatários

A própria identificação dos destinatários é pouco clara. A expressão "aos Hebreus", de fato, nos manuscritos foi adicionada apenas após a redação e, portanto, não tem qualquer suporte textual; é uma dedução tirada da referência ao culto.

A anotação final "Saúdam-vos os da Itália" (13,24) não ajuda: esclarece a origem dos saudadores, mas deixa completamente na sombra a identidade dos destinatários.

O fato de que eles são cristãos e não hebreus pode ser deduzido da declaração "Nos tornamos participantes de Cristo" (3,14; cf. tb. 4,14 e 10,23), mesmo que não se saiba se são de origem judaica ou pagã. A identificação com a comunidade cristã de Roma também permanece uma suposição. Em última análise, deve aceitar-se que o perfil dos destinatários permanece indefinido. No entanto, a comunidade à qual se dirige o texto está ameaçada por um enfraquecimento da fé, pela qual se deve oferecer uma motivação renovada e sólida.

Gênero literário

Unanimemente Hebreus é definida como um dos exemplos mais ilustres e complexos da retórica cristã primitiva; um texto sofisticado e elegante. O autor, de fato, procede com diferentes registros, associando aos procedimentos da retórica bíblica os da retórica clássica.

Apesar de ter sido incluído no epistolário paulino, o texto não tem as características de uma carta: falta-lhe um pré-escrito inicial (com saudação e nome do remetente e dos destinatários) e, com exceção dos versículos finais com estilo epistolar – uma nota de acompanhamento (13,20-25) –, o curso tem o teor de um discurso oral, de uma homilia (uma oração epidíptica). Mas esta obra não é uma exortação (como parece emergir em 13,22), porque se apresenta como um estudo teológico de Cristo Sumo Sacerdote.

Tendo em conta as aquisições da retórica clássica, a que Aristóteles mesmo (*Retórica*, 1.9,38-40) tinha dedicado seus estudos e nos quais passou a classificar três tipos de persuasão (deliberativo, epidíctico e judiciário), alguns exegetas se expressaram a favor de uma forte ligação de Hebreus com o gênero epidíctico, caracterizado principalmente pelo louvor da virtude, a censura do vício e por comparações com personalidades de valor do passado, que serviam como modelos de comportamento a imitar[209].

---

209. Pfitzner (Hebrews, 21) lista alguns.

No entanto, também parece pertinente incluir tais comparações com figuras eminentes do passado com um modo de correlação puramente bíblico: o autor, de fato, muitas vezes constrói os seus argumentos através da correlação tipológica (ou mais simplesmente através da *sy´nkrisis*, ou seja, da comparação). A novidade cristológica é tipologicamente elaborada a partir de semelhanças e diferenças com figuras ou acontecimentos do AT, que, dentro do fluxo da história da salvação, são percebidos como prefigurações da pessoa e do papel de Cristo (basta pensar na comparação com Moisés em 3,1-6; ao tema do repouso terreno em relação ao eterno e a entrada na terra prometida em relação à figura de Josué em 3,7-4,11 [cf. tb. no c. 11]; ao culto terreno figura daquele celestial em 8,1-6; à tenda do deserto relacionada com o santuário celestial em 9,1-28; ao sumo sacerdote e à celebração do *Yom Kippur* sobretudo em 9,11–10,18 como um pré-anúncio da pessoa e do papel de Cristo. Mas também à figura de Melquisedec prefiguração de Cristo sacerdote em 7,1-28). Em particular, a comparação tipológica entre os muitos sacerdotes aaronitas e a única figura eterna do sumo sacerdote celeste (Cristo) parece combinar o método hermenêutico filoniano do tipo neoplatônico[210] – sem, no entanto, assumir o seu pressuposto metafísico – com o pensamento apocalítico judaico[211].

Em última análise, a Carta aos Hebreus, não mostrando as qualificações da epistolografia antiga, apresenta-se como um tratado de cristologia sacerdotal.

Simplesmente um tratado? Unitariedade e organicidade em torno da *tese* única do sumo sacerdócio de Cristo e do *tema* igualmente principal da peregrinação sacerdotal, dele e da assembleia cristã, a

---

210. P. ex., em 9,23-24 emerge não tanto a comparação tipológica, mas antes a correspondência neoplatônica entre o plano das realidades terrenas e o dos modelos noéticos: "Era necessário, portanto, que as coisas representadas (*tà ypodéigmata*, as cópias, as figuras) as realidades celestes fossem purificadas com tais meios; mas as próprias realidades celestes, então, tinham que ser purificadas com sacrifícios superiores a estes. De fato, Cristo não entrou num santuário feito por mãos humanas, figura (*antítypa*, reprodução, prefiguração) do verdadeiro, mas no próprio céu".

211. O dualismo *ontológico* do pensamento platônico se resolve no pensamento judaico em um dualismo *cosmológico*: enquanto para o primeiro há uma diferença radical entre os mundos terrestre e celeste, representando transcendência e imanência duas formas diferentes de existência, para o segundo eles coexistem em uma diferença puramente espacial: cf. SVENDSEN, S.N. *Allegory Transformed* – The Appropriation of Philonic Hermeneutics in the Letter to the Hebrews. Tübingen: Mohr Siebeck, 2009, p. 55-66 [Wissenschaftliche Untersuchungen zum Neuen Testament 2. Reihe, p. 269].

compacidade da composição literária de Hebreus, a articulação da disposição narrativa e a consequencialidade epidíctica [...] parecem impulsionar nessa direção[212]:

Esquema

Hoje é possível ter uma ideia de um livro com o título, a contracapa (onde geralmente se encontra um resumo) e o índice. Outrora não era assim. Pelo contrário, podemos ver o itinerário argumentativo de um escrito antigo através da descoberta da chamada disposição, que é o sistema de relações internas entre as partes de uma obra, que destaca o tema central e o seu entrelaçamento com os temas secundários. Isto também se aplica aos escritos bíblicos. A estruturação emerge através da combinação de critérios de investigação formal e critérios de investigação de conteúdo; mais precisamente, percebe-se que o autor de Hebreus adotou tanto os procedimentos da retórica clássica como os da retórica bíblica[213].

Proêmio 1,1-4: Intervenção divina na história humana
Primeira parte 1,5–2,18: A situação de Cristo em relação a Deus e aos homens
Segunda parte 3,1–5,10: Cristo sumo sacerdote digno de fé e misericordioso
    a) 3,1–4,14: digno de fé
    b) 4,15–5,10: misericordioso
Terceira parte 5,11–10,39: Traços característicos do sacerdócio de Cristo
    a) 5,11–6,20: exortação inicial
    b) 7,1-28: Cristo sumo sacerdote segundo a ordem de Melquisedec
    c) 8,1–9,28: Cristo aperfeiçoado pelo seu sacrifício
    d) 10,1-18: Cristo causa de salvação eterna
    e) 10,19-39: Exortação conclusiva
Quarta parte 11,1–12,13: Adesão a Cristo pela fé perseverante
    a) 11,1-40: a fé dos antigos
    b) 12,1-13: a perseverança necessária
Quinta parte 12,14–13,19: Atitudes de vida cristã ("caminho direto!")
Conclusão 13,20-25: Saudações e notas de acompanhamento

Um dos procedimentos retóricos utilizados, que permite, juntamente com outros, identificar a disposição, é a formulação da *propositio*: ao final de

---

212. MARCHESELLI-CASALE. *Lettera agli Ebrei*, p. 45.

213. Apresenta-se aqui a disposição proposta por Vanhoye (*L'epistola agli Ebrei*, p. 36), que foi adotada com alguns retoques por Attridge (*Ebrei*, p. 62-64).

uma seção, o autor anuncia brevemente o tema que será retomado e tematizado na próxima seção (de tempos em tempos, as várias *propositiones* serão destacadas no comentário).

Guia de leitura

Proêmio: a intervenção divina na história humana (1,1-4)

A introdução da homilia evoca muito solenemente o plano de Deus, que falou aos pais (i. é, a Israel) através de alguns intermediários: os profetas e o Filho. As tentativas de Deus se sucedem fielmente até culminarem no envio do Filho e, apesar das repetidas rejeições dos homens, Deus busca continuamente a possibilidade de dialogar com eles. É um grande começo, porque diante das deserções humanas, Deus insiste incansavelmente em comunicar-se com eles. Pode parecer uma simplificação talvez um pouco indevida, porque em si mesmo Deus não só falou, mas também interveio através de acontecimentos, sinais e prodígios. No entanto, esta apresentação constitui uma excelente síntese teológica, porque reúne todos os acontecimentos narrados na Bíblia na categoria da comunicação. Uma comunicação tão tenazmente procurada faz de Deus o interlocutor por excelência do homem, uma espécie de amigo fiel que não cultiva nenhum desejo, a não ser aquele de se entreter com ele.

Como se pode observar, nestes primeiros versículos não há absolutamente nenhum pré-escrito com os elementos protocolares próprios do *incipit* de uma carta: saudação, nome do remetente e nome dos destinatários.

Uma comparação com os costumes da oratória grega poderia revelar-se muito frutuosa: os oradores gostavam de iniciar seus discursos propondo seu próprio pensamento em oposição ao dos "muitos" que os precederam; assim destacavam a originalidade de sua proposta (cf. tb. Lc 1,1). O autor de Hebreus, mesmo usando o adjetivo "muitos", não o faz para criar contrastes, mas para evidenciar a fidelidade ininterrupta de Deus através da sucessão de suas intervenções: "em *muitos* momentos e com muitas modalidades" (tradução literal do v. 1).

Esta busca incessante por parte de Deus se realiza substancialmente em duas fases. A primeira, muito longa, feita com a anotação lapidária "aos pais por meio dos profetas": é o período do Antigo Testamento, que, infelizmente, se revelou ineficaz, porque as tentativas renovadas em muitas ocasiões e de maneiras diferentes pelo divino não tiveram o efeito desejado. A segunda fase é a definitiva, realizada através do Filho, com o qual começa uma nova era, a escatológica. Esta última solicitação não é simplesmente uma das muitas com as quais Deus tentou entrar em diálogo com Israel: a qualidade é definitivamente diferente. Não um dos profetas, mas precisamente o Filho, sobre a identidade e o papel do qual muito se fala com afirmações muito densas.

Em primeiro lugar, é aquele com quem Deus mantém uma relação irrepetível: sem preâmbulos, de fato, Ele é chamado de "Filho", cujo perfil é gradualmente esclarecido pelas determinações posteriores. Note-se que Ele é assim chamado até em 2,9, onde pela primeira vez aparecerá o seu nome humano (histórico).

Diz-se então que Ele é "herdeiro", característica muito importante para o AT: basta pensar no desejo ardente de Abraão de que um filho herde os seus bens (cf. Gn 15,2-4), ou na herança universal prometida por Deus ao descendente de Davi (cf. Sl 2). Agora o Filho é herdeiro, mas de uma maneira completamente original, porque é herdeiro de "todas as coisas" (v. 2), portanto está em relação não só com alguns elementos do mundo, mas com todo o cosmos. Também o homem no Salmo 8 é descrito como o senhor do mundo. No entanto, esta relação do Filho com a criação é imediatamente esclarecida pela expressão "através do qual fez também o mundo" (v. 2): o Filho é herdeiro de todas as coisas pelo fato de que elas foram criadas por meio dele. Por isso se orientam a Ele: o Filho é mediador da criação. Portanto, as possíveis referências implícitas a Abraão, ao descendente davídico e à posição de domínio do homem sobre o mundo são absorvidos e de alguma forma superados pela atividade mediadora de Cristo na criação (note a *reversio* temporal do v. 2b: se menciona primeiro a herança universal final e depois a criação universal dos começos). Até aqui, a relação com a criação.

Aparecem então duas metáforas com traços sapienciais que iluminam a relação de Cristo com o Pai: Ele é irradiação e marca (*apáugasma* e *charaktér*, v. 3a). "Irradiação da sua glória" é uma imagem referente à luz que se expande sobre as coisas que ilumina, mas, ao mesmo tempo, numa contínua relação de dependência da própria fonte de luz. Sem metáfora, o Filho não é apenas uma "atividade" do Pai, uma sua "emanação", mas tem sua própria existência pessoal (a luz pode ser distinguida do sol que a irradia), mas ao mesmo tempo não está separado dela (a luz não pode ser separada do sol e, afinal, é da sua própria natureza). A chamada à Sb 7,25-26 é muito evidente.

O Filho irradia a "glória" do Pai, que é a própria divindade que se comunica e se manifesta em seu esplendor[214].

"Marca da sua substância" é a segunda metáfora, inspirada pelo efeito de um selo impresso na cera: a marca que dele provém está intimamente ligada ao selo, reproduzindo perfeitamente o seu perfil. Sem metáfora, o autor está dizendo que o Filho em todas as coisas se assemelha ao Pai, é sua perfeita representação, e, ao mesmo tempo, que tira dele toda a existência (como a marca que não existiria sem o selo). Para evitar, então, dar a ideia de uma relação superficial, usa o termo "substância" (*ypóstasis*)[215], que define neste contexto a autêntica realidade do ser divino. Em outras palavras, dizer que o Filho é no mundo "irradiação" e "marca" de Deus significa afirmar que Ele é a mais adequada e pertinente representação e visibilização sua, não em virtude de algum vínculo genérico, mas em virtude de uma relação pessoal autêntica e próxima. Destas duas metáforas emerge uma acertada tentativa de incipiente reflexão trinitária (ainda que, por enquanto, só declinada na relação Pai/Filho), na qual se pode sublinhar a contemporaneidade de união e distinção entre os dois, isto é, de total dependência do Filho do Pai, respeitando plenamente sua exata individualidade: não divididos, mas distintos.

Graças à composição estilística do versículo, os estudiosos levantam a hipótese de um hino preexistente, de possível origem litúrgico-batismal, no qual havia uma releitura sapiencial do papel cósmico de Cristo (de algum modo semelhante, p. ex., ao de Cl 1,15-20).

Então, depois de ter contemplado a relação com Deus, volta-se a considerar a relação do Filho com o mundo: "e tudo sustenta com a sua palavra poderosa" (v. 3a): já não se olha para o ato criador inicial, mas para a manutenção atual na existência do cosmos com a força da sua palavra. Também aqui nos deparamos com uma consideração teologicamente densa: se Deus está preso na sua contínua tentativa de falar com o homem e o faz definitivamente com o Filho (v. 1-2), bem, a palavra deste último é tão poderosa que detém toda a criação: a palavra do Pai e a palavra do Filho partilham o mesmo valor.

---

214. O uso de *apáugasma* nos textos de Fílon de Alexandria não parece trair alguma dependência de Hebreus (cf. p. ex., *De opificio mundi*, p. 146, e *De plantatione*, p. 50, em relação ao homem e ao mundo respectivamente). Pelo contrário, tanto Fílon quanto Hebreus parecem estar em dívida com as tradições judaicas anteriores.

215. O termo também ocorre em 3,14 e 11,1. O pano de fundo parece ser a filosofia estoica.

Finalmente, depois de ter considerado o papel do Filho na criação, se menciona o papel desempenhado na história: o mistério pascal, isto é, a purificação dos pecados e a ascensão ao céu.

O sentar-se "à direita" do Pai (v. 3b) é uma alusão ao Sl 110,1: Cristo não se assentou num trono terrestre, mas "no alto dos céus", isto é, ao lado do trono celestial de Deus. Esta posição é muito superior à de qualquer outra entidade angélica, porque o nome do Filho é "mais excelente" que o dos anjos (v. 4). Desnecessário será dizer que, com esta comparação, o autor suscita a curiosidade dos ouvintes, que se perguntarão por que e como o Filho está em condição de superioridade. Esta referência serve, de fato, para introduzir a comparação com os anjos, tema central dos v. 5-14, no qual o autor, ao som de citações bíblicas, demonstra como a relação do Filho com o Pai é de natureza superior à dos próprios anjos com Deus.

Primeira parte: a situação de Cristo em relação a Deus e aos homens (1,5–2,18)

A primeira parte da carta descreve a situação de Cristo através de duas relações fundamentais: aquela com Deus e aquela com os homens. Em 1,5-14 o autor trata do seu "nome divino", isto é, da condição de superioridade de Cristo sobre todas as criaturas angélicas e, portanto, também de absoluta e única proximidade a Deus; enquanto em 2,5-18 trata do seu "nome humano", isto é, da sua plena solidariedade com os homens. Estas são as duas coordenadas indispensáveis através das quais, de momento ainda incipiente, o autor lança as bases para uma sólida reflexão sobre a ação mediadora de Cristo; ele pode pôr Deus e o homem em comunicação precisamente porque está em perfeita comunhão com o primeiro e em plena partilha com a situação do segundo.

1) O "nome divino" de Cristo (1,5-14)

O propósito destes versículos é o de estabelecer através de três contrastes a superioridade do "nome divino" de Cristo sobre as criaturas angélicas. Ora, o termo "nome" na linguagem bíblica não indica simplesmente o apelativo com que uma pessoa se distingue da outra, mas designa mais precisamente a condição e a dignidade irrepetível de uma pessoa sobre a outra: neste caso concreto, indica a situação de glória incomparável e superior a qualquer criatura, incluindo os anjos, em que se encontra Cristo.

Os três contrastes (v. 5-14)

No primeiro contraste (v. 5-6) é feita uma pergunta retórica (à qual o leitor é implicitamente convidado a dar uma resposta negativa): a qual criatura Deus dirigiu a palavra escrita no Sl 2,7 e em 1Cr 17,13, de teor real e messiânico? Talvez para uma criatura sublime como um anjo? Resposta: não, mas apenas ao Filho. Eis, pois, o contraste: a relação que o Filho tem com Deus goza de tal grau de intimidade que nem mesmo o anjo mais sublime pode sonhar em experimentá-la. Não se deve esquecer que às vezes a Bíblia define os anjos com o apelativo de "filhos de Deus", que, estando numa posição muito elevada no cosmos, estão mais próximos de Deus do que qualquer outra criatura. Ainda assim, eles não estão na mesma posição que o Filho, porque não são "filhos de Deus" como Ele.

Deve-se lembrar que nas cortes do Oriente Próximo antigas denominações divinas eram amplamente usadas (pense-se nos faraós aclamados de tempos em tempos como filhos de uma ou outra divindade). Obviamente, ninguém em Israel teria sonhado que o rei fosse um deus e no cerimonial de corte a filiação divina era dirigida ao novo monarca em um sentido puramente metafórico e auspicioso. É sabido que nenhum rei em Israel tem sido capaz de incorporar plenamente a figura do monarca ideal e as expectativas a este respeito foram projetadas para o futuro esperando por um rei messias.

O rei israelense, no entanto, era excepcionalmente chamado de "filho de Deus" no dia de sua coroação; durante a cerimônia, de fato, um profeta da corte, repetindo as palavras: "Tu és meu filho, eu, hoje, te gerei" (Sl 2,7), atribuía este título divino ao novo rei de Israel de uma forma bastante ousada, como se o próprio Deus estivesse adotando como próprio filho o recém-instalado soberano. Em suma, uma espécie de bons desejos; para o recém-entronizado, é claro, mas também para o povo.

Pois bem, o autor vê estas perspectivas ideais, contidas nas citações das Escrituras e até agora frustradas por reis limitados e ineptos, finalmente completadas em um nível sem precedentes precisamente na filiação divina de Cristo, a quem o título de "filho de Deus" pertence não como um bom desejo mas por natureza, isto é, em virtude da sua preexistência (Sl 2,7 também aparece em 5,5).

Estas observações explicam o aparecimento da passagem de 2Sm 7,14 (= 1Cr 17,13): "Eu serei para Ele um pai, e Ele será para mim um filho", um oráculo transmitido a Davi pelo Profeta Natã, que é a base da corrente messiânica. Esta citação está ligada à anterior precisamente por causa do termo "filho" (que, portanto, atua como um gancho de palavra), mas incluída em um nível muito mais profundo no que diz respeito à pessoa de Cristo. De fato, este último é definido como "primogênito", aludindo ao Sl 88, que nada mais é do que uma retomada do oráculo de Natã mencionado acima; a este futuro rei, de descendência davídica, Deus promete filiação divina como garantia de uma monarquia poderosa e estável. As observações feitas para o Sl 2,7 também se aplicam neste caso: somente a Cristo Deus dirige estas palavras no *sentido pleno* que elas expressam[216].

Finalmente, menciona-se o convite à adoração dos anjos, que em vez de ser dirigido a Deus, como nos textos originais (cf. Dt 32, 43LXX e Sl 97(6),7LXX), é interpretado cristologicamente, isto é, dirigido ao próprio Cristo. Ora, se Deus ordena aos anjos que façam um gesto para com Cristo reservado para si mesmo, segue-se que há uma única relação entre os dois: se é possível até mesmo adorá-los igualmente, então Deus e o Filho se encontram no mesmo nível. Este sujeito, portanto, é Filho de uma forma absolutamente incomparável, bem acima de todos os chamados filhos de Deus conhecidos em Israel – anjos e monarcas, precisamente.

No segundo contraste (v. 7-12) são enumeradas várias outras contraposições. Antes de tudo, uma outra distinção é feita: enquanto o Filho goza de uma autoridade soberana e imutável, os anjos são simples servos, dependentes e à completa disposição. "Ele faz seus anjos como o vento, e seus ministros como uma chama de fogo" (Sl 104(103),4LXX). Na mentalidade bíblica, em que as manifestações naturais não são distintas das transcendentes, os fenômenos meteorológicos eram interpretados como efeitos de ações postas pelos poderes angélicos. Os anjos, portanto, supervisionaram todos os acontecimentos da natureza, sempre e apenas como servos e nunca como mestres do cosmo. Só o Filho está numa posição soberana em relação à criação. Talvez seja precisamente a partir desta última ideia que se desencadeia a memória do termo "trono", com a consequente citação do Sl 44,7-8, poema

---

216. PONTIFÍCIA COMISSÃO BÍBLICA. *A interpretação da Bíblia na Igreja*. Cidade do Vaticano, 1993, p. 76. Sobre o *sensus plenior* afirma: "Ou se trata do significado que um autor bíblico atribui a um texto bíblico anterior a ele, quando o retoma num contexto que lhe dá um novo significado literal, ou do significado que uma autêntica tradição doutrinal ou uma definição conciliar dá a um texto da Bíblia".

dedicado às núpcias do rei. Agora o fenômeno mais marcante nesta longa citação é o modo como o termo "Deus" é usado. Estas frases do salmo, já não mais dirigidas ao monarca israelita no dia das núpcias, mas dirigidas a Cristo, mostram como o título de "Deus", hiperbolicamente atribuído ao rei (como o de "filho de Deus", cf. acima), agora, referido ao Ressuscitado, perde a sua natureza auspiciosa e exprime o conteúdo autêntico da sua condição divina: sentado à direita de Deus, o Filho é Deus com Deus (v. 8a).

O seu, portanto, é um reino justo (v. 8b) e Ele é um rei consagrado ("messias" em hebraico e "Cristo" em grego significa "ungido, consagrado") em preferência aos seus companheiros celestes (os anjos, v. 9); além disso, se Ky´rios ("Senhor") no Sl 102,LXX indica o próprio Deus, agora designa o Ressuscitado, em sintonia com o uso do apelativo "Deus". Sempre com o Sl 102 se evoca por um lado a criação do mundo e por outro o seu desaparecimento (v. 10-11); as palavras dirigidas a Deus são agora dirigidas ao Filho: Ele tem a qualificação divina da estabilidade em contraste com a transitoriedade dos seres criados, que "se desgastarão como uma veste" (v. 11). A metáfora da veste serve, por um lado, para mostrar a precariedade do cosmos, mas, por outro lado, também para anunciar a sua transformação: "como uma veste, também eles serão transformados" (v. 12). Assim, Cristo é reconhecido como tendo duas atividades de caráter cosmológico: Ele é criador com Deus em suas origens e também aquele que no *éschaton* transformará todas as criaturas (v. 11-12); dois aspectos daquele senhorio cósmico já indicado no proêmio (cf. 1,2b).

A esta altura do argumento, nota-se que o fenômeno mais conspícuo não é apenas o uso massivo de citações do Antigo Testamento, mas também a maneira pela qual essas citações são usadas. De fato, citando o AT, na maioria das vezes o autor parece mudar radicalmente seu significado, trazendo à tona significados inéditos: ele refere a Cristo afirmações que em si mesmas competem apenas a Deus. Trata-se da mudança de categorias estritamente teológicas no campo cristológico: muitas das qualificações exclusivas de Deus são também reconhecidas ao Filho. É o fenômeno do Novo Testamento que leva o nome de teologização da cristologia: Cristo é descrito com os traços próprios do Pai, sem que isso, porém, gere qualquer confusão entre os dois.

No terceiro contraste (v. 13-14) recorre-se ao Sl 110(109),1 que também é usado na coroação do rei. Este é um dos textos mais utilizados nas releituras cristológicas do NT. Deve-se recordar que o palácio real em Jerusalém estava localizado à direita do templo (entendido como sede de Deus na terra), portanto, quando o monarca era entronizado, ele era pensado sentado à direita de Deus como seu plenipotenciário e representante terrestre. Mas esta localização era pensada exclusivamente em um nível terreno. Ora, aquele que está realmente sentado à direita do trono de Deus no alto dos céus é somente o Filho que ressuscitou e ascendeu aos céus. O salmo, portanto, só pode ser atribuído pertinentemente a Ele: os anjos são relegados à categoria de servos.

Como se pode ver, o estreito confronto com estas criaturas celestes continuou até aqui (e voltará a surgir em 2,2.5.9.16), porém, o propósito deste tratado não é a elaboração de uma angelologia sistemática (uma especulação sobre a natureza e a função destes seres), já que o recurso massivo à sua presença e ao papel que desempenham no cosmos é puramente funcional para evidenciar a posição sublime do Filho: eles são grandíssimos, mas Ele é muito superior. Talvez na comunidade a que se dirige a carta se tenha desenvolvido uma cristologia enfraquecida por certos traços retirados da angelologia, mas o autor é curto e grosso: Cristo não é comparável a estes seres celestes, pois a sua relação com Deus é altamente original e incomparável. No mínimo se poderia dizer que o autor, sabendo bem que a visão cosmológica da época estava repleta de criaturas angélicas, só tem olhos para Cristo[217].

Nos v. 5-14, o aspecto divino do nome de Cristo é introduzido pelo recurso frequente à Escritura: Ele é o Filho de Deus, Senhor do cosmos, entronizado ao lado de Deus. Todas estas são qualificações sublimes, que não podem ser dadas a nenhum dos anjos.

À primeira vista, a leitura de 1,5-14 não é fácil, porque o fluxo do pensamento parece ser continuamente atrasado e complicado por citações contínuas – especialmente tiradas dos Salmos – dos quais não é possível compreender imediatamente a ligação. Por que o autor pega emprestadas algumas passagens do AT, colocando-as em seu argumento? Um exemplo poderia ajudar-nos. Algumas Igrejas cristãs dos primeiros séculos foram construídas com materiais brutos; agora, mesmo que os elementos de cobertura possam

---

217. É muito difícil, se não impossível, reconstruir exatamente as teorias sobre os anjos a que o autor se referiria ou contra as quais ele conduziria seu argumento. É certo que em Qumran pode-se encontrar múltiplos atestados de especulações angélicas, assim como nas elaborações filonianas podem-se encontrar combinações do *Lógos* com as figuras dos anjos. Cf. ATTRIDGE. *Ebrei*, p. 114-115.

ser muito heterogêneos, seu posicionamento dentro de um novo projeto arquitetônico é muito agradável, porque organizado em um quadro inovador e coerente, atravessado entre outras coisas por uma aura de charme e nobreza. Da mesma forma, o autor de Hebreus elabora a sua exposição tomando umas sete passagens do Antigo Testamento, coordenando-as em um novo quadro interpretativo, coerente e fascinante. Provavelmente é uma "cadeia" bíblica, uma série de citações que compartilham alusões cristológicas e por isso são "costuradas" juntas (nos primeiros anos do cristianismo várias dessas "cadeias" circularam antes mesmo da redação dos textos canônicos e o autor de Hebreus, talvez, se limita a retomar uma delas). Resumindo, o que aconteceu? À luz da novidade cristã, percebeu-se que algumas passagens da Bíblia podiam ser interpretadas de uma maneira totalmente nova, porque podiam ser entendidas como profecias de Cristo. Então tudo o que se fazia era reuni-las e anilhá-las em coleções curtas, chamadas precisamente de "correntes". Este fenômeno evidencia, por um lado, a autoridade que o AT gozava na era cristã e, por outro, a novidade com que este mesmo texto era relido à luz dos acontecimentos de Jesus Cristo, com a consequente emergênciade significados até então inexplorados.

Exortação (2,1-4)

A conexão entre o tratamento do "nome divino" de Cristo e o do seu "nome humano" é dada por uma inserção de natureza "pastoral" inteiramente pertinente ao teor homilético do escrito: a exortação a aceitar esta salvação, à qual se deve aderir totalmente. Há um detalhe que merece ser destacado: a própria Bíblia judaica não fala de anjos no Sinai, detalhe que é relatado nos anos 70 e elaborado por tradições rabínicas. Também pode-se notar, assim, como o contraste da seção anterior ainda está nos pensamentos do autor: a Lei foi dada por meio de anjos, a salvação foi anunciada pelo Senhor, a superioridade do dom, portanto, implica uma maior dedicação por parte dos cristãos para não correr o risco de "desviar-se do rumo" (v. 1) e cair em uma punição ainda maior comparada às das gerações passadas (v. 3). Quanto maior for o dom, pior será o problema se ele se perder. Finalmente, deve-se lembrar que o autor também se coloca entre aqueles que receberam o anúncio não diretamente de Jesus, mas das primeiras testemunhas[218].

---

218. Cf. as questões relacionadas ao autor na introdução, p. 213-215.

2) O "nome humano" de Cristo (2,5-18)

Depois de olhar para o alto para contemplar a relação originalíssima do Filho com Deus – o seu "nome divino" – agora o autor aponta os olhos para o seu "nome humano", isto é, para a sua solidariedade com os homens. A exposição está organizada em duas etapas: um comentário ao Sl 8 (v. 5-9) e uma reflexão doutrinal (v. 10-18). O autor continua a refletir por meio do recurso ao AT: fala da novidade de Cristo usando a linguagem do passado. Também aqui vale o que foi dito anteriormente: a presença dos anjos é puramente funcional; nenhuma especulação sobre eles.

Midrásh *cristão sobre o Sl 8* (v. 5-9)

O início (v. 5) se dá com um confronto do homem com os anjos. Parece que a comparação anterior continua: se Cristo é superior aos anjos, é claro que as criaturas angélicas não exercerão nenhum senhorio sobre o mundo de Deus (o "mundo futuro" é o mundo divino, escatológico).

Na antiga cosmologia judaica e helenística, os anjos eram os principais responsáveis por supervisionar o desenvolvimento adequado dos fenômenos cósmicos, mas isso não interessa ao autor. O seu interesse é dizer que no mundo renovado pelo Cristo ressuscitado – o mundo futuro – os anjos não terão nenhuma influência. Há mais alguém que tem essa soberania: quem? O autor não responde aqui imediatamente, mas recorda que, no início, o senhor do mundo era o homem (Adão, cf. Gn 1,28); por isso recorda o plano original do Criador, transcrevendo uma parte conspícua do Sl 8 (nos v. 6-7), um texto que, partindo da exaltação da majestade de Deus, na verdade, celebra a posição de proeminência do homem sobre a criação. Este último está em uma condição muito interessante, porque por um lado foi criado inferior aos anjos, mas por outro é glorificado por Deus até mesmo como soberano da criação (dizer que "tudo lhe foi submetido" é reconhecer o seu senhorio sobre os seres criados). Esta é a sublimidade do homem, encerrada numa polaridade paradoxal: inferior aos anjos e ao mesmo tempo superior a todas as criaturas terrenas.

No entanto, este plano original de Deus não parece ter sido realizado; basta olhar em volta (v. 8): atualmente não vemos a natureza submetida ao homem: o mundo é ameaçador, os animais selvagens são perigosos, fomes e terremotos surgem: o plano de Deus celebrado no salmo parece permanecer um belo sonho. Mas é precisamente aqui que o autor mostra a sua genialidade, porque relê o salmo dando uma interpretação absolutamente original. As maravilhosas palavras referidas ao homem adquirem uma luz ainda mais intensa se aplicadas a Cristo. O salmista não percebia, mas o autor de Hebreus (ou algum outro pensador cristão anônimo antes dele) percebe que o salmo, tratando da condição humana, na verdade, está falando de Jesus; toda a intrínseca beleza daquelas palavras se expressa somente se, atravessando o homem, chegam ao Ressuscitado. Assim, o autor toma seus destinatários pela mão explicando, versículo por versículo, que o rebaixamento e elevação, relativos à condição de inferioridade do homem em relação aos anjos e, ao mesmo tempo, à sua condição de senhorio da criação, se referido a Cristo, expressam, porém, sua humilhação e glorificação. O projeto de Deus sobre a humanidade, portanto, assim como delineado no Sl 8, não permaneceu um belo sonho, porque pelo menos em um homem, Cristo, foi plenamente realizado.

Note-se, portanto, um fenômeno fascinante: até então o autor, ao longo de todo o c. 1, tinha mencionado o Cristo ressuscitado dando-lhe vários apelativos próprios de Deus, mas sempre e só chamando-o pelo nome de "Filho": ele esperou muito tempo, deixando-nos entrar primeiro no contexto de plena solidariedade dele com os homens, para dizer-nos depois o seu nome humano ("Jesus", 2,9).

Porém, Jesus foi rebaixado até uma condição de inferioridade: a paixão e a cruz. No entanto, esta situação não continuou indefinidamente, porque – diz-se – "*pouco o fizeste inferior aos anjos*" (o que em grego pode ser entendido como "por *pouco tempo* inferior"): a sua morte não foi o ponto-final – a humilhação de fato durou *pouco tempo* – e inesperadamente se transformou na modalidade da sua glorificação.

Agora, porém, devemos ter cuidado para não nos precipitarmos em conclusões rápidas: poder-se-ia pensar que a humilhação (rebaixamento) se identifique precisamente com a morte na cruz e a exaltação (coroação) com a ressurreição; mas este não é o pensamento do autor. Nos v. 9-10 ele justapõe elementos positivos com outros de sinal contrário: coroado de glória e de honra/por causa da morte que sofreu, em benefício de todos/experimentou a morte, tornado perfeito/por meio dos sofrimentos. Como se pode ver, estas três expressões associam a realidade escura e dolorosa do sofrimento e da morte com observações absolutamente favoráveis. O raciocínio corre ao longo da fronteira do paradoxo: não da reversão da morte, mas da própria morte emerge um efeito positivo. Aqui reside a originalidade e a nuança paradoxal desta passagem (de certa forma, talvez até mais forte que Fl 2,9).

Em outras palavras, não se diz que Jesus morreu e que Deus *então* o exaltou na ressurreição, mas que *na* própria morte Deus o exaltou; a morte, da forma em que Cristo a recebeu e viveu, foi a sua glorificação. Certamente esta forma de raciocínio merece mais algumas observações. De fato, do comentário ao salmo passa-se a uma reflexão doutrinal (v. 10-18), cujo ponto de partida é precisamente a ideia inimaginável e originalíssima de uma perfeição alcançada precisamente através do sofrimento (v. 10).

Reflexão doutrinária (v. 10-18)

Em primeiro lugar, Cristo não sofre por si mesmo, mas em benefício dos homens e como "pioneiro da salvação" (possível tradução alternativa para "cabeça que guia à salvação"), isto é, como precursor que abre o caminho aos outros; inaugura um novo caminho para que também outros homens o possam atravessar. Precisamente por isso, um dos temas principais desta seção é a plena solidariedade de Cristo com os homens.

Este sofrimento, portanto, não causa um empobrecimento em Jesus, não o aniquila completamente; pelo contrário, produz nele até mesmo uma transformação positiva, uma perfeição. Qual? O autor simplesmente não o diz, deixando-nos fazer suposições. Podemos então especular, ou a perfeição, cara à tradição sapiencial, segundo a qual o justo, que morreu prematuramente, apesar da brevidade da sua vida, é levado à perfeição (cf. Sb 4,7-14); ou a relativa à investidura dos sacerdotes. Quanto a esta última, convém recordar que, durante a consagração sacerdotal, um dos ritos consistia precisamente em encher as mãos com a carne de um sacrifício: com as mãos cheias o sacerdote podia fazer ofertas rituais. Ora, o termo que indica este enchimento é precisamente "perfeição" (*teléiosis*; cf., p. ex., *teleióo* em Ex 29,9.29), que permite ao autor criar um significativo ponto de contato entre a antiga instituição sacerdotal e a morte de Cristo, que em si mesma parecia totalmente irreconciliável. A atribuição a ambos do mesmo vocabulário de perfeição pode parecer à sensibilidade contemporânea um simples jogo de palavras, mas para o nosso autor é uma ocasião providencial para atribuir a Cristo aquela qualificação sacerdotal que, segundo a sua descendência aaronítica lhe era totalmente vedada (cf. 5,4-10 e c. 7). Esta última acepção sacerdotal parece ser preferível àquela do sentido sapiencial. Cristo foi aperfeiçoado, portanto, não como o sábio, que morreu prematuramente, mas em virtude de uma originalíssima investidura sacerdotal. Portanto, também Jesus teria recebido a consagração sacerdotal – o seu aperfeiçoamento, precisamente – através do sacrifício não de animais, mas de si mesmo (isto será amplamente retomado em 5,9 e 7,28).

Esta afirmação merece um destaque, pois trata-se de um conceito escandaloso. O sumo sacerdote aaronita, de fato, tinha que ficar longe dos corpos dos doentes, dos feridos e dos mortos, a fim de não contrair a impureza ritual que o teria impedido de ter acesso cultual a Deus. Cristo, pelo contrário, torna-se sumo sacerdote quando é um cadáver: é talvez uma das ideias mais ousadas de Hebreus. Mas, este é um conceito que conserva uma carga provocadora para cada época: o homem procura espontaneamente a perfeição, diferenciando-se dos outros, evitando tanto quanto possível o esforço e a dor e perseguindo o seu próprio ideal de felicidade; Cristo, pelo contrário, alcança a perfeição, tornando-se em tudo igual aos outros, não contornando o drama do sofrimento e tendo como único projeto pessoal a adesão à vontade do Pai.

Ora, todas estas observações sobre Cristo nos colocam no tema da sua plena solidariedade com os homens, dada pelo fato de ter sofrido a morte como pioneiro para eles e não só para si mesmo. Este é um dado fundamental, porque Jesus é solidário plenamente; é um processo de plena partilha, sem exceção. Não bastava dizer que Jesus é superior aos anjos e, portanto, plenamente participante da vida divina; permaneceria assim completamente inacessível à nossa frágil humanidade. Ele se encontra em condição divina, sim, mas está também totalmente imerso na vida humana. Serão precisamente estas as duas coordenadas fundamentais através das quais se explicará a mediação sacerdotal de Cristo. Jesus, portanto, está envolvido com os homens e desde o topo da sua posição mais sublime do que a angélica não os trata com superioridade e não tem medo de se reconhecer como um deles, chamando-os de irmãos: não tem medo de ser diminuído pelo fato de compartilhar a própria origem (v. 11).

E o autor é tão atraído pelo tema da solidariedade que o sustenta com umas três citações bíblicas (v. 12-13): a primeira do Sl 22(21),23, que reafirma o título de "irmãos"; e as outras duas de Is 8,17-18, que afirma a determinação àquela fidelidade que deveria unir todos os "filhos".

Pois bem, Jesus tornou-se participante da fragilidade mortal do homem, e por isso mesmo experimentou a morte até o fim: "sangue e carne" (v. 14) expressa a condição de fragilidade e mortalidade. Não bastava que Jesus experimentasse apenas algumas das dimensões da vida do homem, talvez saltando o encontro final com a morte. Sem o humano morrer, Jesus teria sido solidário só em parte com os homens, privando-se de uma das experiências mais comuns e ao mesmo tempo menos comunicáveis de todas.

Precisamente por causa desta experiência sofrida até o fim, Ele foi capaz de derrotar o soberano do reino da morte, satanás, tanto pelo seu exemplo de resistência, que encoraja os crentes, como pela sua ressurreição, que desarma e derrota a morte: assim esgotada ela já não assusta ninguém. Aquilo que poderia ter parecido uma derrota retumbante acabou por se revelar um grande triunfo. O Sl 8 estava certo: "Tudo puseste debaixo dos seus pés", incluindo a morte (cf. 1Cor 15,26-27). Pelo menos para um homem, Cristo, o que é proclamado no salmo não é pura utopia.

Conclusão na forma de prenúncio (v. 17-18)

Na conclusão, o autor antecipa brevemente os temas que abordará na seção seguinte (é a *propositio* dos v. 17-18).

Em primeiro lugar, encontramos a definição de Cristo *sumo sacerdote*, uma qualificação completamente ausente no Novo Testamento e reconhecida apenas aqui (o messianismo real, de fato, cedeu o flanco às interpretações políticas e o próprio Jesus evitou atribuir-se o título de rei-messias; eis então o uso da categoria sacerdotal para expressar a perfeita mediação entre Deus e os homens).

Depois vem a descrição da *modalidade* de tal sacerdócio. Se no AT tornava-se sumo sacerdote por meio das ações rituais, a separação dos outros homens e a distância de qualquer contato com a morte, agora, pelo contrário, Cristo exerce o sumo sacerdócio em virtude de sua proximidade com o homem e de seu afundamento no horror da morte. Uma maneira completamente diferente de entender a instituição do sacerdócio; de fato, uma subversão radical de suas qualificações fundamentais.

Há duas características fundamentais: o sumo sacerdote é "misericordioso", isto é, compassivo para com os homens porque sentiu na sua pele o que significa sofrer, e é "digno de fé", isto é, confiável nas coisas que dizem respeito a Deus. Estas são as duas trajetórias pelas quais se desenvolverá o seguinte argumento: na segunda parte, de fato, se falará explicitamente de Jesus como sumo sacerdote digno de fé (3,1–4,14) e misericordioso (4,15–5,10).

Em suma, para ser um autêntico mediador entre Deus e os homens (a Vulgata traduz *archieréus*, sumo sacerdote, com *pontifex*, criador de pontes), Jesus deve ter pleno acesso ao Pai, sem que ninguém esteja entre eles: por isso é superior aos anjos (o "nome divino"). Mas não é suficiente: Jesus deve ter também pleno acesso aos homens, e não só "de passagem", mas como um autêntico irmão, plenamente partícipe da situação humana, incluindo a dor e a morte (o "nome humano"). Nos bastaria isso. Mas aos cristãos provenientes do judaísmo talvez não, porque eles tiveram um excelente mediador entre Deus e os homens, um homem como eles, mas que teve o privilégio de falar com Deus face a face (Ex 33,11): Moisés. Figura que é mencionada a seguir (cf. 3,3-6).

Segunda parte: Cristo sumo sacerdote digno de fé e misericordioso (3,1–5,10)

As duas qualificações anunciadas na *propositio* de 2,17-18 (misericordioso e digno de fé) são agora tematizadas, mas em ordem inversa: "digno de fé" (3,1–4,14) e "misericordioso" (4,15–5,10). Esta inversão do que foi antecipado é contrária à retórica grega, mas em plena harmonia com a retórica bíblica.

1) Cristo sumo sacerdote digno de fé (3,1–4,14)

A observação inicial com que os cristãos são descritos é maravilhosa: são santos e participam de uma iniciativa que não é terrena, mas celestial (3,1). Estes são chamados a entrar na presença de Deus, no seu repouso celestial; mas, como ainda não entraram, devem perseverar na confiança (v. 7-19). Como? Fazendo de Jesus um objeto de cuidadosa consideração: "Presta atenção em Jesus, o Apóstolo e Sumo Sacerdote da fé que nós professamos" (v. 1; cf. a exortação análoga de 12,1-2).

Ele é "apóstolo", o enviado de Deus, o mensageiro divino por excelência, e é "sumo sacerdote", cuja primeira qualificação é ser "digno de fé". O adjetivo *pistós* significa "fiel, credível, digno de fé, confiável, (homem) de confiança". Qual destes significados preferir? Ou que Cristo tenha sido *fiel*, ou que se mostrou *confiável*. A sequência evidencia como sendo preferível o segundo significado, no qual o autor se concentra até no v. 6.

A comparação com Moisés (v. 3-6)

A fiabilidade de Jesus emerge de uma comparação tipológica com outro personagem altamente fiável para Israel: Moisés[219]. Primeiro se diz que Jesus é tão fiável como Moisés, depois se afirma a sua superioridade sobre ele (v. 3).

Em Nm 12,1-10 Aarão e Maria contestam Moisés porque se casou com uma etíope e reivindicam também para si o carisma da profecia; Deus intervém em favor de Moisés, dizendo que "ele é o homem *de confiança (pistós)* em toda a sua casa" (v. 5); portanto, a sua autoridade para transmitir as palavras do Senhor é indiscutível: é um intermediário confiável. O autor retoma esta definição maravilhosa de Moisés e diz que também Jesus goza desta qualificação. Aqui emerge o paralelo entre os dois personagens, mas a diferença é imediatamente apontada. Se o primeiro provou ser confiável como *servidor*, o segundo, pelo contrário, é confiável como filho; Moisés foi então confiável *na* sua casa, Cristo *sobre* a sua casa (v. 5-6).

Eis o fio condutor do raciocínio: Jesus é tão confiável quanto Moisés (*igualdade*), mas em comparação a ele a glória de Jesus é maior em virtude da relação que Ele tem com Deus (*superioridade*). Moisés teve uma experiência privilegiada de Deus (cf. o episódio da sarça ardente em Ex 3,1-6 e o rosto radiante em Ex 34,29-35). No entanto, Moisés permanece um servo, um eminente representante de Deus, cujas palavras foram certamente muito confiáveis, mas ainda assim sempre um servo. Jesus, pelo contrário, teve com Deus um relacionamento qualitativamente mais elevado: é o Filho. É evidente – apesar de não ser explicitamente dito – que as palavras deste último têm um valor muito maior. Poderia ser a diferença que existe entre um regente (que representa oficialmente o monarca na sua ausência) e o príncipe hereditário: quando o herdeiro chega, a importância do regente desaparece.

A "sua casa", portanto, não é nem o pátio celestial, nem o templo, nem a casa de Israel, nem a casa real de Davi, mas a "sua casa somos nós" (v. 6). "Sua" se refere a quem? Inicialmente a Deus, sendo Ele o construtor, mas depois é atribuído ao Filho. A ambivalência parece ser desejada. Quanto a nós, para sermos "sua casa", a *conditio sine qua non* é preservar "a liberdade e a esperança de que nos vangloriamos" (v. 6). Também o verbo "construir" é usado de modo ambíguo: inicialmente pode indicar a ação guia, atribuível tanto a Moisés como a Jesus, mas no final "o construtor de tudo" é o próprio Deus (v. 4).

---

219. Para a tipologia, cf. o próximo aprofundamento.

Aprofundamento
A tipologia mosaica

O fenômeno literário e teológico que destaca a grandeza de Jesus (*tipo* neo-testamentário) através de uma comparação com um episódio ou um personagem passado lembrado na Bíblia (*antítipo* veterotestamentário) foi definido "tipologia". Parte-se da relação de *semelhança* com um personagem ou uma história do AT, para atestar que Jesus se insere na grande história da salvação testemunhada na Bíblia: Ele está em continuidade com os fatos e as grandes figuras nela mencionadas; é a maneira pela qual os autores neotestamentários homologaram Jesus dentro da revelação bíblica. Em seguida, se passa a destacar a *descontinuidade* em relação ao sujeito ou aos eventos mencionados, afirmando a superioridade de Jesus; segue-se que Ele não é um dos muitos personagens desta história, mas o definitivo, que leva a cumprimento, a um nível sem precedentes, todos os adiamentos prefigurativos anteriores. A tipologia, portanto, se apresenta como "o método hermenêutico que interpreta as diferentes realidades *teológicas* das quais o Antigo Testamento dá testemunho como de fatos *históricos*, que Deus instituiu para que prefigurassem as realidades *futuras* e *novas*, que deveriam ser cumpridas *em Jesus Cristo*"[220].

Muitas páginas dos evangelhos são atravessadas por esta comparação tipológica: mostram Jesus primeiro como um personagem veterotestamentário e depois superior a ele. P. ex., Jesus no barco em Mc 4,35-41 se parece com Jonas, mas depois é maior que ele por causa do poder divino exercido sobre o mar; ou na multiplicação dos pães de Jo 6,5-13.30-35.49-51 se parece com Moisés, mas o pão vivo do céu é maior que o maná.

Também nas cartas manuscritas de Paulo este método de releitura do AT emerge para homologar a novidade cristológica: basta pensar nos casos mais explícitos da tipologia de Adão em Rm 5,14 e 1Cor 15,22.45: Cristo com a redenção e a ressurreição inaugura uma nova humanidade; lhe é reconhecido, portanto, um papel análogo e contrário ao do progenitor das origens.

No caso de Hb 3,1-5, o autor primeiro faz alusão a um elemento de *afinidade* entre Moisés e Jesus: ambos são dignos de fé (3,2). Então se afirma a dignidade superior deste último: Jesus é julgado "digno de uma glória muito maior" (3,3). Moisés foi um guia, servo e mediador plenamente fiável, mas a fiabilidade de Jesus é muito mais importante e eficaz do que a do servo: Ele pagou pessoalmente pela sua casa e não como servo, mas como Filho (v. 5-6). Daí a posição qualitativamente melhor e mais eficaz de Jesus com relação a Moisés[221].

---

220. AMSLER, S. "Où en est la typologie de l'Ancien Testament"? In: *Études Théologiques et Religieuses*, 27, 1952, p. 80. Cf. tb. "La typologie de l'Ancien Testament chez Saint Paul". In: *Revue de Théologie et de Philosophie*, 37, 1949, p. 113-128.

221. Sobre os vários retratos de Moisés, que circulavam então e que o autor teve contato, cf. LIERMAN, J. *The New Testament Moses* – Christian Perceptions of Moses and Israel in the Setting of Jewish Religion. Tübingen: Mohr Siebeck, 2004 [Wissenschaftliche Untersuchungen zum Neuen Testament 2. Reihe, p. 173]. Cf. esp. o c. 8: "Points of Contact with Christology", p. 258-288.

> Em Hebreus, a comparação tipológica também é apresentada em outros contextos: p. ex., em 3,7-4,11 o tema do descanso prenuncia tipologicamente o do eterno; em 7,1-28 o enigmático personagem Melquisedec prefigura a qualificação sacerdotal de Cristo; em 8,1-6 o culto terreno é um reflexo pálido do futuro culto dado por Cristo; em 9,1-28 a tenda do deserto é figura do santuário celeste.

O midrásh do Sl 95 (3,7–4,11)

Depois das considerações sobre a qualificação de Jesus "digno de fé", agora o autor se dirige aos seus ouvintes para alertá-los contra a falta de fé. Para exortá-los a serem fiéis, parte de um episódio de infidelidade dos Padres do Deserto, recomendando que se faça o contrário. Parece emergir a ideia de uma *exemplaridade em negativo*: o resultado desastroso do passado deveria funcionar como um dissuasor para o presente (processo idêntico ao de 1Cor 10, no qual também ocorre o confronto entre Moisés e Cristo). Se Moisés conduziu um povo que se mostrou infiel e não pôde fazer a sua entrada na terra prometida, agora Cristo é o líder de um povo que, para poder entrar no repouso de Deus, pelo contrário, deve permanecer fiel. O recurso a esta tipologia do êxodo destina-se a ajudar a comunidade cristã a perceber-se como um povo a caminho do repouso divino.

Também aqui o autor parte de uma passagem do AT, o Sl 95(94),7-11, citado de forma muito extensa, que recorda os quarenta anos de peregrinação no deserto (os episódios são os de Nm 14). A ideia retirada destes textos é que a infidelidade do povo impediu a entrada na terra prometida, isto é, o "lugar do repouso". Por isso o Espírito fala hoje com as mesmas palavras com que falava ontem, isto é, através das palavras do salmo, ainda que em um quadro histórico completamente diferente. As exortações à escuta dirigidas aos Padres são também válidas agora: "como diz o Espírito Santo: se ouvirdes hoje a sua voz, não endureçais os vossos corações como na rebelião" (v. 7). É essencial ouvir, ontem como hoje. O paralelo entre o passado e o presente é perfeito: aquele *hoje* é proposto novamente, porque Deus continua a comunicar com o seu povo.

A explicação do salmo se desenvolve em três segmentos: 3,12-19; 4,1-5 e 4,6-11.

Em 3,12-19 o autor exorta a não seguir o exemplo repreensível da geração do êxodo, perigo que para os cristãos consiste no risco de apostatar, abandonando a fé e expondo-se à possibilidade de morrer. O "hoje" do salmo corresponde ao hoje dos crentes: é a perene atualidade da palavra que Deus dá como ocasião de salvação tanto à geração do êxodo como aos homens contemporâneos do autor de Hebreus. Portanto, trata-se de uma ocasião que não se pode perder, pois os cristãos estão em condições favoráveis, já que "partícipes de Cristo". O Israel peregrinante no deserto, tendo alcançado as fronteiras da terra prometida, não pôde entrar nela por causa do pecado mais grave, a incredulidade.

Em 4,1-5 passa-se da entrada na terra prometida para outra entrada, a do "seu repouso". Como a geração do êxodo, os cristãos têm a possibilidade de entrar no "repouso" de Deus, mas não devem cair no mesmo erro de impedir-se de entrar. Agora, porém, "repouso" já não significa um lugar – onde Israel desejava descansar das fadigas da viagem – mas uma condição de bem-aventurança semelhante àquela que Deus gozou depois das fadigas da criação (cf. Gn 2,2). Portanto, o termo "repouso", de uma posição geográfica exata, torna-se a expressão de uma condição mais geral de salvação. Os cristãos aspiram a um repouso muito mais satisfatório do que aquele de que desfrutou Israel depois da sua viagem no deserto, aquele descanso que poderão gozar se forem capazes de permanecer fiéis.

Em 4,6-11 os temas do "hoje" e do "repouso" são mais desenvolvidos. Certamente a desobediência dos israelitas os havia excluído da terra prometida, mas a próxima geração poderia entrar depois de quarenta anos. Deus tinha mantido aberta esta possibilidade, mas ainda hoje a mantém aberta. O autor pode afirmar isto com base em duas observações.

A primeira diz respeito ao texto do salmo: depois de tanto tempo dos fatos do êxodo, o então considerado autor do salmo, Davi (v. 7), como poderia dizer "hoje"? Ele pode afirmar isto sem enganar-se, porque Deus fixa um outro dia, um outro "hoje", oferecendo uma possibilidade ulterior, já que Ele sempre permanece fiel às suas promessas.

A segunda observação diz respeito ao tipo de repouso: como é possível falar de uma outra entrada, quando a última geração do êxodo liderada por Josué fez, de fato, a sua entrada definitiva na terra prometida? Deus, na realidade, reserva a possibilidade de um repouso qualitativamente melhor: o primeiro era uma realização concreta, realizada num contexto geográfico limitado; agora é oferecida a possibilidade de entrar no próprio repouso de

Deus, que transcende toda limitação material. Por isso Deus falou "depois de um outro dia" (v. 8).

Permanece uma afirmação um tanto obscura: "aquele que entrou no seu repouso, descansa também das suas obras" (v. 10). De quem se está falando? Ou é um princípio geral, universalmente válido, ou é uma atestação algo elíptica relativa a Cristo, que já entrou no descanso definitivo de Deus através da paixão-morte-ressurreição. Por outro lado, a carta insiste neste fato: a entrada de Jesus na vida divina em virtude do mistério pascal é a *conditio sine qua non* para a nossa entrada no repouso, para a qual nos devemos apressar (v. 11). Podemos entrar no descanso de Deus porque Cristo, nosso pioneiro, já entrou nele (2,10).

Um detalhe curioso: o nome de Josué soa idêntico ao de Jesus (*Iesús* no v. 8; em hebraico os dois nomes têm as mesmas consoantes). Assim se estabelece uma sutil comparação tipológica entre os dois: Josué, que conduz o povo na terra prometida, e Jesus, o novo Josué, que os introduz no descanso escatológico[222].

A eficácia da Palavra de Deus (v. 12-13) e conclusão (v. 14)

Uma espécie de digressão aparece sobre o poder da Palavra de Deus, cuja força de discernimento atinge todas as profundezas da pessoa. Não é um argumento fora de tema, porque todo o argumento anterior nada mais é do que um comentário atualizante do Sl 95(94). Por outro lado, a carta começa com a iniciativa repetida de Deus de falar aos homens (1,1-2), e a homilia tem sido sempre desenvolvida com base em passagens bíblicas.

Os exegetas observam que a ordem normal das operações judiciais no tribunal (investigação, sentença e execução) seria invertida aqui: a espada da execução, depois o julgamento e finalmente a investigação. A imagem é muito forte: esta descrição da Palavra de Deus poderia assemelhar-se hoje – perdoe a aspereza do exemplo – a um bisturi em uma autópsia, com o uso do qual nenhuma fibra permanece escondida; da mesma forma, nada das profundezas do homem permanece escondido aos olhos de Deus. Obviamente, aqui não nos referimos a um cadáver, mas à existência dos crentes, que está exposta, mas também vitalizada – "a palavra está *viva*" (v. 1)! – pelo discernimento

---

222. Cf. OUNSWORTH, R. *Joshua Typology in the New Testament*. Tübingen: Mohr Siebeck, 2012 [Wissenschaftliche Untersuchungen zum Neuen Testament 2. Reihe, p. 328].

realizado pela Palavra de Deus (em Ap 1,16 da boca do Filho do Homem "saía uma espada afiada").

Finalmente, o autor justifica a necessidade de manter uma firme profissão de fé a partir da grandeza do sumo sacerdote Jesus (v. 14). Deste modo, o tema da fé/fidelidade e o do sacerdócio cruzam-se. Assim, como se pode ver, o autor relança o tema do sumo sacerdócio de Cristo, mas com um passo à frente: "*temos* um grande sumo sacerdote". Este sacerdote não é inatingível para os cristãos, porque de alguma forma pertence a eles. Assim, a sua fé é renovada.

Emerge nesta retomada do Sl 95 a modalidade em auge na exegese rabínica de incluir um texto através de uma leitura atualizante do texto sagrado segundo as regras do *midrásh pésher*[223] (como também o Sl 8, citado em 2,6-8). Neste caso, porém, não se está somente diante de um exemplo brilhante de releitura de um episódio do AT a partir da nova perspectiva da fé cristã. De fato, emerge um traço – diríamos – de teologia bíblica, a respeito da eficácia perene da Palavra de Deus. Se no passado Deus falou e estas palavras não alcançaram o efeito desejado, no entanto, elas não perderam nada da sua eficácia intrínseca. Graças a esta força incessante da Palavra de Deus, um texto do passado pode referir-se também a diferentes contextos históricos, conservando intacta a força da mensagem, adaptando-se, de fato, de modo renovado às diversas circunstâncias: o "hoje" do salmo torna-se o "hoje" da experiência crente. Também a corrente da Escritura de 1,5-13 nos faz ouvir as palavras de Deus do passado como se elas fossem faladas agora. A imagem da espada, portanto, vem consistentemente para realçar ainda mais o vigor – quase violento – da Palavra de Deus (4,12-13).

Não se pode deixar de notar a profunda continuidade com o proêmio (1,1-4): Deus procurou continuamente entrar em comunicação – *falar* – com os homens e agora o faz definitivamente através do Filho.

2) Cristo sumo sacerdote misericordioso (4,15–5,10)

Ora, se este grande sacerdote atravessou os céus (v. 14), poderia surgir a dúvida de que se trate de um sujeito distante, completamente inatingível e, portanto, indiferente à nossa situação.

---

223. NEUSNER, J. *What is Midrash?* Filadélfia: Fortpress, 1987, p. 109 [Guides to Biblical Scholarship – New Testament Series]. O *midrásh pésher* é um método interpretativo realizado através da identificação atualizante com um evento ou personagem do tempo presente.

Um sumo sacerdote capaz de com-padecer (v. 15-16)

Confirmando tudo o que foi expresso no v. 14 ("tendo, pois, um grande Sumo Sacerdote"), retoma-se o verbo *ter*, mas com um *litote* (negação do contrário): "*não* temos um Sumo Sacerdote *incapaz* de compadecer-se de nossas fraquezas" (v. 15), pretendendo afirmar, portanto, que um tal sumo sacerdote não é inacessível, pois nós o *temos*. Eis, pois, a novidade: Ele não é de modo algum inatingível ou indiferente, porque, embora esteja no céu, está interessado na nossa condição miserável na terra. Conhecendo perfeitamente as nossas fraquezas, este sumo sacerdote sente misericórdia de nós e, plenamente envolvido na "aventura humana", não nos é estranho. Na verdade, Ele próprio "passou pelas mesmas provações que nós" (v. 15). Jesus conhece por experiência direta o peso da fraqueza humana em todas as suas nuanças. O texto original é ainda mais forte: Ele é capaz não só de "tomar parte" (tradução CEI, 2008), mas de "compadecer" (CEI, 1971), isto é, de sofrer conosco (*sympathénai*, v. 15). Do alto da sua condição gloriosa, Cristo, em vez de se irritar com as fraquezas dos outros ou ignorá-las, sendo solidário com os homens, sente compaixão por eles, "com-sofre" com eles.

A da fraqueza, que lhe teria permitido exprimir-se com um coração humano capaz de ternura, era a dimensão que faltava a Cristo antes da Encarnação. Geralmente o homem quer superar sua fraqueza e de alguma forma livrar-se dela; Cristo, pelo contrário, a assume, fazendo dela o índice da máxima solidariedade conosco. Paradoxalmente, de *defeito* a fraqueza torna-se uma *qualidade* necessária. Referida aos sumos sacerdotes aaronitas, pode significar tanto a *fraqueza física* quanto a *fraqueza moral*. Por outro lado, a fraqueza de Cristo tem uma conotação precisa, porque certamente Ele foi provado em tudo como qualquer outro homem, exceto no pecado (a sua inocência era um dado familiar às comunidades cristãs: cf. tb. 7,26 e 9,14). Uma coisa são as provações que Cristo experimentou na própria pele, outra coisa é o pecado que não cometeu. Jesus é completamente solidário, mas para nada um cúmplice. O pecado, de fato, distancia as pessoas umas das outras e provoca divisão, enquanto que compartilhar o sofrimento dos outros gera proximidade. Agora, através desta solidariedade de Cristo com os homens, podemos aproximar-nos de Deus com plena confiança. "Trono de Deus" na linguagem bíblica é uma perífrase para indicar o próprio Deus sentado na corte celestial; aqui "trono da graça" já não esboça um lugar temível, a sede de onde partem os juízos e as condenações, mas o lugar onde se pode encontrar misericórdia, graça e ajuda de Deus (cf. v. 16).

Segue uma exposição doutrinária sobre algumas qualificações do sumo sacerdócio (5,1-4), que é depois aplicada a Cristo (5,5-10).

Exposição doutrinária (5,1-4)

O autor fornece uma breve descrição do sumo sacerdote aaronítico. Obviamente, o ponto de vista do autor é seletivo: só são escolhidas as qualificações atribuíveis também a Cristo, para poder reconhecê-lo efetivamente como autêntico sacerdote. Estas são as características distintivas escolhidas: a solidariedade com os homens, a tarefa de expiar os pecados e o chamado de Deus. A exposição está claramente interessada: o autor não elabora uma lista dos traços próprios do sacerdócio para aplicá-los mecanicamente a Cristo, até porque entraria em um beco sem saída: Cristo simplesmente não é um sacerdote segundo as modalidades previstas, não sendo de descendência aaronítica. Em vez disso, ele isola com precisão alguns elementos de qualificação, compreende-os em profundidade e elabora-os demonstrando a verdadeira autenticidade do sacerdócio de Cristo.

A solidariedade com os homens (tema antecipado nos v. anteriores) por parte do sacerdote é, ao contrário, uma novidade, já que no AT se insiste na separação. Além disso, sempre segundo as antigas instituições culturais, o sacerdote é escolhido *por Deus*, enquanto o autor dos Hebreus afirma que é escolhido *"pelos homens"* (5,1). Há, então, um detalhe, que o autor apanha no ar: na prescrição dada ao sumo sacerdote de oferecer primeiro uma oferta pelos próprios pecados, para poder depois oferecer pelos do povo (cf. Lv 4,3; 16,6.11.15), ele intui a igualdade radical que une o sumo sacerdote com outros homens: é moralmente frágil, e, também ele, exposto ao risco da transgressão. Por isso, precisamente porque também ele é pecador, é capaz de "ser indulgente com os que estão na ignorância e no erro" (v. 2). "Sentir justa compaixão" é a tradução de *metriopathéin*, que não é sinônimo de *sympathéin* de 4,15 (atribuído a Cristo) e significa "ter sentimentos justos por"; a ideia subjacente é muito intensa: o sumo sacerdote não se irrita com os homens frágeis e pecadores, sendo ele mesmo frágil e pecador. Não era nada óbvio recordar este aspecto, porque o sumo sacerdote, tanto no rito de consagração como na vida ordinária, se movia dentro de um sistema muito rígido de separação do povo, a fim de manter intacta a condição de pureza legal e de proximidade com Deus; no topo de um sistema piramidal e envolto numa aura de perfeição, estava muito longe da vida de todos os dias. Em vez disso, por causa da sua fraqueza, ele está próximo dos homens. E este é o primeiro ponto em comum: a fraqueza (também moral para os sumos sacerdotes, mas não para Cristo) como pré-requisito da solidariedade e da compreensão compassiva das fraquezas humanas. Naturalmente, o autor não reconhece aos sumos sacerdotes a compaixão que só Cristo é capaz de sentir, mas atribui algo semelhante a eles.

Uma observação marginal: diz-se que o sumo sacerdote está "revestido de fraqueza" (v. 2). Poderia ser uma sugestão curiosa, porque aludiria tanto às vestes sagradas da liturgia (cf. Lv 8,7-9), relativizando-as, como à humanidade do Cristo (exposta na cruz na sua nua fraqueza). O único "paramento sacerdotal" compartilhado pelo sumo sacerdote aaronítico e pelo sumo sacerdote Cristo seria, portanto, constituída pela fraqueza humana.

O outro ponto em comum, intimamente ligado ao anterior, é a oferta pelos pecados. Para a expiação, o sacerdote é obrigado a oferecer dons e sacrifícios pelos seus próprios pecados e pelos dos outros, através das ofertas de culto (5,1b.3). O mistério pascal é entendido também no sentido expiatório, com a exceção de que Cristo nada tinha a oferecer por si mesmo, estando imune a todos os pecados (cf. 4,15). Em todo caso, trata-se de uma interpretação soteriológica da morte de Cristo, entendida como oferenda destinada à extinção dos pecados dos homens.

Finalmente, o último ponto em comum é a nomeação de Deus: "Ninguém se aproprie desta honra senão aquele que é chamado por Deus" (v. 4). Certamente desde o século II a.C. até o século I d.C., o ofício de sumo sacerdote foi fortemente politizado e, consequentemente, também muito contestado. De fato, Flávio Josefo fala de sacerdotes que haviam comprado o cargo, atribuindo-o a si mesmos. A carta, de fato, não parece se referir a esses episódios e permanece em um nível ideal.

"Honra" é um termo usado para indicar a dignidade daqueles que ocupam posições de autoridade. Na Bíblia, a honra pertence somente a Deus e somente Ele pode conferi-la; consequentemente, a honra do sumo sacerdócio só pode ser acessada por aqueles escolhidos por Deus. Ninguém tem o direito de reivindicar a dignidade sacerdotal e ser tão presunçoso a ponto de assumir esta posição honorária sobre si mesmo: ela só pode ser recebida por disposição divina.

Aplicação a Cristo (v. 5-10)

É precisamente deste último aspecto que o autor mostra agora como as características do sumo sacerdócio acima delineadas estão perfeitamente presentes em Cristo. Em primeiro lugar, Ele não se tornou sumo sacerdote por impulso pessoal ou acariciando sonhos de glória, mas por pura iniciativa de Deus. Esta observação é muito valiosa, mas como podemos prová-la? O autor aborda um pouco a questão, fazendo-nos ouvir diretamente a voz do Pai através de duas citações: Sl 2,7 e Sl 110,4. É como se uma voz de fora entrasse em cena para fazer ouvir uma palavra pronunciada no céu. Deste modo, a voz do Pai, que ecoa nas palavras dos salmos, é a prova de que se trata precisamente de uma iniciativa divina: não foi Jesus quem a pronunciou sobre si e nem sequer qualquer outro sujeito humano (um pouco como a voz do Batismo "Tu és o meu Filho amado, de ti eu me agrado" [Mc 1,11], composta com as citações de Sl 2,7; Gn 22,2 e Is 42,1].

Estas duas citações sálmicas ilustram o estabelecimento do sumo sacerdote Cristo dentro do templo celestial na sua Páscoa. Quanto ao primeiro "Tu és meu filho, eu hoje te gerei" (Sl 2,7, relatado no v. 5), já foi dito que, enquanto para os reis israelitas o título de filho de Deus soava como uma atribuição metafórica, para Cristo, pelo contrário, compete por natureza[224]. Imediatamente se introduz a seguinte citação: "Tu és sacerdote para sempre, segundo a ordem de Melquisedec" (Sl 110,4, retomado no v. 6); à filiação divina se acrescenta, assim, a qualificação sacerdotal: seria o atestado do sacerdócio de Cristo. Aqui surge um problema teológico, enfrentado de forma brilhante pelo autor. Afirmar que Jesus é sacerdote corre o risco de soar como uma falsa afirmação, porque Jesus é descendente da tribo de Davi e não da tribo de Levi; é um leigo, de descendência real, certamente, mas não aaronítica, portanto não tem nenhum título para ter acesso ao sacerdócio. Assim, em vez de se referir a Aarão, precursor do sacerdócio cultual, o autor toma outro caminho para demonstrar a legitimidade do sacerdócio de Cristo: recorre a um personagem misterioso, Melquisedec, que apareceu de improviso na história de Abraão. A origem deste homem é desconhecida, mas a sua identidade sacerdotal é afirmada, embora Aarão, precursor da tribo sacerdotal, ainda não tenha nascido (cf. Gn 14). Cristo, então, certamente não é sacerdote segundo a ordem de Aarão, mas surpreendentemente o é segundo

---

224. Cf. comentário em 1,5.

a ordem de Melquisedec. Tudo isso o autor nos explicará mais amplamente em 7,11-17.

Eis, pois, as duas coordenadas essenciais para exercer uma mediação perfeita: Cristo enquanto *Filho* por natureza está em perfeita relação com Deus, como *sacerdote* pela sua paixão e morte está em perfeita relação com os homens.

Uma vez que o sacerdócio de Cristo é completamente original, é oferecida a explicação de como se tornou sumo sacerdote: através do drama do sofrimento e da obediência (v. 7-8). Há dois aspectos aqui emergentes que parecem entrar em contradição: o cumprimento das orações de Cristo por Deus e a obediência de Cristo a Deus. Por outras palavras: Deus que faz a vontade de Cristo e Cristo que faz a vontade de Deus. Na realidade, são apenas duas faces da mesma moeda.

Quando é que Cristo ofereceu "preces e súplicas, entre veementes clamores e lágrimas" (v. 7)? Espontaneamente vamos com o pensamento à cena do Getsêmani, mas nenhum evangelista fala de uma oração feita de "clamores e lágrimas" (a versão mais dramática é Lc 22,44). Por outro lado, também é muito difícil colocar esta oração fora do contexto da paixão; talvez possa ser uma tradição oral no Getsêmani diferente dos sinóticos e João e que foi recebida por Hebreus. Em todo caso, é uma oração formulada por Jesus "nos dias de sua vida mortal" (v. 7; literalmente: "nos dias da sua *carne*"), durante a qual experimentou plenamente todas as nuances da fraqueza humana diante da morte, incluindo clamores e lágrimas.

Mais interessante ainda é responder à seguinte pergunta: qual seria a forma como Ele foi ouvido? Há pelo menos três tentativas de resposta. A primeira: a possibilidade de ser preservado da morte; mas esta seria uma solução transitória, porque se traduz em uma simples procrastinação do que deve inevitavelmente acontecer mais cedo ou mais tarde; a segunda: vencer a morte depois de tê-la sofrido (analogamente a Lázaro em Jo 11); seria, certamente, um fato prodigioso, mas igualmente temporário, portanto nem sequer esta opção é satisfatória. A terceira: enfrentar a morte de modo a vencê-la, entrando na vida celestial, em perfeita comunhão com Deus (através da ressurreição). Esta parece ser a resposta mais pertinente, porque é precisamente desta forma que as súplicas de Cristo foram acolhidas e respondidas. Angustiado com a perspectiva de morrer, Ele apresentou a Deus o desejo de ser libertado dela; Ele fez esta súplica sem fazer nenhuma reivindicação, deixando qualquer iniciativa inteiramente a Deus. Tudo isso foi possível "pelo seu pleno abandono" a Deus, que é a atitude correta do orante, que reza com reverente docilidade (a *pietas*) e confiante entrega ao plano divino. Desse modo, a sua oração tornou-se uma autêntica oferenda e abriu-se totalmente à vontade do Pai, o qual realizou perfeitamente a súplica de Jesus. Esta é a maneira com a qual se mantiveram unidas as duas faces da moeda (Cristo que faz a vontade de Deus e Deus que faz a vontade de Cristo).

Apesar do seu elevado estatuto de Filho de Deus, Jesus tinha algo a aprender: "Embora fosse Filho de Deus, aprendeu a obediência por meio dos sofrimentos" (v. 8). "Aprender com os sofrimentos" não é uma observação incomum e poderia fazer alusão àqueles que sabem aprender com suas próprias limitações e erros. "Aprende-se com o sofrimento" (Ésquilo); "Ainda que eu não gostasse do sofrimento, tornou-se uma lição para mim" (Heródoto). "*Pathéin* é *mathéin*" teriam sentenciado os sábios gregos: "sofrer é aprender". A forma popular de hoje diz: "É errando que se aprende". Expressões deste tipo sugeririam, nesta singular aprendizagem de Cristo, uma compreensão pedagógica. Mas é mesmo assim? Não parece que estes ditos de natureza sapiencial possam oferecer a chave de leitura do v. 8, já que a carta não se coloca apenas no nível pedagógico-proverbial, pois não se refere aos sofrimentos da vida, dos quais se pode aprender alguma forma de prudência, mas a uma dor que levou Jesus não tanto à sabedoria, mas à morte. Certamente o valor pedagógico do sofrimento não é alheio à carta (cf. 12,5-11), mas Jesus não precisava de correção, nunca tendo sido desobediente (cf. Hb 10,5-7).

Ele foi obediente, sim, mas para que esta disposição interior se tornasse virtude concretamente vivida era necessário enfrentar e superar algumas provas. Assim, tendo assumido a natureza humana marcada pela desobediência, a partir de dentro a renovou e a transformou atravessando a dor. Esta parece ser a maneira correta de entender a aprendizagem de Cristo a partir do sofrimento. Ele aprendeu a obediência através do cadinho do sofrimento, aceitando a ação transformadora de Deus. O encontro entre o oferecimento obediente de si e a ação divina faz do sofrimento de Cristo um sacrifício perfeito, de fato, tornando perfeito o próprio Cristo na qualidade de mediador. Se as vítimas antigas tinham a pretensão de agir sobre Deus, propiciando-o ou aplacando-o, agora é Deus quem age em primeira pessoa sobre a vítima, tornando-a perfeita[225]. Desta forma, Cristo não só pode sentir compaixão e vir em auxílio dos homens, mas tornou-se para eles causa de salvação eterna (v. 9).

Certamente, a ideia enganosa de um Deus retratado como um educador arcano e sádico deve ser evitada. Pelo contrário, Jesus aprende a obedecer ao Pai, colaborando plenamente no seu plano de salvação, mesmo à custa do sofrimento e da morte. Vale a pena insistir: não é salvífico em si mesmo o sofrimento (talvez imposto, quem sabe, por Deus), mas a obediência sofredora dentro da condição humana. Feito homem, Cristo pode aprender a obediência ao Pai desde dentro de uma situação sofredora. Era exatamente esta possibilidade que faltava ao Filho antes da Encarnação[226].

Também os cristãos, portanto, devem viver a mesma atitude de Jesus, isto é, a obediência, imitando a docilidade ao projeto do Pai (cf. v. 9: "todos os que lhe obedecem").

Em resumo

Retomando rapidamente os pontos salientes do raciocínio, poderíamos, por fim, sintetizar o tão complexo caminho pelo qual o autor nos acompanhou da seguinte maneira: Cristo possui as duas qualificações essenciais para ser um perfeito mediador entre Deus e os homens. É *digno de fé*, como e mais do que Moisés, e esta qualificação é fundamento para a fidelidade dos homens que devem perseverar na fé para poder entrar no "descanso" de Deus. Além do mais, é sacerdote *misericordioso*. Aqui o raciocínio flui na linha do confronto entre o sacerdócio aaronítico e o sacerdócio de Cristo. O sumo sacerdote tem algumas qualidades (oferece os sacrifícios pelos pecados, é chamado por Deus e, experimentando a fraqueza, sabe ser indulgente para com a fragilidade dos outros). Pois bem, Cristo tem todas as condições para ser sumo sacerdote, porque também Ele – *mutatis mutandis* – possui estes requisitos, embora não sendo da descendência de Aarão e tenha assumido um sacerdócio semelhante ao de Melquisedec. Desse modo, Cristo não se encontra somente em uma relação de semelhança e continuidade com o sumo sacerdócio aaronítico, mas também de dissimilaridade e novidade, porque a própria natureza do

---

225. Sobre o aperfeiçoamento por meio dos sofrimentos, cf. comentário em 2,10.

226. Para um aprofundamento do tema, cf. URSO. *"Imparò l'obbedienza dalle cose che patì"* (Hb 5,8).

sacerdócio é de alguma forma reinterpretada e profundamente modificada pela modalidade existencial, sofrida e obediente de Cristo.

Terceira parte: traços característicos do sacerdócio de Cristo (5,11–10,39)

Na terceira parte da carta, o autor nos introduz no tema central do tratado homilético, onde as qualificações anunciadas anteriormente são retomadas para serem ulteriormente aprofundadas. A dificuldade do tratado é afirmada abertamente: "A este respeito teríamos muito a dizer, e coisas bem difíceis de explicar" (v. 11). O texto pode ser articulado da seguinte maneira:

1) 5,11–6,20: exortação inicial,
2) 7,1-28: Cristo sumo sacerdote segundo a ordem de Melquisedec,
3) 8,1–9,28: Cristo aperfeiçoado pelo seu sacrifício,
4) 10,1-18: Cristo causa da salvação eterna,
5) 10,19-39: exortação conclusiva.

1) Exortação inicial (5,11–6,20)

São seis as etapas desta seção exortativa, marcadas de acordo com as estratégias comunicativas da arte oratória: reprimendas, declaração de intenção, perspectiva negativa, comparação positiva e depois negativa, afirmação positiva, dupla razão de esperança.

As reprimendas (5,11-14)

O autor repreende energicamente os ouvintes pela sua incapacidade de se alimentarem de alimentos sólidos, isto é, da "doutrina da justiça" (v. 13). Tornaram-se "lentos para compreender", literalmente "preguiçosos para ouvir". Muito provavelmente, essas palavras tão severas não devem ser tomadas literalmente, porque não têm o objetivo de humilhar o auditório, mas simplesmente de chamar a sua atenção. A confirmação desse fator mitigador vem do fato de que, apesar da atestação da sua inabilidade, o autor então expõe de fato essa doutrina, que não teria apresentado se os ouvintes não fossem capazes de recebê-la. Encontramo-nos, de fato, no contexto vivo de um discurso homilético e não no rigor de uma demonstração especulativa. Comparar os ouvintes a crianças de peito permite, portanto, descrever a situação do cristão que não assimilou bem a fé e ainda não é capaz de discernir as realidades espirituais (cf. 1Cor 3,2).

À metáfora do leite junta-se a metáfora da atividade esportiva (mais difícil de perceber); o sintagma "por meio da experiência" no v. 14 traduz o grego *gheghymnasména*, que indica a atividade dos atletas nos exercícios ginásticos. A dura disciplina do treinamento esportivo era uma prática muito comum na pedagogia grega, assim como o desempenho físico era um dos ideais da cultura helenística. As duas metáforas juntas – leite e esporte – são voltadas para a fase madura, adulta da fé, meta de toda educação cristã bem-sucedida. Recordar, portanto, explicitamente aos interessados a sua incapacidade (v. 11) deveria, portanto, estimulá-los a tomar vigorosamente a posição oposta, isto é, a crescer novamente na fé; tocados, portanto, no amor-próprio, os ouvintes – se espera – reagirão positivamente. Desse modo, eles estão dispostos a receber um aprofundamento sem o qual a sua fé corre sério perigo; devem, portanto, esforçar-se por chegar a uma sólida doutrina cristológica, bem argumentada, que vá além das noções básicas. No final das contas, trata-se de compreender melhor o mistério pascal: este é o alimento sólido destinado ao paladar e ao estômago dos adultos (na fé); não basta, portanto, ter alguma noção introdutória da fé, sendo necessária uma formação teológica mais profunda.

O argumento, de fato, parece ser contra uma espécie de contradição; pouco antes o autor tinha dito: "vos tornastes lentos à compreensão" (5,11), agora, pelo contrário, deseja continuar "Por isso... passemos ao que está completo" (6,1). As premissas negativas que pareciam impedir a exposição doutrinária foram mencionadas apenas com o objetivo de chamar a atenção do auditório, fazendo com que ele aprendesse corretamente.

Declaração de intenção (6,1-3)

Na realidade, basta recordar a natureza provocadora da censura para compreender que a intenção do autor é precisamente a de expor a doutrina sobre Cristo. Ele deseja deixar de lado os argumentos propedêuticos, o "discurso inicial". Mas quais seriam estes princípios elementares, simplesmente introdutórios? De fato, trata-se de uma breve enumeração que, ao contrário da expressão (v. 1), de cristológico não tem nada; talvez seja a retomada de elementos catequéticos de natureza judaica.

No entanto, "a renúncia às obras mortas e a fé em Deus" (6,1) são os dois lados – o primeiro em negativo e o segundo em positivo – da conversão; depois, continuando com o v. 2, "a doutrina sobre os batismos" diz provavelmente respeito à distinção das várias formas de ritos de purificação (talvez também o batismo de João, que diferia do batismo cristão, ou também os ritos de ablução dos Essênios); a "imposição das mãos" poderia referir-se a diferentes gestos: ou as bênçãos, ou as curas ou a transmissão do Espírito Santo, mas não se sabe com precisão; "a ressurreição dos mortos e o julgamento eterno", pelo contrário, tocam as fases do destino último dos crentes, provavelmente uma espécie de catequese sobre os *novíssimos*, diríamos hoje. Como podemos ver, o que importa é que o autor não está interessado em tratar em profundidade os temas listados; só os mencionou de passagem, porque a doutrina que ele quer expor é a cristologia. Talvez seja também por isso que ele se detém um pouco sobre os pontos introdutórios da fé que acabamos de mencionar, quase para criar uma expectativa – diríamos para "manter o auditório um pouco atento" –, preparando o efeito surpresa.

Perspectiva negativa (v. 4-6)

A continuação dá uma reviravolta brusca, porque aos dons recebidos corresponde, infelizmente, uma "queda" (v. 6). A eficácia retórica destas palavras é muito forte, na verdade o autor tenta produzir uma espécie de efeito de choque. De fato, há cinco expressões que designam os dons (portanto, note-se a ênfase no positivo) e apenas uma que expressa o resultado negativo (aqui está o baque final): iluminados, provaram o dom celestial, tornaram-se participantes do Espírito Santo, provaram a Palavra de Deus e as maravilhas do mundo futuro, mas caíram e, portanto, são irredimíveis. Como se pode notar, a uma longa subida *climática* segue um *anticlímax* muito rápido. Retomemos calmamente estas passagens.

A conversão é descrita como recepção de dons maravilhosos: com o batismo, os cristãos receberam o dom da luz (cf. 10,32; cf. tb. Ef 5,8; os neófitos eram chamados "iluminados"); acolhendo "o dom celeste", puderam experimentar um gozo semelhante ao experimentado ao provar os alimentos mais deliciosos – eis o verbo "provar"; o dom celeste podia então consistir na graça de Deus e na experiência de salvação, ou na própria Eucaristia. O mesmo verbo, então, é associado tanto com a "Palavra de Deus", aludindo assim ao deleite experimentado na compreensão da Palavra, quanto às "maravilhas do mundo futuro", ou seja, a possibilidade de ver na vida presente os frutos da vida como ressuscitados (ou os milagres ou os dons carismáticos). O batismo torna "participantes do Espírito Santo", através do qual se participa da vida divina. Em suma, estes cinco esplêndidos dons são o resultado da entrada na comunidade cristã.

Ora, apesar destes dons tão singulares, o resultado final é simplesmente inaceitável: o pecado por excelência, isto é, o abandono da fé, a apostasia. Uma falha gravíssima, simplesmente imperdoável. Os pressupostos eram lisonjeadores, mas o resultado é terrível. De fato, no v. 6 emerge uma das afirmações mais severas de toda a literatura do Novo Testamento: se caíram, "é impossível que sejam renovados e trazidos outra vez à conversão". Não há possibilidade de redenção para os apóstatas. Os tons duríssimos desta frase devem ser entendidos no âmbito de uma estratégia retórica, pois, afinal, a ameaça é o melhor instrumento de dissuasão, ainda que não pareça que o autor exclua totalmente a possibilidade de uma exclusão radical da salvação[227].

A segunda parte do v. 6 está também em linha com este teor inflexível: "pois de novo estão crucificando o Filho de Deus em si mesmos e expondo-o à ignomínia". O verbo *anastauróo* também poderia significar "pendurar *sobre* uma cruz" (e não "crucificar *novamente*"), indicando na recusa dos apóstatas a recusa ao próprio Jesus crucificado. Não se trata tanto de uma repetição da crucificação, que aconteceu de uma vez por todas (como foi dito várias vezes; cf. 9,12; 10,10.12), mas da possibilidade de ser radicalmente excluídos da redenção da cruz de Jesus.

Comparação positiva e negativa (v. 7-8)

Segue-se um exemplo retirado da vida agrícola. As metáforas deste tipo abundam na Bíblia (cf. Mt 13,3-23, em que se fala de "terra boa"). Um campo que dá os seus frutos recebe bênção de Deus, um campo que só produz silvas atrai a maldição sobre si mesmo. Agora, é estranho imaginar que Deus descarregue em cima de um campo não cultivado e o amaldiçoe; é antes o homem que olha com satisfação para os campos férteis e arranca os espinhos da terra abandonada e os queima (muitas vezes o fogo é a imagem do juízo). Pelo contrário, a metáfora visa a conduta do homem, que pode ter efeitos positivos ou negativos: sobre os primeiros pende a bênção de Deus, enquanto que sobre os segundos cabe a sua maldição. A tonalidade dura desta imagem está em sintonia com as expressões (retoricamente) inflexíveis sobre os apóstatas formuladas nos versículos anteriores. Também porque, se

---

227. Cf. as considerações sobre o pecado imperdoável na seção teológica, nas p. 282-284.

tomarmos Mt 5,45, estamos diante de uma afirmação contrária: o Pai, pelo contrário, faz "chover sobre justos e injustos".

Afirmação positiva (v. 9-12)

Finalmente surge uma consideração que põe de lado os tons ameaçadores de antes e dá espaço à esperança: "temos a certeza de que vos achais numa situação melhor e mais favorável à salvação" (v. 9). As duríssimas afirmações anteriores dão lugar a um argumento mais sereno, sinal de que o autor não desejava permanecer nos aspectos negativos. Antes de tudo, Deus recorda as ações louváveis dos ouvintes: estes amaram e serviram a Deus amando e servindo os irmãos na fé. Em seguida, recomenda perseverar neste comportamento, evitando toda forma de preguiça (desta forma inverte a situação negativa do início na qual os tinha acusado de preguiçosos), imitando os "herdeiros das promessas" (v. 12). O mais ilustre dos quais foi Abraão.

Dupla razão para esperar (v. 13-20)

A Abraão, depois de se ter mostrado obediente à ordem de sacrificar o filho, Deus fez a promessa de um grande número de descendentes (Gn 22,17), oferecendo um juramento como garantia. Obviamente, uma vez que se jura por um personagem maior, Deus só pode jurar por si mesmo. O seu juramento é feito com "dois atos irrevogáveis" (v. 18). Quais? A *palavra* e o *juramento* que a precedia. Assim aconteceu em relação a Cristo. Da continuação, de fato, pode-se perceber a alusão ao Sl 110(109),4: "O Senhor jurou e não se arrependerá: Tu és sacerdote para sempre..." (v. 20; cf. 5,6.10). Cristo, portanto, ouviu a frase da investidura sacerdotal precedida de um juramento. Que maior garantia para os "herdeiros da promessa" (v. 17, ou seja, os cristãos) destes dois atos da parte de Deus, isto é, a *palavra* da investidura e o *juramento* que a precede?

Uma imagem náutica sela a conclusão desta seção. Assim como a âncora lançada no mar mantém o navio preso ao fundo, impedindo que ele fique à deriva, assim a esperança nas promessas de Deus, lançada "além do véu", é a sólida garantia oferecida aos cristãos. O véu já não é mais o do templo de Jerusalém, mas o do santuário celeste, no qual Cristo entrou como precursor na presença de Deus (cf. 9,24).

2) Cristo Sumo Sacerdote segundo a ordem de Melquisedec (7,1-28)

O tema desta seção é a novidade do sacerdócio de Cristo à maneira de Melquisedec, uma maneira completamente diferente da do sacerdócio levítico (razão já mencionada em 5,6-10). Os dois textos que são citados como base das teses do autor são Gn 14,18-20 e Sl 110(109),4, unidos por *g*ᵉ*zeráh shawáh*[228], realizados em nome do rei-sacerdote.

O argumento está dividido da seguinte forma: apresentação da figura do enigmático rei-sacerdote (v. 1-3), comparação com o sacerdócio levítico (v. 4-10), insuficiência do sacerdócio levítico e da Lei (v. 11-19), superioridade do sacerdócio de Cristo (v. 20-28).

Apresentação da figura de Melquisedec (v. 1-3)

Em Gn 14,18-20 diz-se que Melquisedec foi ao encontro de Abraão, abençoou-o e recebeu dele o seu dízimo. Ora, as coordenadas biográficas de Melquisedec, que poderiam permitir a reconstrução da sua árvore genealógica, são silenciosas no texto do Gênesis (v. 3). Esta lacuna é explorada pelo autor de Hebreus para dizer que o sacerdócio de Melquisedec é profundamente diferente do aaronítico; de fato, para ser reconhecidos como autênticos sacerdotes era necessário poder demonstrar que descende da tribo de Levi (cf. Esd 2,61-63). Portanto, sendo as origens de Melquisedec desconhecidas e não existindo ainda no tempo de Abraão as tribos de Israel, o seu é um sacerdócio de natureza completamente diferente do sacerdócio de Israel, tanto porque o precede como porque não é transmitido por descendência. No entanto, o autor não pretende contar a história deste rei-sacerdote, mas sim apresentar a sua ideia do sacerdócio de Cristo, do qual Melquisedec serve como perfeita prefiguração. Este personagem, portanto, pode ser entendido como *antítipo* veterotestamentário de Cristo sumo sacerdote, que de certa forma se assemelha um pouco a ele[229]. Também Cristo, de fato, não descende da tribo sacerdotal e as suas origens se perdem na eternidade de

---

228. Trata-se de uma das regras da interpretação judaica das Escrituras: dois textos, ainda que muito distantes um do outro – no nosso caso um texto do Gênesis com um dos Salmos – poderiam se refletir reciprocamente um no outro, possibilitando interpretações sem precedentes. A ligação entre os dois textos era fornecida por um termo comum. Para a *g*ᵉ*zeráh shawáh* (*Analogieschluss*), cf. STEMBERGERGER, G. *Ermeneutica ebraica della Bibbia*. Bréscia: Paideia, 2000, p. 123 [Studi Biblici, 127].

229. Para a correlação tipológica no sentido amplo, cf. o aprofundamento "Tipologia mosaica" nas p. 235s.

Deus; além disso, na sua condição atual de Ressuscitado, ele não pertence a esta criação. O seu sacerdócio dura "para sempre" (v. 3), não tanto porque permanece para toda a sua vida terrena – como para Melquisedec –, mas porque o Cristo ressuscitado vive para sempre.

O autor sente a necessidade de explicar a origem do nome deste rei-sacerdote, "hebraicizando" de alguma forma a etimologia, semelhante de como o fizeram Fílon e Flávio Josefo[230]. "Melquisedec" (Malkîsedeq), de fato, é um nome teofórico antigo, no qual aparece o termo *mélek*, que significa "rei", associado ao nome da divindade cananeia Zedek. O significado seria: "O meu rei é Zedek". O autor não sabia disso, então lê "rei de *sedeq*", ou "rei de justiça". O mesmo tratamento se aplica ao topônimo Salem (um lugar não especificado), que para um ouvido semita soa muito semelhante à palavra *shalóm*, ou "paz", com o consequente "rei de paz" (7,2). Esta cuidadosa apresentação não é orientada para o desenvolvimento de questões de justiça e de paz, que de fato não encontram um tema particular na carta, mas sim para a referência ao ideal messiânico suscitado por estes termos. O messias futuro era esperado como um rei justo e pacífico. O propósito de prover uma etimologia deste tipo, portanto, é apresentar Melquisedec não tanto como uma figura histórica, mas em função cristológica. O verdadeiro rei de justiça e de paz, portanto, é Cristo; Melquisedec é lembrado e descrito apenas como sua prefiguração[231].

Comparação com o sacerdócio levítico (v. 4-10)

Depois de afirmar a semelhança do sacerdócio de Cristo com o de Melquisedec, agora se destaca a sua diferença em relação ao sacerdócio aaronítico. O texto do Gênesis diz que Abraão deu o seu dízimo para este rei-sacerdote e recebeu dele a sua bênção; com tal comportamento, portanto, reconheceu Melquisedec superior a si mesmo. É como se toda a descendência de Abraão, condensada de alguma forma em tal gesto, tivesse dado a oferta ao rei de Salém e tivesse sido abençoada por ele, incluindo os descendentes de Levi (os sacerdotes e os levitas). Esta afirmação um tanto ousada é baseada no fenômeno bíblico chamado *personalidade corporativa*: na figura

---

230. Cf. FILÓN DE ALEXANDRIA. *Legum allegoriae*, 3.79. • FLÁVIO JOSEFO. *Bellum Judaicum*, 6.10.1, p. 438.

231. Sobre a independência de Hebreus da figura de Melquisedec nos textos qumrânicos, cf. MANZI. *Melchisedek e l'angelologia*.

do precursor estão representados – e de alguma forma "contidos" – todos os descendentes. Acreditava-se, de fato, que todo o povo futuro, originado de Abraão, já estivesse presente nas gônadas do progenitor ("os lombos" do v. 10). A consequência é que, ao oferecer o dízimo e receber a bênção em Abraão, todos os sacerdotes de Israel implicitamente e coletivamente reconheceram a superioridade do sacerdócio de Melquisedec. Obviamente, a relativização do sacerdócio aaronítico, através da afirmação da preeminência do sacerdócio de Melquisedec, é funcional para o reconhecimento da superioridade do de Cristo.

Insuficiência do sacerdócio levítico e da Lei (v. 11-19)

O raciocínio continua tocando em dois outros temas relacionados entre si: a perfeição e a Lei. A Lei regula a relação do povo com Deus, relação da qual o sacerdócio é o fiador, pois seu propósito principal é "aperfeiçoar" o povo, ou seja, levar os homens à salvação. Como o sacerdócio aaronítico não conseguiu cumprir essa tarefa, é necessário outro tipo de sacerdócio. Um atestado dessa impotência radical pode ser encontrado em Sl 110,4, onde é invocado o aparecimento de um sacerdócio diferente, à maneira de Melquisedec, capaz de substituir o ineficaz de Aarão. O fracasso deste sacerdócio não se deve às pessoas que exerceram as suas funções, mas a todo o sistema regido pela Lei. Portanto, um e outro devem ser mudados, porque a mudança do sacerdócio também traz consigo uma mudança necessária da Lei.

Dadas estas premissas, o fato de que Cristo não pertence à tribo de Levi (v. 14) não aparece mais como um impedimento, mas como a qualificação que lhe permite ser reconhecido como um sacerdócio diferente daquele aaronítico, aquele sacerdócio cujo aparecimento foi precisamente predito nas palavras do Sl 110 relacionadas a Melquisedec. Como ele, também Cristo não se torna sacerdote em virtude da Lei (graças à descendência), mas "segundo a força de uma vida indestrutível" (v. 16). A revogação desta ordem ineficaz abre a porta à possibilidade de uma "esperança melhor" (v. 19).

Superioridade do sacerdócio de Cristo (v. 20-28)

Além disso, entre o sacerdócio de Cristo e o sacerdócio aaronítico, há não só uma relação de diferença, mas também de superioridade, e isto por pelo menos três razões. A primeira, em virtude de um juramento, que pode ser encontrado novamente no Sl 110,4: "O Senhor jurou e não se arrependerá"; para o sacerdócio aaronítico, de fato, não estava previsto um juramento por parte de Deus. A segunda, por causa da eternidade com que Cristo ressuscitado desempenha o papel de mediador. No fundo, aquele da ordem anterior era só uma tentativa repetida com a contínua substituição dos sacerdotes: à morte de um, sucedia-lhe imediatamente outro, para que a função sacerdotal não fosse interrompida com a morte. Cristo, pelo contrário, estando na condição de ressuscitado, nunca suspende o seu serviço sacerdotal (v. 24); por isso o autor afirmou que "tornou-se garantia de uma aliança melhor" (v. 22). A terceira razão está no fato de que todos os sumos sacerdotes do Antigo Testamento eram pecadores, pois para poderem sacrificar-se pelo povo primeiro tinham que oferecer sacrifícios para a expiação de seus próprios pecados. Agora, porém, esta realização prévia é completamente supérflua, porque o novo sumo sacerdote, Cristo, encontrando-se num estado de perfeita inocência, não necessita de nenhum sacrifício de purificação em seu benefício (v. 26-27).

3) Cristo aperfeiçoado pelo seu sacrifício (8,1–9,28)

Nesta seção se mostra a mudança radical inaugurada pelo sacerdócio de Cristo: enquanto o aaronítico se realizava apenas a nível terreno, sem poder superar a sua total ineficácia, o de Cristo é um sacerdócio realizado no céu, capaz de exprimir uma eficácia sem igual. Basicamente, o raciocínio é dividido em duas partes, ainda que a disposição siga um curso concêntrico: na primeira há uma exposição crítica do culto antigo e da primeira aliança (8,1–9,10), enquanto na segunda há uma exposição positiva da nova natureza do sacrifício de Cristo (9,11-28); no centro há a afirmação da perfeita eficácia da oblação de Cristo (9,11-14).

a) Crítica ao culto antigo e à primeira aliança (8,1–9,10)

A primeira linha está relacionada com as últimas observações do capítulo anterior: um sacerdote com as qualificações mencionadas acima (7,26-28) nós o temos! Este é o ponto "capital da carta", o tema central do escrito. O exórdio é muito solene: o convite do Sl 110,1 "Senta-te à minha direita" foi plenamente realizado com a assiduidade de Cristo ressuscitado à direita do trono de Deus no céu (v. 1). É desta condição celestial que ele desempenha o papel de ministro do "santuário e da verdadeira tenda". A continuação clarificará a natureza do serviço de Cristo e destes dois últimos âmbitos de culto, que não são o produto de um trabalho humano (v. 2).

Exclusão do culto antigo (v. 3-6)

O serviço de que estamos falando é o sacrificial; de fato se diz que cada sacerdote deve "oferecer dons e sacrifícios" (v. 3); consequentemente, para ser reconhecido como sacerdote, também Cristo se encontra na necessidade de oferecer algo. A sua oferta, porém, não é idêntica àquela feita no templo: ali, de fato, os sacerdotes a proveem, os quais, para desempenhar corretamente a sua função sacerdotal, devem seguir um regulamento que corresponda perfeitamente ao modelo indicado por Deus no Sinai (cf. Ex 25,9.40). A fidelidade das ações litúrgicas ao protótipo indicado por Deus, porém, curiosamente se presta, ao mesmo tempo, a ser tanto o fundamento como a deslegitimação do culto. *Fundamento*, enquanto que os sacerdotes não fizeram por si próprios um ordenamento litúrgico, mas seguem à risca o que Deus pede; *deslegitimação*, porque aquilo que fazem é apenas uma reprodução do modelo celeste mostrado no Sinai. A realidade, portanto, não está no culto terreno, mas no celeste (v. 5). Esta observação tornará possível dizer a seguir que o culto autêntico é aquele realizado por Cristo no céu (cf. 9,11-12). No momento, o autor se detém em destacar que todo o sistema se tornou obsoleto, pois a aliança com o Sinai e o sistema cúltico resultante foram superados e, consequentemente, são revogados pelo surgimento de uma aliança melhor (v. 6).

A substituição da aliança antiga (v. 7-13)

Se a aliança no Sinai tivesse sido capaz de realizar perfeitamente o que foi proposto, não teria sido necessário estabelecer outra (v. 7). Agora, dizer que à antiga deve-se acrescentar uma outra se apresenta como uma declaração perturbadora e inovadora, porque implica que a aliança acordada com Moisés já está prestes a desaparecer. No entanto, não se trata – como poderia parecer à primeira vista – de uma questão de extravagância por parte do autor de Hebreus, porque o Profeta Jeremias já havia declarado que apareceria uma nova aliança (31,31-34). O oráculo profético é introduzido com uma reprimenda (v. 8) e é até mesmo mencionado por completo nos v. 8-12 (segundo a versão grega). Isso recorda a iniciativa benevolente de Deus que, embora tenha conduzido os pais pela mão na libertação do Egito, não contou com a fidelidade deles. Diante desta rejeição, Deus promete uma nova aliança, na qual, em vez de escrever as dez palavras em placas de pedra, escreverá as suas leis no coração dos homens, com a consequência de que ninguém deverá ser mais educado por ninguém, pois todos poderão conhecer a Deus; a relação entre Deus e o povo será baseada em uma perfeita reciprocidade; finalmente, promete o perdão de todos os pecados. Diante de todas estas qualificações da nova aliança, a antiga está superada: "a ponto de desaparecer" (v. 13).

O ineficaz sistema cultual antigo (9,1-10)

A descrição do culto curiosamente não fotografa as ações litúrgicas no templo de Jerusalém, aquele reconstruído por Herodes, mas recorda aquelas realizadas durante o caminho do êxodo no santuário móvel, realizado em uma grande tenda dividida em dois ambientes (o autor de Hebreus fala de duas tendas; cf. Ex 25– 27). Na primeira tenda, cujos elementos estão listados (candelabro e mesa com pães), todos os sacerdotes entravam para oficiar em muitas ocasiões; na segunda, onde se encontravam os elementos mais preciosos (os cobertos de ouro, i. é, o altar e a arca), só o sumo sacerdote podia entrar uma vez por ano para a celebração do Dia da Expiação (*Yom Kippúr*). Este sistema de divisão permitia imaginar o acesso à presença divina através de diferentes etapas, a última das quais – a entrada na segunda tenda – se pensava que colocasse na própria presença de Deus. O autor afirma que, na realidade, da primeira tenda se entrava simplesmente na segunda, feita também por mãos humanas. Portanto, todas as ações rituais, baseadas em ofertas e no uso de elementos materiais, que se achava que os colocava em contato com Deus, permaneciam apenas "preceitos humanos" (v. 10), isto é, apenas externos e incapazes de tocar a profundeza da alma humana e de purificá-la do pecado, precisamente porque Deus não podia alcançá-la.

b) Um sacrifício de natureza nova (9,11-28)

A oblação de Cristo (v. 11-14)

O centro do argumento é a afirmação da perfeita eficácia da oblação de Cristo. Tal oferta está em exato contraste com a inutilidade apenas afirmada dos antigos atos de culto. Estes eram apenas uma prefiguração da autêntica mediação sacerdotal realizada por Cristo através dos três movimentos fundamentais do culto: aquele ascendente em direção a Deus, o central de entrada na sua presença e o descendente com a redenção oferecida ao povo.

Os meios usados por Cristo para acessar a presença de Deus foram a *tenda* e o seu *sangue*. Para este último, a referência claramente identificável é a cruz, da qual o autor oferece uma interpretação sacrificial, colocando em paralelo a morte de Jesus com os sacrifícios cruentos realizados durante o culto. Agora já não é mais "o sangue de bodes ou bezerros" (v. 12) que permite ao sumo sacerdote a entrada no santo dos santos no dia do *Kippúr*, porque Cristo entrou "com seu próprio sangue". Entrou aonde? No "santuário" (v. 12), isto é, na própria presença de Deus. Para ter acesso, Cristo teve que passar por "uma tenda melhor e mais perfeita, não construída por mãos humanas" (v. 11). A qual realidade se refere? Esta tenda não parece referir--se nem a um santuário realmente presente no céu, semelhante ao terrestre (interpretação mitológica), nem ao céu intermediário colocado entre a terra e o céu superior onde Deus vive (interpretação cosmológica). Pelo contrário, é uma realidade que, não fazendo parte do mundo criado (v. 11), pertence à nova criação inaugurada pelo Ressuscitado, identificável, portanto, com o próprio corpo glorificado na ressurreição (interpretação cristológica). Neste ponto podia-se pensar no "templo" reconstruído em três dias de Jo 2,19-22, ainda que o autor de Hebreus argumente em paralelo com o santuário móvel do deserto e não diretamente com o templo de Jerusalém.

Ora, o corpo ressuscitado de Jesus é verdadeiramente a tenda maior e mais perfeita, construída não pelas mãos humanas, mas por Deus, e que permite que todos os homens tenham acesso a Deus: é a "verdadeira tenda". (8,2), porque aquela usada por Moisés no deserto era apenas uma prefiguração desta.

O raciocínio não peca por incoerência, porque, distinguindo duas tendas, o autor pode afirmar definitivamente que a segunda tenda é o acesso a Deus, enquanto a primeira é – por assim dizer – a zona intermédia que permite a entrada na segunda. Se a primeira tenda do deserto provou ser completamente ineficaz, porque simplesmente inserida na segunda tenda (também feita de tecido, feita por mãos humanas, como a primeira), agora a primeira tenda – isto é, o corpo ressuscitado de Cristo – torna possível o acesso à presença de Deus (a segunda tenda celestial, i. é, o santuário do céu). A morada celestial de Deus sempre existiu e não precisava de mudanças; em vez disso, era a primeira tenda que tinha que ser substituída por outra que pudesse servir como lugar de passagem para realmente alcançar a Deus. Além disso, o sumo sacerdote entrava na presença de Deus uma vez por ano e, depois dos gestos rituais, saía imediatamente para retornar apenas no ano seguinte. Cristo, por outro lado, com a sua morte e ressurreição, entra "uma vez por todas" (v. 12), sem voltar a sair nunca mais.

O obstáculo que acima de tudo impede o acesso (ritual e existencial) a Deus é o pecado; por isso o sumo sacerdote para poder expiar os pecados do povo tinha que sacrificar primeiro pelos seus próprios, expiação possível apenas com o derramamento de sangue. Da mesma forma, e com muito mais eficácia, Cristo obtém também a redenção eterna através do derramamento de sangue: o seu próprio (v. 12). Como se pode notar, o autor apresenta o argumento tanto com afirmações de evidente descontinuidade em relação ao culto antigo (cf. a diferente eficácia entre o sangue dos animais e o de Cristo), como com considerações de aberta continuidade (cf. a necessidade de efusão hemática); Portanto, só o sangue de Cristo purifica a consciência do homem do pecado (v. 14). A novidade está no fato de que ele usou a linguagem sacrificial para compreender a morte de Jesus: "se ofereceu" (v. 14), expressão que tem o mérito de expressar a dimensão religiosa da morte de Jesus – não é apenas uma execução capital – e de destacar a conexão com a tradição cultual do AT.

Aprofundamento
O tema do sangue

Merece um destaque a concentração do autor sobre o elemento do "sangue" (9,12). Tanto nos sinóticos como em Paulo, o valor salvífico é explicitamente reconhecido na morte de Jesus, quase nunca mencionando o seu sangue (exceto nas palavras sobre o vinho durante a última ceia: "sangue da [nova] aliança"); este silêncio pode ser reconduzível à interpretação predominantemente *existencial* dada à morte. Basta, por exemplo, pensar na história da paixão nas referências tipológicas à figura do homem justo sofredor que permanece firmemente fiel a Deus.

Em Hebreus a perspectiva muda em sintonia com a referência massiva ao culto. A morte de Jesus é entendida em um nível mais precisamente *sacrificial*, colocando-a em paralelo com as imolações dos animais; daí a razão de toda esta atenção dedicada ao sangue. E, como em qualquer comparação, no raciocínio surgem alguns elementos de continuidade com o culto antigo e outros de descontinuidade. A matança dos animais e a morte de Cristo respondem a uma única necessidade: para a expiação dos pecados é essencial um derramamento de sangue. Nisto o culto antigo e a história de Cristo estão em perfeita linearidade. No entanto, os traços de diferença também são enfatizados. O derramamento do sangue de Cristo é um *unicum* que não tem comparação com os sacrifícios cruentos do culto antigo, pois é o único que pode purificar as consciências. Por quê? Basicamente por três razões. a) Em primeiro lugar, porque se trata de uma oferta pessoal: o sumo sacerdote oferecia o sangue dos animais, enquanto Cristo oferece a si mesmo, aceitando derramar o seu próprio sangue. b) Depois, é a oferta de uma pessoa inocente, sem culpa (*ámomos*, v. 14; cf. tb. 4,15; 7,26); o sumo sacerdote não era completamente inocente e devia sacrificar também pelos próprios pecados. Aqui devemos recordar que o adjetivo "imaculado", que indicava a necessidade para um sacrifício correto de um animal íntegro, sem defeitos físicos, designava ao invés a ausência do pecado; indica, portanto, uma integridade moral, perfeitamente reconhecível em Cristo. c) Finalmente, é a oferta feita por iniciativa do "Espírito Eterno", enquanto os sacrifícios antigos eram simplesmente "preceitos humanos" (v. 10), isto é, exteriores e ineficazes. Esta última expressão – Espírito eterno – que ocorre apenas aqui e nunca mais em nenhuma outra passagem bíblica, indica a ação do Espírito Santo durante o sacrifício de Jesus, que poderia aproximar-se, como sugere São João Crisóstomo, da imagem do fogo que, queimando a vítima, fazia a fumaça subir ao céu. Agora, o que torna a oferta sagrada não é mais a chama ritual *perpetuamente* acesa no templo, mas o fogo do Espírito *eterno* que desce do céu e dá a Cristo o impulso para transformar a própria morte em oferta sacrificial.

Enfim, não se deve esquecer que o AT reconhecia no sangue um altíssimo valor de purificação, motivado pelo fato deste ser a sede da vida (cf. Lv 17,11: "pois é o sangue que faz a expiação pela vida"), embora Hebreus chegue a derrubar a concepção antiga. Se, de fato, foi o sangue que tornou sagrada a oferta, com o sacrifício de Cristo é a oferta de si mesmo que torna sagrado o seu sangue, porque este foi derramado por amor de Deus, em benefício dos homens e na docilidade ao Espírito.

A expressão que reconhece o sangue de Cristo como tendo um papel causal também até na sua ressurreição é completamente original: "O Deus da paz que, *pelo sangue* da eterna aliança, ressuscitou dos mortos o grande pastor das ovelhas..." (13,20)[232].

Cristo, mediador de uma nova aliança (v. 15-23)

A interessante troca, durante a discussão, do termo "aliança" para o termo "testamento" é dada pela ambivalência do termo original *diathéke*, que pode ser entendido em ambos os sentidos. O autor, portanto, fala de Cristo como do mediador de uma nova "aliança", cuja morte perdoou as transgressões passadas dos chamados a receber a herança eterna (v. 15). O termo "herança" também ajuda a compreender a outra nuança de *diathéke*, isto é, o

---

232. Para um aprofundamento espiritual do tema, cf. VANHOYE, A. *Il sangue dell'alleanza – Corso di esercizi spiritual*. Roma: Pia Unione Preziosissimo Sangue, 1992 [Sangue e Vita 10].

sentido de "testamento", que se torna executivo, realizando assim uma transmissão de bens, apenas no momento da morte do testador (v. 17). Vê-se que a morte de Jesus é simultaneamente "aliança" e "testamento": aliança porque cria uma relação entre os crentes e Deus, testamento porque transmite a herança da vida eterna. A ligação entre estas duas nuanças do termo *diathéke* é dada pelo fato de que também no Sinai a aliança estava ligada à morte, isto é, ao sangue: "Este é o sangue da aliança que Deus fez convosco" (v. 20) são palavras tiradas de Ex 24,8LXX. A aspersão com o sangue era necessária para o perdão dos pecados[233].

Conclusão (v. 24-28)

Finalmente, voltamos ao tema tratado nos v. 11-12: a entrada de Cristo no santuário celeste, do qual agora são dadas as coordenadas mais explícitas: uma negativa, "não é feito por mãos humanas", e uma positiva, trata-se do "próprio céu". Um santuário construído pelos homens é apenas uma representação, não o verdadeiro lar de Deus, porque o lugar onde Ele habita só pode ser obra sua (cf. 2Cr 6,18). Se a tenda de acesso não é desta criação, sendo o corpo ressuscitado de Cristo (cf. 9,11), assim também o santuário deve ser de natureza celeste. De fato, é o próprio céu, a ser entendido não como os céus que saíram da obra criadora de Deus, mas como o céu divino, isto é, a própria morada de Deus. Ora, no ápice deste caminho, tendo atravessado a "tenda" e chegado à própria presença de Deus, Cristo não persegue nenhuma ambição pessoal: está ali em "nosso favor" (v. 24).

Além disso, porque o seu sacrifício alcançou perfeitamente a sua meta, não precisa ser repetido continuamente como os antigos sacrifícios: se antes se destacavam os elementos de semelhança (o sumo sacerdote entrava todos os anos; cf. 9,7), agora os de dessemelhança: Cristo entrou no santuário uma vez por todas. A sua paixão, portanto, não deve ser repetida dentro de um sistema cíclico, porque o introduziu numa condição escatológica, definitiva.

4) Cristo causa da salvação eterna (10,1-18)

O autor retorna à reiteração dos sacrifícios antigos como prova clara de que eles permaneciam sem efeito real: desta inutilidade vem a ineficácia da Lei.

---

233. Cf. aprofundamento acima.

A Lei é ineficaz (v. 1-3)

Anteriormente, da crítica ao sacerdócio passava-se à crítica da Lei (cf. 7,11); agora o raciocínio segue o mesmo curso: da admissão da inconclusividade das ofertas sacrificiais (já afirmada em 9,9) passa-se à constatação da inutilidade da Lei. Em ambos os casos – sacerdócio e sacrifícios – o objetivo falho é o "tornar perfeito". Qual é o limite estrutural desta Lei mosaica? Ela possui "apenas a sombra dos bens futuros e não a verdadeira realidade das coisas" (v. 1), no sentido de que, embora indique o plano de Deus, que é perfeito em si mesmo, não consegue alcançá-lo e realizá-lo, já que as indicações prescritas por ela a respeito do sacerdócio, do culto e da aliança não atingem a meta estabelecida. A liturgia do *Kippúr* não era, em si mesma, completamente ineficaz, mas incapaz de tornar as pessoas capazes de não pecar mais, por isso era necessário repeti-la todos os anos. O objetivo do argumento é criar o contraste claro entre a perfeita eficácia do sacrifício de Cristo e a eficácia parcial e, portanto, imperfeita dos sacrifícios cultuais.

Sacrifícios ineficazes e oblação eficaz (v. 4-10)

As ofertas de sacrifício, de fato, estão completamente esgotadas: "é impossível que o sangue de touros e bodes apague os pecados" (v. 4). A longa citação do Sl 40(39), que o leitor escuta como se fosse pronunciada pelo próprio Cristo, é comentada pelo autor, que afirma que Deus não quer sacrifícios, ou melhor, que prefere uma oferta eminentemente pessoal, realizada por meio da adesão à sua vontade: "Eis-me aqui, ó Deus, venho para fazer a tua vontade". Jesus, de fato, ao oferecer o seu corpo na cruz, realizou a vontade de Deus, constituindo o novo sacrifício que suprime o primeiro (v. 9), pois já não se trata de um ato ritual, mas de um gesto que envolve a existência e a pessoa do ofertante. Por esta razão, tem um valor e uma eficácia muito superiores.

Sacerdotes atarefados e sacerdote entronizado (v. 11-14)

O confronto continua. Os sacerdotes devem apresentar oferendas todos os dias, repetindo constantemente um ritual que é incapaz de expressar qualquer eficácia. Eles parecem ter sido descritos em suas constantes e árduas idas e vindas aos lugares dedicados ao culto. Pelo contrário, a Cristo bastava que fizesse uma única oferta sacrificial, de uma eficácia perene, para se ver entronizado "à direita de Deus" (v. 12). Sacerdotes continuamente ocupados em comparação a Cristo sentado no céu. Com a imagem do sentar-se ao lado do Pai – representação tirada do Sl 110(109),1 – a ressurreição de Cristo se torna como uma entronização celestial, com o consequente senhorio da sua parte como plenipotenciário de Deus para toda a criação[234]. Curioso é o efeito: o sentar-se de Cristo no trono celeste à direita do Pai corresponde o aperfeiçoamento dos fiéis. Estes têm agora uma dignidade altíssima, superior à do antigo sumo sacerdote, porque, tendo sido santificados, têm a possibilidade de entrar livremente no santuário (como se diz no v. 19). Poder-se-ia de alguma forma intuir nesta afirmação uma espécie de antecipação ou de equivalente daquela dignidade que agora é chamada "sacerdócio comum dos fiéis".

Nova aliança e fim dos sacrifícios (v. 15-18)

Para confirmar esta tese ocorre um testemunho do Espírito Santo em pessoa. Analogamente ao fenômeno mencionado acima, isto é, Cristo falando através das palavras do salmo (cf. v. 5), agora é o Espírito que fala, atualizando as palavras de Jr 31,33-34 (já ouvidas em 8,10-12, mas pronunciadas pelo próprio Deus). Do oráculo sobre a nova aliança, o autor retoma as duas principais promessas: as leis escritas nos corações e o perdão dos pecados. Por que razão devem estas duas dimensões ser mencionadas e reafirmadas? Porque são o modo concreto como se realiza a perfeição dos fiéis, como acabamos de mencionar no v. 14. Se os resultados do sacrifício de Cristo são a lei escrita na intimidade do homem – e não mais intimidada por fora – e a extinção dos pecados, significa que a aliança agora realmente funciona e, portanto, não há mais necessidade de oferecer sacrifícios pelo pecado (v. 18).

5) Exortação conclusiva (10,19-39)

Depois da exposição da doutrina relativa ao sacerdócio de Cristo, o autor mostra quais são as consequências para os crentes.

Situação privilegiada dos crentes (v. 19-25)

Em primeiro lugar, são enumerados três privilégios de que gozam os cristãos: eles, agora, podem entrar no santuário, têm um meio de entrar nele e há um sacerdote que os pode guiar. Interessante é o uso da palavra

---

234. Cf. o comentário a Hb 1,5-14, nas p. 222-224, 226.

parresía (plena liberdade), que indica tanto a liberdade de expressão como o livre acesso (no v. 35 assume o significado de confiança). Aqui expressa a exata reviravolta dos vínculos muito restritivos com que se limitava a apenas uma vez por ano e só ao sumo sacerdote a entrada no santo dos santos. Os cristãos, pelo contrário, gozam da prerrogativa do acesso ilimitado e já não ao santuário terrestre, mas ao celeste; mas, não basta apenas o direito de entrada: é necessário também ter o caminho de acesso, constituído pela humanidade glorificada de Cristo ressuscitado (cf. 9,11), o "grande sacerdote" (v. 21), que desempenha o papel de guia. Estas três prerrogativas são seguidas por três imperativos, que designam a modalidade correta de se aproximarem aqueles que receberam o batismo (coração purificado e corpo lavado, v. 22): "mantenhamos inabalável a confissão da esperança", "olhemos uns pelos outros", "Não abandonemos as nossas reuniões". São exortações, respectivamente, à profissão firme de fé, ao mútuo estímulo e à frequência assídua às assembleias dominicais, vividas na espera da *parusia* (v. 25). Como se pode ver, o autor preocupa-se com os núcleos da experiência cristã: fé (v. 22), esperança (v. 23) e caridade (v. 24).

Advertência (v. 26-31)

As palavras de advertência soam muito severas, embora não devam ser entendidas nem como uma definição doutrinária de valor axiomático, nem como uma sentença de condenação expressa em uma situação concreta. O tom é duro simplesmente porque o autor quer ter um efeito dissuasor sobre os fiéis: eles devem ter cuidado com qualquer deserção. Não se trata de uma constatação, mas de uma hipótese sobre um possível pecado voluntário. Estamos, portanto, perante uma dissuasão energética, uma espécie de choque salutar[235]. No entanto, reconhecer um valor pedagógico a afirmações como estas não significa descartá-las como um simples medo; o sentido de horror e de advertência que emerge não deve ser mitigado. É um aviso sincero. De fato, quando nos referimos a seguir à profanação do sangue de Cristo (v. 29), é muito provável que aluda àquela recusa voluntária e deliberada da fé que recebe o nome de apostasia, pecado que merece um castigo pior do que qualquer outra sanção contemplada na lei de Moisés (os v. 28-29 contêm um raciocínio *a fortiori*).

---

235. Cf. o tema teológico do pecado imperdoável, relativo à afirmação de 6,6 igualmente peremptória, nas p. 282-284.

Generosidade dos primeiros tempos (v. 32-35)

O registro muda subitamente e das ameaças se passa aos elogios. Os fiéis são convidados a recordar os seus primeiros passos na fé, quando depois da sua conversão ao cristianismo tiveram a força de suportar a perseguição e de se solidarizar com os perseguidos, ajudando os presos e tolerando o confisco dos próprios bens, com a alegre consciência da posse de "riquezas muito melhores e imperecíveis" (v. 34). A certeza de que às privações e tribulações correspondesse uma "grande recompensa" (v. 35), isto é, o dom da salvação, fazia parte do ensinamento sobre as perseguições, que também se encontram nas bem-aventuranças de Mateus: "Felizes os perseguidos por causa da justiça, porque deles é o Reino dos Céus" (Mt 5,10). Como se vê, o autor, ainda que tenha repreendido os seus ouvintes, não se esqueceu da conduta exemplar deles e exorta-os a continuar na atitude da *parresía* (v. 35; cf. v. 19), isto é, a não perder a confiança que souberam demonstrar.

Perseverança e fé (v. 36-39)

Nos últimos versículos desta seção o tom positivo continua: os fiéis são encorajados a continuar na sua capacidade de perseverar, suportando as tribulações sabendo que o dia do Senhor não vai demorar. Aqui o autor, tomando emprestado as palavras de Habacuc (2,3-4), reforça a certeza da intervenção de Deus: graças a esta "reserva escatológica" o justo pode "viver pela fé" (v. 38), é essencial não ceder. Perseverança e fé, que são o assunto desta unidade, se tornarão os temas tratados na próxima seção; portanto, estes versículos servem como o lançamento do próximo argumento (*propositio*).

Em resumo

O longo caminho percorrido até aqui poderia ser resumido da seguinte maneira: depois de exortações iniciais moduladas tanto em tons muito severos como muito mais tranquilizadores, os ouvintes são convidados a entrar no coração da exposição doutrinal, isto é, na cristologia sacerdotal. Esta última era de dificílima elaboração, pois Cristo não tinha nenhum requisito para ser reconhecido como um sacerdote. O autor, então, elabora um percurso bastante criativo, e de certa forma brilhante, recorrendo ao único episódio em que aparece um sacerdote não descendente da tribo de Levi: Melquisedec. Como ele, que não é sacerdote segundo o modo aaronítico, Cristo pode ser definido sacerdote. Só que o sacerdócio de Cristo não é só *diferente* do aaronítico, mas é também muito *superior* a ele, tanto porque não requer nem a repetição contínua de atos de culto, nem de sacrifícios pelos próprios pecados, como porque fez, de longe, a oferta mais eficaz: sacrificou-se a si mesmo. Em virtude desse sacrifício perfeito, Cristo finalmente pôde entrar no santuário celestial de Deus, entrada que foi completamente excluída ao antigo sumo sacerdócio. O verdadeiro culto é aquele realizado pelo Ressuscitado no céu; o do templo, porém, não teve e não tem efeito algum. Por um lado, isto resulta na revogação do culto antigo e também da Lei que regulava a sua complexa articulação e, por outro lado, resulta no privilégio de os cristãos terem plena liberdade de acesso ao santuário celeste, isto é, à própria presença de Deus.

Quarta Parte: adesão a Cristo por meio da fé perseverante (11,1–12,13)

Os temas da perseverança e da fé, que emergem nos últimos versículos da parte anterior (10,36-39), são agora retomados em sequência inversa: 1) a fé dos antigos (11,1-40) e 2) a necessária perseverança (12,1-13).

1) A fé dos antigos (11,1-40)

A esta altura da sua exposição, o autor, que poderia ter deixado na audiência uma impressão fortemente desfavorável de tudo o que foi relatado até agora do AT, oferece uma reinterpretação positiva da história da salvação. Se, de fato, ele forneceu um retrato negativo da geração do êxodo por causa da "falta de fé" (3,12.19) e havia declarado o esgotamento do culto antigo, agora se prepara para tecer elogios daqueles personagens que o texto sagrado apresenta como exemplares na fé.

O fenômeno mais marcante nesta seção é a repetição esmagadora do sintagma "pela fé" (com as únicas variantes "na fé" e "por meio da fé" dos v. 13 e 33), repetido 18 vezes como um refrão quase em cada versículo do v. 3 ao v. 33: todos os acontecimentos dos diferentes sujeitos considerados são relidos a partir deste único elemento prospectivo.

Definição da fé e primeiros exemplos (v. 1-7)

O *incipit* é dado por uma espécie de definição da fé, descrita por meio das suas consequências: "A fé é o fundamento do que se espera e a prova das realidades que não se veem" (v. 1). Ela é entendida como uma espécie de garantia do que ainda não se possui e um conhecimento antecipado do que atualmente não se vê. Antes de enumerar as várias figuras de crentes do AT, esta enunciação estabelece as premissas básicas: o ato de crer é possível dentro de uma relação de confiança. A fé, portanto, é uma abertura de crédito a Deus, que certamente concederá ao crente o que ele ainda não tem e não pode ver. Por isso, o autor entrelaça indissoluvelmente fé e esperança, porque se trata de uma entrega a uma pessoa – Deus – pela qual não há necessidade de qualquer garantia prévia, tão confiável e fidedigna é a sua conduta; é como se fosse dito: "Se ele promete, então estamos certos de que a palavra dada será mantida". Se há esta confiança básica, qualquer verificação preliminar é supérflua.

Os exemplos mencionados neste capítulo podem dar a impressão de um *excursus* histórico, uma espécie de lista dos campeões da fé simplesmente justapostos um ao lado do outro; a intenção, ao contrário, é criar uma espécie de crescendo que faz desembocar o discurso em Cristo. De fato, no final, embora recordando a aprovação concedida a eles por Deus, diz-se que eles "não alcançaram a promessa" (v. 39), em (aparente) contradição com a promissora definição de fé dada no início. Se a fé, então, é como uma garantia do que ainda não se possui (v. 1), o fracasso em obter o que foi prometido não desmente manifestamente a própria fé? Na realidade, o objetivo é dirigir-se a Cristo: "Deus havia providenciado a nosso respeito algo melhor" (v. 40); a fé dos antepassados, de algum modo, orientava para o próprio Cristo, sem o qual falta o elemento central do crer.

Que a fé, portanto, é também uma forma de conhecer sem a necessidade de uma verificação experimental, afirma-se no v. 3 a respeito do mundo criado: este foi formado pela força criadora da palavra de Deus e isto é conhecido pela fé, pois nenhum homem foi testemunha ocular.

Algumas figuras bíblicas são então recordadas pela sua fé: Abel, em virtude da sua oferta mais generosa do que a de Caim e pelo seu sangue ainda eloquente (v. 4); Enoque, pelo seu arrebatamento ao céu (v. 5); Noé, que, antes dos fatos do dilúvio, construiu a arca para salvar a sua família (v. 7). Trata-se de exemplos que podem aludir aos três momentos do sacrifício de Cristo: o primeiro pela oferta cruenta de si, o segundo pelo acesso à morada celeste de Deus, o terceiro pela obtenção da salvação.

A fé de Abraão e dos patriarcas (v. 8-22)

Abraão obedece à ordem de partir para um lugar que não conhecia; esta confiança revela a sua fé profunda. Uma vez na terra de Canaã, ele continuou a peregrinar como um nômade, vivendo em tendas, e essa precariedade o levou a esperar por uma realização ideal, perfeita, não mais identificável com a terra prometida, mas com a "cidade fundada sobre alicerces" (v. 10), construída diretamente por Deus. Estamos diante da extensão da promessa: da pátria terrestre, Abraão é guiado a desejar a pátria celeste. Também Sara, embora recordada no texto do Gênesis pela sua perplexidade (o riso, cf. Gn 18,12-15), está envolvida nesta releitura da fé de Abraão: também ela, pela fé, "tornou-se capaz de conceber" (v. 11).

Curiosa é a afirmação do v. 13 que mostra como o AT tem a função de orientar-se para algo melhor, pois ser estrangeiros e peregrinos mostra o desejo não de voltar à terra de origem, mas sim de chegar a uma pátria "melhor, isto é, a pátria celeste" (v. 16); portanto a realização fracassada ou só parcial das expectativas desses antigos personagens não contradiz a natureza da fé (cf. v. 1) – isto é, a fé como garantia do que não se possui e não se vê – mas amplia seus horizontes.

Continuando com Abraão, recorda-se o oferecimento de Isaac (Gn 22), como mais uma vontade do patriarca de obedecer à ordem inaudita de Deus, uma ordem completamente inesperada que poderia ter comprometido a descendência. Mas Abraão demonstrou a própria fé porque não duvidou da promessa de Deus, que se mostraria igualmente fiel ao dom de um descendente, mesmo apesar e através da imolação de Isaac. Naturalmente, Abraão não sacrificou o seu filho, mas a sua disponibilidade total e confiante pode ser entendida como uma verdadeira oferta (cf. a dupla presença do verbo "ofereceu" no v. 17). Mesmo que Isaac não tenha sido morto, o fato de ser devolvido vivo constitui uma espécie de prefiguração ("símbolo", v. 19) da ressurreição de Jesus depois de sua própria oferta na cruz.

Sucintamente, são recordados a seguir: Isaac, Jacó, Esaú e José, por meio dos quais a bênção tem sido prolongada através das gerações (v. 20-22).

A fé de Moisés (v. 23-31)

Depois da grande figura de Abraão, que de alguma forma domina a perícope anterior, destaca-se agora a figura respeitabilíssima de Moisés. Inicialmente se menciona a fé de seus pais que, contrariando o edito do faraó, esconderam o pequeno salvando-lhe a vida. Depois se alude à preferência de Moisés de ser solidário com o seu povo e, consequentemente, de compartilhar os maus-tratos, em vez de ficar preso ao nobre título de "filho da filha do faraó" (v. 24). Nesta solidariedade com os israelitas obrigados a trabalhos forçados, o autor intui uma espécie de pré-anúncio da de Cristo com os pecadores, quase como se Moisés pudesse tê-la vislumbrado (v. 26). Continua, de fato, dizendo que a firmeza de Moisés em tirar o povo do Egito coincide com a capacidade de ver o invisível, isto é, aquele que nenhum homem jamais viu (v. 27).

Depois, a reconstituição do êxodo se faz de forma muito mais curta, com dois episódios do início: a celebração da Páscoa e a travessia do Mar Vermelho (cf. Ex 12; 14,1–15,19), e dois episódios do final: a conquista de Jericó e a ajuda da prostituta Raab para os mensageiros de Josué (cf. Js 2 e 6). Uma vez mais surge uma possível alusão a Cristo quando se fala da "aspersão com sangue" (v. 28). Nada se fala, no entanto, sobre o caminho no deserto.

Outros exemplos ilustres (v. 32-40)

Admitir que ele não tem tempo para contar a história de outros personagens serve para o autor concluir o discurso rapidamente, mesmo que de forma bastante solene; são palavras um pouco exageradas, mas trata-se de um estratagema retórico (*preterição*, i. é, a pretensão de não dizer coisas para enfatizá-las).

Dos seis campeões da fé, Gedeão, Baraque, Sansão, Jefté, Davi e Samuel, recordados juntamente com os profetas (v. 33) e algumas mulheres (v. 35), se recordam em uma longa lista as ações heroicas, as ações políticas e militares, as libertações prodigiosas – por exemplo a dos jovens na fornalha (cf. Dn 7 no v. 34) –, os feitos e as condições extremas da vida. Em todos estes casos, o denominador comum é dado pelo fato de que a capacidade de suportar e a vitória posterior vieram de Deus; situações muito diferentes umas das outras, mas governadas pela única fé. Uma das referências mais evidentes é a história dos Macabeus, a que se faz alusão ao recordar as perseguições violentíssimas, enfrentadas graças à fé na ressurreição. O fato, portanto, de que esta última seja explicitamente mencionada testemunha a favor de uma alusão sutil e contínua a Cristo, que emergia várias vezes ao longo desta seção. A enumeração de tais hostilidades serve para criar uma harmonia com os destinatários da carta, que, escutando as façanhas do passado e a força duradoura dos antigos, são encorajados a resistir na fé às ameaças presentes.

O ponto de chegada, no entanto, nos surpreende. Perante estas premissas lisonjeiras sobre a fé destes campeões, seria de se esperar um resultado entusiasmante e luminoso; em vez disso, a conclusão do longo louvor é – como já foi dito – muito decepcionante: "não alcançaram a promessa" (v. 39). Esta conclusão parece deixar um gosto amargo na boca, mas na realidade abre-se ao papel de Cristo, aquele "algo melhor" (v. 40), sem o qual não se pode chegar à perfeição. A fé sem Cristo ainda não é perfeita.

2) A perseverança necessária (12,1-13)

O tema da perseverança é abordado partindo do próprio Jesus, modelo da capacidade de suportar, e concluindo sobre os "castigos" infligidos não por punição, mas para correção.

Perseverar como Jesus (v. 1-3)

Do louvor da fé dos antigos passamos à exortação à perseverança. Se antes estes tais eram apresentados como campeões e modelos da fé, agora assistem – como testemunhas – a uma competição, na qual os destinatários e o próprio autor devem participar ("nós", v. 1). A metáfora desportiva é muito eficaz: as testemunhas são como os espectadores que encorajam os crentes na sua corrida, portanto, uma espécie de "torcedores" (apesar de também estas testemunhas terem competido antes deles, e, portanto, serem partícipes e não estranhos aos acontecimentos, assistindo apenas de fora). Por outro lado, os crentes, como os atletas da época, devem competir "nus", "jogando fora todo peso" (v. 1) não tanto as suas roupas, mas o pecado. Esta espoliação recorda a catequese batismal primitiva, que descrevia a novidade da vida cristã como um despir-se da conduta passada para vestir a nova[236].

O único propósito do corredor é cruzar a linha de chegada, da qual não desvia o olhar: da mesma forma, a vida do crente é como uma corrida que tem como meta o lugar onde Cristo está. Ele é definido como *arquegós* e *teleiótes* da fé (v. 2). Com estes dois títulos queremos tornar explícito o papel fundamental de Cristo em relação à fé: Ele é a sua origem e o que a torna perfeita. É o iniciador, fundador, pioneiro da crença e também o seu aperfeiçoador e criador supremo. Chegamos, portanto, ao ápice do percurso sobre a fé dos antepassados: Cristo é o autor e o aperfeiçoador da fé. Imediatamen-

---

236. Cf. Rm 13,12-14; Cl 3,8-10; Ef 4,22-25.

te se une a esta definição a recordação da paixão, durante a qual renunciou ao direito de ser tratado como Deus (a "alegria que lhe foi proposta", v. 2) e abraçou a humilhação da Cruz (cf. Fl 2,6-8). O resultado é a entronização à direita do trono de Deus, isto é, o senhorio do cosmos concomitante à sua ressurreição (cf. Hb 1,13; 8,1; 10,12). A capacidade de resistência que Cristo demonstrou durante a Paixão serve de exemplo e encorajamento para a perseverança dos crentes que sofrem perseguição (v. 3).

Qual a relação de Cristo com a fé? A questão é muito delicada e constitui uma das questões mais interessantes da reflexão cristológica contemporânea; é, de fato, uma *quaestio disputata* dentro do debate teológico atual. A Carta aos Hebreus define a relação com a fé em termos de causalidade e de fim: Cristo é certamente objeto de fé por parte dos cristãos, mas é também o autor e o aperfeiçoador dessa mesma fé (cf. v. 2). Portanto, é Ele quem a origina e, ao mesmo tempo, a conduz ao seu cumprimento. O papel, como se pode ver, é claramente ativo. Pode-se, então, afirmar também que Cristo tenha sido um crente? A questão não é fácil de resolver, porque as qualificações de Hb 12,2 dificilmente nos permitem considerar Cristo como qualquer outro crente. A relação que Jesus tem com o Pai, de fato, é única e qualitativamente diferente daquela que os homens têm com Deus e nunca o NT atribui a Jesus o verbo "crer"; inclusive Hebreus está nesta linha.

Pode-se, no entanto, hipotizar também que Cristo, tendo sido perfeitamente solidário com os homens, tenha experimentado e vivido tudo o que os crentes sentem e vivem. De fato, ao longo de toda a sua vida, e especialmente durante a paixão, Ele permaneceu fiel a Deus e plenamente dócil à sua vontade, atitudes estas que são perfeitamente pertinentes à fé. Seria necessário, então, recorrer à analogia: se falássemos da fé de Cristo, deveríamos fazê-lo utilizando um conceito de fé parcialmente semelhante à nossa e parcialmente diferente. De fato, seria necessário salvaguardar a absoluta singularidade da pessoa de Jesus em virtude da sua relação irrepetível com o Pai; qualquer reconhecimento da *sua* fé não poderia de modo algum coincidir com um conceito simplesmente intensificado ou aumentado da *nossa*. Tratar-se-ia, de qualquer modo, de duas realidades em parte semelhantes e em parte radicalmente diferentes[237].

---

237. Para um aprofundamento da questão no *Corpus paulinum*, cf. VANHOYE, A. *"Pístis Christoú*: fede in Cristo o affidabilità di Cristo?" In: *Biblica*, 1999, p. 1-21.

A correção paterna (v. 4-11)

Com uma longa citação de Pr 3,11-12 recorda-se o valor sapiencial do sofrimento, que pode ser interpretado como uma correção oferecida pelo pai (ou pelo professor) com um propósito não punitivo, mas meramente educativo. Aqui esta áspera ação pedagógica descreve até a própria relação que Deus tem com o crente, tratando-o como filho. O sofrimento, portanto, torna-se o lugar onde o homem se torna consciente da relação filial com Deus. Este é o encorajamento que o acompanha: longe de ser um castigo, a tribulação pode ser a ocasião para experimentar a proximidade paterna e educativa de Deus: Ele "vos trata como filhos" (v. 7), mesmo que no momento toda correção seja desagradável (v. 11).

São interessantes as expressões "Pai dos espíritos" (única em toda a Bíblia e traduzida como "Pai celeste") e "pais segundo a carne" (em italiano traduzido por "pais terrenos") do v. 9, que criam uma espécie de contraste incremental: se obedecemos aos pais naturais, que transmitiram a vida física, com mais razão devemos obedecer ao Pai que é a fonte de toda a vida e em particular da vida espiritual. O contraste é então ainda mais acentuado para a finalidade da ação pedagógica de Deus. Ao contrário de qualquer pai terreno, o seu objetivo é de "nos comunicar sua santidade" (v. 10).

Os v. 12-13, talvez retomando a metáfora esportiva inicial, servem como transição e introdução ao tema da próxima parte. Os membros do corpo, prontos para iniciar o caminho e não se desviar da direção correta (a tradução literal seria: "caminhos retos para os pés"), evocam para o caminho da vida cristã a necessidade da perseverança e da justiça.

Quinta parte: atitudes de vida cristã ("caminhos retos") (12,14–13,19)

A exortação um tanto genérica de fazer "caminho reto", de 12,13, é especificada quando se diz procurar a "paz com todos e a santidade" (v. 14), elementos que são retomados em ordem inversa na posterior exposição: procurar a santificação (12,14-29) e viver em paz com todos (13,1-6), aos quais se acrescentam as exigências da situação dos cristãos (13,7-18).

A santificação (12,14-29)

Como já foi salientado, o v. 14 serve como *propositio*, ou seja, como anúncio dos temas tratados posteriormente. No pensamento bíblico, se a santidade é uma característica peculiar da própria natureza de Deus, a santificação do homem, antes de ser fruto do esforço pessoal, é a consequência de um contato com Deus, experiência que também pode ser perigosa. Uma forma de alcançar a santificação é através da combinação ritual da oferta de sangue das vítimas (9,13), mesmo que isto só provoque uma purificação externa. Aqui alude-se, ao contrário, a outro tipo de santificação, de tipo existencial, que é como uma moeda de dois lados: o primeiro é dado pela ruptura com uma conduta de pecado e o segundo por uma autêntica relação com Deus.

Antes de mais nada, é preciso estar vigilante para que na comunidade "não exista uma raiz que produza planta venenosa" (cf. Dt 29,17), isto é, o contágio da apostasia; pecado este que, partindo de um só, pode envolver muitos. Além disso, recordando a troca da primogenitura pelo prato de lentilha de Esaú (cf. Gn 25,33) – avaliado como um ato de profanação e fornicação (semelhante à idolatria que sempre foi definida como "prostituição") – sublinha-se que tal troca lhe custou a perda da bênção de seu pai Jacó, pois este não mudou a sua decisão. Assim, a história de Esaú serve como um aviso para que os cristãos não percam a oportunidade excepcionalmente vantajosa em que se encontram.

Estes últimos, de fato, estão em uma posição privilegiada, porque, comparados à geração do êxodo que entrou em contato com Deus aproximando-se do Monte Sinai (v. 18-21), eles se aproximaram do Monte Sião, que é na verdade a Jerusalém celestial (v. 22-24). O contraste é amplificado, também porque a teofania no Sinai é corajosamente descrita com tons negativos, silenciando completamente a presença de Deus e realçando os aspectos aterradores. Trata-se precisamente de sublinhar a superioridade definitiva do outro modo de se aproximar de Deus, o que aconteceu, precisamente, graças ao sacrifício de Cristo. De fato, o contato com Deus vivido na conversão cristã é descrito por uma acumulação de elementos positivos. De fato, os cristãos se aproximaram: do Monte Sião, entendido no sentido transfigurado; não da Jerusalém terrestre, mas da celeste, onde uma festa incessante é celebrada por milhares de anjos e de homens (tanto os cristãos – i. é, os "primogênitos" – como os justos do AT); do "Deus juiz de todos"; de Jesus "mediador da nova aliança" e do seu sangue. Um paralelo com o sangue de Abel, descrito como um sangue que clama por vingança (cf. Gn 4,10), revela a superioridade do sangue de Cristo, muito mais eloquente e proeminente (v. 24). Se na aliança no Sinai Moisés fez a aspersão com o sangue, aqui temos uma aliança obtida com o "sangue purificador" de Cristo. Esta aliança, portanto, é superior, sem precedentes e originalíssima, e merece o título de "nova" (cf. Jr 30,31).

Agora, diante de um dom tão inesperadamente grande, os cristãos têm uma responsabilidade maior: se na primeira aliança Moisés falou ("lhes falava na terra", v. 25a), na nova aliança é o próprio Deus ("que nos fala do céu", v. 25b); e se aqueles que desobedeciam a Moisés eram duramente punidos, maior será a ruína daqueles que se rebelam contra Deus. Tal advertência está ligada à citação de Ageu (v. 26; cf. Ag 2,6.21), na qual se ameaça a perturbação de céu e terra, ameaça agora pronunciada pelo Ressuscitado que, na qualidade de criador com o Pai de todas as coisas, exercerá também o papel de juiz escatológico (cf. Hb 1,12): ele destituirá a primeira criação provisória, inaugurando a criação que permanece (v. 27). A conclusão da perícope retoma este conceito de permanência e segurança, lembrando aos cristãos que eles têm a graça de possuir este "reino inabalável" e, consequentemente, devem prestar um culto agradável a Deus. Este último é "fogo devorador" (cf. Dt 4,24; 9,3), imagem que recorda a ideia do juízo e do castigo, juntamente com a necessidade do temor reverencial.

A paz com todos (13,1-6)

A perícope anterior terminava com o culto agradável a Deus e agora o *incipit* toca o tema do amor fraterno: trata-se, não de âmbitos separados, mas de dois lados da mesma realidade. O culto a Deus não exclui, pelo contrário, envolve diretamente o amor ao irmão (analogamente ao mandamento de amar a Deus e ao próximo, cf. Mc 12,28-31). De fato, a hospitalidade é recomendada aludindo a personagens bíblicos como Abraão, Gedeão e Manoach (cf. respectivamente Gn 18,2; Jz 6,19; 13,15), que, sem o saber, acolheram os anjos do Senhor.

No que diz respeito ao cuidado dos prisioneiros, é altamente provável que se faça referência aos cristãos presos por causa da sua fé (v. 3). Segue-se, depois, as reprovações tradicionais ao adultério e à avareza.

Exigências da situação dos cristãos (13,7-19)

Esta perícope começa e termina com uma menção aos líderes, ou seja, aos responsáveis pela comunidade, porque o autor preza pela unidade da comunidade cristã em matéria de fé e de disciplina. O "como terminou a vida deles" equivale à retidão do seu comportamento ou ao martírio? As pistas são muito pequenas, mas trata-se, em todo caso, de imitar a fé deles. Fé que tem em Jesus o fundamento estável e seguro: assim era no momento da conversão dos destinatários ("ontem"), assim é no instante em que escutam o texto da homilia ("hoje") e assim permanecerá no futuro ("para sempre", v. 8). Da imutabilidade/unicidade de Cristo pode-se deduzir a necessidade de proteger-se contra a multiplicidade de concepções doutrinárias de natureza herética, entre as quais, talvez, algumas que reconheciam uma importância excessiva às observâncias alimentares de origem judaica (v. 9). Então, o autor inicia um raciocínio compreensível para os contemporâneos, mas mais complexo para decifrarmos. Os cristãos já não participam do culto antigo e o único altar do qual "alimentar-se" é o sacrifício de Cristo na cruz (v. 10), oferta perfeita e definitiva. Esta alusão à oferta sacrificial de Jesus recorda o ritual do *Kippúr* (v. 11), durante o qual as vítimas eram queimadas fora do acampamento. Tal localização é paralela à paixão de Jesus, que sofreu "fora da porta da cidade" (v. 12). Os cristãos devem associar-se a este movimento, saindo também eles para "fora do acampamento" (v. 13). O que significa este "sair"? Trata-se da visualização concreta daquela reserva crítica em relação à mentalidade e aos costumes da sociedade pagã, com as quais o cristão deve romper, resistindo como reação imediata ao desprezo e à rejeição, essa mesma "desonra" que Cristo teve que aceitar. Tal paciente perseverança é possível graças à reserva escatológica da fé cristã: o cristão, de fato, é um peregrino cuja meta não está aqui, mas na cidade "futura" (v. 14) e cujos atos de culto consistem no sacrifício de louvor e na partilha dos bens (v. 15-16). A conclusão da perícope diz respeito à obediência devida aos responsáveis da comunidade e ao pedido de orar pelo próprio autor. O v. 19 é escrito em um estilo diferente e foi acrescentado quando o texto da homilia foi enviado em forma de carta à comunidade da qual o autor fazia parte e à qual esperava voltar em breve.

Conclusão: votos finais e bilhete de acompanhamento (13,20-25)

A conclusão da carta é composta por um voto (v. 20-21) e um bilhete de acompanhamento (v. 22-25).

Voto final (v. 20-21)

O tom com que está escrito este voto de bênção é muito solene. O sujeito, Deus Pai, recebe o título de "Deus da paz" (cf. Rm 15,33) e é reconhecido como autor da ressurreição de Jesus. A linguagem utilizada discorda dos modos clássicos com os quais o autor de Hebreus expressa a ressurreição de Jesus (a entrada nos céus e o sentar-se à direita do Pai), porque ecoa Is 63,11, onde se diz que Deus fez subir do mar Moisés, o "pastor do seu rebanho". O paralelo é claro: Deus agora faz Jesus ressuscitar dos mortos, mostrando a sua superioridade sobre Moisés (cf. Hb 3,2-6). A beleza desta originalíssima descrição da ressurreição de Jesus reside no alargamento do horizonte; a definição "pastor grande das ovelhas", de fato, envolve diretamente os próprios crentes ("ovelhas") no evento da ressurreição. Portanto, não é uma glorificação individual, mas um evento que redunda em benefício de todo o rebanho. Nestas expressões pode-se intuir uma espécie de eco do tema do sacerdócio: Cristo é o sumo sacerdote que entra no santuário celeste para permitir que os homens entrem também nele, "pelo sangue da eterna aliança" (v. 20). Também este último esclarecimento é curioso, porque reconhece ao sangue de Cristo um papel de causalidade na sua ressurreição, isto é, a morte vivida por Cristo como perdão dos pecados e estabelecimento da aliança se revelou não como aniquilação, mas como morte fecunda e ativa: o autor diria precisamente um "sangue eficaz".

As palavras de votos, que são inicialmente dirigidas aos destinatários, envolvem o próprio autor: "O Deus... *vos* disponha para todo bem... que realize em *nós*..." (assim de acordo com os melhores testemunhos textuais). Os crentes não são simples executores de ordens, mas podem fazer a vontade de Deus na condição de que Ele mesmo aja em suas almas: Ele não se limita a fazer-nos conhecer a sua vontade, mas a realizá-la em nós. Pode-se oscilar sobre o destinatário da doxologia: a quem se pode atribuir a "glória"? A Cristo ou a Deus? Os autores divergem (gramaticalmente ao primeiro, contemporaneamente ao segundo), mas também se poderia recordar que aclamar um não é nunca competindo com o outro (de fato, em Fl 2,11 a proclamação do senhorio de Cristo redunda em glória do Pai).

Bilhete de acompanhamento (v. 22-25)

Depois do amém final (v. 21), lê-se alguns versículos de estilo completamente diferente, talvez de uma mão diferente da do autor. Trata-se de um bilhete que acompanha a homilia – o "discurso de exortação" – e que convida os destinatários a acolhê-lo com uma mente aberta. Há também notícias sobre a libertação de Timóteo (cf. Fl 2,19.23-24). Segue-se o convite para estender a saudação aos responsáveis da comunidade (chefes) e a todos os fiéis (santos). Quem são, então, "os da Itália", cujas saudações o autor relata, simplesmente não se sabe. O voto final é típico das conclusões das cartas de Paulo (v. 25; cf. Tt 3,15 e também Ap 22,21). Interessante é a hipótese (não demonstrável) que vê o próprio Paulo como autor do bilhetinho, que assim teria aprovado e confirmado com sua própria autoridade um texto homilético composto por alguns de seus colaboradores. Isso explicaria a atribuição paulina tão amplamente compartilhada no Oriente desde os primeiros séculos.

Temas teológicos

Poder-se-ia dizer que a Carta aos Hebreus se concentra em uma única grande questão teológica, a cristológica. A figura de Cristo, de fato, domina todo o argumento do começo ao fim; figura da qual os acontecimentos terrenos são transmitidos quase em silêncio e da qual nenhum detalhe narrativo é (quase) fornecido. No centro há apenas uma ampla reflexão sobre o seu sacerdócio. Uma espécie de "cristologia sacerdotal", portanto, não apresentada narrativamente, mas tematizada com demonstrações e argumentos, a maioria – se não todos – realizados através de um uso rigoroso do AT. Todos os outros argumentos são apenas variações ou digressões, voltadas a esta única vertente temática.

Nesta parte dedicada aos temas da teologia bíblica, portanto, será dada ampla ênfase ao sumo sacerdócio de Cristo, articulando esta questão de acordo com as junções argumentativas seguidas pelo autor[238].

Os outros dois capítulos, pelo contrário, estão reservados ao tema da fé e à espinhosa questão do "pecado imperdoável" (6,6).

A cristologia sacerdotal

a) *As coordenadas da cristologia sacerdotal*

Como já foi dito, a dimensão sacerdotal do acontecimento e da pessoa de Jesus Cristo é a questão mais cara ao autor, tanto que ele fala dela conti-

---

238. Para uma discussão mais ampla, cf. VANHOYE, A. "Il sacerdozio di Cristo" e "La novità del sacerdozio di Cristo". In: VANHOYE, A.; MANZI, F. & VANNI, U. Il sacerdozio della nuova alleanza. Milão: Ancora, 1999, p. 27-83 [Parola di Vita].

nuamente, não seguindo um desenvolvimento linear, mas voltando à questão com expansões cada vez mais aprofundadas e articuladas.

Afirmar que Cristo seja sacerdote é peculiaridade exclusiva e original da Carta aos Hebreus; em nenhum outro texto do NT se encontra um reconhecimento desse tipo. O título não aparece imediatamente, porque nas primeiras linhas o autor chama Jesus simplesmente pelo nome de "Filho" (cf. 1,2.5.8), reservando-se o direito de fazer emergir as premissas necessárias que lhe permitam atribuir-lhe devidamente o título de "sacerdote". Cristo é superior aos anjos (1,4), portanto está mais próximo de Deus, mas ao mesmo tempo é irmão dos homens (2,11), portanto muito próximo da sua condição. Totalmente imerso na vida divina, Ele está totalmente inserido na condição e nos acontecimentos humanos. Portanto, o autor deixa imediatamente claro que Cristo tem um papel de mediador, que é absolutamente central para a identidade sacerdotal (este conceito retorna em 8,6; 9,15; 12,24). De fato, as primeiras qualidades reconhecidas a Cristo são peculiares da ação mediadora: Ele é "Sumo Sacerdote misericordioso e fiel" (2,17). "Misericordioso", isto é, compassivo para conosco homens e "digno de fé", isto é, proeminente nas coisas que dizem respeito a Deus. Estas, então, são as coordenadas básicas para uma mediação – claramente não ritual, mas relacional – capaz de criar uma conexão entre Deus e os homens. Estando em plena comunhão com Deus, por um lado, e com os homens, por outro, o Filho garante uma perfeita ação mediadora. Falando de mediação, não poderia faltar um confronto estreito com o grande mediador entre Deus e Israel: Moisés. Cristo também é superior a ele (3,2-6).

b) *As qualificações do sacerdócio*

Uma declaração explícita sobre o sacerdócio de Jesus deve necessariamente lidar com uma modalidade analógica de raciocínio e, portanto, com as suas junções fundamentais: afirmação, negação, eminência. Cristo é sacerdote de algum modo semelhante aos sacerdotes aaroníticos (afirmação), mas não o é da mesma maneira (negação); por fim, é sacerdote em forma totalmente superior e original (eminência). Embora não seguindo explicitamente e cegamente as etapas da analogia, o autor de alguma forma faz uso dela ao longo da carta, tanto com relação ao sacerdócio aaronítico quanto ao de Melquisedec (deve-se destacar que tais etapas serão mencionadas exclusivamente para propósitos didáticos e clareza expositiva; não quer ser um esquema que enjaule o pensamento muito mais rico e elaborado do autor).

Ora, em 5,1-4 o autor faz uma seleção de alguns elementos constitutivos do sacerdócio aaronítico que possam também ser identificados em Cristo: a solidariedade com os homens, a tarefa de expiar os pecados e o chamado de Deus (esta é a etapa da *afirmação*). Obviamente evita cuidadosamente elencar todos os requisitos previstos, caso contrário teria que se render à evidência de que Cristo não é, em absoluto, sacerdote – se, precisamente, apenas comparado com a versão aaronítica do sacerdócio. Em vez disso, se concentra, nos referidos, que considera básicos.

c) *Comparação com Melquisedec*

Tendo verificado que Cristo não possui o requisito fundamental, isto é, a descendência de uma família sacerdotal (7,14), uma vez que o sacerdócio se transmitia por meios hereditários, o caminho para ser reconhecido sacerdote segundo a ordem de Aarão está encerrado. No entanto, este tipo de sacerdócio não é o único contemplado nas Escrituras, pois há também uma exceção muito especial: a dignidade sacerdotal também é concedida a outro personagem que apareceu muito antes do nascimento de Aarão: Melquisedec. Portanto, abre-se esta outra maneira pela qual Cristo pode ser reconhecido sacerdote, ou seja, "a ordem de Melquisedec". De fato, esta figura enigmática, que aparece no texto do Gênesis sem preâmbulos e desaparece igualmente sem explicação, é considerada como uma figura eterna, "assemelha-se ao Filho de Deus: permanece sacerdote para sempre" (7,3). Desse modo, pode ser considerado uma prefiguração de Cristo, que antecipa algumas das suas qualificações (aqui também encontramos a etapa da *afirmação*, isto é, da continuidade entre os dois). Só que o sacerdócio de Cristo permanece para sempre, não porque se silencie o seu desaparecimento – como para Melquisedec –, mas porque, em virtude da ressurreição, vive eternamente (e aqui notamos as etapas da *negação* da semelhança entre os dois e a da *eminência* da sua condição).

Explicitamente o autor afirma que Cristo não se tornou sacerdote "segundo a norma de uma lei humana, mas segundo a força de uma vida indestrutível" (7,16). Portanto, estamos diante de uma radical reinterpretação do sacerdócio à luz da modalidade existencial, sofrida e obediente de Cristo.

d) *O confronto com o sumo sacerdote no dia da expiação*

Outra passagem significativa do argumento é a reflexão crítica sobre a celebração do Dia da Expiação (*Yom Kippúr*), dia, no entanto, colocado não no contexto do culto ao templo, mas do caminho do êxodo, portanto, realizado no santuário móvel (tenda). Pois bem, quando o sumo sacerdote entrava no Santo dos Santos, acreditando que tinha acessado a própria presença de Deus, na realidade ele simplesmente entrava em outra tenda, também essa feita por mãos humanas (9,24a). Cristo, com a oferta do seu sangue e na condição de Ressuscitado, entrou verdadeiramente na presença de Deus, isto é, no próprio céu (9,24b). Como se pode ver: semelhança quanto à necessidade de derramamento de sangue e na necessidade de entrar no santuário (*afirmação*), dissemelhança para a eficácia desta oferta de Cristo diferente daquelas ineficazes do culto no templo (*negação*); além disso, o ato sacrificial de Cristo supera, e muito, o dos sacerdotes (*eminência*), tanto porque aconteceu de uma vez por todas (9,12.25-28), eliminando a necessidade da reiteração, como porque obteve uma "redenção eterna" (9,12). Como foi facilmente possível notar, também neste caso se apresentam as articulações da analogia.

e) *A recompensa da Páscoa*

O autor pôde falar de Cristo sumo sacerdote depois de uma prolongada e profunda contemplação do mistério pascal. Com uma iluminada capacidade intuitiva, ele percebeu o valor sacrificial e expiatório da morte de Jesus na esteira dos sacrifícios no templo, compreendendo também o seu valor de superação com relação a todas as mortes rituais. A sua morte foi uma oferta de sacrifício, cuja eficácia foi tal que produziu até mesmo a inauguração da nova aliança (9,15) e a revogação do culto antigo (10,9). Até a linguagem relacionada a uma "perfeição" (*teléiosis*), alcançada na morte, é devedora da terminologia ligada à consagração dos sacerdotes (5,9). Coerentemente também a ressurreição foi relida à luz de categorias cultuais: em paralelo à entrada do sumo sacerdote no santo dos santos, o autor conseguiu imaginar a ressurreição como a entrada na autêntica presença de Deus, no céu. Deste modo, Cristo abriu o caminho para que todos os crentes tivessem acesso a Deus, revelando-se "pioneiro" da salvação e da fé de todos (2,10; 12,2).

A fé

Embora a fé não seja o tema principal, é inegável que a fé constitua uma importantíssima linha temática, intimamente ligada à cristologia sacerdotal.

A fé é um olhar para um futuro prometido, uma base segura para construir uma atitude propositiva e cheia de esperança, mesmo que o objeto esperado ainda não esteja plenamente experimentado e possuído (cf. 11,1). A carta não fornece instrumentos especulativos para elucidar os fundamentos teóricos da fé e oferecer uma definição crítica da mesma, porque ela deve ser reconhecida na sua dimensão prática, existencial, como realidade em ação nos assuntos dos grandes campeões do passado. Todo o c. 11, de fato, é uma resenha de personagens exemplares cuja fé ilumina e encoraja os crentes de hoje; esta visão conduz e culmina em Cristo, sobre quem é necessário manter o olhar fixo, porque é "autor e consumador da fé" (12,2).

Este tema poderia ser declinado em duas etapas, de alguma forma seguindo a própria linguagem do autor; aqui estão elas: a *peregrinação* e o *descanso*.

A categoria da *peregrinação* permite-nos tornar a fé tal como a entende o autor, ou seja, como um itinerário, um movimento confiante, que se concretiza no deixar o conhecido e caminhar para o desconhecido. A experiência de Abraão a este respeito é exemplar: "Pela fé, Abraão, ao ser chamado, obedeceu e saiu para a terra que havia de receber por herança, mas sem saber para onde ia" (11,8).

A dimensão peregrinante é o denominador comum de cada aventura crente, pela qual dá para sentir-se sempre "peregrinos e hóspedes na terra" (11,13), orientados até mesmo para além da chegada à terra prometida, na busca contínua de uma pátria melhor (cf. 11,14-16). A itinerância no deserto não pode, portanto, ser descrita e circunscrita exclusivamente ao simples caminho que terminou com a entrada no país indicado, porque ela se torna paradigmática de cada experiência crente, chamada a renovar-se continuamente e a ansiar por uma meta que está sempre na frente e além de qualquer realização.

O objetivo e fim desta peregrinação é o *repouso* (cf. c. 3–4), entendido já não como satisfação no final do longo caminho de êxodo, mas como gozo do próprio repouso de Deus: de uma posição geográfica delimitada, o termo "repouso" passa a significar, portanto, uma condição mais geral de salvação. A fé, portanto, exprime-se também no desejo de uma tal pausa sabática, que pode ser identificada com o acesso à própria presença de Deus. Neste ponto as imagens usadas são muitas (p. ex.: "cidade futura", 11,10.16; "pátria melhor", 11,16; "Monte Sião, da cidade do Deus vivo, da Jerusalém celeste, do número incontável de anjos, da assembleia festiva dos primogênitos que estão inscritos nos céus" 12,22-23), mas todas elas dão a ideia de um movimento de aproximação e atracação. E o autor também exprime esta ideia com a linguagem do culto: Cristo com a sua paixão, morte e ressurreição entrou no santuário celeste, inaugurando uma passagem que permite aos homens o acesso à presença divina (cf. 10,19). Através deste caminho inaugurado por Jesus, os crentes podem aproximar-se de Deus na "plenitude da fé" (10,22). Se as várias separações do culto ao templo davam a ideia de que se aproximava de Deus de forma progressiva, gradual e cada vez mais exclusiva (o último degrau desta escada, de fato, era a entrada no santo dos santos reservada ao sumo sacerdote), agora o sacrifício de Cristo – de tipo não mais ritual, mas existencial – escancara as portas para uma entrada direta de todos os homens a Deus, sem qualquer restrição.

Pode-se afirmar, portanto, que a fé é considerada não pelo lado especulativo-intelectual, mas no seu aspecto dinâmico-existencial: não, portanto, a fé em si mesma, mas a fé em ação na experiência do crente. Fé que, se por um lado envolve todas as faculdades do crente (cf. as diversas expressões de exortação que aparecem na carta), por outro lado pressupõe como motivo fundamental e causa eficiente da própria fé a pessoa do Cristo; poderia ser emblemática a seguinte advertência: "Tendo, pois, um grande Sumo Sacerdote, que atravessou os céus, Jesus, o Filho de Deus, continuemos firmes na profissão da fé" (4,14).

O pecado imperdoável

Uma expressão categórica, que exclui a possibilidade de recuperação para os apóstatas, merece ser retomada: "que, apesar disso, caíram na apostasia, é impossível que sejam renovados e trazidos outra vez à conversão" (6,6)[239]. O teor é peremptório e as tentativas de adoçá-la revelaram-se inúteis. O judaísmo previa algumas culpas irreparáveis: apostasia, violação dos votos feitos, alguns delitos terríveis, induzir outros ao pecado, a blasfêmia (por Fílon); a regra disciplinar de Qumran, então, previa o banimento para algumas transgressões da *Toráh*. Nos primeiros tempos da Igreja, o entusiasmo pelo batismo levava a considerar o pecado incompatível com a novidade da vida cristã. Algumas afirmações do Novo Testamento vão nessa direção

---

239. Para uma discussão completa do problema, cf. MARCHESELLI-CASALE. *Ebrei*, p. 277-290.

(cf. Mt 12,31-32 e 1Jo 5,16). A possibilidade de um segundo arrependimento depois do batismo foi objeto de acaloradas discussões. Por outro lado, percebia-se que a fragilidade não desaparecia sob o véu do entusiasmo inicial e que à prática severa das primeiras décadas era mais sábio dar seguimento a uma disciplina mais misericordiosa.

A Carta aos Hebreus se encaixa neste debate, afirmando claramente que o pecado de apostasia não prevê possibilidade de redenção. Talvez esta posição seja motivada por fatores psicológicos (até mesmo Fílon pensava que o apóstata era psicologicamente incapaz de se arrepender), ou mais simplesmente por convicções teológicas (o sacrifício de Jesus é o único caminho para a salvação, excluí-lo significa excluir qualquer possibilidade de redenção).

É evidente que afirmações deste tipo exigem uma reflexão séria, caso contrário podem ser tiradas conclusões impróprias, sugerindo cenários de condenação demasiado fáceis. Vale a pena recordar que toda a carta é dedicada ao sacerdócio de Jesus, entendido como mediação, cujo primeiro resultado é precisamente o perdão dos pecados (cf. 1,3; 2,17; 5,1; 9,14.26.28; 10,12.17-18). O alcance da ação da expiação nunca é limitado ou circunscrito: é simplesmente ilimitado. O perdão oferecido parece não encontrar obstáculos.

Analisando atentamente o contexto de 6,6, é possível fazer alguns esclarecimentos. Percebe-se que, em primeiro lugar, o autor não acusa diretamente nenhum dos interlocutores deste pecado e, em vez disso, formula um princípio geral; em seguida, além disso, mostra que cultiva a esperança de que tudo isso não vai acontecer para eles. Possibilidade *real*, portanto, mas não ainda *realidade*. Deve-se lembrar que nos encontramos no gênero literário da "homilia". É provável que o autor queira obter um forte efeito dissuasivo sobre o auditório, e que, para impressioná-lo, ele pinte até mesmo um cenário em que a crucificação seja apresentada ao vivo. No tom tão intenso do v. 6, mais que procurar um princípio teológico (neste caso de soteriologia negativa), devemos reconhecer uma clara estratégia de comunicação, como é bem adequado para a preparação retórica do nosso autor; afinal, assustar o auditório é sempre um eficaz dissuasor. Também porque, se realmente alguns dos ouvintes tivessem se manchado com este pecado, o autor provavelmente o teria avisado para não crucificar mais Cristo (e não formulado um princípio genérico). Resolveu o problema? Na nossa opinião, não inteiramente. De fato, reconhecer o valor dissuasivo da ameaça não significa adoçar ou eliminar o perigo: não parece que se trate apenas de um espantalho de mentirinha. Para o autor, a possibilidade de uma exclusão definitiva da salvação não é apenas um mero estratagema retórico, porque retorna várias vezes ao longo do seu argumento (cf. 2,3; 3,12-13; 4,1; 10,26-29; 12,25). Suficientes são as palavras de 10,26-29:

> Se continuarmos pecando voluntariamente, depois de termos recebido o conhecimento da verdade, já não resta sacrifício pelos pecados. Só teremos que esperar um juízo terrível e o ardor do fogo, que há de devorar os rebeldes. Se alguém transgredir a Lei de Moisés, deverá ser morto sem misericórdia, sob a palavra de duas ou três testemunhas. Quanto maior castigo julgais que merece quem pisar aos pés o Filho de Deus, profanar o sangue da aliança em que foi santificado e insultar o Espírito da graça?

O vigor de expressões como a de 6,6, embora inseridas dentro de um efeito comunicativo estudado, deve ser entendido mantendo juntos os dois polos da questão: de um lado a grandeza do dom de salvação (o perdão dos pecados) e, de outro, a possibilidade real de rejeitá-la. À sublimidade deste dom maravilhoso corresponde o horror de uma eventual recusa deliberada e completamente incompreensível. A seriedade do que está em jogo interpela a seriedade da responsabilidade do homem.

A este propósito, bastaria considerar a tensão entre os textos em que Jesus afirma claramente a misericórdia simplesmente ilimitada e incondicional do Pai e outros em que pavimenta a possibilidade de uma autoexclusão da salvação (cf., p. ex., Mt 8,12; Mc 9,43-48; Jo 5,29). Para configurar corretamente a questão é necessário, portanto, respeitar a tensão existente entre estes dois polos, evitando precisamente eliminar um em favor do outro, e evitar a tentação de simplificações precipitadas: ou a hipótese de uma salvação automática ou a de uma condenação certa.

Bibliografia

Os principais comentários aos quais se deve atribuir o mérito de ter prestado atenção tanto aos problemas ligados à estrutura de Hebreus como aos problemas linguístico-lexicográficos (esclarecidos também graças às várias contribuições que emergem dos estudos da literatura intertestamentária) são:

ATTRIDGE, H.W. *La lettera agli Ebrei* – Commento storico exegético. Roma: Vaticana, 1999 [Letture Bibliche, 12].

MARCHESELLI-CASALE, C. *Lettera agli Ebrei* – Nuova versione, introduzione e comento. Roma: Paoline, 2005 [I libri biblici – Nuovo Testamento, 16].

VANHOYE, A. *L'epistola agli Ebrei* – "Un sacerdote diverso". Bolonha: EDB, 2010 [Retorica Biblica, 14].

A estes, que têm o mérito de ter enriquecido muito o panorama italiano, podemos acrescentar muitos outros, entre os quais recordamos apenas alguns dos mais significativos:

GORDON, R.P. *Hebrews*. Sheffield: Academic Press, 2000.

KOESTER, C.R. *Hebrews* – A new Translation with Introduction and Commentary. Nova York: Doubleday, 2001 [The Anchor Bible, 36].

LINCOLN, A.T. *Hebrews* – A Guide. Londres: T & T Clark, 2006.

LONG, T.G. *Ebrei*. Turim: Claudiana, 2005 [Strumenti – Commentari 20].

JOHNSON, L.T. *Hebrews* – A Commentary. Louisville: Westminster John Knox, 2006 [The New Testament Library].

MASINI, M. *Lettera agli Ebrei* – Messaggio ai cristiani. Bréscia: Queriniana, 1985 [Leggere oggi la Bibbia, 2.12].

MITCHELL, A.C. *Hebrews*. Collegeville: Liturgical Press, 2007 [Sacra Pagina, 13].

PFITZNER, V.C. *Hebrews*. Nashville, TN: Abingdon, 1997 [Abingdon New Testament Commentaries].

STROBEL, A. *La lettera agli Ebrei*. Bréscia: Paideia, 1997 [Nuovo Testamento – Nuova serie, 9/2].

THOMPSON, J.W. Hebrews. Grand Rapids: Baker Academic, 2008 [Paideia Commentaries in The New Testament].

A estes é possível certamente acrescentar, de caráter mais netamente espiritual:

MANZI, F. *Lettera agli Ebrei*. Roma: Città Nuova, 2001 [Nuovo Testamento – Commento esegetico e spirituale].

Dentre as muitas monografias que abordam vários aspectos da carta, podemos mencionar:

MANZI, F. *Melchisedek e l'angelologia nell'Epistola agli Ebrei e a Qumran*. Roma: Istituto Biblico, 1997 [Analecta Biblica, 136].

URSO, F. *Gesù Cristo il mediatore nella lettera agli Ebrei*. Assis: Cittadella, 2007 [Commenti e Studi Biblici].

_____. *"Imparò l'obbedienza dalle cose che patì"* (Eb 5,8) – Il valore educativo della sofferenza in Gesù e nei cristiani nella Lettera agli Ebrei. Roma: Gregoriana, 2005 [Tesi Gregoriana – Serie Teologia, 119].

_____. *La sofferenza educatrice nella lettera agli Ebrei*. Bolonha: EDB, 2007 [Studi Biblici, 55].

VANHOYE, A. *Struttura e teologia nell'epistola agli Ebrei*. Roma: Istituto Biblico, 1983.

IX

Carta de Tiago

C. Broccardo

Introdução

Em 1930, A. Mayer escreveu uma obra intitulada *O Enigma da Carta de Tiago*[240]; é um título emblemático, que dá uma boa ideia de uma carta sob muitos pontos de vista original, fora do normal.

O seu estilo é muito controverso, como veremos; mas sobretudo a sua teologia surpreende: apresenta ligações estreitas com os sinóticos (especialmente Mateus, mas também Lucas), não obstante nunca menciona Jesus ou uma palavra sua como base do argumento, e muito menos se notam referências à Páscoa como fundamento da salvação.

Também a história dos efeitos é bastante variada. A opinião de Lutero, no seu prefácio à chamada *Septemberbibel*, é frequentemente citada: a de Tiago seria uma carta de palha, culpada de proclamar com força a inutilidade da fé sem obras (cf. Tg 2,14-26). Por outro lado, porém, temos Pedro Valdo que a elogiava por causa da sua preferência pelos pobres.

Talvez seja precisamente o estilo muito fragmentado que torna fácil abstrair algumas partes do contexto. Mas talvez seja também a vontade do autor de que não haja uma teologia dogmática clara em sua carta, mas sim uma reflexão sapiencial, em forma de espiral.

No cânone atual se encontra no início do grupo das cartas católicas, quase como que querendo inaugurar um estilo diferente e uma teologia, se não alternativa, paralela à das cartas de Paulo.

---

240. MAYER, A. *Das Rätsel des Jacobusbriefes*. Giessen: Töpelmann, 1930 [Beihefte zur Zeitschrift für die neutestamentliche Wissenschaft und die Kunde der älteren Kirche, 10].

Autor

Do ponto de vista histórico, o aspecto da Carta de Tiago que mais influencia os outros é a questão do autor; tratá-los-emos primeiro, de modo a ter os elementos necessários para aprofundar depois no que diz respeito aos destinatários, ao lugar e à data da composição.

Há pelo menos cinco personagens do NT chamados Tiago. Entre estes, aquele do qual temos dados significativos (o suficiente para poder compará-los com a ideia de autor que podemos fazer do escrito) é aquele Tiago que Paulo chama "irmão do Senhor" (cf. Gl 1,19) e que reconhece como uma das colunas da Igreja de Jerusalém (cf. Gl 2,9; cf. tb. 1Cor 15,7). A Carta de Judas é atribuída, de fato, a Judas, "servo de Jesus Cristo, irmão de Tiago" (Jd 1); o Evangelho de Tomé relata um *lóghion* (o décimo segundo) no qual Jesus confia os seus discípulos, depois de sua morte, a "Tiago o justo".

Deve-se dizer, no entanto, que a atribuição da Carta de Tiago ao irmão do Senhor que leva seu nome não é tão antiga; não temos vestígio dela antes do final do segundo século. Ainda no tempo de Eusébio, isto é, no final do quarto século, havia algumas Igrejas que não reconheciam a carta: situação estranha, se a autenticidade do autor tivesse sido provada na pessoa do que mais tarde será chamado "o primeiro bispo da Igreja de Jerusalém" (a terminologia é certamente anacrônica, mas ajuda a perceber a grande estima que Tiago tinha entre as primeiras comunidades).

É precisamente a grande autoridade de que goza o irmão do Senhor que nos leva a pensar num simples caso de pseudoepigrafia. Entre Tiago e a carta que lhe foi atribuída existem alguns traços em comum, especialmente a perspectiva judaica que emerge claramente desde o pré-escrito. Mas o autor de nossa carta vai muito além do ambiente de um dos parentes próximos de Jesus, que mais tarde se tornou responsável pela comunidade de Jerusalém.

O autor da nossa carta cresceu certamente num ambiente judaico, mas também em um contexto fortemente helenístico; domina a língua grega e a retórica; conhece algumas tradições sobre Jesus, mostra contatos também com os Padres apostólicos (Clemente, Carta de Barnabé, Didaqué, Pastor de Hermas); tudo isto faz-nos imaginar um cristão culto da segunda ou terceira geração.

Data e lugar da composição

Além dos elementos acima listados, em relação a uma data de composição devemos também levar em conta a possível referência a Gálatas e Romanos presentes na reflexão sobre a relação entre fé e obras (cf. 2,14-26). As ligações não são tais a ponto de dar a entender com toda certeza que Tiago conhecesse as cartas de Paulo; mas, pelo menos, deve ter recebido alguma influência de seu conteúdo, provavelmente distorcido por alguns que os deturpavam. Em geral, portanto, a Carta de Tiago não pode ter sido escrita antes do final dos anos 50.

Por outro lado, a carta fala de "mestres" e "presbíteros", portanto, de uma comunidade com uma organização interna própria. Embora considerando que não saibamos muito sobre a organização das Igrejas no primeiro século, e esse pouco nos fala de uma grande pluralidade, poderíamos dizer que a carta está mais para o final do primeiro século. Mas, na verdade, há opiniões muito diferentes, sobre o assunto, entre os estudiosos.

Também no que diz respeito ao lugar, andamos no escuro. Dada a pseudoepigrafia, perdemos a Palestina como referência segura; entre as cidades importantes da época, mais ou menos todas são invocadas, de Roma a Cesareia, de Alexandria a Antioquia, sem que se chegue a uma decisão final.

Linguagem e estilo

A linguagem e estilo de Tiago receberam elogios sobre elogios. Depois apenas da Carta aos Hebreus, o grego da Carta de Tiago é de ótima qualidade, obviamente no contexto da *koiné*. É ainda melhor que Hebreus como vocabulário: mais rico, mais culto, contém 63 *hápax legómena* (ou seja, termos usados apenas uma vez), dos quais mais de dez não aparecem em nenhum escrito da literatura grega.

Demonstra conhecer e usar muito bem a retórica, especialmente algumas técnicas típicas da diatribe, como a pergunta retórica, a apóstrofe dirigida aos ouvintes, a veemência. Utiliza a aliteração, a assonância, os trocadilhos, o paralelismo, a inclusão, a antítese, o pleonasmo, a metáfora; os especialistas também reconhecem ali um bom uso do ritmo e da rima; também encontramos algumas imagens comuns no ambiente helenístico, como quando descreve os efeitos desastrosos que uma língua desenfreada pode ter (cf. 3,1-12).

Tiago conhece o AT, que usa na tradução dos Setenta; além de uma citação não encontrada na Escritura (não obstante explicitamente declarada como tal: cf. 4,5), encontramos passagens do Pentateuco e dos Sapienciais. As figuras de Abraão, Raab, Jó, Elias são recordadas. Vemos no fundo de algumas passagens o estilo dos profetas, especialmente no que diz respeito às diatribes contra os ricos.

Conhece e remete a algumas tradições que mais tarde foram incorporadas nos Sinóticos; tratando-se principalmente de Mateus e Lucas, poder-se-ia pensar na chamada fonte Q, à qual também se assemelha como estilo (sempre assumindo que o estilo de Q é o que se pode reconstruir a partir dos ditos em comum entre Mateus e Lucas). Mas também demonstra conhecer a literatura extrabíblica greco-romana; os nomes normalmente mencionados são Epíteto e Sêneca pelo seu conteúdo, Hipócrates e Sófocles pelo seu estilo.

Gênero literário

O texto é explicitamente apresentado como uma carta, graças ao pré-escrito em 1,1: "Tiago, servo de Deus e do Senhor Jesus Cristo, às doze tribos da dispersão, saudações". O estilo deste versículo inicial é conciso, mas perfeitamente identificável entre as opções do gênero epistolar; a definição dos destinatários como as doze tribos que estão na diáspora faz pensar em uma carta circular, dirigida a todos os crentes de origem judaica espalhados pelo mundo.

No entanto, para além do pré-escrito a carta não tem nada de epistolar. Falta um pós-escrito no final; apesar do apelativo "irmãos", repetido 14 vezes, não há referência a algo que une remetente e destinatários, nenhuma lembrança ou fato concreto a recordar.

O conteúdo da carta é rico em exortações morais; em reflexões filosófico-sapienciais; em "acusações" proféticas; em comentários sobre a Escritura ou afirmações que se baseiam nela como prova certa. Dependendo da preferência dada a um ou outro elemento, há aqueles que veem em Tiago uma parênese cristã; alguns uma homilia sinagogal; alguns um escrito sapiencial; alguns a obra de um profeta.

Tiago é tudo isso junto, introduzido por um *incipit* ligeiramente epistolar; mais do que isso não se pode dizer na exigência moderna de catalogar o escrito de uma maneira precisa.

Esquema

Por detrás do adjetivo "sapiencial" que muitas vezes define a Carta de Tiago está o fato de que, querendo descrevê-la, poderíamos defini-la como uma série de exortações morais, ora simplesmente expressas, ora expandidas por uma justificação mais ou menos articulada, nem sempre claramente ligadas entre si. Diante deste panorama, em 1920, M. Dibelius decidiu encerrar a questão da estrutura, declarando-a impossível[241]; a carta é composta por demasiadas seções muito curtas.

O parecer de um exegeta tão famoso fez escola, convencendo um número significativo de estudiosos de que não vale a pena procurar uma estrutura. Apesar disso, hoje existe quem tente; muito embora não só não há unanimidade de opinião, como também falta alguma tendência comum.

No guia de leitura seguiremos a recente proposta de M. Nicolaci[242], que vê no primeiro capítulo uma espécie de introdução na qual são dados os pontos de referência que guiarão o resto da carta depois e são introduzidos como esboço alguns temas que depois retornarão. O corpo da carta é composto de 2,1–5,6: aqui alguns dos temas que surgiram anteriormente são desenvolvidos com argumentos mais ou menos amplos; para a delimitação das partes e das ligações internas e externas a elas, consulte o guia de leitura. Nos últimos versículos (5,7-20), por um lado, se faz um resumo (alguns temas são retomados), por outro, se introduz uma nova perspectiva hermenêutica, isto é, a dimensão comunitária.

Esquematicamente, a disposição que vamos seguir é a seguinte:

1,1: Pré-escrito
1,2-27: Introdução
    1,2-15: Suportar todas as provações
    1,16-27: Ouvir e pôr em prática a palavra-lei de Deus
2,1–5,6: Corpo da carta
    2,1-13: Uma fé imune a favoritismos pessoais
    2,14-26: Uma fé viva
    3,1-12: Uma linguagem que sabe se controlar
    3,13–4,12: As disputas e a verdadeira sabedoria
    4,13–5,6: O estilo daqueles que não levam Deus em conta
5,7-20: Epílogo

---

241. Inicialmente publicado em setembro de 1920, depois de dez edições, o comentário de Dibelius sobre a Carta de Tiago foi revisado pelo autor na edição à qual se faz referência habitual. Cf. DIBELIUS, M. *Der Brief des Jakobus*. Göttingen: Vandenhoeck und Ruprecht, 1964.

242. Cf. NICOLACI. *Lettera di Giacomo*, p. 20-21.

Guia de leitura

O início da Carta de Tiago é muito curto, um versículo apenas (1,1), entre os mais curtos pré-escritos de todo o NT. Se o compararmos com o pré-escrito da Carta de Paulo aos Romanos (Rm 1,1-7), a diferença é imediatamente evidente. Mas devemos notar que, apesar da extrema concisão, no versículo inicial de Tiago é possível intuir já duas dimensões que aparecerão lentamente na leitura: o contexto da diáspora, portanto, a pertença ao mundo helenístico, por um lado; o ser as doze tribos, portanto, a pertença ao contexto judaico, por outro. Estas duas almas inspirarão conteúdos e ferramentas expressivas da carta, em abundância.

Introdução (1,2-27)

Quando começamos a ler, devemos nos acostumar imediatamente com o estilo "sapiencial" de Tiago. No c. 1 encontramos uma série de pequenas unidades literárias, nas quais o autor tem a liberdade de usar diferentes módulos expressivos: reflexão sapiencial, macarismo (bem-aventurança), aforismo... Tais unidades estão ligadas entre si, às vezes através de palavras-gancho, às vezes apenas por harmonia de conteúdo (quando a conexão é visível). No conjunto, sobre estas bases, podemos reconhecer duas partes: os v. 2-15 e os v. 16-27.

Suportar toda provação (1,2-15)

O primeiro grupo de reflexões começa com uma palavra de encorajamento, que se tornou famosa pela sua releitura franciscana (cf. o famoso diálogo de São Francisco sobre a verdadeira e perfeita alegria): "Considerai, meus irmãos, a perfeita alegria quando vos submeterdes a todo o tipo de provas, sabendo que a vossa fé, posta à prova, produz paciência. E a paciência completa a sua obra em vós, para que sejais perfeitos e íntegros, sem faltar nada" (1,2-4). Vale a pena ler estes três versículos na íntegra, porque nos ajudam a calibrar melhor o centro do discurso: não é uma exortação a suportar a prova em si, mas um convite a viver uma vida íntegra e completa. Neste contexto se coloca a capacidade de passar por todo tipo de provações: como caminho para uma vida perfeita, em que nada falta.

O que tudo isto significa concretamente, Tiago não diz; abandona por ora esta linha de pensamento e abre outra: "Se alguém de vós sente falta de sabedoria, peça-a a Deus" (v. 5; tradução literal, que permite ver a ligação entre o v. 4 e o v. 5 através da palavra-gancho "falta"). Que não vos aconteça – continua – que vos falte sabedoria porque não tendes a coragem de pedi-la a Deus!

Dito isto, o discurso se aprofunda ainda mais com um exemplo de modo sábio de pensar (cf. v. 9-11, que retomam o vocabulário de Is 40,6-7): o rico que é rebaixado deve estar orgulhoso disso, vangloriar-se deste rebaixamento, porque lhe recorda que a riqueza não dura nada. Mais de uma passagem do discurso da montanha ecoa nesta reflexão de Tiago; especialmente Mt 6,25-34. Mas por que é que o exemplo diz respeito aos ricos e aos pobres? Neste ponto da carta, pode parecer apenas um exemplo entre muitos possíveis; veremos mais adiante que será, ao contrário, um dos temas recorrentes no pensamento de Tiago.

Depois deste exemplo sobre riqueza, o círculo aberto no v. 2 se fecha com uma bem-aventurança, na qual se vê ainda um eco do Sermão da Montanha (esp. Mt 6,1-18): "Bem-aventurado aquele que suporta a tentação, porque, uma vez provado, receberá a coroa da vida que Deus prometeu a quem o ama" (v. 12). A tradução italiana escolheu aqui usar para a mesma palavra do v. 2 não mais o vocábulo "provação", mas "tentação"; ao fazê-lo, faz-nos perder um pouco da ligação entre o v. 2 e o v. 12; mas abre-nos ao ponto conclusivo dos v. 13-15, que a título de esclarecimento completam o discurso: faz parte da experiência humana não só a prova como dureza da vida, a ser suportada, mas também a tentação como incentivo para realizar o mal. Tiago descreve-a como uma espiral negativa: "Cada um é tentado pelo próprio mau desejo que alicia e seduz. Uma vez fecundado, o mau desejo dá à luz o pecado; e este, quando consumado, gera a morte" (1,14-15). É importante lembrar: as tentações existem, mas não como algo que vem de Deus!

Ouvir e colocar em prática a palavra-lei de Deus (1,16-27)

O aspecto negativo da tentação é tratado nos v. 15-16 e imediatamente arquivado; o que interessa a Tiago é antes a dimensão teológica positiva: a tentação não vem de Deus "pois Deus não pode ser tentado para o mal, nem tenta ninguém", escreveu no v. 13. E agora aprofunda: Deus é Pai e criador da luz; dele provém todo dom bom e todo dom perfeito; a sua vontade é vida para nós: "De livre vontade ele nos gerou pela palavra da verdade, para sermos como que as primeiras dentre suas criaturas" (v. 18).

Sobre esta profunda verdade teológica, Tiago funda a seguinte exortação: um convite a escutar a Palavra de Deus e a colocá-la em prática; a fixar o olhar sobre a lei perfeita, a lei da liberdade, e a permanecer fiel a ela "não como ouvinte que facilmente esquece, mas como cumpridor" (v. 25). O paralelo entre as duas expressões nos faz pensar que "Palavra de Deus" e "palavra de verdade", por um lado, "lei perfeita" e "lei da liberdade", por outro, indicam a mesma realidade (pois ambos dizem que não basta escutá-la, mas é preciso colocá-la em prática): em plena harmonia com os ensinamentos do AT (pensemos especialmente no Livro do Deuteronômio e no Sl 119), Tiago ensina que a palavra de Deus é o que regenera o homem, que o leva à vida e à felicidade (cf. v. 25).

Notemos o paralelo entre o v. 25 e o v. 12; em ambos os casos há uma bem-aventurança: felicidade: "Feliz aquele que suporta a tentação" (v. 12); "Quem, no entanto, se aplica em meditar a lei perfeita da liberdade e nela persevera [...] será feliz naquilo que faz" (também aqui uma tradução literal nos permite ver melhor a conexão). Além disso, assim como depois da bem-aventurança do v. 12, depois daquela do v. 25 encontramos um exemplo prático, uma atualização: a verdadeira religião não é uma questão teórica, mas uma realidade prática, "assistir os órfãos e as viúvas em suas aflições e conservar-se sem mancha neste mundo" (v. 27).

Em resumo

Em plena harmonia com o Sermão da Montanha de Mateus, este primeiro capítulo da Carta de Tiago propõe um caminho, um percurso que leva a ser bem-aventurados, felizes. Não inclui a isenção da fadiga da vida; na verdade, suportar as provações é um passo obrigatório. Não inclui uma vida de "faça você mesmo"; de fato, escutar e pôr em prática a lei de Deus é o que leva à felicidade.

Corpo da carta (2,1–5,7)

Detivemo-nos muito no primeiro capítulo, porque põe os fundamentos da carta, nos critérios onde enquadrar a continuação da comunicação epistolar. Algumas questões práticas também são tratadas, mas só a título de menção; a parte central examinará algumas delas em profundidade, argumentando com precisão.

Uma fé imune aos favoritismos pessoais (2,1-13)

"Ouço dizer que, ao vos reunirdes, há divisões entre vós, e em parte o creio"; "cada um se apressa em tomar a própria ceia e, enquanto um passa fome, outro está bêbado" (1Cor 11,18.21). Paulo, também, em 1Coríntios, nos testemunha uma das dificuldades encontradas pelas primeiras comunidades cristãs: as disparidades sociais. O mundo mediterrâneo era fortemente marcado por diferenças sociais e econômicas, e um dos desafios para os crentes era precisamente não se adaptar a tal sistema.

Tiago aborda a questão em três etapas. Em primeiro lugar denuncia, através de uma pergunta retórica: "se derdes atenção ao que está bem trajado e lhe disserdes: "senta-te aqui neste lugar confortável", e ao pobre disserdes: "Fica ali em pé", ou ainda, "Senta-te aqui, no estrado de meus pés", acaso não estais fazendo discriminação entre vós e sendo juízes de princípios perversos?" (Tg 2,4). Lembremos que essa forma de se comportar era normal para o ambiente; mas aqui, como aponta Tiago, não estamos em um lugar qualquer, mas "em vossa assembleia"; assim como em 1Coríntios, o contexto é a assembleia da comunidade.

Em segundo lugar, Tiago mostra o erro de um tal comportamento do ponto de vista teológico e sapiencial. De fato, Deus escolheu os pobres aos olhos do mundo e lhes deu o Reino como herança: é outra a perspectiva para julgar as pessoas, não a da classe social. Além disso, estas pessoas ricas que vós honrais são pessoas desprezíveis que não têm qualquer respeito civil ou religioso pelos crentes. Por que obsequiá-los tanto?

Terceira passagem, as consequências: se vos comportais assim, transgredis a lei de Deus. O mandamento citado é o do amor ao próximo (cf. Lv 19,18), já conhecido pela tradição sinótica como compêndio da lei; os v. 10-11, com um procedimento típico da exegese rabínica, mostram como transgredir este único mandamento equivale a transgredir toda a lei. Sobre a importância de pôr em prática a lei, Tiago já tinha se expressado em 1,16-27; agora aplica a indicação então genérica a um desafio concreto para a comunidade: quem não desvincula um modo sectário de conceber a sociedade, mas se adapta a ela, prova ser apenas um ouvinte desmemoriado da lei, não certamente alguém que a põe em prática.

Uma fé viva (2,14-26)

A segunda parte do capítulo trata de um assunto que está intimamente ligado àquele que acabou de ser concluído; depois de dizer que é importante observar a lei, agora vai mais fundo, afirmando que a fé, se não se desenvolve nas obras, está morta! Poderíamos dizer o seguinte: os v. 1-13 partem de um caso prático para chegar a uma afirmação de princípio (a lei deve ser posta em prática); os v. 14-26 desenvolvem esta declaração, expandindo-a (a fé, em geral, se não leva a agir de uma certa forma não tem valor).

O ponto de partida é ainda um exemplo hipotético retirado da realidade socioeconômica: todos percebem que se um pobre pede ajuda, não basta dizer-lhe belas palavras; se não se tem o que vestir nem o que comer, não basta dizer "Ide em paz, aquecei-vos e fartai-vos". Assim também é a fé: não basta professá-la em palavras; os demônios também sabem fazer isso.

O texto de Tiago é muito vivo, rico de perguntas retóricas, de diálogos fictícios, de apelos muito duros aos ouvintes ("Insensato, queres saber como a fé sem as obras é estéril?", v. 20). Com este estilo, depois de ter trazido uma prova de bom-senso, para confirmar ainda mais a sua tese (i. é, que as obras são necessárias para a fé), acrescenta uma prova bíblica: "Abraão, nosso pai, não foi justificado pelas obras quando ofereceu sobre o altar Isaac, seu filho?"; "Da mesma forma a meretriz Raab também não foi justificada pelas obras, quando recebeu os mensageiros e os fez voltar por outro caminho?" (v. 21.25). Não é apenas o senso comum que nos diz isso; a Escritura também o testifica: Gn 22 e Tg 2 são dois exemplos muito concretos.

Tiago começa, portanto, com uma reflexão de tipo sapiencial, continua com a prova da Escritura, para concluir com uma imagem: "Portanto, assim como o corpo sem o espírito está morto, também a fé sem as obras é morta" (v. 26).

O estilo é muito semelhante ao de Mt 6,25-34, no qual Jesus tece motivos de senso comum (que alguns chamam "filosófico-sapienciais") com motivações de natureza teológica; assim faz Tiago, com uma finalidade precisa: mostrar com um amplo raciocínio que a fé sem obras está morta; não serve para nada.

Aprofundamento
Tiago contra Paulo?

Se os isolarmos do contexto, as expressões de Tiago parecem contradizer o que Paulo escreve em sua carta aos Gálatas e Romanos. Vamos comparar três afirmações:

- Gl 2,16: "Sabemos que a pessoa não se justifica pelas obras da Lei, mas pela fé em Jesus Cristo. É por isso que temos fé em Jesus Cristo, esperando sermos justificados pela fé em Cristo e não pelas obras da Lei, pois pelas obras da Lei *ninguém será justificado*";
- Rm 3,28: "Pois julgamos que a pessoa é justificada pela fé, sem as obras da Lei";
- Tg 2,24: "Estais vendo que a pessoa é justificada pelas obras, e não somente pela fé".

À diferença óbvia dessas afirmações nós acrescentamos que tanto Paulo quanto Tiago as fazem com um tom muito convencido e apodíctico; e que ambos usam Abraão como prova bíblica para defender as suas teses.

Infelizmente estas diferenças têm sido acentuadas pelo tom polêmico de algumas releituras, especialmente em tempos de Reforma e Contrarreforma (generalizando um pouco). Mas uma leitura que coloque tanto as afirmações de Paulo como a de Tiago no contexto do seu raciocínio mostra que de fato os dois não estão um contra o outro. Usando o mesmo vocabulário de Gálatas e Romanos, talvez Tiago quisesse responder a alguns que interpretavam mal a doutrina de Paulo (algo que o próprio Paulo conhece: cf. Rm 3,8); porém, para ver como Paulo e Tiago estão em sintonia um com o outro ao afirmarem a necessidade de uma fé concreta, basta ler Gl 5,6: "Pois em Cristo Jesus nada vale estar ou não estar circuncidado, mas a fé que age pelo amor" (Gl 5,6).

Uma língua que sabe se controlar (3,1-12)

Com o início do c. 3, Tiago passa para outro tema. Começa de novo de um caso concreto: "Meus irmãos, não vos façais todos mestres, pois sabeis que o nosso julgamento será mais severo. Porque todos nós falhamos em muitas coisas" (v. 1-2a). Esta também é uma situação já conhecida pelas cartas de Paulo, especialmente a 1Coríntios, e também através do Sermão da Montanha (cf. Mt 7,1-5, sobre o juízo): nas comunidades acontecia que o número dos que aspiravam a ser mestres ou a ser juízes de seus irmãos era alto; Tiago diz antes de tudo: cuidado em julgar os outros, porque todos nós cometemos pecados e por isso seremos julgados, e para aqueles que se tornaram mestres o juízo será mais severo (cf. tb. Tg 2, 13).

Através de uma palavra-gancho (o verbo "pecar") apresenta-se, então, um argumento relacionado: "Porque todos nós pecamos frequentemente.

Aquele que não peca no falar é realmente um homem perfeito, capaz de refrear todo o seu corpo" (v. 2). As imagens citadas por Tiago nos v. 3-12 são muitas, são eficazes, vêm do inventário da literatura helênica e todas apontam em uma única direção: é difícil refrear a língua, mas é sintomático da capacidade de administrar toda a própria pessoa; é difícil refrear a língua, mas – de acordo com o princípio reiterado acima das obras e da fé – não faz sentido, com a mesma linguagem, abençoar a Deus e amaldiçoar os outros. "A fonte de água salobra não pode dar água doce" (v. 12); se alguém amaldiçoa o próximo, escusado será dizer que mesmo a sua oração de bênção a Deus não é sincera.

Com efeito, trata-se de uma aplicação do princípio das obras e da fé; do pôr em prática a lei-Palavra de Deus.

As disputas e a verdadeira sabedoria (3,13–4,12)

Com 3,13 as indicações de Tiago permanecem dentro da dinâmica comunitária, mas de uma perspectiva diferente; não se trata mais de classes sociais a serem harmonizadas, mas de tensões não especificadas (mas muito fortes) dentro da comunidade crente.

Tudo começa com uma pergunta desafiadora: "Quem de vós é sábio e inteligente? Pois mostre com boa conduta suas obras cheias de mansidão e sabedoria" (v. 13). O horizonte é sempre aquele vislumbrado no c. 1 e desenvolvido muito na parte de carta que já vimos: são as obras que mostram a verdade da pessoa; neste caso, porém, a reflexão também se concentra no que deve inspirar a ação para torná-la boa: a mansidão deve acompanhar a sabedoria, senão esta última não é real.

Com efeito, a sabedoria nada tem a ver com "ciúme amargo e ambição" (v. 14); "esta não é a sabedoria que vem do alto, mas é terrena, carnal e diabólica" (v. 15-16). Os tons são muito fortes: é diabólico inspirar-se no ciúme e no espírito de disputa! Pelo contrário, com uma lista de qualidades que se refere aos louvores da sabedoria do AT (cf. especialmente Sb 7) e se assemelha em grande parte ao fruto do Espírito de Gl 5,22, Tiago descreve "a sabedoria do alto" e é "antes de tudo pura, depois pacífica, indulgente, conciliadora, cheia de misericórdia e de bons frutos, sem parcialidade nem fingimento" (Tg 3,17).

Com a descrição da verdadeira sabedoria, conclui-se o c. 3; o c. 4, por outro lado, começa indo para o caso concreto: se esta é a verdadeira sabedoria, como é que entre vós há disputas e guerras? Novamente, o tom é muito forte. Não conseguimos compreender a quais episódios efetivamente ele se refere, desde que o ato de "acusação" não seja mais um expediente retórico em vez de uma descrição da realidade. É clara, no entanto, a dinâmica levada a termo por Tiago.

Na origem de tudo estão as paixões, que dilaceram os crentes a partir de dentro; a descrição é dramática: "Cobiçais, mas nada tendes; matais e ardeis de inveja, sem nada conseguir. Vós combateis e brigais. Não obtendes nada porque não pedis. Pedis e não recebeis porque pedis mal, para gastardes com vossas paixões" (4,2b-3). Esta é a raiz do mal: a incapacidade de administrar as paixões. Mas a verdadeira natureza do caso não é sociológica nem psicológica, mas teológica; este tipo de comportamento mostra que algo não funciona na relação com Deus; este tipo de comportamento, para usar as palavras de 4,4, mostra um amor pelo mundo que é inimigo de Deus.

Tendo descoberto a raiz, desvendada a sua natureza teológica, a solução está em confiar-se a Deus: "Sede submissos a Deus", diz o v. 7, introduzindo outros dez imperativos com os quais Tiago exorta resolutamente a comportar-se de modo apropriado à própria fé (4,7-11).

O estilo daqueles que não levam Deus em conta (4,13–5,6)

Há mais três comportamentos que Tiago enfrenta antes de fechar a carta.

O primeiro é daquele que acerta as contas sem Deus. Tg 4,13-16 mira aqueles que fazem tantos projetos, mas esquecem de considerar uma coisa: que a nossa vida não é nada! "Sois uma fumaça que por um instante aparece e logo desaparece. Em vez disso, devíeis dizer: "Se o Senhor quiser, estaremos vivos e faremos isto ou aquilo" (v. 14-15). Estes versículos parecem quase uma paráfrase da parábola evangélica do rico tolo, contada por Lc 12,16-21: quem não confia no Senhor (exortação sobre a qual se baseou a conclusão do raciocínio anterior) trabalha de mãos vazias, porque não leva em conta a única coisa importante!

O segundo comportamento é daquele que peca por omissão. Introduzido com um "pois bem", a advertência de 4,17 apresenta-se como a conclusão da reflexão anterior, mesmo se na realidade não tem muito a ver com ela. Podemos ver um segundo degrau na escala de gravidade: no primeiro nível há aqueles que "descuidadamente" não fazem bem as contas e pecam por mania de grandeza; o segundo é o dos que conhecem a realidade, mas não agem em conformidade; o terceiro é o pior: há também aqueles que sabem o que é certo, mas depois fazem o mal.

Chegamos, então, ao terceiro comportamento, o dos ricos. A acusação contra eles é duríssima. Reconhecemos alguns dos convites de Jesus, mais uma vez presentes no Sermão da Montanha: "Não ajunteis riquezas na terra, onde a traça e a ferrugem as corroem, e os ladrões assaltam e roubam" (Mt 6,19), mas os tons são muito mais fortes, são inspirados nos "ai de vós" dos profetas. A perspectiva é a mesma do primeiro comportamento: o problema dos ricos é que não levam em conta a Deus, e assim não colocam as coisas na perspectiva correta.

Em resumo

Como manter unida esta longa parte da Carta de Tiago, tão variada e viva do ponto de vista da expressão e do conteúdo? A dimensão que mais retorna é a dialética: entre palavra e ação, entre fé e obras, de um lado; entre verdadeira e falsa sabedoria, de outro. Se então levarmos em conta que se fala de observar a lei de Deus e que a verdadeira sabedoria é a daqueles que se submetem a Deus, podemos concluir que a relação com Deus está na raiz do comportamento que Tiago propõe aos destinatários da sua carta. Sua ética está profundamente enraizada na fé.

Epílogo (5,7-20)

A dura acusação contra os ricos tinha deslocado decididamente o centro de gravidade para uma perspectiva escatológica: "engordastes o coração para o dia da matança", disse Tiago em 5,5. Ora, o epílogo da carta retoma a dimensão escatológica, mas com um tom diferente, mais manso; dessa mudança de tom é sintomático o retorno do vocativo "irmãos", que já não se via em 4,13–5,6, enquanto agora nos últimos 13 versículos da carta aparecerá cinco vezes. A atmosfera é relaxada; a forma verbal preferida é o imperativo; alguns temas retomam os já surgidos nas páginas anteriores da carta, outros são acrescentados. Em suma, trata-se de uma peroração final com a qual Tiago conclui o seu escrito, mas também de uma espécie de "despedida" à maneira epistolar.

O primeiro grupo de recomendações gira em torno de algumas palavras muito semelhantes: constância (literalmente: "grandeza de espírito"; em 2Pd 3,9 é compreendida como paciência em permitir a cada um o tempo para corrigir-se), resistência (literalmente: "resistência ao mal"), paciência. A palavra "paciência" já estava presente na introdução, em Tg 1,3-4; aquele contexto, porém, era mais geral, porque se tratava de suportar todo tipo de provações (cf. 1,2); neste ponto da carta, porém, a única referência concreta que se dá é no v. 9, quando Tiago diz: "Irmãos, não vos queixeis uns dos outros". Trata-se, portanto, presumivelmente, de relações interpessoais dentro da comunidade.

A segunda recomendação vem por si mesma, como convite a não jurar; o texto assemelha-se ao de Mt 5,34-37, mas de uma forma mais simples: não tendes necessidade de jurar para que a vossa palavra seja verdadeira, "vosso sim seja sim, e o vosso não seja não" (v. 12). Várias vezes, na carta, fez-se referência ao modo de falar, que deve ser conforme à ação; aqui o fundo é ligeiramente diferente, no sentido de que é mais simplesmente um convite à sinceridade.

O terceiro núcleo de recomendações é um convite à oração, declinado de várias maneiras: "Alguém dentre vós está sofrendo? Então ore! Está alegre? Então cante louvores! Alguém entre vós está enfermo? Mande chamar os presbíteros da Igreja, para que orem sobre ele" (v. 13-14). Trata-se da oração em geral, seguindo o exemplo de Elias; mas também daquele aspecto particular que é a oração comunitária, uns para com os outros. Neste contexto, é particularmente interessante, do ponto de vista histórico-sociológico, o convite do v. 16: "Confessai vossos pecados uns aos outros e orai uns pelos outros para serdes curados". Se na recomendação de chamar os presbíteros é possível ver um fundamento bíblico para o Sacramento da Unção dos Enfermos, na exortação a confessar os pecados uns aos outros há um fundamento curioso para o Sacramento da Penitência ou Reconciliação...

Encerra esta parte e, estranhamente, toda a carta contém uma exortação final: "Meus irmãos, se algum de vós se desviar da verdade, e outro o reconduzir, saiba que todo aquele que converte um pecador do caminho errado salvará sua vida da morte e cobrirá uma multidão de pecados" (5,19-20).

Assim, Tiago optou por concluir o seu escrito: sem nenhuma referência epistolar, mas com uma referência cada vez mais intensa à reciprocidade na vida comunitária. Tudo aquilo que desde o início da carta foi dito, sobre perfeição e integridade, não é uma questão pessoal; Tiago tem em mente uma comunidade, e uma comunidade em que as relações mútuas são fundamentais.

Temas teológicos

Já vimos várias vezes que uma das características peculiares da Carta de Tiago é a sua fragmentação. Esta, do ponto de vista da teologia bíblica, é uma complicação; nos perguntamos de fato: como manter unido tal texto? Como reconhecer linhas de pensamento emergentes? Várias vezes, ao ler o texto, notamos também semelhanças entre a nossa carta e o Sermão da Montanha de Mt 5–7; além dos detalhes de conteúdo e de estilo já vistos, podemos agora notar uma maneira de proceder muito semelhante.

Em três capítulos, o Evangelista Mateus reúne muitos ensinamentos de Jesus; algumas partes do discurso são mais unitárias, outras mais fragmentadas, unidas por palavras-gancho ou concordâncias temáticas ou simplesmente justapostas. No início e no final do discurso, porém, temos, respectivamente, uma introdução e uma conclusão fortemente hermenêutica, que nos oferecem a chave de leitura do conjunto. O mesmo se pode dizer da Carta de Tiago; com efeito, muito mais: Tg 1,2-27 e 5,7-20 são muito semelhantes a Mt 5,1-16, a introdução hermenêutica ao Sermão da Montanha.

No início do Sermão, de fato, há as famosas bem-aventuranças (cf. Mt 5,1-12); a estas podemos comparar a introdução de Tiago, que em 1,12.25 tem precisamente duas bem-aventuranças: a finalidade dos ensinamentos contidos na carta é traçar um caminho que conduz à bem-aventurança, isto é, à felicidade. Depois das bem-aventuranças, o texto de Mateus tem os dois dizeres paralelos do sal da terra e da luz do mundo (Mt 5,13-16), com os quais Jesus acentua a dimensão comunitária: o caminho traçado pelo seu discurso não visa uma espécie de "perfeição intimista", mas algo que traz luz e sabor ao mundo inteiro; o mesmo se pode dizer da conclusão da Carta de Tiago, que dá aos seus ensinamentos uma chave de leitura comunitária, ainda que intereclesial, como vimos no final do caminho de leitura.

Introdução e a conclusão são, portanto, uma chave hermenêutica para a carta; com o filtro que nos é oferecido por 1,2-27 e 5,7-20, passamos pelo crivo da escrita de Tiago, relendo os dois temas que mais voltam na carta e que recolhem em si a maior parte do material.

Uma teologia moral-social?

Um dos temas que trouxe a Carta de Tiago de volta ao centro das atenções nas últimas décadas, e que ainda lhe dá alguma notoriedade, é a sua forte predileção pelos pobres. O quadro que emergiu, capítulo por capítulo, é o de uma comunidade que se encontra vivendo em um mundo fortemente marcado pelas desigualdades sociais; o que nós vemos hoje a nível intercontinental, na época, era experimentado de modo muito direto também dentro da mesma comunidade: há pessoas que não têm o que comer e o que vestir-se, e há outras que acumulam riquezas.

Reflexão sapiencial

A palavra de Tiago é antes de tudo do tipo sapiencial: "O irmão humilde tenha orgulho de sua elevação, e o rico de seu rebaixamento, porque, como a flor da erva, ele passará. Basta o sol levantar-se com seu calor, e logo a erva seca, a flor cai e perde a beleza de seu aspecto. Assim também há de murchar o homem rico em meio a seus negócios" (1,10-11) Trata-se de uma questão de sabedoria: quem é rico agora não se vanglorie, porque a sua riqueza não está destinada a durar para sempre. Poderíamos ver aqui, além do contexto profético, as bem-aventuranças (e os "ai de vós") de Lucas 6,20-26.

Este fio profético-sapiencial continua com o apelo àqueles que só pensam nas próprias coisas (cf. 4,13-17) e com a duríssima acusação dirigida aos ricos (cf. 5,1-6). No primeiro caso, o estilo sapiencial é mais marcado: qual de nós pode dizer o que acontecerá amanhã? Não tem sentido uma vida que não leva em conta a Deus. No segundo caso, porém, é mais marcante o estilo profético: "Agora, ricos, escutai: chorai e gemei por causa das desgraças que virão sobre vós. Vossas riquezas estão podres e as roupas estão sendo devoradas pelas traças. O ouro e a prata enferrujaram, e a ferrugem dará testemunho contra vós e devorará vossas carnes como fogo. Ajuntastes tesouros para os últimos dias" (5,1-3).

Considerando estes textos, podemos ler a reflexão de Tiago sobre a riqueza do ponto de vista das bem-aventuranças iniciais: este estilo de vida não é certamente uma realidade perfeita e íntegra, que nada falta (cf. 1,4); não é certamente a perspectiva de uma existência bem-aventurada, mas de uma vida infeliz e errada. "Chorai e gemei", diz Tiago.

Dimensão comunitária

Por outro lado, o outro texto sobre a riqueza destaca mais ainda a dimensão comunitária. Estamos no início do c. 2, quando Tiago se dirige a seus irmãos e os convida a não fazer favoritismos pessoais: "Se, pois, entrar em vossa assembleia um homem com anel de ouro e ricos trajes e um pobre com roupa surrada, e se derdes atenção ao que está bem trajado e lhe disserdes: "Senta-te aqui neste lugar confortável", e ao pobre disserdes: "Fica ali em pé", ou ainda: "Senta-te aqui, no estrado de meus pés", acaso não estais fazendo discriminação entre vós e sendo juízes de princípios perversos?" (2,2-4).

Discriminar as pessoas era normal para a mentalidade do tempo, mas é contra a lei de Deus, diz Tiago. De fato, ele escreve: "Mas, se fazeis discriminação de pessoas, cometeis pecado e a Lei vos acusará de transgressão" (2,9). O raciocínio, do qual o v. 9 é uma síntese, é bem articulado: a lei não é apenas algo para ser conhecido, mas para se pôr em prática; toda a lei se resume no mandamento do amor ao próximo; quem faz favoritismos pessoais não põe em prática este mandamento; portanto, as discriminações sociais são uma transgressão de toda a lei de Deus.

Não se trata aqui, porém, de ricos que devem mudar o estilo de vida, mas de irmãos que devem mudar de atitude com relação aos outros; não se trata de negócios ou comércios mais ou menos honestos, mas de reuniões comunitárias que devem ser geridas com um certo estilo. Não é só uma questão privada a relação com a riqueza; é também a comunidade que deve colocar em prática a palavra de verdade que a gerou.

Palavras e ações

Um segundo tema que muitas vezes retorna na carta é a relação entre palavras e ações, entre pensamentos e ações, entre adesão interior a uma realidade e expressão exterior de pertença a tal realidade. São conhecidas e muito utilizadas na liturgia algumas passagens do c. 1: Algumas passagens do c. 1 são conhecidas e amplamente utilizadas na liturgia: "Sede cumpridores da palavra e não meros ouvintes, enganando-vos a vós mesmos" (1,22); o argumento é de tipo sapiencial, e de fato, depois de ter feito um paralelo com a vida cotidiana (olhar-se no espelho de modo descuidado), conclui dizendo: "Quem, no entanto, se aplica em meditar a lei perfeita da liberdade e nela persevera, não como ouvinte que facilmente esquece, mas como cumpridor, este será feliz naquilo que faz" (1,25).

A razão, portanto, do convite a ser pessoas que ponham em prática a Palavra de Deus é de senso comum; o contexto é, ao invés, comunitário: "Cada um deve estar pronto para ouvir, mas ser lento para falar e lento para se irritar [...]. Rejeitai, pois, toda impureza e todo vestígio de maldade" (1,19-21).

O mesmo se pode dizer da reflexão sobre a relação entre fé e obras (cf. 2,14-26): a motivação é sapiencial, bem como teológico-bíblica; o contexto, ou pelo menos o exemplo, é de tipo comunitário: "Se um irmão ou uma irmã não tiverem o que vestir e precisarem do alimento de cada dia, e alguém de vós lhes disser: 'Ide em paz, aquecei-vos e fartai-vos', mas não lhes der o necessário para o corpo, o que adiantaria?" (2,15-16).

Permanecemos na mesma linha do c. 3, quando Tiago convida a refrear a língua. Novamente a motivação é prática, para o bem daqueles que são convidados a comportar-se desta forma: "Se alguém não comete falta por palavra, já é homem perfeito, capaz de governar com freio todo o corpo" (3,2; notamos o adjetivo "perfeito", já encontrado em 1,4). Neste caso, também o contexto imediato é de um tipo sapiencial: "Meus irmãos, não vos façais todos mestres, pois sabeis que o nosso julgamento será mais severo" (3,1); não é conveniente, dito em paráfrase, agir como mestres, sabendo que o julgamento para com os mestres será mais severo.

Nos versículos seguintes, no entanto, aparece também uma dimensão comunitária (cf. 3,13-18); na segunda parte do c. 3, de fato, Tiago convida a refrear a língua, não mais para nos convidar a sermos pessoas melhores, mas porque o ciúme amargo e o espírito de contenda criam desordens e todo tipo de más ações; pelo contrário, "o fruto da justiça semeia-se na paz para os que promovem a paz" (3,18). E com o início do c. 4 repreende seus ouvintes pelo fato de que no meio deles há guerras e brigas, que surgem porque não sabem controlar as suas paixões. "Irmãos, não faleis mal uns dos outros" é a exortação final de 4,11. O que Tiago quer formar é uma comunidade e não um conjunto de indivíduos "perfeitos".

Uma teologia diferente

A Carta de Tiago está tão cheia de imperativos – e com tão poucas ligações entre esses imperativos e o *kérygma* cristão de Cristo morto e ressuscitado – que levou muitos intérpretes, ao longo dos séculos, a desvalorizá-la como escassa teologia. Hoje, por vezes, corremos o risco oposto, mas idêntico na raiz, de estimá-la porque não exigente do ponto de vista teológico e, portanto, podendo ser usada em um contexto não crente. Sempre chama a atenção do grande público uma Igreja que luta contra os ricos e corrige aqueles que não sabem controlar a língua.

No entanto, a Carta de Tiago é profundamente teológica. Não só por suas referências ao AT; não só pelas suas duas referências, quase de raspão, a nosso Senhor Jesus Cristo (apenas em 1,1 e 2,1). Embora quase nunca cite Jesus para fundamentar um argumento ou uma exortação, de fato, Tiago se refere continuamente a seu ensinamento, como vimos; às vezes há expressões tão semelhantes às passagens de Mateus ou Lucas que nos fazem pensar que ele conheceu pelo menos as tradições que depois se tornaram os sinóticos.

Além disso, embora Tiago tenha muito em comum com o mundo helenístico, tanto no estilo como no conteúdo, ele tem sua originalidade precisamente nas duas dimensões que acabamos de destacar, a da bem-aventurança e da vida comunitária, que correspondem ao ensinamento de Jesus. Não diz, portanto, "façam isso porque foi Jesus que disse para fazê-lo"; mas traduz o ensinamento em seu contexto, diferente do da Galileia no século I d.C.

Não sabemos em que comunidade nasceu a Carta de Tiago; não podemos dizer com certeza em que ano foi escrita; não sabemos quem foi seu autor material, pois a atribuição a Tiago, irmão do Senhor, é muito provavelmente um caso de pseudoepigrafia. Contudo, temos uma comunidade cristã que com coragem tenta um modo "novo" de anunciar o Evangelho, diferente do que já estava sendo usado, mais limítrofe; temos um homem, um grupo de crentes tão convencidos de que é importante o que estão fazendo para atribuir a tentativa a uma das figuras mais importantes da Igreja das origens. Dessa forma abre-se, no cânon, o grupo das cartas católicas; recordando-nos que, embora insuperáveis, não existe apenas Paulo e a sua teologia.

X

Primeira Carta de Pedro

C. Broccardo

Introdução

Em 1976 foi publicado um artigo de J.H. Elliot, provocadoramente intitulado "A reabilitação de um enteado da exegese. A primeira Carta de Pedro na pesquisa recente"[243]. Título eloquente, que indica como a nossa carta esteve durante séculos à margem da exegese e da teologia, e antes ainda da espiritualidade cristã. Ainda hoje pode acontecer de ser definida como "pastoral" em um sentido que tende a ser depreciativo, como se dissesse que nunca alcançará as alturas teológicas de Paulo.

Mas precisamente a atenção dada a certas dinâmicas pastorais, hoje mais sentida pela opinião pública eclesial e bem marcadas na carta, a levou de volta às mesas dos estudiosos; e, sob exame, provou ser também literalmente significativa e teologicamente rica, aliás muito original em algumas passagens. É um texto que por um lado tem muito em comum com os outros escritos do NT, e por outro tem uma originalidade marcante.

Autor

Autor, destinatários, local e data de redação são três questões intimamente relacionadas; a solução que se dá a uma influência, de fato, as respostas que se encontram para as outras. Vamos começar com as problemáticas relacionadas com o autor.

---

243. ELLIOT, J.H. "The Rehabilitation of an Exegetical Step-child: 1 Peter in Recent Research". In: *Journal of Biblical Literature*, 95, 1976, p. 243-254.

"Pedro, apóstolo de Jesus Cristo" (1,1). É assim que começa a carta, identificando claramente o autor com o Apóstolo Pedro. Não é um personagem desconhecido! Sobre Simão também chamado de Pedro os evangelhos e os Atos dos Apóstolos oferecem muitos dados, nos contando como de pescador da Galileia ele se tornou uma figura proeminente no grupo dos doze apóstolos e depois um ponto de referência para a Igreja de Jerusalém, pelo menos até a ascensão de Tiago. É plausível a identificação entre o pescador que se tornou apóstolo e o autor da nossa carta?

Obviamente, o mundo antigo não tinha dúvidas sobre isso, especialmente porque no final da carta há um traço autobiográfico realista: "Aos presbíteros que estão entre vós, exorto eu, presbítero como eles, testemunha dos sofrimentos de Cristo e participante da glória que há de revelar-se" (5,1); o ser testemunha dos sofrimentos de Cristo deve ser compreendido em sentido amplo: segundo os evangelhos, Pedro não estava presente sob a cruz de Jesus, mas tinha conseguido entrar furtivamente no pátio do palácio do sumo sacerdote, onde teve lugar a primeira etapa da sentença de morte.

A crítica moderna, por outro lado, levanta várias objeções. De todas, a mais importante deriva precisamente do ter reavaliado a beleza e profundidade do escrito. A pena é de um autor culto, que usa bem a língua grega, que conhece sem dificuldade a Bíblia dos LXX, que recolheu muito material das tradições (tanto oral como escrita?) que estavam dando forma ao NT. Dificilmente compatível com o pescador da Galileia que se tornou apóstolo.

A questão continua em aberto, mas basicamente podemos ver dois lados entre os autores modernos. Há aqueles que acreditam que tudo pode ser explicado pela hipótese de uma revisão de Silvano, que não só teria escrito materialmente a carta como também ajudado Pedro na sua composição ("Por Silvano, que considero um irmão fiel em vosso meio, eu vos escrevi brevemente", diz 5,12). Há aqueles que não entram em tais detalhes e falam de alguém que, depois da morte do apóstolo, teria recuperado seu ensinamento para transmiti-lo em forma epistolar.

Como se pode ver, as duas hipóteses não são indiferentes quanto à data de composição; as soluções para as duas questões estão entrelaçadas. Para ter um quadro mais completo, é importante, no entanto, refletir primeiro sobre os destinatários da carta.

Destinatários

Também sobre isso o pré-escrito é bastante preciso: "aos eleitos que vivem como estrangeiros da dispersão no Ponto, Galácia, Capadócia, Ásia e Bitínia" (1,1). São as quatro províncias romanas que se estendem sobre o território centro-norte da Anatólia; o Ponto e a Bitínia, aqui evocados por separado, eram na verdade uma única província.

Os cristãos a quem a carta é dirigida não pertencem, portanto, a uma única comunidade, mas estão espalhados por toda esta vasta região. A carta diz que são "como estrangeiros da dispersão"; poderemos abordar todas as implicações teológicas do caso, aprofundando a leitura da carta; por agora notamos que os crentes não formam uma própria sociedade, mas estão dispersos em um mundo pagão. Esta é uma observação óbvia, mas na qual 1Pedro insiste muito.

É claro, de fato, que os destinatários da carta são de origem pagã; leiamos, por exemplo, 4,3-4: "Basta terdes feito no passado o que agradava aos pagãos, vivendo em libertinagem, em concupiscências, em embriaguez, em orgias, bebedeiras e abomináveis idolatrias. Estranham agora que já não vos entregueis com eles aos mesmos desregramentos de libertinagem, e por isso vos insultam". Esta passagem é interessante, porque é uma das muitas referências à situação dos destinatários: eram pagãos, agora tornaram-se cristãos e mudaram o seu modo de vida (cf. tb. 1,14), mas o mundo à sua volta, o mundo em que vivem, permaneceu como está e não compreende a sua escolha.

Não há na carta, pelo menos não no original grego, vocábulos que falem explicitamente de perseguição[244]. Pelo contrário, podemos imaginar uma sociedade em que os cristãos são cada vez mais considerados como um corpo estranho, porque sua conduta difere daquela comumente aceita. Por isso são humilhados, ofendidos, caluniados: vivem em um mundo que já não os considera "seus"; vivem em um mundo em que, apesar de serem cidadãos, são "como estrangeiros".

Data e lugar de composição

No pós-escrito, Pedro acrescenta aos seus e aos de Marcos as saudações da comunidade que vive na Babilônia (cf. 5,13). Uma outra questão que não

---

244. Cf. a discussão a respeito de 4,12 nas p. 327s.

conta com unanimidade no mundo acadêmico. De fato, a Babilônia poderia ser simplesmente um símbolo do exílio e da diáspora e, portanto, aludir ao fato de que inclusive quem escreve vive em uma situação de "condição estrangeira" em relação ao mundo ao redor; mas também poderia ser entendida mais precisamente como um símbolo para a cidade de Roma (a combinação não é incomum na literatura cristã e judaica do primeiro século d.C.).

Esta segunda interpretação é muito mais difundida, também porque se conecta facilmente com a pessoa de Pedro, que passou os últimos anos de sua vida precisamente em Roma. De todas as formas, em um caso ou no outro, a comunidade em que foi escrita 1 Pedro demonstra conhecer a teologia do Apóstolo Paulo; além disso, as províncias mencionadas no pré-escrito sugerem comunidades que tiveram uma influência paulina significativa. A composição deve, portanto, ser datada após uma certa difusão das cartas protopaulinas, ou seja, não antes de 60 d.C. No que diz respeito ao autor, pode-se ver que, no final, a pseudoepigrafia é a solução mais plausível.

Concluindo a discussão sobre a data da composição, podemos afirmar que as referências à difícil situação das comunidades a que se dirige a carta, juntamente com o fato de não serem ainda as perseguições mais extensas que atingiram a Ásia entre o final do primeiro e o início do segundo século d.C., deixam uma margem ainda mais ampla, mas mais definida, entre 70 e 90 d.C.

Língua e estilo

Dentro do grego da *koiné*, a 1 Pedro é apresentada bem, como um escrito correto e às vezes procurado. O vocabulário também é rico, em comparação com o resto do NT: 62 palavras são *hápax legómena* (ou seja, aparecem apenas uma vez); entre estas, 34 vêm da LXX e 28 são hápax também em comparação com o AT. O texto original não é de fácil leitura para um estudante novato, mas para aqueles que já tenham um certo conhecimento do grego do NT apresenta-se com uma certa elegância.

Quanto às relações com o AT, são densas e se desenvolvem de diferentes maneiras: desde a clara citação (sempre feita de acordo com a tradução dos LXX) até a alusão, passando por referências genéricas a tradições bíblicas. Retomaremos mais adiante este aspecto da carta; por ora nos contentamos de notar que 1 Pedro é um dos textos do NT que proporcionalmente faz mais referências ao AT.

Há também muitas conexões com o resto do NT. No decorrer da leitura notaremos algumas delas; agora, como exemplo, podemos comparar 1Pd 2,12 com Mt 5,16: "ao observar as vossas boas obras glorifiquem a Deus no dia da visitação", diz a Carta de Pedro; "para que vejam vossas boas obras e glorifiquem vosso Pai que está nos céus", diz Jesus no Evangelho segundo Mateus. A proximidade dos dois textos é inegável.

Podemos elencar ligações com os sinóticos, com João, com Romanos e Efésios, com Hebreus e Tiago; mas nunca se referem aos temas principais destes escritos, assim como não determinam o centro teológico da Carta de Pedro. Além disso, não há elementos que façam pensar em uma dependência literária de Pedro com relação aos livros bíblicos listados acima. Pode-se dizer que Pedro é um profundo conhecedor tanto da tradição bíblica fundida nos escritos do AT como da tradição cristã que naqueles anos estava dando origem aos textos do NT.

Gênero literário

Com o advento das abordagens científicas ao NT, caracterizado pela busca das fontes literárias, surgiu a ideia de que grande parte de 1Pedro não passa de uma homilia batismal (1Pd 1,3–4,11), à qual depois se acrescentam algumas exortações sobre como enfrentar a provação na comunidade (4,12–5,11).

Efetivamente encontramos muitas referências ao batismo, espalhadas pela carta. Só em uma ocasião há a palavra "batismo" e uma referência explícita a ele, posto em comparação com a água do dilúvio (3,21); mas, fala-se insistentemente de regeneração (1,3.22; 2,1), de Deus que nos chamou das trevas à luz (2,9), da necessidade de abandonar a conduta de antes para assumir uma nova forma de vida (p. ex., 1,14-15; 4,3): todos temas típicos das catequeses batismais. Além do mais, não são raros os versículos de teor litúrgico, como a bênção inicial (1,3-5) ou os aprofundamentos cristológicos (2,21-25; 3,18).

São suficientes estes dados para dizer que não se trata de uma carta, mas de uma homilia (batismal)? Certamente que não. Se compararmos 1Pedro com 1Tessalonicenses, notaremos a diferença: as referências a fatos pessoais que unem o remetente e destinatários são muito poucas, em comparação; mas se estendermos o paralelo a Hebreus, perceberemos imediatamente que nossa carta não está nem mesmo naqueles níveis de estranheza. A 1Pedro conserva todos os elementos típicos do gênero epistolar, que – vale lembrar – era bastante elástico como gênero literário. Temos um pré-escrito e um pós-escrito, duas vezes o vocativo "Caríssimos" e referências, embora genéricas, à situação das comunidades (não esqueçamos que se trata de uma carta católica).

Nas saudações finais, Pedro afirma claramente a intenção da carta: "Vos escrevi brevemente para vos admoestar e testemunhar que esta é a verdadeira graça de Deus" (1Pd 5,12). A sua pretende ser uma exortação; como veremos ao lê-la, pressupõe uma reflexão de teor batismal: Deus nos regenerou, em Cristo, na fé. Mas não é a única reflexão teológica, e talvez nem mesmo o fio condutor de uma carta predominantemente exortativa.

Esquema

Justamente as referências mais explícitas de tipo epistolar podem ajudar a delinear uma estrutura. Depois das saudações rituais (1,1-2) temos uma primeira parte caracterizada principalmente como reflexão teológica (1,3– 2,10): cheio de admiração pela grandeza do dom recebido, Pedro nos convida a viver em conformidade; embora as exortações não estejam ausentes, nesta primeira parte prevalece a indicação da observação: quão grande é o dom de Deus!

Em 2,11 encontramos o primeiro "Caríssimos", que dá origem a uma parte predominantemente exortativa da carta (2,11–4,11): encontramos convites concretos para adotar um certo comportamento, dirigido primeiro a todos, depois aos escravos, depois a esposas e maridos e, finalmente, novamente a todos. Nesta segunda parte da carta não faltam aprofundamentos teológicos, especialmente cristológicos; mas prevalece a exortação.

Em 4,11 a seção termina com uma espécie de doxologia: "a fim de que em tudo Deus seja glorificado por Jesus Cristo, a quem pertence a glória e o império pelos séculos dos séculos. Amém"; e em 4,12, eis o segundo "Caríssimos", que introduz a terceira e última parte da carta (4,12–5,11). O que antes estava em segundo plano, isto é, um clima de perseguição aos crentes, é agora colocado em primeiro plano; neste contexto, encontramos ainda exortações de Pedro, agora, porém, em chave comunitária. Em conclusão, uma nova doxologia: "A quem pertence a glória e o império pelos séculos dos séculos. Amém!" (5,11).

A carta termina com o pós-escrito (5,12-14), que tem pelo menos três ligações com a saudação inicial; nota-se melhor cortando um pouco os dois textos: "Pedro, aos *eleitos* que vivem como estrangeiros, a *graça* e a *paz*"; "Esta é a verdadeira *graça* de Deus; Saúda-vos a igreja que está na Babilônia, *eleita como vós*. A *paz* esteja com todos vós que estais em Cristo".

Esquematicamente, aqui está a disposição da carta:

1,1-2: Pré-escrito
1,3–2,10: Primeira parte: fostes regenerados por Deus
   1,3-12: oração de bênção
   1,13-25: exortações: dirigi a vossa esperança a Deus
   2,1-10: assombro pela grandeza do dom recebido
2,11–4,11: Segunda parte: segui as pegadas de Cristo, imitando o seu exemplo
   2,11-17: exortações para todos os crentes: mantende uma boa conduta
   2,18-25: exortações aos escravos: suportai fazendo o bem
   3,1-7: exortações às esposas e maridos: co-herdeiros da graça da vida
   3,8-12: exortações a todos: motivados pelo afeto fraterno
   3,13–4,11: alargamento da reflexão
4,12–5,11: Terceira parte: a comunidade responde ao sofrimento
   4,12-19: a alegria na perseguição
   5,1-11: derrama todas as tuas preocupações sobre Deus
5,12-14: Pós-escrito

Destacadas, assim, as partes principais da carta, resta ver se e como elas estão conectadas entre si, se e como há uma dinâmica no pensamento do apóstolo. Veremos isso no guia de leitura, que levará a algumas reflexões teológicas.

Guia de leitura

Seguindo o padrão, a 1Pedro começa com um pré-escrito, no qual estão especificados o remetente e os destinatários (1,1-2). A finalidade destas primeiras linhas, no entanto, não é apenas oferecer os dados anagráficos e geográficos necessários para uma carta; como Paulo, Pedro também aproveita para lançar alguma isca, para sugerir alguns dos temas que depois desenvolverá.

De si mesmo só diz que é "apóstolo de Jesus Cristo"; depois dirá muito mais. Por outro lado, faz uma apresentação ampliada dos destinatários; o estilo é solene, o vocabulário elevado. Olhando horizontalmente, ele os vê como "estrangeiros da dispersão no Ponto, Galácia, Capadócia, Ásia e Bitínia" (v. 1); não são uma única comunidade, mas diferentes grupos de crentes; não formam um povo, mas vivem "dispersos" em muitos lugares. Este detalhe não é secundário: reaparecerá como um refrão, continuamente, no corpo da carta.

Mas Pedro não se contenta com o contexto geográfico-cultural; interessa-se também pela dimensão histórico-salvífica: olha para o projeto de Deus e reconhece que os crentes são eleitos. "Eleitos segundo a presciência de Deus Pai na santificação do Espírito, para a obediência e aspersão do sangue de Jesus Cristo" (v. 1-2). Na vida dos crentes há, portanto, também uma outra dimensão, a da relação com Deus; que será também um constante refrão, um tema recorrente, que ressurgirá de página em página, embora com nuanças diferentes.

Primeira parte: fostes regenerados por Deus (1,3–2,10)

"Bendito seja o Deus e Pai de nosso Senhor Jesus Cristo que nos céus nos abençoou com toda a bênção espiritual em Cristo": assim começa o famoso cântico de bênção da Carta aos Efésios (Ef 1,3); o texto é muito semelhante à oração de 2Cor 1,3-4: "Bendito seja Deus e Pai de nosso Senhor Jesus Cristo, o Pai misericordioso e Deus de toda consolação. Ele nos conforta em todas as aflições..."

Também a 1Pedro, depois da saudação, tem um início de bênção, que desencadeia as primeiras frases da carta, todas repletas de um sentimento de admiração pela grandeza do dom recebido ("são revelações que os próprios anjos desejam contemplar", diz 1,12). A razão do louvor, porém, muda em relação a Efésios e 2Coríntios, e a variação sugere o tema para o resto da reflexão-oração: "Bendito seja o Deus e Pai de nosso Senhor Jesus Cristo, que, em sua grande misericórdia, nos gerou de novo" (1Pd 1,3). Tema não tão difundido no NT, mas caro a Pedro: fomos regenerados.

Oração de bênção (1,3-12)

O que significa ter sido regenerado por Deus? Em que consiste este dom, que impele Pedro a uma oração de louvor tão bela? 1Pd 1 começa com um aprofundamento teológico, que se desenvolve em forma trinitária.

Em primeiro lugar, deve se dar glória ao Pai, porque nos fez renascer "para uma herança que não se corrompe, é sem mancha e não murcha"

(v. 3-4); ainda não está especificado em que consiste esta realidade, mas é claro que se trata de algo de grande valor, sólido, que nada pode diminuir. Ainda não é "a salvação prestes a manifestar-se nos últimos tempos" (v. 5), mas tal salvação está segura, é preservada nos céus.

Sobre esta base sólida estão fundadas as afirmações nada óbvias dos versículos seguintes: "Isto é motivo de alegria para vós, apesar de serdes agora afligidos, por pouco tempo, com diversas provações" (v. 6), expressão que ecoa no v. 9: "Isto será para vós fonte de alegria inefável e gloriosa, pois estais alcançando a meta de vossa fé, a vossa salvação". Aquele que renasceu não foi transportado para uma realidade paralela; ainda vive neste mundo, entre muitas dificuldades; no entanto, enfrenta a vida com serenidade, na verdade, com grande alegria. A motivação dada é cristológica: "Sem o terdes visto, vós o amais. Sem o verdes agora, acreditais nele" (v. 8).

Enfim, com referência ao Espírito Santo, um olhar sobre a história da salvação: o que vós viveis agora, diz Pedro, é o que os profetas – graças ao Espírito de Cristo que estava neles – anunciaram; não tinham consciência da riqueza da mensagem que levavam, porque o faziam "não para si mesmos, mas para vós" (v. 12).

Exortações: voltai a vossa esperança para Deus (1,13-25)

A 1Pedro começa, portanto, contemplando a realidade bela e significativa dos crentes, e isto só pode levar a uma oração de louvor a Deus; notemos que os verbos de 1,3-12 estão todos no indicativo, precisamente para delinear os contornos de uma realidade; o resto do c. 1 passa, por outro lado, do indicativo para o imperativo; começa com um "portanto" (v. 13): se esta é a nova realidade para a qual fostes regenerados, comportai-vos em conformidade!

Há quatro imperativos, todos ligados pela mesma linha de pensamento. O primeiro: "colocai toda a esperança na graça que vos será dada na revelação de Jesus Cristo" (1,13); o pedido é ainda genérico, a única característica que emerge é que o fundamento da esperança é externo, na graça.

O segundo imperativo esclarece melhor: "não vos guieis pelas paixões de antigamente, quando vivíeis na ignorância. Mas, assim como é santo aquele que vos chamou, sede também santos em todas as ações" (1,14-15). Agora está mais claro que Pedro não está pedindo uma operação intelectual, um esforço mental; pede uma certa conduta de vida, definida negativamente como diferente da do passado e positivamente como santa. O Santo é Deus; santos são todos aqueles que se comportam de acordo com a sua vontade.

O terceiro imperativo está ligado ao anterior e esclarece ainda mais: "vivei com temor durante o tempo de vossa peregrinação" (1,17). Partindo desta afirmação geral, o raciocínio torna-se mais articulado: o modo de conceber a vida e de a gastar anterior à fé era vazio, nulo, incapaz de dar sentido; agora Deus ressuscitou Jesus "a fim de que a vossa fé e esperança estejam em Deus" (1,21). É isto que dá sentido à vida: lançar os fundamentos da esperança em Deus, e não neste mundo, no qual é importante permanecer como estrangeiros.

Finalmente, um quarto imperativo conclui o caminho: "Amai-vos, pois, uns aos outros ardentemente do fundo do coração" (v. 22). Estes versículos exortativos, contendo quatro imperativos, concluem com uma referência à reflexão teológica anterior: digo-vos para vos amardes com um verdadeiro coração porque fostes "regenerados não de uma semente mortal, mas imortal, por meio da palavra do Senhor que permanece para sempre"; "e esta é a palavra que vos foi anunciada" (v. 23.25).

A imagem é agora mais clara, graças também ao estilo circular em que são retomados e aprofundados alguns dos temas acima expostos (duas expressões presentes nestes versículos recordam o pré-escrito: o estar neste mundo como estrangeiros e o ser libertados pelo sangue de Cristo; cf. 1,1-2): aqueles que acolheram o anúncio do Evangelho não são mais como antes; a Palavra de Deus e a ressurreição de Jesus dos mortos deram-lhes uma nova vida, regeneraram-nos; por isso é importante que se esforcem por centrar a própria vida naquilo que não é efêmero, isto é, em Deus, fonte da esperança.

Admiração pela grandeza do dom recebido (2,1-10)

O c. 2 começa onde o capítulo anterior havia terminado; com um "portanto" Pedro se liga às afirmações anteriores e exorta mais uma vez a cortar com o passado: "Abandonai, portanto, toda malícia, falsidade e hipocrisia, toda inveja e maledicência" (2,1). Um detalhe: o verbo *apotíthemi* pode ser traduzido como "afastar", mas também como "pôr de lado", "destituir"; a imagem evocada é a da velha vestimenta, metáfora de uma conduta de vida que deve ser abandonada. Aqueles que foram regenerados pela palavra de Deus e pelo sangue de Cristo se despiram de uma certa má conduta, que antes os caracterizou; percebe-se como os temas do fim do c. 1 voltam.

Tendo posto de lado, portanto, todos os laços com o passado de maldade, os crentes são convidados a desejar avidamente o "leite espiritual", "como crianças recém-nascidas" (v. 2). Esta segunda imagem é muito bonita e evocativa, faz pensar nos crentes (regenerados) que não se contentam com um certo estilo de vida, mas o procuram com todo o coração; no entanto, fica-se no genérico quanto ao conteúdo: qual é este leite espiritual? O que significa, além da metáfora?

Antes mesmo de encontrarmos uma resposta Pedro muda o campo semântico e introduz uma terceira imagem, da área da construção: "Aproximai-vos dele, a pedra viva, rejeitada pelos homens, mas escolhida e preciosa aos olhos de Deus. E vós também, como pedras vivas, tornai-vos um edifício espiritual" (v. 4-5). Mais uma vez é difícil compreender todos os aspectos da imagem: o que significa que uma pedra está viva? Que um edifício é espiritual? O que significa sacerdócio santo e sacrifícios espirituais aceitáveis a Deus (v. 5)? Uma terminologia similar também pode ser encontrada em Rm 12,1-2; é um texto que, embora mantendo alguns traços de complexidade, é explicado mais abertamente. Aqui, por outro lado, Pedro permanece vago.

Avançamos em alguns versículos e encontramos uma linguagem que no AT se refere exclusivamente ao povo de Israel: "vós sois a geração escolhida, sacerdócio régio, nação santa, povo que ele conquistou" (v. 9); e depois, no v. 10, passaremos da alusão velada (cf., p. ex., Ex 19,4-5) à citação literal de um texto profético (Os 1,6-9; 2,3.25), que em seu contexto original estava claramente relacionado com o povo de Israel. Se está, talvez, insinuando que os crentes são o novo povo de Deus? Não parece; até mesmo pelos adjetivos que qualificam a nova realidade dos crentes como diferente, não "terrena", mas espiritual. Não são os representantes de um culto substituto, mas de uma realidade que se coloca em um nível diferente.

Para entrar nos detalhes, o começo do c. 2 é a parte mais complexa desta primeira parte da carta (1,3–2,10). Embora reconhecendo a importância dos detalhes, convém não renunciar a uma leitura global, que faz com que estes versículos se destaquem pelo recurso a uma imagem após a outra, sem a preocupação de aprofundar, mas com a intenção de criar um sentido de superabundância. Assim, se passa rapidamente da exortação à admiração pela grandeza do dom recebido, que é tão grande que não basta só uma imagem para falar dele.

Em resumo

Pedro começou exclamando a grandeza dos dons de Deus, que dão uma nova vida àqueles que nele creem, através da sua palavra e do sangue de Cristo; continuou exortando aqueles que foram regenerados a comportar-se em conformidade; e finalmente voltou a contemplar a grandeza da vida nova. Prevalece a indicação, mesmo que não faltem as exortações, neste início de carta.

Segunda parte: seguir os passos de Cristo, imitar o seu exemplo (2,11–4,11)

Na segunda parte da carta as proporções são invertidas. O tom geral é exortativo: são oferecidas indicações de conduta primeiro a todos os crentes (2,11-17), depois aos servos (2,18-25), depois às esposas e aos maridos (3,1-7) e finalmente de novo a todos (3,8-22). Dentro dessas exortações muito concretas encontramos, porém, algumas reflexões cristológicas, como o hino de 2,21-25 e o texto de 3,17-22; além disso, os últimos versículos (4,1-11) voltam a ter juntos uma forma mista de aprofundamento teológico e exortação.

No pré-escrito, um dos dois adjetivos com os quais os destinatários da carta foram descritos era "como estrangeiros, dispersos..."; o tema foi retomado no c. 1, quando o apóstolo exortava: "vivei com temor durante o tempo de vossa peregrinação" (1,17). Agora chegou o momento de um estudo mais aprofundado. Toda esta parte exortativa da carta começa assim: "Caríssimos, exorto-vos, como a estrangeiros e peregrinos..." (2,11). Esta é a perspectiva fundamental: aqueles que renasceram pela graça de Deus já não pertencem a este mundo; vivem ainda nele, mas como estrangeiros, como de passagem.

Aprofundamento
Um paralelo famoso: Carta a Diogneto

Contada entre os Padres Apostólicos, a *Carta a Diogneto* (escrita em meados do século II d.C.) tem referências claras à reflexão de 1Pedro. Particularmente o c. 5, que fala da condição dos cristãos no mundo; lendo depois a 1Pedro imediatamente se notam as semelhanças.

Eis o texto[245]:

[1]Os cristãos, de fato, não se distinguem dos outros homens, nem por sua terra, nem por língua ou costumes. [2]Com efeito, não moram em cidades próprias, nem falam língua estranha, nem têm algum modo especial de viver. [3]Sua doutrina não foi inventada por eles, graças ao talento e especulação de homens curiosos, nem professam, como outros, algum ensinamento humano. [4]Pelo contrário, vivendo em cidades gregas e bárbaras, conforme a sorte de cada um, e adaptando-se aos cos-

---

245. Utilizamos a seguinte edição brasileira: *Padres apologistas*. Trad. de Ivo Storniolo e Euclides M. Balancin. 2. ed. São Paulo: Paulus, 1995, p. 22-23 [N.T.].

tumes do lugar quanto à roupa, ao alimento e ao resto, testemunham um modo de vida social admirável e, sem dúvida, paradoxal. [5]Vivem na sua pátria, mas como forasteiros; participam de tudo como cristãos e suportam tudo como estrangeiros. Toda pátria estrangeira é pátria deles, e cada pátria é estrangeira. [6]Casam-se como todos e geram filhos, mas não abandonam os recém-nascidos. [7]Põem a mesa em comum, mas não o leito; [8]estão na carne, mas não vivem segundo a carne; [9]moram na terra, mas têm sua cidadania no céu; [10]obedecem às leis estabelecidas, mas com sua vida ultrapassam as leis; [11]amam a todos e são perseguidos por todos; [12]são desconhecidos e, apesar disso, condenados; são mortos e, desse modo, lhes é dada a vida; [13]são pobres, e enriquecem a muitos; carecem de tudo, e têm abundância de tudo; [14]são desprezados e, no desprezo, tornam-se glorificados; são amaldiçoados e, depois, proclamados justos; [15]são injuriados, e bendizem; são maltratados, e honram; [16]fazem o bem, e são punidos como malfeitores; são condenados, e se alegram como se recebessem a vida. [17]Pelos judeus são combatidos como estrangeiros, pelos gregos são perseguidos, e aqueles que os odeiam não saberiam dizer o motivo do ódio.

Exortações para todos os crentes: ter uma boa conduta (2,11-17)

Concretamente, o que significa viver no mundo como estrangeiros?

Uma indicação geral, que se aplica a todos, vem de 2,11-12: "que vos abstenhais dos desejos da carne" (mas não se especifica além do significado de tal recomendação) e "observai entre os pagãos uma conduta exemplar, para que eles, mesmo que vos caluniem como malfeitores, ao observar as vossas boas obras glorifiquem a Deus no dia da visitação" (v. 12). Em grego há duas vezes o adjetivo "bonito/bom" (*kalós*): tenhais uma conduta bonita/boa. A assonância com as palavras pronunciadas por Jesus no Sermão da Montanha é clara: "É assim que deve brilhar vossa luz diante das pessoas, para que vejam vossas boas/bonitas obras e glorifiquem vosso Pai que está nos céus" (Mt 5,16).

O tema já tinha aparecido na carta, quando Pedro exortava os seus seguidores a não se conformarem com os desejos do passado, mas a terem uma conduta santa (cf. 1,14-15); agora o convite é repetido como um apelo a não se conformarem com o mundo pagão, mas a terem uma conduta bela, boa.

O contexto histórico é o de uma pequena comunidade de crentes, que não influencia os ritmos e as escolhas de vida da maioria das pessoas; pelo contrário, do que se consegue intuir no v. 12, os cristãos são também difamados como malfeitores. A sociedade tenta expulsar este corpo estranho formado por crentes; como reagir? Não com a rendição (ou seja, com a adaptação à vida dos pagãos) nem com um contra-ataque; a única reação útil é a de uma vida boa.

O texto de 2,13-17 contém uma série de exortações; são um esclarecimento dos versículos anteriores, ilustram concretamente um modo de viver como estrangeiros, isto é, de ser pessoas boas sem se curvar à lógica do mundo; é um texto difícil; não do ponto de vista exegético, mas hermenêutico. É claro, de fato, o que Pedro diz: "por amor do Senhor submetei-vos a toda autoridade humana, quer ao rei, como soberano, quer aos governadores, como delegados daquele"; e mais adiante: "Honrai a todos, amai os irmãos, temei a Deus, respeitai o rei" (v. 13.17). Hoje ficamos perplexos com textos deste tipo, tanto mais nos conscientizamos de como as autoridades da época não eram sempre expressão da santidade de Deus.

Não devemos, porém, ofuscar-nos com a nossa perspectiva. Se lermos este texto sem a pressa de resolver a questão segundo o nosso ponto de vista, percebemos que Pedro nos convida a sermos submetidos aos reis e governadores, mas num contexto mais amplo: "submetei-vos a *toda* autoridade humana"; sim, Pedro pede para honrar o rei, mas depois de dizer "honrai a *todos*"!

Em um contexto social em que o rei deve receber a máxima submissão e a honra de um deus, Pedro coloca a questão na perspectiva correta: não propõe subverter a ordem estabelecida, mas lembra que isso também é relativo, porque há uma ordem maior de coisas. Não no sentido entendido por Paulo em Rm 13,1-7, que convida a considerar que acima da autoridade humana há uma divina; o argumento de Pedro vai mais no sentido de recordar que ao rei deve ser dada a mesma submissão e a mesma honra que deve ser reservada a todos. Como diz também a Carta aos Efésios: "Sujeitai-vos uns aos outros no temor de Cristo" (Ef 5,21).

Exortação aos escravos: suportai fazendo o bem (2,18-25)

Depois de falar a todos, Pedro volta-se agora aos servos (2,18-25); não se trata de operários, mas de escravos encarregados da casa. O que significa para eles comportarem-se de modo bonito/bom? A resposta é ainda mais desconcertante do que a que lemos nos versículos anteriores sobre a submissão à autoridade. De fato, Pedro diz: "Servos, sede obedientes aos senhores com todo o respeito, não só aos bons e moderados, mas também aos de caráter difícil" (v. 18). Isto não é uma coisa pequena; os versículos seguintes explicam a razão de um convite tão estranho (para nós).

Em primeiro lugar, em virtude da própria fé. A fé, de fato, abre a uma nova perspectiva e permite compreender a graça por trás de um comportamento injusto. Atenção, porque é possível desvios espiritualizantes, a começar por estas palavras de Pedro; não está dizendo que o sofrimento é um dom de Deus, mas que sofrer injustamente pela fé é graça (v. 19), isto é, que suportar com paciência o sofrimento fazendo o bem é agradável a Deus (v. 20).

Também aqui me vêm à mente as palavras de Jesus, segundo a versão de Lucas do Sermão da Montanha: "Se amais quem vos ama, que recompensa tereis?"; traduzido ao pé da letra, o texto de Lucas é ainda mais semelhante ao de Pedro: "Que graça vos é devida?" (cf. Lc 6,29). Jesus conclui o seu raciocínio dizendo: portanto, "amai os vossos inimigos" (Lc 6,35); Pedro, contudo: suportai pacientemente o sofrimento, fazendo o bem.

Uma segunda razão é mais marcadamente cristológica: peço-vos que vos comporteis assim, porque assim Jesus se comportou; Cristo é um exemplo a imitar, o seu comportamento é um caminho a seguir. Os versículos conclusivos do capítulo (2,21-25) são um hino a Cristo, construído sobre o modelo do terceiro hino do servo sofredor (Is 52,13–53,12), provavelmente já usado pela liturgia nas comunidades para as quais Pedro escreve.

O percurso lógico é linear: Cristo era inocente, mas foi maltratado; não respondia aos sofrimentos que lhe eram infligidos, confiando-se antes a Deus; e o seu sofrimento tornou-se motivo de salvação para nós: "Por suas feridas fostes curados. Porque éreis como ovelhas desgarradas, mas agora retornastes ao vosso pastor e guarda" (v. 24-25). Ao reler este maravilhoso hino cristológico, pelo contrário, encontramos o ponto de partida da carta: vós que outrora estáveis em uma situação absolutamente negativa, agora fostes regenerados; tudo isto aconteceu graças ao sangue de Cristo, à sua resistência cheia de fé aos sofrimentos que lhe eram infligidos iniquamente; portanto, fazei como Ele: quando fordes injustamente maltratados, segui os seus passos, imitai o seu exemplo.

Exortações às esposas e aos maridos: coerdeiros da graça da vida (3,1-7)

Depois das indicações dirigidas a todos e as mais específicas aos servos, agora um conjunto de exortações às esposas e maridos (3,1-7). Não esqueçamos a perspectiva geral, expressa em 2,11-12: o compromisso é levar uma vida bela/boa, que leve também os não crentes a louvar a Deus. Como se materializa para os esposos, com os seus cônjuges?

Nas comunidades a que Pedro escreve, assim como naquelas a que Paulo se dirige, havia tanto as famílias inteiramente cristãs como as famílias mistas, nas quais apenas um dos dois cônjuges tinha aderido à nova fé (cf., p. ex., 1Cor 7,12-16). Neste caso são mulheres que presumivelmente pertencem a uma alta classe social e, portanto, além da possibilidade de exibir cabelos trançados, colares de ouro e roupas caras (cf. v. 3), também tinham a liberdade de seguir uma religião diferente da de seus maridos. A estas, Pedro diz: conquistai os vossos maridos com a vossa beleza! Não com a beleza exterior, mas com a interior, "que está no íntimo do coração", isto é, com uma "pureza inalterável de um espírito manso e tranquilo" (v. 5).

No c. 2 havia palavras duras para aqueles que não creem: para eles, a pedra que os construtores descartaram tornou-se "pedra de tropeço e rocha de escândalo. Tropeçam os que não obedecem à palavra" (2,7-8). Agora Pedro diz que há um caminho para aqueles maridos que têm uma esposa crente: "Vós também, mulheres, sede submissas aos vossos maridos. Assim, mesmo que alguns não obedeçam à palavra, serão conquistados sem palavra, pela conduta de suas mulheres, em consideração à vossa vida íntegra e respeitosa" (3,1-2). Retorna a chamada a um comportamento humilde e submisso, mas entendido como uma realidade positiva e proativa; de fato, é o convite a uma boa e bela conduta de vida, que não só é algo útil para quem a põe em prática, mas também uma realidade contagiosa, capaz de levar à fé os espectadores. Vale mais do que muitos discursos.

Aprofundamento
O uso do Antigo Testamento

Na breve Primeira Carta de Pedro (105 versículos ao todo) encontramos várias citações reconduzíveis ao Antigo Testamento. Começando pelas maiores: Is 40,6-8 em 1Pd 1,24-25; Is 28,16, Sl 118,22 e Is 8,14 em 1Pd 2,6-7; trechos de Is 52,13–53,12 em 1Pd 2,21-25; a longa citação de Sl 34,13-17 em 1Pd 3,10-12. Versículos isolados ou parte deles: uma mistura de Lv 11,44-45 e 19,2 em 1Pd 1,16; Is 8,12-13 em 1Pd 3,14-15; Pr 10,12 em 1Pd 4,8; Pr 11,31 em 1Pd 4,18; Pr 3,34 em 1Pd 5,5.

A estas acrescentamos alusões menos evidentes, mas ainda reconhecíveis, como a de Ex 19,5 em 1Pd 2,5.9; ou também Os 1,6.9 e 2,25 em 1Pd 2,10.

Também encontramos nos versículos que estamos lendo referências a tradições bíblicas não identificáveis com um texto em concreto, mas mais genéricas: os personagens Sara e Abraão (1Pd 3,6), Noé (3,20); a preparação da Páscoa com a cintura cingida (1,13) e a escolha de um cordeiro imaculado (1,19).

Esta revisão, embora incompleta, permite-nos imaginar o autor da carta como um homem de cultura que conhece bem os textos e as tradições do AT e que está à vontade. No entanto, abre uma pergunta sobre os destinatários: se, como vimos na introdução, são cristãos provenientes do mundo pagão, uma reflexão tão rica de citações e referências ao Antigo Testamento é apropriada para eles? Isto levaria a adiar mais a redação da carta (demos tempo aos destinatários para criarem uma cultura bíblica); ou a sublinhar a sua catolicidade, isto é, o fato de – embora escrita para um determinado contexto sociocultural – a carta ter sido concebida para um público mais vasto.

Para os maridos um versículo é suficiente:1Pd 3,7. Poucas palavras, nas quais Pedro cunhou uma expressão de rara beleza: convida-os a cuidar de suas esposas porque elas são "co-herdeiras da graça da vida". Ambos os esposos, marido e mulher, são herdeiros da mesma graça, participam da mesma vida. Não é por acaso que o vocabulário de 2,13-18 retorna, quando Pedro exortava a submeter-se a toda autoridade e honrar a todos; há, de fato, o mesmo tipo de raciocínio: todos (neste caso, tanto o marido quanto a esposa) compartilham uma realidade maior do que eles; esta é a razão subjacente que leva as esposas a conquistar os maridos com a doçura e os maridos a tratá-las com honra.

Exortações a todos: animados pelo afeto fraterno (3,8-12)

Nessa linha, a série de exortações conclui com algumas diretivas dirigidas a todos (3,8-12); o tom de conclusão pode ser visto desde o *incipit:* "Finalmente, uni-vos num mesmo sentimento, sede compassivos, fraternos, misericordiosos e humildes" (v. 8). Além de um paralelo quase literal com Rm 12,14-18, notamos muitas semelhanças com 1Pd 2,22-23: também ali, no final de uma série de exortações, estava o convite geral ao amor mútuo e fraterno. Evidentemente, é um tema caro a Pedro, como a cereja do bolo de toda exortação prática.

Também notamos que, assim como no final do c. 2 havia a longa citação de Is 40,6-8, assim agora há a citação ainda mais extensa do Sl 34,13-17. O convite ao amor fraterno, cumprimento de cada exortação anterior, está bem enraizado na Sagrada Escritura; não é uma ideia pessoal de Pedro.

Alargamento da reflexão (3,13–4,11)

O argumento poderia ser concluído quando chegamos ao 3,12, mas Pedro aproveita as últimas palavras do salmo para continuar a sua reflexão: "o rosto do Senhor está contra os que praticam o mal"; a nova reflexão, usando a expressão "praticar o mal" como um gancho, começa com uma pergunta retórica: "Se vos empenhais na prática do bem, quem vos fará mal?" (v. 13). Daqui até 4,11 é tudo uma sucessão de reflexões e exortações, que nada mais são do que uma extensão do discurso anterior (notamos muitas ligações com o que já foi dito em 2,11–3,12).

Um primeiro excerto deste alargamento é constituído por 3,13-16. A pergunta retórica prevê uma resposta óbvia: ninguém poderá fazer-nos o mal, se perseverarmos no bem. Parece quase reler algumas expressões do Livro dos Provérbios ou Sirácida, ou frases como a do Sl 37,25: "Fui jovem e já estou velho, e nunca vi um justo abandonado nem seus filhos mendigando pão".

Um pouco otimista demais em tais palavras; os crentes, a quem Pedro se dirige, são caluniados como malfeitores, embora não tenham feito nada de errado (cf. 2,12). De fato, o apóstolo imediatamente acrescenta, depois da pergunta do v. 13: "Mas se sofreis por causa da justiça, sois felizes" (v. 14). Não é difícil notar o paralelo com uma das bem-aventuranças, na versão de Mateus: "Felizes os perseguidos por causa da justiça, porque deles é o Reino dos Céus" (Mt 5,10).

O panorama é o mesmo, embora mais detalhado, do que já tínhamos contemplado em 1Pd 2,12: os crentes comportam-se bem e são maltratados. Como reagir a tal situação? A resposta é mais articulada do que a dada anteriormente. Antes de mais nada: conservai a vossa fé, permanecei firmes no Senhor, "sempre prontos para responder àqueles que perguntarem pelo motivo de vossa esperança" (v. 15). Em outras palavras, se demonstrardes não ter medo daqueles que vos fazem o mal, certamente este vosso comportamento suscitará perguntas: respondei mostrando o valor da fé, que é fonte de esperança.

Mas tende cuidado de como o fazei: "com mansidão e respeito"; retorna o estilo sugerido às esposas em 3,1-6. Não se trata de uma dura apologia, mas de uma perseverança na fé e no cumprimento do bem; este estilo, proposto com serenidade, levará à mudança daqueles que vos atormentam; ficarão envergonhados, isto é, tomarão consciência da inconsistência do seu comportamento.

Aproximemo-nos, portanto, de uma segunda parte da reflexão proposta por Pedro, realizada em 3,17-22. Trata-se da continuação do discurso feito até agora: continuar a fazer o bem apesar de estar sofrendo o mal significa seguir o caminho traçado por Cristo que "morreu uma vez pelos pecados, o Justo pelos injustos, para voz conduzir a Deus" (v. 18). São muitos os vínculos com o hino cristológico de 2,21-25.

O texto está entre os mais complexos da carta, também porque é único no panorama do Novo Testamento; fala-se, de fato, de como Cristo "foi pregar aos espíritos que estavam na prisão, rebeldes outrora" (v. 19-20). Dentre as muitas propostas para a interpretação desta passagem se destaca a da descida aos infernos, que teve uma notável lista de testemunhas na história; no entanto, não está bem fundamentada textualmente. A interpretação que melhor se enquadra no contexto da carta é a seguinte: Jesus, com a sua morte, trouxe a salvação também àqueles que se recusaram a crer, permanecendo prisioneiros do mal (da conduta vazia do passado). E agora "está à direita de Deus, depois de receber a submissão dos anjos, das autoridades e dos poderes" (v. 22). O Senhor é verdadeiramente grande; se Ele permanece no centro do nosso coração, pode-se explicar com serenidade a razão da esperança que está em nós.

Um terceiro trecho, com o qual continua a construção de 1Pd 3,17–4,11, é composto dos primeiros seis versículos do c. 4, nos quais prevalece o tom de exortação. A ligação com os versículos anteriores está ainda nas primeiras palavras: "Uma vez que Cristo sofreu na carne" (4,1), que recordam a afirmação de que Cristo "sofreu a morte em sua carne, mas voltou à vida pelo Espírito" (3,18). Pedro recorda depois o dado: Cristo sofreu no corpo, até à morte; e tira imediatamente as consequências práticas: "armai-vos também desta mesma convicção". Para recuperar uma descrição dos sentimentos de Cristo devemos voltar ao hino de 2,21-25; aqui, no c. 4, Pedro enfatiza a diferença de comportamento que inevitavelmente haverá entre aqueles que seguem o exemplo de Cristo e aqueles que permanecem pagãos.

Também este é um tema que já apareceu antes, especialmente na primeira parte da carta e no início da segunda. Aqui se articula enxertando uma reflexão sobre por que o mundo se incomoda tanto com os crentes: porque a fé tem implicações práticas óbvias. Os que foram regenerados pelo batismo, de fato, não têm razão para deixar-se levar por uma conduta desenfreada de vida; "Basta terdes feito no passado o que agradava aos pagãos, vivendo em libertinagem, em concupiscências, em embriaguez, em orgias, bebedeiras e abomináveis idolatrias" (v. 3).

Quem crê muda o padrão de vida, torna-se diferente das massas e por isso é perseguido. Basta pensar no que escreve o Livro da Sabedoria, em como os ímpios planejam a morte dos justos: "Tornou-se uma censura aos nossos pensamentos, e simplesmente vê-lo nos é insuportável. Sua vida não parece com a dos outros, e seus caminhos são muito diferentes" (Sb 2,14-15); escreve a nossa carta, com palavras semelhantes: "Estranham agora que já não vos entregueis com eles aos mesmos desregramentos de libertinagem, e por isso vos insultam" (v. 4).

Última parte do trabalho, 1Pd 4,7-11. Começa com uma referência à *parusia* iminente, que não leva ao desinteresse, mas, pelo contrário, a um maior compromisso. Quatro são os pedidos. Primeiro: "Sede, portanto, prudentes e vigiai na oração"; o convite é muito semelhante ao feito por Jesus no discurso escatológico segundo Lucas (cf. Lc 21,34-36). Segundo: "Sobretudo, cultivai entre vós um amor intenso"; já aprendemos que em toda exortação Pedro se preocupa em sublinhar a importância do amor fraterno. Terceiro: "Exercei a hospitalidade". Quarto: "O dom que cada um recebeu, ponha-o a serviço dos outros, como bons administradores dos diferentes dons recebidos de Deus"; com um raciocínio semelhante ao dos esposos (cf. 3,7), Pedro recorda que todos participamos da mesma graça, que é de Deus: a cada um compete fazer a própria parte.

Em resumo

Agora que chegamos ao final desta segunda parte da carta, a mais longa e mais articulada, podemos olhar para o todo. Há muitas referências cruzadas, os temas abordados, as alusões às palavras de Jesus que os evangelhos também relatam e as citações mais ou menos claras do AT. Tudo isso, no conjunto, permite ter uma ideia mais clara da situação: as pessoas a quem Pedro escreve são cristãos que vivem na sociedade como estrema minoria; não estão em "suas casas", são sempre vistos como estrangeiros e peregrinos. A fé em Cristo, a vida nova para a qual foram gerados, leva-os a cortar com certos comportamentos do passado, ainda majoritários na sociedade, e por isso são objeto de zombaria, de insultos, de maus-tratos.

Como reagir a uma tal realidade? Como Cristo, que "ultrajado, não respondia com injúrias; atormentado, não ameaçava, mas se entregava àquele que julga com justiça" (2,23); O não reagir à violência com a violência, mas com mansidão e paz, com doçura e respeito; o perseverar em fazer o bem apesar do mal recebido; o permanecer no próprio lugar apesar dos assédios sofridos; tudo isto não é sinal de fraqueza, mas de grande fé, de uma confiança em Deus que dá esperança além de toda aparência. E é também a semente que tem a capacidade de mudar as pessoas que fazem o mal. Este é o ensinamento de Pedro.

Terceira parte: a comunidade responde ao sofrimento (4,12–5,11)

Na terceira e última parte da carta voltam os temas dos capítulos anteriores, como o sofrimento/perseguição e o comportamento que se deve ter neste contexto. Lentamente, porém, a atenção é desequilibrada, desde a relação com o mundo exterior até as dinâmicas dentro da comunidade. Como é que estes dois polos temáticos são mantidos juntos?

Alegria na perseguição (4,12-19)

"Caríssimos, não estranheis a perseguição que, como um incêndio, se alastra entre vós, como se algo extraordinário estivesse acontecendo" (4,12). Esta tradução italiana é correta, mesmo que faça uma paráfrase um pouco mais longa do que o original, na qual lemos ao pé da letra "não estranheis o fogo da tentação que se alastra entre vós..." Um detalhe estilístico útil para esclarecer que com a 1Pedro ainda não estamos no contexto das grandes perseguições contra os cristãos, que eclodiram na Ásia Menor no final do século I d.C. Os capítulos anteriores da carta descreveram bem a situação como um clima de crescente suspeita, acusações injustas, abusos contra os cristãos. O clima está sobreaquecendo, o fogo foi acendido e dentro de alguns anos estará queimando.

Primeiro Pedro diz: não se surpreendam! Era previsível, precisamente porque os crentes são "estrangeiros" neste mundo. Para evitar mal-entendidos, notamos que não está falando de qualquer tipo de sofrimento ou de desgraça, mas do ser "injuriado pelo nome de Cristo" (v. 14), do sofrer "como cristão" (v. 16). Para que isto fique claro, o v. 15 declara: "Que ninguém de vós sofra as penas de homicida, ladrão, malfeitor ou chantagista".

Em segundo lugar, Pedro acrescenta: "Antes, deveis alegrar-vos na medida em que participais dos sofrimentos de Cristo [...]. Sois felizes quando vos injuriarem pelo nome de Cristo [...]. Mas se alguém sofrer como cristão, não tenha vergonha, antes glorifique a Deus por este nome" (v. 13-16). O sofrimento é um assunto sério e o discurso de Pedro não é melancólico e facilmente consolador; pelo contrário, num tom muito forte anuncia que chegou o momento do juízo e aqueles que não obedecem ao Evangelho de Deus não se sairão bem: "E se é com dificuldade que o justo se salva, o que será do ímpio e do pecador?" (4,18; citação de Pr 11,31 de acordo com a LXX). Mas, ao mesmo tempo, diz: vós que sofreis, alegrai-vos!

Esta é a dimensão mais original em relação à segunda parte da carta, quase um aprofundamento de 1,6.8: não só um convite a perseverar numa boa vida, mas também a estar na alegria. O que torna possível um tal comportamento é dito em uma perspectiva trinitária: regozijai-vos porque tendes a esperança de participar também na revelação da glória de Cristo, porque o Espírito de Deus repousa sobre vós, porque podeis entregar a vossa vida ao Criador fiel. Mais uma vez, é a relação íntima com Deus, isto é, o dom da graça recebida (que a primeira parte da carta tratou extensivamente), que permite enfrentar com serenidade as provas da fé.

Lançai sobre Deus as vossas preocupações (5,1-11).

O c. 5 começa com três breves exortações aos anciãos, aos jovens, a todos. Como no c. 3 havia algumas categorias de tipo familiar-social (escravos, maridos, esposas), assim agora as palavras de Pedro são dirigidas a algumas categorias de tipo eclesial.

Compreende-se bem, de fato, que não se trata apenas de uma relação anagráfica, aquela que é posta em causa com as palavras *presbýteroi* (anciãos) e *neóteroi* (jovens). Com efeito, a tarefa confiada aos sacerdotes recorda aquela realizada por Jesus: "apascentai o rebanho de Deus que vos foi confiado; cuidai dele" (v. 2); voltam as duas raízes verbais de 2,25: "agora retornastes ao vosso pastor e guarda" (a diferença entre vigiar e guardar só ocorre nas traduções, pois em grego temos *epíscopos* em 2,25 e *episcopéo* em 5,2).

Mais uma vez 1Pedro vai pescar em tradições muito difundidas nas comunidades cristãs das quais o NT nasceu. Pensemos, por exemplo, em Jesus, que pede três vezes a Pedro para alimentar o seu rebanho em Jo 21; ou em Paulo, que convida os anciãos de Éfeso a vigiar o rebanho de Deus, do qual foram estabelecidos custódios e pastores (cf. At 20,17-38). O que é novo no panorama destas exortações é a autoapresentação com a qual Pedro introduz as recomendações: "aos presbíteros que estão entre vós, exorto eu, presbítero como eles" (5,1); é impossível traduzir bem o grego, no qual Pedro se define *sympresbýteros*, coancião.

Aprofundamento
Relação com os outros escritos do Novo Testamento

Esta última referência a At 20 e Jo 21 é apenas um dos muitos textos do NT que tem similaridades com 1Pedro. Já vimos em 1Pd 3,14 o paralelo de Mt 5,10; ou também Mt 5,16 em 1Pd 2,12 (geralmente nota-se proximidade com o Discurso da Montanha, Mt 5–7); e novamente 1Pd 1,13 e Lc 12,35.42-45. Permanecendo dentro do contexto dos evangelhos-Atos, podemos também notar as referências ao servo sofredor que caracterizam 1Pd 2,21-25 e alguns dos discursos dos Atos.

Passando depois às cartas, a lista de referências se multiplica, especialmente com relação a Romanos (1Pd 1,14 e Rm 12,2; 1Pd 1,22 e Rm 12,9; 1Pd 2,5 e Rm 12,1; 1Pd 2,4-10 e Rm 9,25.32-33; 1Pd 2,13-17 e Rm 13,1.3.4.7; 1Pd 3,9 e Rm 12,17; 1Pd 4,1 e Rm 6,7; 1Pd 4,10-11 e Rm 12,6; 1Pd 5,1 e Rm 8,17) e Efésios (1Pd 1,3-4 e Ef 1,3.14; 1Pd 4,2-3 e Ef 4,17-18; 1Pd 2,1 e Ef 4,25.31; 1Pd 2,4-6 e Ef 2,20-22; 1Pd 3,1 e Ef 5,22; 1Pd 3,22 e Ef 1,20-21; 1Pd 5,8-9 e Ef 6,11-13). Mas como não mencionar também Gl 5,13, sobre o uso da liberdade mencionado em 1Pd 2,6? A estes textos podemos acrescentar ecos da Carta aos Hebreus e da Carta de Tiago, reconhecíveis através de alguns temas comuns: o sangue da aspersão (1Pd 1,2 e Hb 12,24), a palavra viva (1Pd 1,23 e Hb 4,12), o legado da bênção (1Pd 3,9 e Hb 12,17), a alegria nas provações (1Pd 1,6-7 e Tg 1,2-4), a regeneração pela palavra (1Pd 1,23 e Tg 1,18), o culto espiritual (1Pd 2,5; Tg 1,26-27), e outros.

Lendo estes textos de perto, notamos que não são citações, nem em um versículo nem em outro; mais frequentemente são referências compartilhadas a textos do AT, a formas de comunicar a fé (pensemos nos códigos domésticos), a imagens comuns no ambiente cristão do século I. Não se deve, portanto, procurar uma dependência literária, mas sim admirar a grande harmonia da nossa carta com as outras tradições cristãs que estavam convergindo nos escritos do NT.

Pedro se coloca no mesmo nível dos outros presbíteros; não tem que ensinar porque a Igreja é sua (como Jesus) ou porque a fundou (como Paulo). A única base sobre a qual ele faz valer a sua palavra é que ele é "testemunha dos sofrimentos de Cristo e participante da glória que há de revelar-se" (v. 1). Há toda a teologia da carta, que vimos nas páginas anteriores, por trás dessas duas expressões simples: Pedro viu com seus próprios olhos aquele Cristo que "sofreu por vós e vos deixou o exemplo" (2,21); ele experimentou a bem-aventurança de ser insultado por causa de Cristo (cf. At 5,41) e pode dizer: "Sois felizes quando vos injuriarem pelo nome de Cristo, porque o Espírito da glória, que é o Espírito de Deus, repousa sobre vós" (1Pd 4,14).

Toda a teologia da carta está presente também nas indicações dirigidas aos mais jovens (a serem entendidas também no sentido eclesial como aqueles que não têm responsabilidade) para serem submissos, indicação já dirigida não só às suas esposas, mas a todos (cf. 2,13; 3,1). Do mesmo modo, o convite dirigido a todos para se revestirem de humildade "uns para com os outros" recorda os repetidos apelos ao amor fraterno recíproco (cf. p. ex. 1,22 e 4,8).

Enfim, como extensão do chamado à humildade, eis a última exortação da carta, que conclui o caminho iniciado com o hino de louvor e a reflexão de 1,3-12: "Humilhai-vos, pois, sob a poderosa mão de Deus, para que no momento oportuno Ele vos exalte. Lançai sobre Ele vossas preocupações, porque cuida de vós" (v. 6-7). O panorama não se acalmou: ainda existem as preocupações e os sofrimentos, ou seja, "o vosso adversário, o diabo, anda em volta como um leão que ruge, procurando a quem devorar"; mas há duas fontes da confiança, que infundem esperança: a mão poderosa de Deus (o pastor e guardião de 2,25; o criador fiel de 4,19) e a solidariedade de todos os irmãos espalhados pelo mundo.

Em resumo

Esta última parte da carta é mais genérica no que diz respeito aos sofrimentos provenientes de fora, mas mais precisa na recordação de quais são os instrumentos para lidar com eles: a confiança em Deus e a consciência de não estar sozinho, mas de partilhar o mesmo destino de todos os crentes espalhados pelo mundo. Dois instrumentos úteis para resistir, sólidos; dois instrumentos que se combinam concretamente na dinâmica interna da comunidade, na qual são os outros que desempenham o papel de pastor e experimentam a solidariedade. Talvez seja por isso que Pedro insistiu tanto na importância do amor fraterno?

Pós-escrito (5,12-14)

Como esperado de uma carta, no final encontramos um breve endereço de saudação. É menos oficial do que o que se lê no início; não há referências trinitárias, mas sim a memória dos colaboradores Silvano e Marcos.

Há um detalhe, invisível na tradução italiana, que coloca em paralelo os dois extremos da carta: o endereço do v. 1 diz que a carta é para os "eleitos" que vivem como estrangeiros; a saudação do v. 13 é em nome da "coeleita", a comunidade que vive na Babilônia.

As palavras de Pedro destinam-se a dar força aos crentes que vivem no sofrimento; mas não são as ilações de um indivíduo, e sim a voz de uma comunidade, que partilha tanto o destino de ser estrangeira neste mundo como a graça de ser eleita, escolhida por Deus.

Temas teológicos

Uma das características mais evidentes da 1Pedro, no que diz respeito à articulação do pensamento, é aquele seu estilo circular, aquele retornar várias vezes aos mesmos temas, que muitas vezes encontramos no decorrer da leitura. Não é como Romanos, que propõe uma tese no c. 1 e depois a desenvolve até o fim (pelo menos) do c. 11; mas não é sequer como a 1Coríntios, que trata uma a uma das questões que estão em discussão. A 1Pedro prefere um estilo geralmente definido como "sapiencial", no sentido de que se assemelha a alguns livros sapienciais do AT: volta-se aos temas principais não com um movimento retilíneo, mas com ondas sucessivas, que de vez em quando aprofundam a reflexão oferecendo nuanças diferentes.

Em segundo lugar, e ainda em contraste com as cartas de Paulo, notamos o forte entrelaçamento entre reflexão e parênese; não encontramos, como em Romanos, onze capítulos de reflexão teológica e quatro de exortações com um comportamento consequente. Temos um conjunto mais homogêneo (ou mais confuso, dirão aqueles que são nostálgicos do estilo paulino), menos ordenado. Se, de fato, a estrutura da carta é bastante compartilhada, em suas linhas gerais, é por causa dos elementos epistolares. Não é fácil encontrar uma progressão no pensamento de Pedro.

A questão que nos colocamos, ao lidar com as principais linhas teológicas, é se é apenas um conjunto de reflexões dispersas ou se há uma lógica interna. E, no segundo caso: qual é o centro da carta? Ao articular uma resposta que não seja apenas a síntese da leitura que acabamos de concluir, tomamos como ponto de partida o pré-escrito e o pós-escrito: Pedro escreveu uma carta que é uma exortação, um convite a permanecer firmes; dirigida a grupos de crentes qualificados, por um lado, como "estrangeiros" neste mundo, por outro como "eleitos" de Deus, regenerados por Ele para uma vida nova.

Como estrangeiros neste mundo

Na introdução já abordamos a questão dos destinatários da carta do ponto de vista histórico-geográfico; a 1 Pedro nos conduz a um contexto sociocultural diferente daquele a que estamos acostumados no Ocidente, depois de dois mil anos de cristianismo: os crentes são numericamente uma pequena minoria e culturalmente contra a corrente em muitos aspectos teóricos e práticos. Em uma palavra, diz Pedro, eles são "como estrangeiros" (1,1; 2,11) no mundo em que vivem.

O que faz a diferença

Em 1 Pedro não há reflexões aprofundadas de *Carta a Diogneto*, que – como vimos – desenvolve amplamente a metáfora para articular a relação crente-mundo. Pedro só se interessa por um aspecto, o da condição estrangeira; que não é uma atitude polêmica, um desejo de se alienar do mundo quase com desprezo. Pedro diz aos seus leitores que são como estrangeiros porque os outros "estranham agora que já não vos entregueis com eles aos mesmos desregramentos de libertinagem, e por isso vos insultam" (4,4).

Imaginemos um mundo em que alguns valores são partilhados, alguns comportamentos são considerados normais, algumas escolhas são consideradas "obrigatórias". Imaginemos neste mundo grupos de pessoas que, a partir da sua fé em Jesus, começam a pensar e agir de forma diferente. Não há polêmica em relação aos outros; há apenas uma mudança de pensamento e de estilo de vida, porque a fé tem implicações muito práticas. De fato, lemos no c. 4: "quem padeceu na carne rompeu com o pecado, a fim de viver, no tempo que lhe resta de vida mortal, já não segundo as paixões humanas, mas segundo a vontade de Deus. Basta terdes feito no passado o que agradava aos pagãos, vivendo em libertinagem, em concupiscências, em embriaguez, em orgias, bebedeiras e abomináveis idolatrias" (4,1-3).

Em primeiro lugar, é um fato, uma realidade já atual: os cristãos não se comportam como todos os outros.

O que produz o sofrimento

Como mencionado no texto de 1Pd 4,4 supracitado, este comportamento estrangeiro produz uma reação negativa no mundo pagão. Já vimos amplamente que não se pode falar de uma real perseguição, ou pelo menos não no sentido entendido quando se pensa nas grandes perseguições que surgiram na Ásia entre o primeiro e o segundo séculos d.C. Mas a situação é difícil, dramática.

Sem entrar em pormenores, Pedro reconhece que os seus leitores são "afligidos [...] com diversas provações" (1,6), caluniados como malfeitores (cf. 2,12), obrigados a sofrer "por causa da justiça" (3,14), insultados, embora não tenham feito nada de mal (cf. 4,4); o povo fala mal da sua boa conduta (cf. 4,16); há então aquela afirmação de 4,12, que não é fácil de interpretar, que deve ser traduzida literalmente como: "Não vos surpreendais com o fogo pela provação que aconteceu entre vós".

Existem também situações de sofrimento independentes da fé, como a dos escravos que são maltratados, mas só porque assim era normal. Na maioria dos casos é uma questão de sofrimentos que os crentes padecem enquanto crentes; é claro a este respeito a passagem de 4,15-16: "Que ninguém de vós sofra as penas de homicida, ladrão, malfeitor ou chantagista. Mas se alguém sofrer como cristão, não tenha vergonha, antes glorifique a Deus por este nome".

Mais ainda, a dimensão religiosa que está sob a "perseguição" tem raízes mais profundas do que um ou outro evento contingente. "Estai alertas e vigiai, pois o vosso adversário, o diabo, anda em volta como um leão que ruge, procurando a quem devorar" (5,8). Existem forças maiores do que cada cristão no campo de batalha; também do lado do bem, como veremos em breve.

O que precisa ser feito

O discurso de Pedro se torna mais articulado quando diz como é preciso se comportar nesta situação de dificuldade e sofrimento injusto. Resume o pós-escrito com um verbo: "Ficai firmes!"

Isto significa, antes de tudo, não mudar de opinião, não ceder à tentação de conformar-se com a mentalidade do mundo para não ser considerados estranhos e, portanto, não ser mais perseguidos. Os cristãos não se comportam como os demais, é um dado de fato; e Pedro convida claramente a perseverar nesta "diferença". Leiamos por exemplo 1,14-15: "não vos guieis pelas paixões de antigamente, quando vivíeis na ignorância. Mas, assim como é santo aquele que vos chamou, sede também santos em todas as ações".

Em segundo lugar, Pedro especifica como permanecer firme, como manter as próprias posições: "fazei-o com mansidão, respeito e de boa consciência, para que, mesmo falando mal de vós, fiquem envergonhados os que desacreditam vossa boa conduta em Cristo" (3,16). A indicação é muito semelhante à de 2,12: "Observai entre os pagãos uma conduta exemplar, para que eles, mesmo que vos caluniem como malfeitores, ao observar as vossas boas obras glorifiquem a Deus no dia da visitação". Um eco ainda pode ser visto na recomendação dirigida às esposas dos maridos pagãos: "vós também, mulheres, sede submissas aos vossos maridos. Assim, mesmo que alguns não obedeçam à palavra, serão conquistados sem palavra, pela conduta de suas mulheres" (3,1).

Nestas indicações muito concretas de Pedro há uma profunda reflexão: continuar a fazer o bem, apesar do mal recebido, é um comportamento que tem a capacidade de mudar aqueles que estão fazendo o mal contra nós. Não se trata de um convite à vitimização ou à resignação que deixa as coisas como estão; mas, trata-se da convicção de que uma boa vida tem em si mesma a semente de um futuro diferente.

Pedro não é ingênuo; sabe que situações assim são difíceis de lidar. Por que devemos continuar a nos comportar bem? Quem nos garante que é o caminho certo, que as pessoas mudam mesmo? Onde encontrar a força para não desistir? Em resposta a estas perguntas, a reflexão se abre a uma dimensão teológica.

Eleitos, regenerados, nos passos de Cristo

Três são os aspectos da reflexão teológica da 1Pedro: primeiro a cristologia; depois a teologia propriamente dita, isto é, o discurso sobre Deus e seu projeto de salvação; finalmente a eclesiologia, se entendermos o termo "Igreja" em sentido amplo.

Jesus Cristo

A cristologia da 1Pedro está particularmente centrada nos sofrimentos de Jesus, nos sofrimentos que Ele enfrentou; é fundamentalmente uma reflexão sobre a Paixão e sobre algumas das suas implicações para a comunidade dos crentes. Já o constatamos na breve menção do pré-escrito, na qual diz que os crentes são escolhidos "para a obediência e aspersão do sangue de Jesus Cristo" (1,2); mais imersa na realidade de sofrimento dos cristãos é a referência que encontramos logo a seguir, quando Pedro diz: "Sem o terdes visto", Cristo, "vós o amais. Sem o verdes agora, acreditais nele. Isto será para vós fonte de alegria inefável e gloriosa" (1,8), embora afligidos por várias provas.

A referência à paixão de Jesus como chave para compreender a própria paixão desenvolve-se depois quando Pedro se volta para os escravos, para os "servos" injustamente maltratados pelos seus senhores. É uma passagem delicada, do ponto de vista da espiritualidade cristã: "Mas, se praticais o bem e suportais com paciência o sofrimento, isto é coisa agradável aos olhos de Deus. Para isto fostes chamados, pois também Cristo sofreu por vós e vos deixou o exemplo, para que sigais os seus passos" (2,20-21); segue o hino cristológico de 2,21-25. Aprofundamos o sentido do hino durante a leitura do texto: a paixão de Cristo, o seu suportar sem reagir a uma condenação injusta, é a causa da vossa salvação, diz Pedro; portanto, fazei como Ele: quando fordes injustamente maltratados, segui os seus passos, imitai o seu exemplo.

Falando depois a todos, a reflexão torna-se mais clara: "É preferível que sofrais, se Deus assim o quiser, fazendo o bem do que praticando o mal. Pois também Cristo morreu uma vez pelos pecados, o Justo pelos injustos, para vos conduzir a Deus. Sofreu a morte em sua carne, mas voltou à vida pelo Espírito. E neste mesmo Espírito foi pregar aos espíritos que estavam na prisão, rebeldes outrora" (3,17-19). Isto é: a paixão e a morte de Cristo tiveram um alcance salvífico impensável! Com um toque teológico muito original, Pedro menciona estas almas na prisão porque se recusaram a acreditar: também elas são alcançadas pela salvação de Cristo, graças à sua morte na cruz. Este é o anúncio feito por Pedro, que não tem nada de inferior da teologia de Paulo.

Deus e o seu plano de salvação

Sempre com base nos sofrimentos injustamente padecidos pelos crentes, a reflexão de Pedro expande-se para uma dimensão teológico-trinitária. Também isto está presente desde o início da carta, no pré-escrito: os fiéis são definidos como "eleitos segundo a presciência de Deus Pai na santificação do Espírito, para a obediência e aspersão do sangue de Jesus Cristo" (1,1-2). O raciocínio segue dois caminhos.

Em primeiro lugar, a referência a Deus se encontra em uma perspectiva histórico-salvífica. A paixão e a morte de Jesus, que estão na origem da salvação, não são um fato isolado, mas parte do projeto de Deus. Significativa a este respeito é a passagem de 1,11: os profetas "estudaram a época e as circunstâncias indicadas pelo Espírito de Cristo, que estava neles, anunciando de antemão os sofrimentos do Cristo e as glórias que viriam depois". Há um projeto que começou antes mesmo da fundação do mundo (cf. 1,20); há uma vontade salvífica de Deus que tem raízes profundas.

Desde o início da carta é muito clara qual é a vontade de Deus: que aqueles que creem sejam regenerados (1,3), isto é, estejam a caminho "para uma viva esperança [...] para uma herança que não se corrompe, é sem mancha e não murcha", "para a salvação, prestes a manifestar-se nos últimos tempos" (1,3-5); que como pedras vivas sejam construídos como edifício espiritual, para um santo sacerdócio (cf. 2,5); sejam "geração escolhida, sacerdócio régio, nação santa, povo que Ele conquistou para proclamar os grandes feitos daquele que vos chamou das trevas para a sua luz admirável" (2,9). As imagens multiplicam-se e, apesar de não serem claras em todos os detalhes, dão uma boa dimensão do conjunto: Deus projetou desde os tempos antigos uma salvação que é grande, transbordante. Neste projeto, a morte e a ressurreição de Jesus desempenham um papel fundamental.

Em segundo lugar, a 1Pedro se refere a Deus de um ponto de vista que poderíamos definir antropológico (i. é, em referência ao que o homem é chamado a fazer). Voltemos ao c. 1 da carta, quando Pedro exorta a não nos conformarmos com os desejos do passado, a não voltarmos à conduta vazia daquele tempo (cf. 1,13-25); de modo positivo, o que ele pede é que se concentre a vida naquilo que não é efêmero, isto é, em Deus, fonte da esperança (cf. especialmente 1,21).

O mesmo convite volta, com força ainda maior, quando emerge o problema dos sofrimentos que os cristãos têm de suportar: em relação àqueles que lhes fazem mal, Pedro diz: "Não tenhais medo das ameaças deles, nem vos perturbeis, mas guardai santamente nos corações a Cristo Senhor, e estai sempre prontos para responder àqueles que perguntarem pelo motivo de vossa esperança" (3,14-15). A fé é o fundamento da esperança; a certeza de que também o sofrimento faz parte do plano de Deus, como vimos acima.

É por isso que, paradoxalmente, Pedro convida os seus a se alegrarem quando são perseguidos: "Sois felizes quando vos injuriarem pelo nome de Cristo, porque o Espírito da glória, que é o Espírito de Deus, repousa sobre vós" (4,14). Porque aqueles que sofrem segundo a vontade de Deus podem entregar a sua vida ao Criador fiel (cf. 4,19). O último toque é de teor poético e resume todo o caminho que acabamos de percorrer: "Humilhai-vos, pois, sob a poderosa mão de Deus, para que no momento oportuno Ele vos exalte. Lançai sobre Ele vossas preocupações, porque cuida de vós" (cf. 4, 19).

A Igreja

Na Carta de Pedro a palavra "Igreja" nunca é usada. Pode-se intuir, por trás das palavras da carta, uma comunidade que estava se estruturando internamente, mesmo que ainda não com aquela clareza que será característica do século II. Mais do que uma reflexão sobre a estrutura da comunidade, porém, prevalece a atenção sobre o lugar que ocupa no mundo em que se encontra; e, neste sentido, não se deve esquecer a contínua referência a ser como estrangeiros, peregrinos nesta terra.

Mas vimos que na parênese, muitas vezes, o último convite diz respeito ao amor fraterno. Notamos isto a respeito dos quatro imperativos de 1,13-25, dos quais o último não só é o maior, mas é também sustentado por uma longa citação bíblica: "Pela obediência à verdade vos purificastes para praticardes um amor fraterno sincero. Amai-vos, pois, uns aos outros ardentemente do fundo do coração"; seguem as palavras de Is 40,6-8. Encontramos então o mesmo esquema com as exortações que começam em 2,11 e levam a 3,8-12: "Finalmente, uni-vos num mesmo sentimento, sede compassivos, fraternos, misericordiosos e humildes"; também aqui segue uma longa citação do Sl 34,13-17.

A razão de tanta insistência pode ser vista no final da carta. Pela terceira vez, volta o convite: "No relacionamento mútuo, revesti-vos todos de humildade" (5,5). Há depois a advertência: o diabo anda em volta procurando a quem devorar; então a exortação: "Resisti-lhe firmes na fé, considerando que iguais sofrimentos suportam vossos irmãos espalhados pelo mundo" (5,9). A formulação literal diz um dos pontos mais originais da teologia de 1Pedro: "considerando que iguais sofrimentos suportam *vossos irmãos* espalhados pelo mundo".

A carta começava recordando aos crentes que estão espalhados pelo mundo, como estrangeiros; e termina recordando-lhes que, embora não formem um novo povo nem um estado próprio, de todas as formas estão em comunhão com uma fraternidade; a Igreja está espalhada pelo mundo, mas como comunidade de irmãos. Não é por acaso que a esposa e o marido são definidos como "coerdeiros da graça da vida" (3,7); Pedro reconhece-se "coancião" dos sacerdotes aos quais exorta (5,1); e a comunidade de Babilônia, que envia as saudações aos eleitos espalhados pela Ásia, é definida como "coeleita" (5,13).

XI

Segunda Carta de Pedro

C. Broccardo

Introdução

No cânon atual do NT, a Segunda Carta de Pedro segue imediatamente a Primeira. No entanto, mesmo sem chegar a quem sabe qual nível de aprofundamento, percebemos que existem diferenças abissais entre as duas cartas.

Só para dar alguns exemplos, pensemos no famoso convite de 1Pd 3,15-16: "guardai santamente nos corações a Cristo Senhor, e estai sempre prontos para responder àqueles que perguntarem pelo motivo de vossa esperança. Mas fazei-o com mansidão, respeito". Mansidão e respeito: duas qualidades que certamente não existem na maneira como 2Pedro trata os falsos mestres.

Também o fato de que os "adversários" são falsos mestres, crentes que se desviam da verdadeira fé, sugere o que ficará claro na leitura: os maiores problemas não vêm de fora (como para 1Pedro), mas de dentro da comunidade. Além disso, estas são principalmente tensões em nível doutrinal, um pouco como em 1João; assim, o teor de 2Pedro será mais didático do que exortativo (embora não faltando um significativo aspecto ético).

No entanto, apesar destas e de outras diferenças, a 2Pedro está explicitamente ligada à primeira, quando no início do c. 3 diz: "Caríssimos, esta é a segunda carta que vos escrevo" (2Pd 3,1). Tendo descartado a possibilidade de que a "segunda" carta seja 2Pd 3 e a "primeira" seja 2Pd 1–2 (pelas razões que logo veremos sobre a unidade da carta), a explicação mais simples é que o autor da 2Pedro, embora escrevendo em contextos diferentes com relação à primeira, quis ligar sua mensagem a ela.

Autor

Apesar do pré-escrito e da referência ao episódio da transfiguração, o autor da 2Pedro não pode ter sido o Apóstolo Pedro. Trata-se, sem dúvida, de um caso de pseudoepigrafia, devido à data de composição da carta. A língua e o estilo falam a favor de um cristão culto, competente tanto nas Escrituras de Israel como no mundo helenístico. Ele não deve ter sido uma figura proeminente nas primeiras comunidades cristãs, caso contrário a pseudoepigrafia não faria sentido; dada a provável datação, ele não é sequer um dos discípulos dos apóstolos, mas de alguém pertencente a uma geração ainda maior de crentes.

O começo do c. 3 remete com força à 1Pedro, mesmo que por estilo e conteúdo, de fato, esteja distante. A referência a 1Pedro parece uma tentativa a mais de ligar a carta ao apóstolo, pescador da Galileia, que já havia se tornado um ponto de referência. Mas a distância é tal que nem sequer podemos dizer que a nossa carta é uma tentativa de expressar novamente, em momentos diferentes, o ensinamento original de Pedro. Se, portanto, às vezes, nos referirmos a "Pedro" no restante do escrito, não deve ser entendido como Simão, filho de Zebedeu, mas como uma expressão equivalente ao "autor da carta".

Destinatários

Não há informações precisas, na carta, sobre os destinatários; nem mesmo indicações geográficas, amplas, mas claras, da 1Pedro. Graças ao c. 3 conseguimos identificar as crenças dos falsos mestres e assim ter uma ideia de qual era a fraqueza dos crentes a quem Pedro escreve. Imaginamos cristãos (pertencentes a uma ou mais comunidades?) que correm o risco de retroceder, a visões de mundo típicas do ambiente helenístico, mas em contraste com o dado de fé; como já aconteceu em outros lugares (pense, p. ex., na comunidade de Tessalônica), o atraso da *parusia* cria confusão e o ambiente circundante pode dar respostas perigosas.

Data e lugar de composição

Tentando destacar alguns pontos de referência, comecemos pelo período de tempo depois do qual a nossa carta não pode ter sido escrita. Além da tradição textual (o papiro P72, que contém toda a carta, é do III-IV séculos), temos as notícias que chegaram a nós através dos Padres e que nos levam a não ir além do século II; já neste período, de fato, Orígenes demonstra conhecer a 2Pedro. Podemos, talvez, descer ainda mais se consideramos provável a influência da nossa carta sobre dois apócrifos, os *Atos de Pedro* e o *Apocalipse de Pedro*, ambos a serem datados provavelmente na segunda metade do século II (mas, para o *Apocalipse,* talvez devamos falar mais de ambiente comum do que de influência literária).

Para o período de tempo antes do qual a nossa carta não pode ter sido escrita, temos mais elementos a considerar: a 1Pedro, referida em 2,13, já estava escrita; bem como a carta de Judas, da qual a nossa depende; da mesma forma podemos acreditar que a tradição sinótica, que ecoa a transfiguração do c. 1, já tinha encontrado uma forma escrita; no final do c. 3 todas as cartas de Paulo também são mencionadas. Olhando para a teologia: quanto à *parusia*, a situação é a de um certo "atraso", que, de fato, leva os falsos mestres a questionar o fim deste mundo; além disso, falar da Escritura como inspirada e a eliminação de quase todas as referências aos apócrifos presentes em Judá fazem pensar em um período em que as comunidades cristãs estavam já definindo o cânone; acrescentemos apenas a extrema atenção à doutrina, sobre a qual estão centrados os problemas enfrentados nesta carta, que faz pensar no período de 1João.

Não é fácil, concluindo, definir uma data de edição da 2Pedro. O mais próximo que podemos chegar, tendo em conta os dados atualmente disponíveis, é afirmar que se trata de um escrito que se encontra à vontade pelo final da elaboração do NT; provavelmente na primeira metade do II século.

Para o lugar de composição há ainda menos elementos sobre os quais refletir. Certamente se trata de um contexto fortemente helenizado; mas isto não nos permite escolher entre as duas cidades mais frequentemente indicadas, Alexandria no Egito e Roma. Fala-se de Alexandria porque tanto Orígenes quanto Clemente Alexandrino demonstram conhecer a carta em um momento no qual ainda não era conhecida ou considerada canônica em outro lugar; fala-se de Roma pela referência a Pedro e pela tentativa de pô-lo em sintonia com Paulo. Com tudo isto, a única coisa certa é que a questão ainda está em aberto.

Linguagem e estilo

Uma das maiores diferenças, não mencionada acima, entre a 1Pedro e a 2Pedro diz respeito à sua dimensão literária. Lendo em italiano, o texto da

2Pedro é bastante fácil de se entender; o original grego, no entanto, não é dos mais simples. Pertence ao grego comum dos séculos I e II d.C. e, do ponto de vista gramatical e sintático, está substancialmente correto; mas muitas vezes complexo, culto, rico em figuras retóricas (que, na sua maioria, não aparecem na tradução italiana)[246].

Também o vocabulário é complexo, certamente não para iniciantes. É o texto do NT que contém o maior número de *hápax legómena*, ou seja, de palavras que não aparecem em nenhum outro lugar, umas 56; destas, 23 se encontram pelo menos na LXX, enquanto 33 não aparecem em nenhum outro texto bíblico. Além da frequência, também notamos a recorrência de um vocabulário que não é tipicamente neotestamentário; como a expressão "partícipes da natureza divina" (1,4; típica do helenismo) ou também a insistência no conhecimento como expressão positiva da fé (típica do gnosticismo, embora nossa carta não seja certamente gnóstica).

Com relação à linguagem e estilo, notamos que nosso autor conhece e usa tanto o AT quanto alguns escritos (ou tradições) do NT, bem como alguns textos apócrifos do AT. Entretanto, não encontraremos citações explícitas, embora muitas vezes as referências sejam evidentes; a 2Pedro prefere usar sem citar, especialmente quando se trata dos apócrifos.

Apesar das suas peculiaridades que estamos vendo, a 2Pedro está, portanto, bem situada no contexto vivo das comunidades cristãs dos primeiros séculos, caracterizado entre outras coisas por um cânone ainda em formação (do qual vemos alguns traços; observemos quando 3,15-16 faz referência às cartas de Paulo, já consideradas como um *corpus*). Neste sentido também há algumas semelhanças com os escritos dos Padres, dentre os quais as cartas de Clemente Romano, o Pastor de Hermas, Policarpo de Esmirna e Justino. O paralelo mais forte, tanto a ponto de fazer pensar certamente em uma dependência literária, é com a Carta de Judas[247].

Gênero literário

Dúvidas podem ser levantadas sobre se nosso texto pertence ao gênero literário epistolar. De fato, conta com um pré-escrito, mas carece de um

---

246. Esta dimensão do texto de 2Pedro é sutilmente destacada no comentário de MARCONI. *Lettera di Giuda; Seconda lettera di Pietro.*

247. A questão da relação entre as duas cartas será abordada na introdução a Judas, nas p. 363s.

pós-escrito. Existem referências pessoais ao remetente, mas muito genéricas; tanto o anúncio da morte de Pedro (cf. 1,14) como o episódio da transfiguração (cf. 1,17-18) são retirados da tradição evangélica. Embora quem escreva demonstre ter um conhecimento da situação dos destinatários, não há referências a quaisquer eventos passados que de alguma forma os tenham ligado ao remetente. Sem mencionar que a carta é decididamente católica, sendo dirigida "àqueles que receberam, pela justiça de nosso Deus e Salvador Jesus Cristo, uma fé tão preciosa como a nossa" (1,1), isto é, a praticamente todos os crentes, sem distinção.

Para nos convencer, portanto, de que vale a pena classificar o nosso escrito como carta permanecem dois pontos firmes. O primeiro é que o próprio autor o define assim, quando em 3,1 diz: "Caríssimos, esta é a segunda carta que vos escrevo". O segundo é que o gênero epistolar no mundo antigo era muito variável; e se consideramos cartas, por exemplo, aquelas de Epicuro, podemos certamente incluir também a nossa.

Característica da 2Pedro, no vasto recipiente do gênero "carta", é a semelhança com os chamados discursos de despedida. Difundidos tanto no AT como no NT, bem como em outras literaturas limítrofes (para nós é particularmente interessante o mundo judeu e cristão; pensemos no *Testamento dos doze patriarcas*), os discursos de despedida são caracterizados por algumas passagens recorrentes: aquele que fala ou escreve expressa a consciência de que o fim está próximo; lembra de algo do seu passado; anuncia dificuldades quanto ao futuro dos seus ouvintes/leitores; dá a eles todas as recomendações que considera necessárias para poder enfrentar estas dificuldades.

Todos esses elementos estão presentes na 2Pedro, pelo que podemos afirmar que, sob as largas vestes de uma carta, se vê a forma de um discurso de despedida, um testamento. Assim, o autor da nossa carta quis que a sua teologia, tanto dogmática como pastoral-moral, assumisse um valor significativo: tanto porque é atribuída a Pedro como – e mais ainda – porque é apresentada como expressão da sua última vontade, como sua herança espiritual.

Esquema

Não há muitos elementos estruturantes na carta, do ponto de vista formal; além do pré-escrito epistolar, notamos apenas o destaque de 3,1, que às vezes tem sido tão firmemente levado em conta a ponto de induzir alguns autores a considerá-lo como o início de uma nova carta. Olhando para o conteúdo, percebemos que a 2Pedro está bem articulada em três partes; isto nos permite, ao mesmo tempo, estar a favor da unidade da carta e destacar uma estrutura clara.

A primeira etapa do "raciocínio" de Pedro é desenvolvida no c. 1. Repete-se várias vezes que há um "conhecimento" que não deve ser ignorado; algo que os destinatários da carta já sabem, mas que o apóstolo deseja recordar. Na origem da fé, de fato, há um *datum*, algo que pode ser recebido ou recusado, com consequências opostas na vida das pessoas, mas que não está à nossa disposição. Este c. 1 da carta ainda não se debruça sobre o conteúdo deste dado de fé, mas repete várias vezes que é uma realidade segura, baseada nas palavras dos profetas e no testemunho pessoal do próprio Pedro, que viveu a transfiguração de Jesus.

O c. 2 se afasta um pouco e apresenta aqueles que colocam em discussão o dado da fé. Os tons são muito fortes; as acusações são muito pesadas; as imagens usadas para qualificar estes falsos mestres são de uma acidez pungente: "aconteceu-lhes o que diz com razão o provérbio: O cão voltou a seu próprio vômito e: "A porca lavada volta a rolar na lama" (2,22). O que está em jogo é importante: há uma negação do dado da fé que leva à ruína, tanto para quem ensina esta falsa doutrina como para quem é enfeitiçado por ela. O perigo é grande, tanto que justifica a linguagem marcada.

Com tudo isso, o conteúdo desta falsa doutrina ainda não foi abordado. É com o c. 3 que surge a questão: os falsos mestres exploram o atraso da *parusia* e pregam que não haverá nenhum fim do mundo, porque este mundo sempre foi estável e sempre o será. Contra esta doutrina, a carta anuncia ao invés a *parusia*; insistindo, ao contrário, mais no aspecto negativo: este mundo vai realmente acabar, mais cedo ou mais tarde. E isso não se diz para resolver uma questão teórica ou acadêmica; mas porque as consequências sobre o comportamento não devem ser negligenciadas: quem não acredita na *parusia*, acaba em uma vida imoral de todos os pontos de vista.

Esquematicamente, aqui está, então, o esquema da carta:

1,1-2: Pré-escrito
1,3-21: Primeira parte: O conhecimento de Deus e de Jesus nosso Senhor
   1,3-11: Passado, presente e futuro: um círculo virtuoso
   1,13-21: Manter acesa a lembrança
2,1-22: Segunda parte: Contra os falsos profetas e os falsos mestres
   2,1-3 Os falsos mestres, ruína da comunidade
   2,4-10a: O julgamento de Deus: exemplos do passado
   2,10b-22: Uma acusação feroz
3,1-18: Terceira parte: Sobre a *parusia*
   3,1-2: A maneira correta de pensar
   3,3-13: Certamente o Senhor virá
   3,14-18: Esperando estes eventos

Guia de leitura

Também 2Pedro começa com um pré-escrito muito "teológico" (característica típica da epistolografia cristã antiga), em 1,1-2. Depois de ter lido o densíssimo da 1Pedro, no entanto, não podemos deixar de ficar um pouco desnorteados; imediatamente se percebe a diferença: de intensidade, de vocabulário, de teologia.

O modo como o autor se define a si mesmo é muito semelhante: "Pedro, apóstolo de Jesus Cristo" (1Pd 1,1a) e "Simão Pedro, servo e apóstolo de Jesus Cristo" (2Pd 1,1a). No entanto, muda radicalmente a referência aos destinatários: "aos eleitos que vivem como estrangeiros da dispersão no Ponto, Galácia, Capadócia, Ásia e Bitínia, eleitos segundo a presciência de Deus Pai na santificação do Espírito, para a obediência e aspersão do sangue de Jesus Cristo", dizia 1Pd 1,1b-2a. Com um teor completamente diferente a 2Pd 1,1b é muito mais prosaicamente dirigida "Àqueles que receberam, pela justiça de nosso Deus e Salvador Jesus Cristo, uma fé tão preciosa como a nossa".

Se o pré-escrito já tem o poder de introduzir alguns temas que serão então desenvolvidos no corpo da carta, o de 2Pedro não nos permite imaginar grandes aprofundamentos a respeito da situação dos destinatários, que também permanecem muito genéricos como definição (todos os crentes, de fato). Algo, pelo contrário, nos diz a conclusão da saudação inicial, mais articulada que a de 1Pedro (1Pd 1,2b: "a graça e a paz vos sejam dadas em abundância"; bastante estereotipada): "graça e paz vos sejam dadas em abundância pelo conhecimento de Deus e de nosso Senhor Jesus" (2Pd 1,2). É aqui que se encontra a abertura, o vislumbre a partir do qual se pode vislumbrar o seguinte. Graça e paz são condicionadas à aquisição de um conhecimento; há algo a se saber e/ou recordar, sob pena de se ter uma desorientação que afasta da fé.

Primeira parte: o conhecimento de Deus e de Jesus Senhor nosso (1,3-21)

Na primeira parte da carta retorna várias vezes a esfera semântica do conhecimento: os verbos conhecer, saber, lembrar, recordar (no sentido lato, também ver e ouvir, enquanto fonte de conhecimento); os substantivos conhecimento e verdade. Será interessante ver como a 2Pedro os põe em causa, porque não se trata de uma perspectiva puramente "acadêmica", como se houvesse algum problema a ser revolvido teoricamente; o conhecimento da verdade, de fato, tem repercussões muito diretas na prática da virtude e da caridade, que por sua vez o enriquece.

Passado, presente e futuro: um círculo virtuoso (1,3-11)

O argumento de Pedro começa com uma referência ao passado, ao que Deus já deu aos crentes: tudo aquilo que é necessário para uma vida vivida santamente, todos aqueles bens grandíssimos e preciosos que permitem ser participantes da natureza divina escapando à corrupção que existe no mundo (cf. v. 3-4). Do que se trata concretamente? Por agora o apóstolo não o diz; só especifica que na origem da vida do crente está o dom de Deus; e depois, tendo dito isto, exorta, em duas ocasiões, a manter vivo este dom.

Uma primeira exortação começa com os v. 5.7: "Por estes motivos esforçai-vos quanto possível para unir à fé a virtude e à virtude a ciência, à ciência a temperança, à temperança a paciência, à paciência a piedade, à piedade a amizade fraterna e à amizade fraterna o amor". Não são raros no mundo judaico e helenista as listas de virtudes; também no NT e depois nos Padres da Igreja encontramos várias.

Da nossa lista encontramos duas características, uma comum e uma própria. A primeira é o efeito de acumulação, típico das listas: cada elemento é a base para o seguinte, que está acima, até o cume que é a caridade, o *ágape*. Tudo sugere uma escalada (talvez fosse melhor usar a palavra grega *clímax*) de virtude, de compromisso, de capacidade; mas depois no v. 8 Pedro recorda que todos estes são dons recebidos (segunda característica). É um círculo virtuoso: são dons de Deus, já presentes naqueles que creem; mas são também realidades que devem ser feitas crescer por aqueles que as receberam, e então como efeito "não vos deixarão vazios nem estéreis no conhecimento de nosso Senhor Jesus Cristo" (v. 8).

Sobre este aspecto, o do conhecimento, o nosso texto insiste também numa ênfase negativa: quem não aumenta os dons recebidos, quem não os tem é um "cego e age como míope, que esqueceu a purificação de seus antigos pecados" (v. 9). O conhecimento não é entendido no sentido gnóstico, como salvação em si mesmo, mas como memória da salvação operada por Deus em Cristo.

Uma segunda exortação, nos v. 10-11, reafirma a virtuosa circularidade entre dom/chamada e compromisso pessoal. Assim, o passado e o futuro, caracterizados pelos dons de Deus e pela entrada no reino, não são alheios ao presente no qual é o crente que deve conhecer e fazer crescer o dom recebido.

Manter acesa a lembrança (1,13-21)

Pedro começa, portanto, recordando o dom recebido e exortando a mantê-lo vivo. E imediatamente continua com uma passagem que contém digressão, na qual afirma que a sua não é uma escolha casual. Ele sabe que os seus leitores/ouvintes já conhecem estas coisas que acaba de lhes recordar, e sabe também que são estáveis nelas; mas, acrescenta com o tom típico dos discursos de despedida, "considerando que em breve será desarmada minha tenda, conforme nosso Senhor Jesus Cristo me revelou. Assim, vou fazer o possível para que, depois de minha partida, sempre vos lembreis destas coisas" (v. 14-15).

A referência à sua partida nos faz pensar em uma despedida; portanto, espera-se, como um passo posterior no argumento, uma advertência contra os "inimigos" que chegarão em sua ausência e dos quais a comunidade precisará se proteger. Tudo isso chegará no c. 2. Primeiramente, em 1,16-21, encontramos bem delineadas as duas colunas nas quais Pedro baseia o seu ensinamento, isto é, a sua atividade de "recordar". Alguns autores falam de "fontes" do conhecimento.

Primeira: a transfiguração de Jesus. Os especialistas da formação do texto discutem se a 2Pedro tomou como modelo um dos relatos sinóticos ou alguma outra tradição (que então teria sido retomada também em uma homilia de Clemente Romano e no apócrifo *Apocalipse de Pedro*). Para os propósitos de nossa leitura, é mais importante notar que o autor da carta aqui faz referência clara e explícita à transfiguração de Jesus, relatando também as palavras pronunciadas pelo próprio Deus. Narrativamente, a história é muito detalhada.

Tudo isto conduz apenas a um destaque: o enorme valor do testemunho sobre o qual se baseia o ensinamento; não fábulas artificialmente inventadas, mas um acontecimento do qual somos testemunhas oculares. Não histórias de segunda mão, mas as mesmas palavras que ouvimos sair da glória de Deus. Nós estávamos lá, diz Pedro. Não falamos por ter ouvido de terceiros.

A segunda coluna sobre a qual todo o discurso se baseia é a palavra dos profetas. Por enquanto não é possível entender o que está em jogo e, portanto, nem mesmo entender se há uma referência a um texto profético em particular. O importante, nesta primeira parte da carta, é dar valor às testemunhas: assim como a experiência do próprio Pedro tem valor na medida em que é vivida pessoalmente, também a palavra dos profetas tem valor na medida em que "jamais uma profecia foi proferida por vontade humana, mas foi pelo impulso do Espírito Santo que homens falaram da parte de Deus" (v. 21).

Aprofundamento
A Sagrada Escritura

Os últimos versículos deste capítulo são famosos pelo que dizem sobre a Sagrada Escritura: não só nos convidam a prestar atenção às *palavras* dos profetas; mas também reiteram que "nenhuma profecia da Escritura surge por interpretação própria, porque jamais uma profecia foi proferida por vontade humana, mas foi pelo impulso do Espírito Santo que homens falaram da parte de Deus" (1,20-21). Em todos os tratados sobre a inspiração da Escritura passamos por este texto da 2Pedro (pensemos, p. ex., na *Dei Verbum* 11); quanto mais se aprofunda a reflexão, mais se lamenta a incerteza desta passagem da carta: a inspiração deve ser atribuída apenas à palavra ou também ao escrito? No entanto, o que torna a reflexão teológica mais matizada é o que embeleza a dimensão histórico-literária da nossa carta, que se situa em um período em que o cânone ainda está em definição. Assim, por exemplo, a 2Pedro é muito sóbria no uso de textos apócrifos (ou que teriam sido definidos como tal), comparado com a Carta de Judas; mas mostra muitas similaridades com o chamado *Apocalipse de Pedro* (geralmente datado por volta de 150 d.C.). Curioso que este apócrifo apareça no *Cânone muratoriano,* no qual, por outro lado, não se encontra a 1–2Pedro.

Em resumo

O início da 2Pedro é, portanto, bastante rápido; dois versículos para o pré-escrito, teológico o suficiente, e depois imediatamente o argumento.

A nossa carta vai diretamente ao ponto, e se trata de um anúncio; de fato, de uma memória: quero recordar-vos o que já sabeis e no qual permaneceis firmes, o que vos torna pessoas diferentes do mundo corrompido pela concupiscência, o que vos permite – se o mantiverdes – nunca cair, entrar no reino eterno do Senhor nosso e Salvador Jesus Cristo. Deus vos deu cada dom, tudo aquilo de que tendes necessidade: conservai-o! Mais ainda, fazei-o crescer! Exortação e conhecimento andam, portanto, de mãos dadas: exorto-vos a agir como vos lembrais; e este comportamento vos fará crescer ainda mais no conhecimento de Jesus Cristo.

Não é sobre o nada que se baseiam as palavras de Pedro, mas sobre duas bases sólidas: sobre a sua experiência pessoal, vivida no dia da transfiguração; e sobre a palavra dos profetas, movidos pelo Espírito Santo. Quem ousaria, portanto, questionar tal "conhecimento"? Com os capítulos seguintes veremos que precisamente este era o problema: alguém o questionava, afastando-se decisivamente dele; e provocando com esta escolha uma reação em cadeia negativa.

Segunda parte: contra os falsos profetas e os falsos mestres (2,1-22)

Um dos pilares sobre os quais repousa o anúncio/memória de Pedro, e consequentemente a vida da comunidade, é, portanto, a palavra-escrita dos profetas, "muito sólida", "a quem fazeis muito bem em atender como a uma lâmpada que resplandece na escuridão" (1,19). Palavras belíssimas.

Imediatamente depois de pronunciá-las, porém, Pedro introduz uma frase de advertência (cuja conjunção, infelizmente, escapa na tradução italiana): "Mas como houve entre o povo falsos profetas" (2,1). Como se dissesse: nem todo aquele que se diz profeta merece a atenção que a verdadeira profecia deve ter; nem toda palavra que se autoproclama inspirada deve ser considerada como tal, solidíssima; na história do povo de Deus houve também falsos profetas, pessoas que aplicaram a si mesmas uma qualificação que não lhes pertencia.

Os falsos mestres, ruína da comunidade (2,1-3)

O propósito desta declaração inicial do c. 2 não é, no entanto, de natureza histórica; o autor da carta não tem em mente lembranças do passado:

a referência aos falsos profetas é muito genérica, não inclui nenhuma das possíveis referências ao Antigo Testamento. Em vez disso, serve como um aviso para o presente-futuro: assim como houve falsos profetas entre o povo, assim também "haverá entre vós falsos doutores" (2,1). A referência aos falsos profetas era tão genérica quanto a dos falsos mestres.

Não é que nos digam quem são ou o que pensam, isto é, qual é o problema teológico de fundo (são mestres, a questão será ultimamente de tipo teológico); é por isso que devemos esperar o c. 3. No entanto, apresenta-se o panorama que vai surgir na comunidade com a sua passagem: vão criar facções, muitos vão seguir sua conduta imoral, por causa deles a verdade será coberta de desprezo, vos explorarão com palavras falsas. Quem sairá perdendo é a comunidade: serão uma ruína, para si e para todos aqueles que os seguem.

Também isso é um elemento típico dos discursos de despedida, o pré--anúncio das dificuldades que a comunidade deverá enfrentar em breve. No nosso caso, podemos dizer que o panorama descrito é particularmente negativo; por duas vezes em três versículos repete-se a palavra "ruína", "destruição".

O juízo de Deus: exemplos do passado (2,4-10a)

Estes falsos mestres, portanto, levarão a comunidade à ruína, se alguém os seguir; mas "para eles há muito a condenação está preparada, e a ruína não dorme" (2,3). Assim começa uma parte muito dura da carta, na qual se quer garantir que aqueles que corrompem a comunidade não sairão imunes.

Três exemplos são evocados do passado. O primeiro é uma referência muito rápida aos anjos que pecaram, com provável referência a Gn 6,1-4 e às várias tradições relacionadas com o pecado dos anjos, mais desenvolvidas na literatura apócrifa; a mensagem é clara: Deus não os poupou.

O segundo exemplo foi mais elaborado através da introdução de um elemento positivo. Com evidente referência aos relatos de Gn 6–9, de fato, a 2Pedro não só reitera que Deus "também não poupou o mundo antigo [...], quando desencadeou o dilúvio sobre o mundo dos ímpios"; mas também recorda que "guardou oito pessoas, entre as quais Noé, mensageiro da justiça" (2,5).

O terceiro exemplo aprofunda o sulco traçado pelo segundo, explicitando tanto a razão da condenação como a da salvação: condenar Sodoma e Gomorra à destruição pelas suas más obras, como exemplo para aqueles que vivem sem Deus; porém, libertou Lot porque era um homem justo, que "sofria por causa da vida dissoluta dos perversos" [...]; e "vendo e ouvindo todo dia as obras iníquas, sentia-se atormentado em seu coração de justo (2,7-8; assemelha-se muito ao exemplo do Sl 15, ou de Is 33,15: "tapa o seu ouvido para não ouvir planos de morte e fecha os seus olhos para não ver o mal").

Os três exemplos, especialmente o último, permitem a Pedro chegar a uma conclusão geral: "o Senhor sabe livrar das tentações os piedosos e reservar os malvados para castigá-los no dia do juízo" (2,9). Não há apenas castigo no seu julgamento; há também salvação para os fiéis. Mas não podemos negar que a nota dominante é a do castigo.

Aprofundamento
O uso do Antigo e do Novo Testamento

É interessante a maneira diferente com a qual o Antigo e o Novo Testamento são usados na 2Pedro.

De fato, o AT nunca é explicitamente referido como um "corpo escriturístico", exceto na genérica "escritura profética" de 1,20. Mas as referências às passagens do Antigo Testamento são mais de uma: a criação (cf. 3,5); o pecado dos anjos (cf. 2,4); o dilúvio (2,5); Sodoma, Gomorra, Lot (2,6-8); Balaão (2,15-16; mesmo com as distinções que serão especificadas *in loco*). Além disso, mesmo sem uma referência explícita, podemos notar ecos de Pr 26,11 (cf. 2Pd 2,22); Sl 90,4 (cf. 2Pd 3,8); Is 65,17 e 66,22 (2Pd 3,13).

Às partes do Novo Testamento como "textos" se fazem referências em mais de uma ocasião: a 1Pedro em 3,1; a todas as cartas de Paulo em 3,16; ao preceito do Senhor que foi transmitido pelos apóstolos em 3,2 (guardemos finalmente esta referência, que é mais geral). Contudo, além do relato da transfiguração em 1,17-18 (e talvez um eco de Jo 21,18-19 em 2Pd 1,14), não existem referências a textos do Novo Testamento, nem sinais de que estes tenham sido utilizados de modo explícito.

Uma acusação feroz (2,10b-22)

Nessa linha continua o resto do c. 2, até o fim. Passando agora do passado novamente para o presente, como em 2,1-3, os falsos mestres são atacados de forma violenta (verbalmente, se entende): a eles é atribuída toda sorte de conduta má, para eles são usadas uma série de imagens absolutamente negativas.

Mais precisamente, os v. 10b-19 são uma lista de negatividade aplicada aos falsos mestres: não temem insultar os gloriosos seres caídos (literalmente, "as glórias"), enquanto os anjos têm respeito por eles; irracionais e instintivos; nascidos para serem presos e mortos; pela conduta imoral e iníqua; escandalosos e vergonhosos; insaciáveis no pecado; têm o coração viciado na ganância, filhos da maldição; seguiram o exemplo de Balaão (que em algumas tradições bíblicas e extrabíblicas não é apresentado de forma positiva, como em Nm 22–24, mas como exemplo negativo de ganância e idolatria; cf. p. ex., Ap 2,14); são como fontes sem água e como nuvens abaladas pela tempestade; as trevas estão reservadas para eles.

Desta longa lista, aqui apenas brevemente mencionada, emerge claramente o efeito da acumulação (como vimos no caso de 1,5-7), que é enorme; visa decisivamente criar uma impressão negativa nos leitores-ouvintes: são absolutamente maus, negativos, de todos os pontos de vista. E além disso, como se repete em mais de uma ocasião, têm a capacidade de atrair os mais fracos da comunidade para o mal; atraem as pessoas instáveis, aquelas que recentemente se afastaram do erro.

Um último detalhe, a se acrescentar ao retrato completamente negativo dos falsos mestres, é o dos v. 20-22, que assumem um tom primeiro paradoxal e depois repugnante. Paradoxal quando se afirma: "Melhor fora não terem conhecido o caminho da justiça do que, depois de o conhecerem, voltarem atrás, abandonando o santo mandamento que lhes foi ensinado" (v. 21). Repugnante quando recorda imagens já conhecidas nos círculos bíblicos e judaicos, dizendo: "Aconteceu-lhes o que diz com razão o provérbio: *O cão voltou a seu próprio vômito* e: "A porca lavada volta a rolar na lama" (v. 22; cf. Pr 26,11).

Em resumo

O odor pungente destas últimas imagens nos recorda, com toda a força, que estes falsos mestres não são estranhos que tentam interferir na comunidade, mas pessoas que já fazem parte dela e que agora estão se afastando do "conhecimento de nosso Senhor e Salvador Jesus Cristo" (v. 20). A referência à primeira parte da carta é clara, graças à palavra "conhecimento": todos os dons recebidos não são uma garantia, mas uma realidade que se deve fazer crescer (cf. especialmente 1,3-11); como se pode ver pelo exemplo negativo de quem os perdeu e está agora a caminho de uma condenação certa.

Mas a gravidade da situação se torna ainda mais dramática pelo fato de que estes falsos mestres, como já foi dito muitas vezes, estão contagiando toda a comunidade, começando pelos mais fracos. Daqui se entende o motivo dos tons duros desses versículos: certamente não pelo prazer de causar medo, evocando imagens terríveis de julgamento; mas para advertir contra uma gangrena que pode levar à morte da comunidade. É por isso que é absolutamente necessário admoestar; é por isso que é necessário expor em termos inequívocos (certamente, exagerando) todo o mal da sua conduta: porque para alguns parece ser um exemplo a ser seguido!

Terceira parte: a proposta da parusia (3,1-18)

Nesta terceira parte da carta Pedro chega finalmente a abordar a questão teológica em discussão: o atraso da *parusia*. Reconhecemos uma reflexão ou comunicação doutrinal nos v. 3-13, enquadrada por duas partes de tipo hermenêutica (que dizem o sentido do discurso contido entre elas) nos v. 1-2 e 14-18.

A maneira correta de pensar (3,1-2)

Depois do ataque direto aos falsos mestres, antes de entrar no coração da reflexão teológica, a 2Pedro recupera algo do que ela tinha afirmado na primeira parte: a finalidade desta carta é "despertar em vós, pela admoestação, uma mente esclarecida, para que vos lembreis das palavras preditas pelos santos profetas, e do mandamento do Senhor e Salvador, recebido de vossos apóstolos" (3,1-2). As pessoas a quem se dirige o escrito já são crentes, já receberam bases sólidas sobre as quais construir a sua própria experiência de fé; mas há o risco, bem sublinhado na segunda parte, de abandonar toda esta riqueza. Assim: recordemo-lo, diz Pedro.

Certamente o Senhor virá (3,3-13)

"Antes de tudo, deveis saber" (3,3): com esta introdução, didaticamente muito clara, começa um primeiro conjunto de reflexões, que se prolongam até o v. 7. Antes de mais, é apresentado o ponto de vista dos falsos mestres; é verdade que parece que estamos falando de alguém que aparecerá no futuro ("nos últimos dias", v. 3); mas a referência a "zombadores, cheios de escárnio e que vivem segundo suas próprias paixões" (ainda v. 3) lembra muito claramente o retrato dos falsos mestres que havia sido feito no c. 2.

Em que se enganam/enganarão essas pessoas? Retomando alguns pontos de vista da cosmologia grega antiga, afirmam a estabilidade do mundo:

desde o início não sofreu grandes mudanças, por isso é justo pensar que não haverá nenhuma no futuro. E toda a pregação sobre o fim do mundo e da *parusia* do Filho do Homem (já bem atestada nos Sinóticos)? Vazia. Este é o ponto de vista deles: não haverá nenhuma *parusia*.

Talvez se esqueçam, ou talvez finjam não se lembrar, que o mundo não é uma realidade fixa, perfeita; com referências óbvias, embora não explícitas, ao relato de Gn 1, a nossa carta recorda a absoluta instabilidade do mundo: no início foi Deus quem, com a sua palavra, fez emergir o seco das águas que cobriam a terra; e depois o próprio Deus submergiu tudo de novo com o dilúvio. O mundo já caiu em ruína uma vez, desde o dia em que foi tirado do abismo; então é justo pensar que cairá em ruína novamente, da mesma forma, quando Deus crer que será o tempo do julgamento.

"Mas há uma coisa, caríssimos, de que não vos deveis esquecer" (3,8): com esta segunda introdução, didaticamente clara quanto a de 3.3, começa um segundo grupo de reflexões, que continuam até o v. 10.

Antes de mais nada, um esclarecimento, do qual se compreende que um dos pontos de apoio dos falsos mestres era o atraso da *parusia*: como o fim do mundo não chegava, a ideia de que talvez nunca chegasse encontra terreno fértil; mas, ao contrário, diz 2Pedro, o atraso não é sinônimo de lentidão, mas de magnanimidade: Deus "não deseja que alguém pereça. Ao contrário, quer que todos se arrependam" (3,9); por isso ele retarda a chegada do dia do julgamento, para evitar que muitos ainda não estejam prontos.

Feita esta clarificação, eis como se imagina a *parusia*, o fim do mundo: "Os céus acabarão com grande estrondo, os elementos em chamas se dissolverão, e a terra será conhecida em suas obras" (3,10). É possível reconhecer a linguagem típica da literatura apocalíptica, que em parte já tinha sido tirada da tradição sinótica e de algumas das cartas de Paulo (não por acaso recordado mais tarde depois, nos v. 15-16); com uma particular atenção ao aspecto "destrutivo".

"Se tudo vai desintegrar-se desta maneira, não deveis perseverar em vossa santa conduta e em vossa piedade?" (3,11). A conclusão do raciocínio de Pedro não é introduzida de modo explícito nos v. 3 e 8; mas se compreende, sem qualquer possibilidade de mal-entendido, que os v. 11-13 são a última etapa do caminho: se tudo deve terminar como vos disse, se é verdade que nós esperamos "novos céus e uma nova terra" (v. 13; cf. Is 65,17 e 66,22; cf. tb. Ap 21,1), então devemos agir em conformidade. Não se pode abandonar-

-se àquela série de comportamentos negativos com os quais os falsos mestres e aqueles que se deixam corromper por eles foram descritos no c. 2.

Na expectativa destes acontecimentos (3,14-18)

Só a introdução do v. 14 nos leva a separá-lo do versículo anterior; de fato, começa com a conjunção "portanto" e com a alcunha "caríssimos", que juntos dão o claro sentido de uma conclusão: "Por isso, caríssimos, vivendo nesta esperança, esforçai-vos para que ele vos encontre puros e irrepreensíveis na paz" (3,14). Do ponto de vista do conteúdo, porém, continua o que já do v. 11 tinha começado a emergir: se, como acreditamos, o fim do mundo acontecerá, devemos viver conscientes de que este mundo não durará para sempre.

O valor conclusivo desses versículos é aumentado ainda mais pelos v. 17-18, que têm absolutamente o teor do resumo (no qual as passagens principais da carta são brevemente recordadas). Vale a pena lê-los: "Portanto, caríssimos, advertidos de antemão, tomai cuidado para não vos deixardes levar pelo engano desses ímpios e percais a própria firmeza. Crescei, antes, na graça e no conhecimento de nosso Senhor e Salvador Jesus Cristo" (3,17-18a).

Dito isto, se diz tudo. Não há nem mesmo as saudações conclusivas que se esperaria de uma carta, mas apenas aquela doxologia que não existia no início: "Para Ele a glória, desde agora até o dia da eternidade. Amém" (3,18b). É interessante a expressão "o dia da eternidade"; muito rara como definição, recorda todo o caminho escatológico da carta: o dia do Senhor, e só isso, é para sempre.

Em resumo

Nos evangelhos sinóticos encontramos também alguns ensinamentos apocalípticos por parte de Jesus, especialmente – mas não só – no discurso escatológico que Ele faz antes de sua paixão, em Jerusalém. Nas palavras de Jesus, nesses contextos, há sempre também a parte onde tudo é destruído, mas para chegar finalmente ao anúncio da *parusia* real, isto é, da vinda gloriosa do Filho do Homem.

A 2Pedro, por outro lado, foca na destruição, para mencionar apenas muito rapidamente o dia da eternidade; afinal, era isso que estava em jogo: havia um grupo de crentes que aproveitava a "demora" da *parusia* para anunciar que nada aconteceria, porque este mundo está destinado a permanecer para sempre; e, confiando nesta afirmação doutrinal, permitia e até encorajava um estilo de vida moralmente aceitável, que estava levando à destruição não só aqueles que anunciavam esta doutrina, mas também os mais fracos da comunidade que se deixavam convencer por eles.

É por isso que Pedro superestima o aspecto "negativo": para sublinhar com força que este mundo não é para sempre, vai acabar. E para convidar, positivamente, a tirar as devidas consequências, também do ponto de vista moral: devemos estar prontos para o fim, para a *parusia* que trará consigo o juízo.

Temas teológicos

Neste caminho que a 2Pedro completou com seus leitores/ouvintes, podemos ver dois núcleos temáticos e teológicos, duas dimensões recorrentes na dinâmica da carta: a *parusia* e o conhecimento de Jesus.

A difícil reconciliação com o atraso da parusia

No NT a tensão escatológica está bem presente, tanto que alguns autores, especialmente no final do século passado, foram convencidos de ver nela o ponto principal do ensinamento de Jesus (como se Ele não passasse de um profeta apocalíptico); a ponto de levar alguém a "acusar" o Evangelista Lucas de ter matado esta tensão, por ter escrito os Atos dos Apóstolos.

Mas deixemos de lado a história da interpretação, para nos concentrarmos mais no problema que surge em nossa carta: a dificuldade é reconciliar os anúncios de Jesus, nos quais o fim deste mundo e a vinda gloriosa do Filho do Homem (*parusia*) são algo que parece iminente, com a prova dos fatos: os anos passam, as pessoas morrem, novas gerações tomam o lugar dos pais. E nada aconteceu ainda! Como juntar os anúncios de uma iminente *parusia* com o atraso evidente?

No NT outros textos se fazem a pergunta; neste volume temos visto de que perspectiva a coisa é lida e abordada na 2Tessalonicenses. A 2Pedro tem nuanças em parte semelhantes, em parte diferentes.

Os falsos mestres

"Mas, como houve entre o povo falsos profetas, assim também haverá entre vós falsos doutores que introduzirão heresias destruidoras. Negarão o Senhor que os resgatou" (2,1). Assim é introduzido, genericamente, o problema no início do c. 2; no estilo do discurso de despedida, problemas futuros são preditos; mas depois, continuando com o resto do capítulo, fica claro que Pedro tem em mente uma realidade já presente. Do v. 10b ao v. 22, de fato, naquela acusação duríssima, os falsos mestres são esboçados com verbos no presente e no passado.

Não são um cataclismo que cai sobre a comunidade vindo de fora; diz-se deles que são "aqueles que renunciaram às corrupções do mundo pelo conhecimento de nosso Senhor e Salvador Jesus Cristo" e que foram "de novo envolvidos e dominados por elas"; são crentes que conheceram o caminho da justiça, mas depois voltaram as costas ao "santo mandamento que lhes foi ensinado" (2,20-21).

Com o c. 3 a carta nos faz entender melhor de que maneira esses falsos mestres se afastam da fé recebida: "dizendo: "O que houve com a promessa de sua vinda? Pois, desde que os pais morreram, tudo permanece como no princípio da criação" (3,4). Em um versículo, muito esquematicamente e até um pouco elipticamente, é apresentada a questão problemática: os falsos mestres confiam no atraso da *parusia* para confirmar a sua convicção de que não haverá nenhum fim deste mundo! Se ainda não houve a vinda gloriosa de Jesus, é porque não haverá nenhuma, nem agora nem nunca; este mundo é estável, para sempre.

A resposta de Pedro

A essa objeção nada indiferente, a 2Pedro responde em duas frentes.

A primeira é a da autoridade. Quem são estas pessoas? Onde é que apoiam as suas convicções? Nós, pela nossa parte, temos duas bases sólidas sobre as quais fundamentar as nossas afirmações: a palavra dos profetas e a experiência pessoal das testemunhas, entre as quais o nome de Pedro é de primeira grandeza, porque ele testemunhou a transfiguração de Jesus (cf. 1,16-21). Não fábulas artificialmente inventadas, mas sólidas realidades.

Em uma nota ligando Escritura e Testemunho (hoje diríamos: Escritura e Tradição), 1,20-21 afirma: "Antes de tudo deveis saber que nenhuma profecia da Escritura surge por interpretação própria, porque jamais uma profecia foi proferida por vontade humana, mas foi pelo impulso do Espírito Santo que homens falaram da parte de Deus". Esta passagem, juntamente com a referência a Pedro como testemunha da transfiguração, dá-nos a entender que provavelmente – ainda que no ato de acusação do c. 2 não haja nenhuma referência – os falsos mestres basearam suas doutrinas em interpretações privadas (e contrárias à fé comum) das Escrituras. É também um ponto de partida interessante do ponto de vista da história da interpretação: com a 2Pedro estamos agora num período em que as Escrituras começam – mesmo dentro do mundo cristão – a ser interpretadas diferentemente; é certamente cedo para falar de heresias, mas certamente começa a colocar-se o problema de como distinguir uma interpretação fundamentada de uma falsa.

Uma primeira frente na qual Pedro responde às convicções dos falsos mestres é, portanto, a da autoridade; a segunda é a da doutrina. No c. 3 encontramos o argumento petrino, que vemos dividido em três passagens. Brevemente: em primeiro lugar, os textos do Gênesis (criação e dilúvio) recordam que tudo existe graças à Palavra de Deus, e que já ocorreu o fato do mundo ter desmoronado; aqueles que dizem que o cosmos nunca poderá ser destruído parecem esquecer estes textos fundadores. Em segundo lugar, que haja um atraso da *parusia* é um fato inegável e Pedro não inventa pretextos para tentar esconder a realidade; mas "O Senhor não retarda o cumprimento de sua promessa, como alguns pensam, mas usa de paciência para convosco. Não deseja que alguém pereça. Ao contrário, quer que todos se arrependam". Em terceiro lugar, o fim ocorrerá, de forma repentina e total; mesmo que não haja citações bíblicas explícitas que justifiquem tal afirmação, não achamos difícil ver nela – ainda que com nuanças diferentes – as tradições sinóticas confluídas no discurso escatológico de Jesus.

O conhecimento de Deus e de Jesus nosso Senhor

É evidente que a 2Pedro dedica muita atenção à dimensão teológica da fé, e nisto é comparada frequentemente a 1João, na qual emerge claramente a preocupação de que a fé seja compreendida – no seu conteúdo – de maneira correta. Um pouco precipitadamente, às vezes, se diz que a 1Pedro é exortativa, enquanto a 2Pedro é doutrinal. No entanto, seria uma classificação demasiado apressada.

A falta de conhecimento que leva à imoralidade

Como vimos em relação a 1Pedro, as últimas décadas de exegese evidenciaram muito a sua dimensão teológico-especulativa: embora seja fundamentalmente uma exortação a comportar-se de uma certa maneira diante da situação atual, não despreza aprofundamentos teologicamente muito profundos. Da mesma forma, 2Pedro viu redescoberto o seu valor de teologia prática.

É verdade, de fato, que muito se diz, do começo até o fim da carta (mas especialmente no c. 1), de "conhecimento", mas sem nunca cair nas derivações que serão características de um certo gnosticismo. De fato, o conhecimento não é uma iluminação que, por si mesmo, leva à salvação; mas a recordação de algo que leva a comportar-se de certo modo.

Isto é visto negativamente na descrição dos falsos mestres: convencidos de que não há *parusia* ou fim deste mundo, se tornam temerários, arrogantes, pessoas que insultam, irracionais e instintivos, imorais, iníquos, dedicados à bebedeira em plena luz do dia, escandalosos e vergonhosos, enganadores, instáveis, viciados na ganância, amigos de ganhos injustos, arrogantes e vazios, dedicados a paixões carnais desenfreadas, escravos da corrupção (cf. 2,10b-19).

Neste ponto seria oportuno ler Sb 2; os ímpios, com uma série muito poética de imagens, expressam a convicção de que a vida não tem nenhum valor por causa da morte, da qual não se escapa. E concluem dizendo: portanto, a única coisa sensata a fazer é divertir-se o máximo que puder, sem freios de qualquer tipo; "Oprimamos o justo pobre. Não poupemos a viúva nem respeitemos os cabelos brancos do ancião. Seja nossa força a norma da justiça, pois o fraco é evidentemente inútil" (Sb 2,10-11). As semelhanças com a descrição dos falsos mestres em 2Pd 2 estão muito próximas a este texto, como lógica básica.

O conhecimento que leva a uma vida justa

Há também outro aspecto de sintonia entre Sb 2 e 2Pd, ainda mais interessante. Como culminação do perverso projeto dos ímpios, há a decisão de matar o justo: "Armemos ciladas ao justo porque nos incomoda e se opõe às nossas ações [...]; Ele declara possuir o conhecimento de Deus e se chama a si mesmo filho do Senhor [...]; proclama feliz a sorte final dos justos e se gloria de ter a Deus por pai" (Sb 2,13-16).

Em sintonia com a passagem de Sabedoria citada acima, também a 2Pedro afirma que o conhecimento de Deus e de Jesus nosso Senhor não é fim em si mesmo, mas leva a um comportamento justo. O c. 3, depois de apresentar a doutrina sobre o fim do mundo, tem três séries de exortações: "Pois, se tudo vai desintegrar-se desta maneira, não deveis perseverar em vossa santa conduta e em vossa piedade?" (3,11); "Por isso, caríssimos, vivendo nesta esperança, esforçai-vos para que Ele vos encontre puros e irrepreensíveis na paz" (3,14); "Portanto, caríssimos, advertidos de antemão, tomai cuidado para não vos deixardes levar pelo engano desses ímpios e percais a própria firmeza. Crescei, antes, na graça e no conhecimento de nosso Senhor e Salvador Jesus Cristo" (3,17-18a).

É uma pena que a 2Pedro tenha um estilo que não é fácil de ler e que se coloque em um nível muito duro e polêmico, do começo ao fim; é uma pena que tenha tido muita dificuldade para entrar no cânon e que nunca tenha estado no centro de debates e/ou polêmicas ao longo da história, como algumas das cartas de Paulo. Porque, assim, ficou à margem da vida da Igreja, e ainda hoje este é o lugar que ocupa. Mas em si mesma seria um bom exemplo de teologia pastoral: procura compreender a raiz teológica da práxis, para levar o anúncio (o conhecimento) segundo a Escritura e o testemunho dos apóstolos, e finalmente voltar revigorados a uma prática renovada da vida.

XII

Carta de Judas

C. Broccardo

Introdução

No cânon atual do NT, a Carta de Judas se encontra depois das três cartas de João; por afinidade de linguagem e de teologia, está mais próxima à 2Pedro. De fato, entre as duas há certamente uma dependência literária: dos 25 versículos que compõem a Carta de Judas, 19 também estão presentes na 2Pedro. Como veremos mais adiante, os autores estão de acordo que Judas é o escrito mais antigo.

Apesar de uma dependência literária assim tão profunda, é preciso dizer que também há diferenças secundárias entre as duas cartas. É especialmente a dimensão teológica que tem uma espessura diferente: na medida em que é enfatizada e discutida em 2Pedro, nessa medida é mencionada de uma forma tão vaga que não permite que se capte quase nada na Carta de Judas. A intenção desta carta, de fato, não é refutar uma doutrina, mas exortar a permanecer firmes na fé que já se possui; de fato, talvez ainda mais forte seja o convite a considerar como o comportamento de alguns, na comunidade, deve ser avaliado de modo absolutamente negativo. Não tanto a doutrina quanto o comportamento.

Autor e data

No Novo Testamento há pelo menos dois personagens significativos, além do Iscariotes, que levam o nome de Judas: um outro discípulo a quem Lucas chama "Judas de Tiago" (cf. Lc 6,16 e At 1,13) e João – supondo que devemos identificar os dois – mais simplesmente "Judas, não o Iscariotes" (cf. Jo 14,22); e um dos irmãos de Jesus junto com Tiago, segundo Mc 6,3 e Mt 13,55. Dado que o pré-escrito fala de "Judas irmão de Tiago" (v. 1), a identificação mais provável é com o parente próximo de Jesus de acordo com Marcos e Mateus, mais do que com o discípulo de Lucas e João.

Alguns dados dentro da carta, no entanto, fazem parte da pseudoepigrafia. Dois elementos em particular: quando se fala dos apóstolos, refere-se a eles como uma fonte do passado, à qual recorrer para não se desviar da reta fé (v. 17); e primeiro, no v. 3, se fala da fé que "uma vez para sempre, foi dada aos santos", uma fé pela qual se deve lutar agora. A perspectiva que melhor se adapta a estas afirmações é a de um período pós-apostólico, do final do primeiro século.

Língua e estilo sugerem um autor profundamente inserido no mundo judaico-helenístico do I-II século. O uso dos apócrifos poderia convencer-nos a não avançar demasiado a datação da carta, mas, realisticamente, a relação com a literatura para-bíblica tem sido muito variada, mesmo segundo as áreas geográficas. Infelizmente as referências aos "adversários" são tão estereotipadas e as exortações aos destinatários tão genéricas que não permitem delimitar geograficamente a Carta de Judas.

Gênero literário

Mais ainda do que para a 2Pedro, para a Carta de Judas é difícil definir com precisão o gênero literário. Trata-se, obviamente, de uma carta, ou seja, de um escrito que sem problemas pode ser colocado neste tipo de gênero tão amplo da literatura antiga: temos o pré-escrito, a menção do v. 3 na qual Judas diz que está escrevendo, as repetidas orientações aos destinatários interpelados com o "vós" (v. 3.5.17.20).

Mas de que tipo de carta podemos falar, com relação a Judas? A brevidade do texto levou alguns autores a falar de um "panfleto" ou "bilhete anti-herético"; as muitas referências escriturísticas (no sentido amplo) podem fazer pensar num gênero homilético; os tons duros e as referências ao julgamento também permitiram de se falar em discurso apocalíptico.

Se aceitarmos ir além das definições comuns, tomando a deixa do v. 3, podemos dizer que esta carta é uma exortação para lutar pela fé; porque há alguns que estão minando a estabilidade dos crentes de forma tão sutil que passam despercebidos, e chegou a hora de empunhar as "armas" da Escritura e da Tradição para exortar os crentes a não desistirem.

Linguagem e estilo

Mesmo em sua brevidade (o quarto menor escrito do NT, por extensão) e no ímpeto que demonstra, a Carta de Judas apresenta-se com um estilo apreciável. O autor é evidentemente uma pessoa que conhece e usa bem o grego: o vocabulário é rico (14 *hápax legómena* – ou seja, termos que aparecem apenas uma vez – de um total de 227 palavras), a sintaxe é boa, não faltam expedientes retóricos; em particular, o ritmo da Carta de Judas tem sido objeto de estudo, que usa de modo massivo um agrupamento de três elementos (três definições dos destinatários e três coisas desejadas no pré-escrito; três compostos com o sufixo *pará* nos v. 3-4; três exemplos negativos nos v. 5-7...).

Passando da forma para o conteúdo, outro elemento estilisticamente relevante é a referência massiva ao AT; não há citações ou referências explícitas, mas muitas referências óbvias a textos das Escrituras. O que mais torna a Carta de Judas original, no entanto, não é a quantidade de referências, mas a mediação da chamada literatura apócrifa. Pensemos, por exemplo, na lista dos três males nos v. 5-7: todos os três têm um fundo bíblico, mas o trio assim composto parece ser inspirado mais do que tudo pelo terceiro Livro dos Macabeus.

A influência da literatura apócrifa é tão grande na Carta de Judas que a única citação explícita vem do chamado *Enoque Etíope* (*1 Enoque* 1,9): "Enoque, sétimo depois de Adão, também profetizou para eles, dizendo..." (v. 14). O autor da Carta de Judas está, portanto, bem inserido na tradição judaica; e provavelmente em um contexto cristão no qual o cânon ainda está sendo definido.

Judas e a 2Pedro

Um parágrafo separado merece a questão da relação entre a Carta de Judas e a 2Pedro. Já vimos acima que a Carta de Judas é de fato amplamente retomada pela 2Pedro; se excluirmos o pré-escrito e a doxologia final, encontramos na 2Pedro quase todo o corpo da Carta de Judas. Não sem mudanças significativas, que nos permitem estabelecer a prioridade de Judas; vemos os dois motivos principais que empurram nessa direção.

O primeiro diz respeito ao estilo: a Carta de Judas, embora mais curta, se demora mais nas tradições apócrifas; enquanto a 2Pedro omite a citação de *1 Enoque* e as suas referências ao AT são menos mediadas pela tradição apócrifa. Às vezes, para omitir referências apócrifas, a 2Pedro corre o risco de se tornar obscura; pensemos, por exemplo, nos anjos que não ousam pronunciar sentenças insultantes de 2Pd 2,11, em que não se entende a que episódio da tradição se refere, ou pelo menos não da maneira mais clara de Jd 9: "O Arcanjo Miguel, quando discutia com o diabo, disputando-lhe o corpo de Moisés, não se atreveu a lançar-lhe uma maldição". É mais provável que tenha sido a 2Pedro que modificou Judas, desse ponto de vista.

A segunda razão que nos leva a apoiar a prioridade de Judas diz respeito à teologia da carta, que é tão pouco desenvolvida (e consequentemente, portanto, também o gênero literário). Dado que uma ligação entre as duas deve ser postulada, dadas as semelhanças substanciais, é mais provável que a 2Pedro tenha usado e expandido Judas, de acordo com suas intenções, do que Judas tenha "reduzido" a 2Pedro.

Como observação, porém, pode-se lembrar que, pelo menos de um certo ponto de vista, a Carta de Judas "superou" a 2Pedro: no cânon muratoriano (ambiente romano, por volta de 200 d.C.) não há vestígio das 1–2Pedro, enquanto se tem Judas. Um pouco de consolação, se pensar que nossa carta quase desapareceu da atenção dos Padres: Orígenes diz que não é muito apreciada, por causa de sua ampla referência aos apócrifos; Jerônimo nos dá a entender que mesmo em seu tempo havia dúvidas sobre a canonicidade da carta; devemos esperar até o século V para que as Igrejas da Síria a acolham no cânon.

Esquema

Apesar de ser o livro mais negligenciado do NT[248], a Carta de Judas tem a seu crédito inúmeras propostas de estruturação; sinal de uma incerteza básica.

Ao dar crédito a alguns indícios, reconhecemos primeiro de tudo a introdução epistolar ou o pré-escrito (v. 1-2), seguido por dois versículos (v. 3-4) nos quais o autor especifica a motivação que o levou a escrever. Estes primeiros quatro versículos introduzem a carta.

Segue uma parte central na qual Judas define o grupo que está arruinando a comunidade com uma série de qualificações negativas, tomadas dos textos do Antigo Testamento e da tradição apócrifa (v. 5-16). E depois exorta

---

248. Segundo a definição dada por D.J. Rowston ("The Most Neglected Book in the New Testament". In: *New Testament* Studies, 21, 1975, p. 554-563).

os destinatários da carta (v. 17-25) a se comportarem em conformidade; as exortações são duas, claramente introduzidas pela mesma fórmula: "Mas vós, caríssimos..." (v. 17.20); nesta terceira parte da carta podemos também colocar a doxologia final, que recorda o tom bélico declarado na introdução.

Esquematicamente, eis uma proposta:

> 1-4: Introdução
>   1-2: pré-escrito
>   3-4: motivação da carta
> 5-16: Os infiltrados: descrição
> 17-25: A comunidade: exortações

Guia de leitura e temas teológicos

Dada a brevidade da carta e a indeterminação dos temas teológicos nela expostos, vamos manter juntos dois parágrafos geralmente separados: primeiro veremos o percurso pelo qual a Carta de Judas conduz os seus leitores, para depois coletarmos alguns pontos gerais que podemos derivar dela.

Para aqueles que estão guardados em Cristo Jesus (v. 1-2.3-4)

Para além de algumas preciosidades estilísticas, não visíveis no texto italiano, não encontramos nada de especial no pré-escrito (v. 1-2): nada de particular: teologicamente simples, compartilha muito com os inícios das cartas católicas. Único elemento que chama a atenção é a qualificação dos destinatários como "guardados por Jesus Cristo".

Fora daqui e em Ap 1,3 o verbo *teréo* ("guardar") nunca ocorre no *incipit* de um livro bíblico; além disso, tendo chamado nossa atenção para esta particularidade, percebemos que o verbo retorna quatro vezes mais na continuação da carta, o que – considerando que todo o nosso escrito é composto de 25 versículos – é uma frequência que não deve ser negligenciada. Com significados e traduções diferentes, está nos v. 6 (2 vezes: "manteve" e "conservaram"), 13 ("reservada"), 21 ("conservai").

É o v. 21 que mais nos interessa, e que nos permite encontrar neste verbo aquele anúncio (velado) de tema que é frequentemente encontrado nos pré-escritos epistolares: "conservai-vos no amor de Deus, esperando a misericórdia de nosso Senhor Jesus Cristo para a vida eterna" (v. 21). Como se pode ver nos v. 3-4, Judas escreve uma carta "exortando-vos a lutar pela fé" (v. 3); a sua intenção não era originalmente polêmica, mas depois sentiu--se compelido a uma apologia da fé, porque na comunidade há alguns infiltrados, "ímpios que transformam em libertinagem a graça de nosso Deus e negam nosso único soberano e Senhor Jesus Cristo" (v. 4).

Esta é a situação, a ocasião que dá o tom à Carta de Judas. E o verbo *teréo*, na pluralidade de significados que tem, é usado como referência: vós sois *guardados* por Jesus Cristo (v. 2); mas os anjos que não *conservaram* seu grau agora são *mantidos* acorrentados por Deus (v. 6); igualmente a estes infiltrados se reserva a escuridão das trevas eternas (v. 13); vós, ao contrário, *conservai-vos* no amor de Deus. A Carta de Judas é um bom exemplo de como amarrar as principais passagens do argumento em torno de um único verbo.

Os infiltrados: descrição (v. 5-16)

A parte central da carta começa com um apelo aos leitores: "Embora saibais tudo, quero lembrar-vos..." (v. 5). Segue-se, juntamente, uma referência a um fato do passado (tirado do AT ou dos apócrifos) e uma aplicação ao presente, especificamente à conduta deste grupo de infiltrados na comunidade.

O primeiro grupo de eventos passados é composto de três episódios bem conhecidos na tradição judaica, como exemplos de punição divina contra os ímpios: os egípcios, os anjos rebeldes, Sodoma e Gomorra (cf. Eclo 16,7-10 e 3Mc 2,4-7). Interessante especialmente o segundo caso, porque evidentemente se apoia não só no diminuto texto de Gn 6,1-4, mas também em uma espessa literatura apócrifa (especialmente em *Enoque Etíope*). Segue-se a referência ao grupo de infiltrados, chamados aqui e mais adiante de forma depreciativa com o pronome "essas pessoas", "estes aqui": assim como os anjos abandonaram o céu, eles contaminaram o próprio corpo, da mesma forma também que os habitantes de Sodoma e Gomorra; como os egípcios também eles desprezaram o Senhor.

Nem tudo é claro até ao fundo; o que tem a ver os anjos no v. 8 ("insultam os anjos")? Estes voltam novamente no segundo exemplo do passado, também este retirado da tradição judaica (algo se encontra em Zc 3,1-2; mas o texto mais claro é a *Ascensão de Moisés*): o Arcanjo Miguel e o diabo discutiram longamente, na morte de Moisés, sobre quem tinha direito de ter o seu corpo; o diabo, na disputa, tinha recorrido a todos os tipos de insultos, contra Moisés e contra Miguel, enquanto o arcanjo tinha calmamente dirigido todos os julgamentos a Deus. Eis o paralelo: os infiltrados que distorcem a graça de Deus são semelhantes não a Miguel, mas ao diabo, porque "blasfemam contra tudo que ignoram" (v. 10).

Um terceiro grupo de acontecimentos passados gira em torno de três figuras absolutamente negativas: Caim, Balaão (segundo Nm 31,16 ele convenceu os israelitas a realizarem práticas idólatras), Coré (segundo Nm 16 ele liderou uma rebelião contra Moisés e Arão). Estes tais para quem a carta foi escrita imitaram os homens mais perversos do passado; parecem amigos (comem convosco), mas estão vazios, só pensam em si mesmos e não fazem o bem da comunidade.

Chegamos assim ao v. 14, tendo coletado muitos dados negativos que caracterizam esse grupo de infiltrados, que com o seu comportamento estão apenas fazendo o mal. Nem tudo está claro nos exemplos de que só vimos algo rapidamente; mas o efeito global é poderoso: verdadeiramente um grande mal! Mas igualmente certo será o julgamento contra ele! Curioso que, para afirmar a certeza do julgamento, Judas não cite uma passagem do AT mas os versículos iniciais de um apócrifo do século I a.C., *Enoque Etíope* (*1 Enoque* 1, 9); evidentemente para ele o texto tinha um valor canônico, e se prestava bem ao argumento graças especialmente à referência ao insulto (terminologia que ocorre várias vezes nestes versículos).

> ### Aprofundamento
> #### Judas e os apócrifos
>
> Como vimos, a relação de Judas com os assim chamados apócrifos do AT é variada: vai da citação explícita até o uso de alguma tradição como filtro para a leitura do AT. O texto mais usado pela Carta de Judas é *Enoque Etíope*, do qual temos vestígios em Jd 14-15 (a citação de *1 Enoque* 1.9), Jd 4 (*O livro dos sonhos*, cf. *1 Enoque* 89), Jd 6 (alusões ao *Livro dos vigilantes*, em particular *1 Enoque* 6-15; cf. tb. o *Livro das parábolas*, *1 Enoque* 54), Jd 13 (*O livro dos sonhos*, cf. *1 Enoque* 86-88). Além disso, podemos ver também alusões ao *Livro dos jubileus* (em Jd 6-7), ao *Testamento dos doze patriarcas* (em Jd 6-7), à *Ascensão de Moisés* (em Jd 9) e ao *Apocalipse sírio de Baruc* (em Jd 6).

A comunidade: exortações (v. 17-25)

Depois de apresentar, com amplitude de exemplos da tradição, toda a negatividade destes infiltrados na comunidade, Judas dirige aos seus leitores duas exortações, introduzidas pela mesma idêntica frase (infelizmente ligeiramente modificada na tradução): "Mas vós, caríssimos" (v. 17.20).

Primeira exortação: recordar as palavras dos apóstolos quando preanunciavam a chegada dos impostores. É difícil encontrar um texto no qual estas exatas palavras sejam relatadas; quem seriam, então, estes apóstolos? A interpretação mais provável é considerar uma referência genérica com relação ao ensino das origens, que advertia contra os tempos que agora vivem os destinatários da carta.

Segunda exortação: perseverar na fé, na oração e no amor de Deus; a ser misericordiosos para com os indecisos; a não correr o risco de estar demasiado próximos daqueles que estão arruinando a comunidade. Aparentemente, o resultado do "choque" ainda não estava decidido, no sentido de que ainda havia quem não pudesse ver claramente o mal deste grupo que estava corrompendo por dentro a comunidade; é por isso que Judas escreve: "exortando-vos a lutar pela fé" (v. 3).

Neste mesmo sentido vai também a doxologia final, que – como o pré-escrito – tem um elemento interessante na invocação àquele que pode preservar de qualquer queda. Quando Judas escreve, ainda estamos no meio de uma batalha!

Uma exortação para lutar pela fé

A Carta de Judas é tão breve que, se quisermos fazer dela uma teologia, nos arriscamos a impor categorias externas ou a dar peso a elementos que a própria carta só nos sugeriu. Trata-se, de fato, de uma carta combativa, escrita para a defesa da fé; mas não há elementos doutrinais que nos permitam fazer um discurso teológico. Inclusive este grupo de infiltrados, assim definido no início e depois sempre chamados "estas pessoas", é acusado em última instância não de desvios teológicos, mas de comportamentos imorais; assim como os textos citados ou aludidos na parte central da carta: difícil partir deles e tentar recuperar o pensamento dos adversários.

Pelo contrário, as referências à tradição judaica, recorrentes na parte central da carta, dizem-nos que muitas vezes o nosso autor utiliza frequentemente lugares-comuns, listas de malvados/maldades já presentes no contexto cultural em que se move. Mais do que uma descrição detalhada, trata-se de uma série de acusações bastante estereotipadas para dizer: mesmo que alguns ainda sejam incertos (cf. os indecisos dos últimos versículos), a realidade é que estes estão arruinando a comunidade. O seu comportamento, seja ele qual for, é semelhante ao dos piores.

Judas é uma carta combativa. Uma carta que temos dificuldade em reconhecer os contornos históricos e que, também por isso, pode ser relevante em várias situações; pode ser lida em qualquer circunstância em que haja dentro da comunidade comportamentos que possam parecer inofensivos, mas que na realidade sejam muito prejudiciais. E a dureza das acusações se dá precisamente pelo fato de que ainda existem aqueles que não estão convencidos do mal que tais comportamentos trazem consigo.

Bibliografia

Tanto o trabalho de introdução como o de comentário agrupam voluntariamente as duas cartas de Pedro, a Carta de Tiago e a de Judas; às vezes encontramos todas as quatro juntas, outras vezes em grupos diferentes (devido à semelhança de conteúdo ou, mais prosaicamente, à quantidade de versículos a serem comentados). Não faltam, especialmente para Tiago, comentários sobre a carta em particular. Por esta razão, propomos uma única bibliografia para todas as quatro.

Começamos com os principais comentários de nível científico; apresentam uma introdução e a explicação completa do texto:

FABRIS, R. *Lettera di Giacomo* – Introduzione, versione, comento. Bolonha: EDB, 2004 [Scritti delle origini Cristiane, 17].

_____. *Lettera di Giacomo e Prima lettera di Pietro* – Commento pastorale e attualizzazione. Bolonha: EDB, 1980 [Lettura pastorale della Bibbia, 8].

KNOCH, O. *Le due lettere di Pietro e la lettera di Giuda*. Bréscia: Morcelliana, 1996 [Il Nuovo Testamento commentato].

MARCONI, G. *Lettera di Giuda; Seconda lettera di Pietro* – Introduzione, versione, commento. Bolonha: EDB, 2005 [Scritti delle origini cristiane, 19].

_____. *La lettera di Giacomo*. Roma: Borla, 1990 [Commenti Biblici].

MAZZEO, M. *Lettere di Pietro; Lettera di Giuda*. Milão: Paoline, 2002 [I libri biblici – Nuovo Testamento, 18].

MUSSNER, F. *La lettera di Giacomo*. Bréscia: Paideia, 1970 [Commentario Teologico del Nuovo Testamento, 13/1].

A seguir estão alguns comentários de nível informativo, que apresentam uma explicação completa, embora rápida, do texto bíblico, às vezes com o acréscimo de algumas reflexões de natureza espiritual:

BOSETTI, E. *Prima lettera di Pietro*. Pádua: EMp, 2003 [Dabar-Logos--Parola].

CHIARAZZO, R. *Lettera di Giacomo*. Roma: Città Nuova, 2011 [Nuovo Testamento – Commento esegetico e spirituale].

FOSSATI, M. *Lettere di Giovanni* – Lettera di Giuda. Cinesello Balsamo: San Paolo, 2012 [Nuova versione della Bibbia dai testi antichi, 55].

GRASSO, S. *Lettera di Giacomo; Seconda lettera di Pietro; Lettera di Giuda* – Introduzione e comento. Pádua: EMP, 2005 [Dabar-Logos-Parola].

MAGGIONI, B. *La lettera di Giacomo* – Un itinerario di maturità cristiana. Assis: Cittadella, 1989.

MARCONI, G. *Prima lettera di Pietro*. Roma: Città Nuova, 2000 [Nuovo Testamento – Commento esegetico e spirituale].

NICOLACI, M. *Lettera di Giacomo* – Introduzione, traduzione e comento. Cinisello Balsamo: San Paolo, 2012 [Nuova versione della Bibbia dai testi antichi, 53].

Agora propomos alguns estudos que oferecem uma visão geral ou o aprofundamento de temas transversais:

ADINOLFI, M. *La prima lettera di Pietro nel mondo greco-romano*. Roma: Antonianum, 1988 [Bibliotheca Pontificii Athenaei Antoniani, 26].

ALEGRE, X. "La lettera di Giacomo". In: TUÑÍ, J.-O. & ALEGRE, X. *Scritti giovannei e lettere cattoliche*. Bréscia: Paideia, 1997, p. 236-261 [Introduzione allo studio della Bibbia, 8].

BOSETTI, E. *Il Pastore* – Cristo e la Chiesa nella Prima lettera di Pietro. Bolonha: EDB, 1990 [Supplementi alla Rivista Biblica, 21].

BOTTINI, G.C. *Giacomo e la sua lettera* – Una introduzione. Jerusalém: Franciscan Printing Press, 2000 [Studium Biblicum Franciscanum Analecta, 50].

CHESTER, A. & MARTIN, R.P. *La teologia delle lettere di Giacomo, Pietro e Giuda*. Bréscia: Paideia, 1998 [Teologia del Nuovo Testamento].

MARCONI, G. *Omelie e catechesi cristiane nel I secolo*: Lettera agli Ebrei; Lettera di Giacomo; Prima Lettera di Pietro; Lettera di Giuda; Seconda Lettera di Pietro. Bolonha: EDB, 1994 [La Bibbia nella storia].

TUÑÍ, J.O. "La prima lettera di Pietro; La seconda lettera di Pietro; La lettera di Giuda". In: TUÑÍ, J.-O. & ALEGRE, X. *Scritti giovannei e lettere cattoliche*. Bréscia: Paideia, 1997, p. 262-303 [Introduzione allo studio della Bibbia, 8)].

Finalmente, para aqueles que desejam aprofundar seus conhecimentos em um nível ainda maior, gostaríamos de destacar um excelente acervo bibliográfico: FABRIS, R. "Lettere cattoliche – Un ventennio di ricerca (1990-2010). In: *Rivista Biblica*, 59, 2011, p. 523-544. Lá é possível encontrar informações gerais sobre as nossas cartas e sobre as três cartas de João, e informações específicas para cada carta individualmente.

Índice

Sumário, 7

Apresentação da coleção original italiana – Manuais de introdução à Escritura, 11

Prefácio, 15

I – Carta aos Efésios (A. Martin), 17

Introdução, 17

Qual a relação entre Efésios e Colossenses?, 17

Autor e destinatários, 18

Datação, 20

Gênero literário, 20

Esquema, 21

Guia de leitura, 22

Primeira parte: a revelação do mistério (1,3–3,21), 22

A eulogia (1,3-14), 23

Aprofundamento – O papel de Cristo no cosmos, 24

A ação de graças e senhorio de Cristo (1,15-23), 25

O estatuto dos crentes: salvos e reconciliados entre si (2,1-22), 27

A revelação do mistério enquanto tal (3,1-13), 29

Oração e doxologia (3,14-21), 30

Segunda parte: a vida nova dos fiéis (4,1–6,24), 31

A unidade eclesial na diversidade dos ministérios (4,1-16), 31

A vida nova em Cristo (4,17–5,20), 34

O código doméstico (5,21–6,9), 37

A "batalha espiritual" (6,10-20) e conclusão (6,21-24), 43

Temáticas teológicas, 46

O mistério, 46

Cristo Cabeça e Igreja corpo, 48

Escatologia realizada, 50

A visão do matrimônio (5,22-33), 51

Bibliografia, 53

II – Carta aos Colossenses (A. Martin), 57

Introdução, 57

Autor, 57

Datação, 59

Destinatários, 60

Gênero literário e esquema, 60

Guia de leitura, 61

Saudação inicial e exordium (1,1-23), 61

1) Saudação inicial (1,1-2), 62

2) *Exordium*, 62

a) *A ação de graças e a intercessão de Paulo (1,3-14)*, 62

Aprofundamento – Escatologia realizada, 64

b) *Expansão cristológica (1,15-20)*, 64

Aprofundamento – Tronos, Dominações, Principados e Potestades (v. 16), 67

c) *Anúncio dos temas* (1,21-23), 69

O Corpo da argumentação (1,24-4,6), 69

1) O combate de Paulo pelo anúncio do Evangelho (1,24–2,5), 69

2) A fidelidade ao Evangelho recebido (2,6-23), 72

3) A santidade dos fiéis (3,1–4,1), 74

4) A peroração (4,2-6), 75

Conclusão (4,7-18), 75

Temas teológicos, 76

A cristologia cósmica, 76

O erro de Colossos, 78

O homem velho e o homem novo, 80

Bibliografia, 82

III – Segunda Carta aos Tessalonicenses (A. Martin), 85

Introdução, 85

Autor, 85

Datação, 87

Gênero literário, 88

Esquema, 88

Guia de leitura, 90

Primeira parte: encontrar conforto nos sinais e nos tempos do apocalipse (1,3–3,5), 90

I seção (Exórdio): primeira ação de graças e oração (1,3-12), 90

II seção: o dia do Senhor não está presente (2,1-12), 92

III seção: conclusão da primeira parte (2,13–3,5), 96

Segunda parte: o trabalho e a disciplina (3,6-16a), 97

O mandamento de trabalhar (3,6-15), 98

Invocação conclusiva (3,16a) e pós-escrito (v. 16b-18), 99

Temas teológicos, 100

A *parusia* presente e prorrogada, 100

Quem é o homem iníquo? O anticristo?, 101

Bibliografia, 102

IV – As cartas pastorais: linhas gerais (M. Girolami), 105

Questões introdutórias, 105

Um preconceito que persiste, 105

A paternidade apostólica das CP, 106

Paulo autor das CP, 109

Os personagens, 111

A história das cartas pastorais, 117

Temas teológicos, 119

A *epifáneia*, 119

A *didaskalía*, 120

A *eusébeia*, 121

A verdade do Evangelho através da transmissão apostólica, 122

Bibliografia, 123

V – Primeira Carta a Timóteo (M. Girolami), 127

Introdução, 127

Esquema, 127

Guia de leitura, 128

O pré-escrito epistolar (1,1-2), 128

Primeira parte: Timóteo, verdadeiro mestre (1,3-20), 130

1) A palavra digna de fé e as palavras dos falsos mestres (1,3-11), 130

2) O exemplo e a história de Paulo (1,12-17), 135

Aprofundamento – Palavra digna de fé, 136

3) A exortação a Timóteo para um bom combate (1,18-20), 138

Segunda parte: a oração da comunidade e a ordem na casa de Deus (2,1–3,16), 140

Orar por uma vida dedicada a Deus (2,1-7), 140

Homens e mulheres na assembleia (2,8-15), 143

O epíscopo (3,1-7), 145

Aprofundamento – Episcopado, 146

Os diáconos (3,8-13), 146

A verdadeira piedade guardada pela Igreja (3,14-16), 149

Em resumo, 152

Terceira parte: indicações várias para viver e trabalhar a fé (4,1–6,19), 152

Indicações doutrinárias (4,1-5), 153

Indicações para ser um bom guia (4,6-16), 154

Aprofundamento – Ensino, 155

Aprofundamento – Imposição das mãos, 156

Indicações para o ministro sobre alguns grupos de pessoas dentro da comunidade (5,1-6,2), 157

Os falsos mestres e o mestre do Evangelho (6,3-21), 161

Em resumo, 165

VI – Carta a Tito (M. Girolami), 167

Introdução, 167

Esquema, 167

Guia de leitura, 168

1) O pré-escrito epistolar (1,1-4), 168

Aprofundamento – Pregação, 169

2) Indicações para a comunidade (1,5-9), 170

3) Os dissidentes da sã doutrina (1,10-16), 172

4) Os ensinamentos que Tito deve dar (2,1-15), 173

Aprofundamento – Epifania, 177

Em resumo, 180

5) Exortação à colaboração (3,1-2), 180

6) Memória da graça recebida (3,3-7), 181

7) As boas obras são úteis a todos (3,8-11), 184

8) Recomendações e saudações (3,12-15), 185

Em resumo, 186

VII – Segunda Carta a Timóteo (M. Girolami), 187

Introdução, 187

Esquema, 187

Guia de leitura, 188

1) Pré-escrito (1,1-2), 188

2) A fé é força na luta pelo Evangelho (1,3-18), 189

3) Instruções para o ministério e exortações (2,1-26), 195

Em resumo, 202

4) O testamento de Paulo (3,1–4,8), 202

Aprofundamento – Sagrada Escritura, 206

5) As últimas recomendações (4,9-18), 209

6) As últimas saudações (4,19-22), 211

Em resumo, 211

VIII – Carta aos Hebreus (A. Martin), 213

Introdução, 213

Autor, 213

Datação, 215

Destinatários, 215

Gênero literário, 216

Esquema, 218

Guia de leitura, 219

Proêmio: a intervenção divina na história humana (1,1-4), 219

Primeira parte: a situação de Cristo em relação a Deus e aos homens (1,5–2,18), 222

1) O "nome divino" de Cristo (1,5-14), 222

2) O "nome humano" de Cristo (2,5-18), 228

Segunda parte: Cristo sumo sacerdote digno de fé e misericordioso (3,1–5,10), 233

1) Cristo sumo sacerdote digno de fé (3,–4,14), 233

Aprofundamento – A tipologia mosaica, 235

2) Cristo sumo sacerdote misericordioso (4,15–5,10), 239

Em resumo, 246

Terceira parte: traços característicos do sacerdócio de Cristo (5,11–10,39), 247

1) Exortação inicial (5,11–6,20), 247

2) Cristo Sumo Sacerdote segundo a ordem de Melquisedec (7,1-28), 252

3) Cristo aperfeiçoado pelo seu sacrifício (8,1–9,28), 255

a) Crítica ao culto antigo e à primeira aliança (8,1–9,10), 255

b) Um sacrifício de natureza nova (9,11-28), 257

Aprofundamento – O tema do sangue, 259

4) Cristo causa da salvação eterna (10,1-18), 261

5) Exortação conclusiva (10,19-39), 263

Em resumo, 265

Quarta parte: adesão a Cristo por meio da fé perseverante (11,1-12,13), 266

1) A fé dos antigos (11,1-40), 266

2) A perseverança necessária (12,1-13), 270

Quinta parte: atitudes de vida cristã ("caminhos retos") (12,14–13,19), 272

Conclusão: votos finais e bilhete de acompanhamento (13,20-25), 275

Temas teológicos, 277

A cristologia sacerdotal, 277

A fé, 280

O pecado imperdoável, 282

Bibliografia, 284

IX – Carta de Tiago (C. Broccardo), 287

Introdução, 287

Autor, 288

Data e lugar da composição, 288

Linguagem e estilo, 289

Gênero literário, 290

Esquema, 290

Guia de leitura, 292

Introdução (1,2-27), 292

Suportar toda provação (1,2-15), 292

Ouvir e colocar em prática a palavra-lei de Deus (1,16-27), 293

Em resumo, 294

Corpo da carta (2,1–5,7), 294

Uma fé imune aos favoritismos pessoais (2,1-13), 295

Uma fé viva (2,14-26), 296

Aprofundamento – Tiago contra Paulo?, 297

Uma língua que sabe se controlar (3,1-12), 297

As disputas e a verdadeira sabedoria (3,13–4,12), 298

O estilo daqueles que não levam Deus em conta (4,13–5,6), 299

Em resumo, 300

Epílogo (5,7-20), 300

Temas teológicos, 302

Uma teologia moral-social?, 302

Reflexão sapiencial, 303

Dimensão comunitária, 303

Palavras e ações, 304

Uma teologia diferente, 305

X – Primeira Carta de Pedro (C. Broccardo), 307

Introdução, 307

Autor, 307

Destinatários, 309

Data e lugar de composição, 309

Língua e estilo, 310

Gênero literário, 311

Esquema, 312

Guia de Leitura, 313

Primeira parte: fostes regenerados por Deus (1,3–2,10), 314

Oração de bênção (1,3-12), 314

Exortações: voltai a vossa esperança para Deus (1,13-25), 315

Admiração pela grandeza do dom recebido (2,1-10), 316

Em resumo, 317

Segunda parte: seguir os passos de Cristo, imitar o seu exemplo (2,11–4,11), 318

Aprofundamento – Um paralelo famoso: a carta a Diogneto, 318

Exortações para todos os crentes: ter uma boa conduta (2,11-17), 319

Exortação aos escravos: suportai fazendo o bem (2,18-25), 320

Exortações às esposas e aos maridos: coerdeiros da graça da vida (3,1-7), 321

Aprofundamento – O uso do Antigo Testamento, 322

Exortações a todos: animados pelo afeto fraterno (3,8-12), 323

Alargamento da reflexão (3,13–4,11), 323

Em resumo, 326

Terceira parte: a comunidade responde ao sofrimento (4,12–5,11), 327

Alegria na perseguição (4,12-19), 327

Lançai sobre Deus as vossas preocupações (5,1-11), 328

Aprofundamento – Relação com os outros escritos do Novo Testamento, 328

Em resumo, 330

Pós-escrito (5,12-14), 330

Temas teológicos, 331

Como estrangeiros neste mundo, 332

O que faz a diferença, 332

O que produz o sofrimento, 332

O que precisa ser feito, 333

Eleitos, regenerados, nos passos de Cristo, 334

Jesus Cristo, 334

Deus e o seu plano de salvação, 335

A Igreja, 337

XI – Segunda Carta de Pedro (C. Broccardo), 339

Introdução, 339

Autor, 340

Destinatários, 340

Data e lugar de composição, 340

Linguagem e estilo, 341

Gênero literário, 342

Esquema, 343

Guia de leitura, 345

Primeira parte: o conhecimento de Deus e de Jesus Senhor nosso (1,3-21), 346

Passado, presente e futuro: um círculo virtuoso (1,3-11), 346

Manter acesa a lembrança (1,13-21), 347

Aprofundamento – A Sagrada Escritura, 348

Em resumo, 349

Segunda parte: contra os falsos profetas e os falsos mestres (2,1-22), 349

Os falsos mestres, ruína da comunidade (2,1-3), 349

O juízo de Deus: exemplos do passado (2,4-10a), 350

Aprofundamento – O uso do Antigo e do Novo Testamento, 351

Uma acusação feroz (2,10b-22), 351

Em resumo, 352

Terceira parte: a proposta da parusia (3,1-18), 353

A maneira correta de pensar (3,1-2), 353

Certamente o Senhor virá (3,3-13), 353

Na expectativa destes acontecimentos (3,14-18), 355

Em resumo, 355

Temas teológicos, 356

A difícil reconciliação com o atraso da parusia, 356

Os falsos mestres, 356

A resposta de Pedro, 357

O conhecimento de Deus e de Jesus nosso Senhor, 358

A falta de conhecimento que leva à imoralidade, 358

O conhecimento que leva a uma vida justa, 359

XII – Carta de Judas (C. Broccardo), 361

Introdução, 361

Autor e data, 361

Gênero literário, 362

Linguagem e estilo, 363

Judas e a 2Pedro, 363

Esquema, 364

Guia de leitura e temas teológicos, 365

Para aqueles que estão guardados em Cristo Jesus (v. 1-2.3-4), 365

Os infiltrados: descrição (v. 5-16), 366

Aprofundamento – Judas e os apócrifos, 367

A comunidade: exortações (v. 17-25), 367

Uma exortação para lutar pela fé, 368

Bibliografia, 369

Coleção Introdução aos Estudos Bíblicos

- *Livros Proféticos*
Patrizio Rota Scalabrini

- *Introdução geral às Escrituras*
Michelangelo Priotto

- *Cartas paulinas*
Antonio Pitta

- *Livros Históricos*
Flavio Dalla Vecchia

- *Livros Sapienciais e Poéticos*
Tiziano Lorezin

- *Cartas deuteropaulinas e cartas católicas*
Aldo Martin, Carlo Broccardo e Maurizio Girolami

- *Pentateuco*
Germano Galvagno e Federico Giuntoli

- *Literatura joanina*
Claudio Doglio